ARBEITSKREIS BAYERISCHER PHYSIKDIDAKTIKER

Wege in der Physikdidaktik, Band 4

ARBEITSKREIS BAYERISCHER PHYSIKDIDAKTIKER

Werner B. Schneider (Hrsg.)

Wege in der Physikdidaktik

Band 4

Palm & Enke
Erlangen und Jena
1998

Die Herstellung dieses Bandes erfolgte mit freundlicher Unterstützung folgender Institutionen und Firmen:
BAYERISCHER PHILOLOGENVERBAND
DASA, MÜNCHEN
DEUTSCHE TELEKOM, NÜRNBERG
LEYBOLD DIDACTIC, HÜRTH
MEKRUPHY, PFAFFENHOFEN A.D. ILM
OPITEC GMBH, GIEBELSTADT-SULZDORF
SIEMENS AG, ERLANGEN

ZUM TITELBILD: Es handelt sich um die mit Hilfe eines Computers berechnete Überlagerung von zwei Kugelwellen und einer ebenen Welle, wie sie sich mit Hilfe eines Matrixdruckers darstellen läßt. Dieses Muster dient als Vorlage für ein Hologramm, das bei einer entsprechenden fotografischen Verkleinerung erhalten werden kann. Die Schwärzung wird über die Punktdichte dargestellt. Bei der fotografischen Verkleinerung werden aus den Punkten auf dem Film entsprechende „Löcher". Damit ist folgende einfache Erklärung der Holographie möglich. Die Verteilung der Punkte kann hier - nach dem Huygensschen Prinzip - als die Verteilung der Sender für Elementarwellen angesehen werden. Durch die Art der Aufzeichnung sind sie „eingefroren". Aus den zugehörigen „Löchern" im Negativ werden bei Beleuchtung mit Licht „wiederauftaubare" Sender im obigen Sinn. Die Überlagerung aller von den „wiederaufgetauten" Sendern ausgehenden Elementarwellen stellt wiederum die am Ort des Beobachters ursprünglich vorhandene Wellenfront dar (weiterführende Angaben in: Dittmann/Schneider, Computererzeugte Interferenzmuster als Zugang zur Holographie, Physik und Didaktik, 3 (1988) S. 207).

HINWEIS: Um die Druckkosten niedrig zu halten, haben wir auf farbige Abbildungen verzichtet. Die in einigen Artikeln vorgesehenen farbigen Bilder können jedoch im Internet bei Bedarf abgerufen werden:
http://www.physik.uni-erlangen.de/didaktik/didaktik.html

Die Deutsche Bibliothek - CIP-Einheitsaufnahem

Wege in der Physikdidaktik / Arbeitskreis Bayerischer Physikdidaktiker. - Erlangen : Palm und Enke
Erscheint unregelmäßig. -Erhielt früher Einzelbd.-
Aufnahmen. - Aufnahme nach Bd. 3 (1993)
Bd. 4 (1998) - **ISBN 3 - 7896 - 0588 - 3**

Herstellung und Druck: Gruner Druck GmbH, Sonnenstr. 23b, 91058 Erlangen

Vorwort

Der vorliegende Band der Reihe "Wege in der Physikdidaktik" setzt die Tradition fort, Forschungsergebnisse der Physikdidaktik und Anregungen für den Physikunterricht allgemein zugänglich zu machen.

Dieser Band ist unserem geschätzten Mitglied des Arbeitskreises Bayerischer Physikdidaktiker, Herrn Prof. Dr. Dieter Heuer, Universität Würzburg, zu seinem 60. Geburtstag gewidmet. Herr Heuer wurde 1972 auf den Lehrstuhl für Didaktik der Physik an der damaligen Erziehungswissenschaftlichen Fakultät der Universität Würzburg berufen. Er hat wesentliche Aufbauarbeit bei der Einrichtung des neuen Faches Physikdidaktik geleistet und originelle Beiträge zur Einführung neuer experimenteller Konzepte - oft unter Einbeziehung des Computers - in den Physikunterricht geliefert, die breite Anerkennung gefunden haben. Der Arbeitskreis dankt ihm für seinen Einsatz und für die gute Zusammenarbeit.

Die in diesem Band zusammengestellten Beiträge umfassen das weite Spektrum der Physikdidaktik - vom einfachen Bausatz für ein projizierbares Digitalthermometer über Untersuchungen zum Physiklernen bis hin zur Elementarisierung am Beispiel der zur Zeit besonders aktuellen Bose-Einstein-Kondensation.

Die meisten Beiträge geben zusätzlich Anregungen für einen themen- bzw. fachübergreifenden Unterricht. Wir halten diesen Aspekt im Hinblick auf einen interessanten, in die Zukunft weisenden Physikunterricht für besonders wichtig. Allerdings setzt ein fachübergreifender Unterricht ein solides Grundwissen bei Schülerinnen und Schülern voraus, das sie in einem eigenständigen Physikunterricht erwerben, in dem die bildende Funktion der Physik entscheidend zum Tragen kommt. Unter diesem Gesichtspunkt ist die vielerorts diskutierte bzw. in manchen Bundesländern bereits realisierte Einführung des Faches Naturwissenschaft als Ersatz für die Fächer Physik, Chemie und Biologie ein Rückschritt.

Während der Vorbereitung dieses Bandes ist unser allseits geschätzter Kollege Prof. Dr. M. Lichtfeldt, Universität Halle, allzu früh gestorben. Herr Lichtfeldt hat der Physikdidaktik wesentliche neue Impulse gegeben. Ein Beispiel hierfür ist sein Beitrag in diesem Band. Wir verlieren mit ihm einen engagierten Forscher, Lehrer und Mitstreiter für die Anliegen der Physikdidaktik. Wir werden uns stets dankbar an ihn erinnern.

Allen Autoren sei für die Bereitschaft, an diesem Band mitzuarbeiten, recht herzlich gedankt, sowie den Firmen und Institutionen, die durch ihre Unterstützung die preiswerte Ausgabe erst ermöglicht haben. Weiter gilt der Dank den Mitarbeitern der Erlanger Physikdidaktik, Dr. Helmut Dittmann, German Hacker, Konrad und Roland Schneider und Ulli Hortig, für die kritische Durchsicht der Manuskripte und für die Hilfen beim "Kampf" mit dem Computer.

Erlangen, im März 1998   Werner B. Schneider

ARBEITSKREIS BAYERISCHER PHYSIKDIDAKTIKER

Herrn Prof. Dr. Dieter Heuer

Lehrstuhl für Didaktik der Physik
Universität Würzburg

zum 60. Geburtstag

Inhaltsverzeichnis

LUCHNER, Karl:
Genese von Einsichten - Jugenderinnerungen 1

LOTZE, Karl-Heinz::
Die Auseinandersetzung der Fachdidaktik mit neuen Erkenntnissen in der
Physik am Beispiel der Gravitation 10

DITTMANN, Helmut; SCHNEIDER, Werner B.:
Ein Experimentiersatz zur Wärmelehre mit vielen Möglichkeit 28

LAMPRECHT, H.; MIERICKE, Jürgen:
Der "Affenschuß" -
Ein überraschendes Experiment zum waagrechten Wurf 40

RAUNER, Karel:
Schülerversuche mit gezeichneten Widerständen 47

RAUNER, Karel:
Demonstrationsversuche zur magnetischen Informationsaufzeichnung 52

LICHTFELDT, Michael
Das Blockheizkraftwerk im Klassenzimmer 55

WÖRLEN, F.; EMMERT, G.; GEYER, P.; NIEBERLEIN, U.; GABLER, M.:
Das Ballon-Projekt zur Erkundung der Atmosphäre 67

DITTMANN, Helmut; SCHNEIDER, Werner B.:
Farbenlehre für den Physikunterricht 77

DITTMANN, Helmut; SCHNEIDER, Werner B.:
Farbige Interferenzerscheinungen - gedeutet mit einem Modell zur
Farbwahrnehmung 93

HARREIS, Horst; TREITZ, Norbert:
Eine graphische Methode zur Lösung von Problemen aus der
relativistischen Physik 105

HARREIS, Horst:
Weitere Anwendungsbeispiele für die graphische Methode zur Lösung
relativistischer Probleme 115

BUTTKUS, Beate; NORDMEIER, Volkard; SCHLICHTING, H. Joachim:
Tropfendes Wasser zwischen Ordnung und Chaos - Experimente zur
nichtlinearen Dynamik 122

THIENEL, Stephan.:
Sensoren - klein, billig und für Schüler verfügbar ... 132

HAVEL, Vaclav:
Ein elektronisches Fluxmeter und sein Einsatz im Physikunterricht ... 150

ROJKO, Milan:
Mechanisch erzeugte Lissajous-Figuren mit Zeitmarkierung ... 155

HACKER, German:
Ein elektrisches Thermometer mit projizierbarem LCD-Display ... 160

HARTMANN, Stepan; MÜLLER, Rainer; WIESNER, Hartmut:
Bose-Einstein-Kondensation ultrakalter Atome ... 165

KLINGER, Walter:
Kerschensteiner und seine Bedeutung für den Physikunterricht ... 181

FICHTNER, Richard;
Physik verstehen - was ist das? ... 202

KIRCHER, Ernst:
„Über Naturwissenschaften lernen" - ein Überblick ... 220

HÖFER, Gerhard:
Der Einfluß deutscher Physiklehrbücher auf die tschechischen
im 19. Jahrhundert ... 234

HENGEL, Reinhold; SCHMID, Diethard; GROB, Karl; v. RHÖNECK, Christoph:
Interaktive Lernsoftware zur einfachen Elektrizitätslehre und erste
Ergebnisse der Erprobung ... 244

HUND, Michael:
VideoCom - eine einzeilige CCD-Kamera zur hochauflösenden Bewegungs-
aufnahme und zur Messung von Intensitätsverteilungen ... 256

HILSCHER, Helmut:
Physik und Alltag: Computergestützte Videoanalyse von Bewegungen ... 266

GIRWIDZ, Raimund:
Wellenlehre auf dem Computer ... 278

Autorenverzeichnis ... 291

Anhang ... 295

K. Luchner

Genese von Einsichten — Jugenderinnerungen

Auch heute noch, schon fast am Ende einer lebenslangen Beschäftigung mit Physik, empfinde ich eine gewisse Aufregung, wenn sich eine physikalische Problemfrage abzeichnet. Die Aufregung gilt aber meist weniger den Details der Beantwortung, sondern eher zunächst der Ausschärfung des Problems, der Zuordnung zu schon vorhandenem Vorwissen, und der sich dann vielleicht auch einstellenden neuen Einsicht. Manchmal erlaube ich mir dabei ein besonderes Vergnügen: Ich beobachte an mir selbst die einzelnen Gedankengänge und wie sie aufeinanderfolgen, fast etwa so, wie ein Lehrer seinen Schüler beobachtet und dabei dessen Gedanken nachzuempfinden versucht. Ähnliche persönliche Erfahrungen zur Genese von Einsichten und zu Lernprozessen hat wohl auch mancher Leser, und vielleicht wird er daraus auch einigen Nutzen für seine Unterrichtstätigkeit ziehen.

In dieser Absicht möchte ich hier einige physikorientierte Erinnerungen aus meiner frühen Schüler- und Studentenzeit skizzieren, dabei die damaligen Gedankengänge und Einsichten gewissermaßen nachträglich beobachten und aus der Perspektive des Erwachsenen diskutieren: Beobachtungen, Gedanken und Überlegungen, die dem Erwachsenen zwar unausgereift und unbeholfen erscheinen mögen, die aber den Leser vielleicht anregen, auch eigene Jugenderinnerungen zu aktivieren und damit die Sensibilität für typische Lernprozesse im Jugendalter zu pflegen und den Fundus von typischen modellhaften Beispielen zu bereichern.

Die geheimnisvolle Blumenvase

Im Wohnzimmerschrank meines Elternhauses, wo das besondere Porzellangeschirr aufbewahrt war, befand sich auch eine merkwürdige Blumenvase, die manchmal zur Tischdekoration verwendet wurde, aber nur bei ganz besonderen Anlässen. Eigentlich war sie eher ein Dekorationsstück und sah bei weitem nicht aus wie eine normale Blumenvase, sondern sie bestand aus einem ringförmigen Bodenkörper und vier daraufstehenden oben offenen Röhren, siehe Figur 1 (schematisch, die Verzierungen sind nicht dargestellt). Einmal, ich war damals etwa sieben bis neun Jahre alt, beobachtete ich die Köchin, wie sie kleine Blumen in die vier Röhren hineinrichtete, aber sie goß das Wasser für die Blumen nur in eine einzige der vier Röhren. Ich meinte, sie hätte vergessen, auch die anderen drei Röhren aufzufüllen und wollte dies dann selbst besorgen; aber mit Erstaunen sah ich, daß wider Erwarten doch schon Wasser in allen Röhren drin war. Die Köchin schimpfte und sagte: „Das ist doch klar, das geht doch von selbst". Einige Tage später gelang es mir, diese Vase nochmal in die Hände zu bekommen und natürlich füllte ich Wasser in eine der Röhren, langsam, sehr langsam, um gleichzeitig die anderen Röhren beobachten zu können. Tatsächlich, wie „von selbst" gelangte das Wasser in alle anderen Röhren, und - was mir nicht besonders geheimnisvoll, sondern eher ein wenig belustigend vorkam- es stand immer in allen Röhren gleich hoch (wenn man nicht z.b. bösartigerweise alles schüttelte). Natürlich merkte ich bald, daß zwischen den Röhren eine Verbindung bestand: Der ringförmige Bodenkörper mußte hohl sein, so daß das Wasser von einer Röhre zu den anderen fließen konnte. Mein größerer Bruder sagte mir: „Das nennt man kommunizierende Röhren".

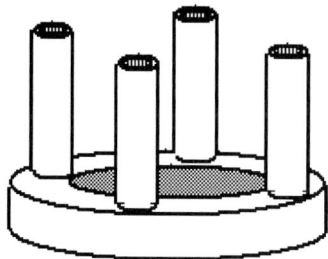

Abb. 1: Die merkwürdige Blumenvase (schematisch, ohne Verzierungen)

Erst viel später, als im Studium der hydrostatische Druck besprochen wurde, erinnerte ich mich wieder an dieses Erlebnis mit der geheimnisvollen Blumenvase, und ich sah sehr wohl ein, daß das Wasser in kommunizierenden Röhren gleich hoch stehen muß, da ja sonst eine der Wassersäulen im Bodenkörper einen einseitigen Überdruck bewirken würde. Aber nun hatte ich ein anderes Problem: Beim hydrostatischen Druck ist immer die Rede vom „Gewicht der über einer Fläche stehenden Flüssigkeitssäule", und in der Blumenvase von damals sah man diese Flüssigkeitssäulen, nämlich das in den vier Röhren stehende Wasser - aber nun ging es um Flüssigkeitssäulen als gedankliches Konstrukt, man durfte sich in einem beliebigen Wasservolumen eine beliebige, z.B. schmale Flüssigkeitssäule vorstellen, nur durch zwei gestrichelte senkrechte Linien angedeutet! Die Antwort darauf, „dies ist so, weil in der Flüssigkeit keine Schubspannung übertragen werden kann", kannte ich natürlich, aber ich konnte sie eigentlich nur mit einer achselzuckenden Ergebenheit hinnehmen: Ich war mir nicht wirklich sicher, daß in einer Flüssigkeit, die ja überhaupt keine Formbeständigkeit hat, gerade ein so scharf definiertes Gebilde wie eine gedachte senkrechte Flüssigkeitssäule eine echte Bedeutung haben sollte!
Wieder viel später fand ich einen natürlichen Weg zur Hinführung auf den Begriff „Flüssigkeitssäule"; ein Lernpsychologe wird hierin wahrscheinlich ein typisches Beispiel für die Anwendung der sogenannten „Überbrückungsstrategie" (z.B. C. v. Rhöneck, Phys. Bl. 48, 3, 1992, p. 177) sehen: Man stelle sich zunächst vor, auf eine am Boden stehende Waage werde ein Haufen großer Felsbrocken geschüttet (Figur 2, linkes Teilbild); wie groß wird die auf der Waage liegende Last sein?

Die Antwort hängt offensichtlich stark davon ab, wie die einzelnen Felsbrocken zu liegen kommen: Es kann sich ergeben, daß die Waage überhaupt nicht belastet wird, wenn sie zufällig in einem Hohlraum steht, der durch die übereinanderliegenden und vielleicht sich gegeneinander verkeilenden Felsen gebildet hat.

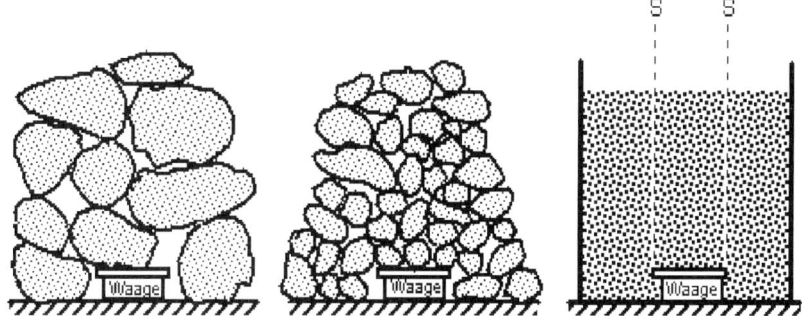

Abb. 2: Zur Deutung des Begriffes Flüssigkeitssäule:
 Linkes Teilbild: Eine kleine Waage unter einem Haufen großer Felsbrocken - das auf ihr lastende Gewicht hängt stark von der gegenseitigen Lage der Felsbrocken ab.
 Mittleres Teilbild: Bei kleineren Steinen ist die angezeigte Last schon nicht mehr so stark von Zufälligkeiten abhängig, aber immer noch haben die durch Verzahnung übertragenen Vertikalkräfte einen Einfluß auf die Anzeige.
 Rechtes Teilbild: In der Flüssigkeit spielt die gegenseitige Verzahnung keine Rolle mehr, deshalb resultiert die angezeigte Last nur noch aus der über der Wägefläche liegenden Materie (Flüssigkeitssäule)

Es kann aber auch sein, daß ein (breiter) Felsen voll auf der (viel schmaleren) Wägefläche aufliegt, und daß auf ihm oben noch verschiedene andere Lasten aufliegen. Bei der Suche nach mehr Durchblick verspürt man wahrscheinlich bald den stillen Wunsch „wenn die Steine doch erheblich kleiner wären...". Mit kleineren Steinen (Figur 2, Mitte) entwickelt sich die Vorstellung, daß die Waage ungefähr das Gewicht aller Steine anzeigen wird, die senkrecht über der Wägefläche liegen; aber genauer als „ungefähr" möchte man sich wohl nicht festlegen, da man nicht sicher sein kann, ob sich manche Steine seitlich irgendwie verkeilen, und dadurch die Last auf der Waage kleiner oder größer werden wird. Wie könnte man das gegenseitige Verkeilen ausschalten? Man nehme erheblich kleinere Steine und sorge dafür, daß zwischen nebeneinanderliegenden keine vertikal gerichteten Kräfte übertragen werden können (glatte Oberfläche, Schmierflüssigkeit); die auf der Waage liegende Last besteht dann aus dem Gewicht aller Steine, die innerhalb einer gedachten senkrechten Säule über der Wägefläche liegen (Figur 2, rechtes Teilbild; die beiden gestrichelten Linien S sollen die Säule andeuten). Nimmt man als Last nun nicht geschmierte Steinchen, sondern Wasser (wobei man natürlich aufpassen muß, daß das Wasser nur von oben, nicht aber auch von unten gegen die Wägefläche drückt), so bleibt das Bild vom Gewicht der darüberliegenden Säule erhalten, denn auch im Wasser können zwischen nebeneinanderliegenden Volumenbereichen keine vertikal gerichteten Kräfte übertragen werden: Im Wasser kann keine Schubspannung übertragen werden, was auch der Grund dafür ist, daß sich eine Wasseroberfläche unter dem Einfluß der vertikalen Schwerkraft immer horizontal einstellt und deshalb keine Formbeständigkeit hat.- Allerdings haben nicht alle Studenten die Geduld, einer längeren Argumentation wie dieser zu folgen, wenn sich eine einfachere Alternative bietet, also z.b. „die Flüssigkeitssäule" ohne Frage zu akzeptieren und basta; leider ist aber dann nur noch „das Ziel" das Ziel, und nicht mehr auch „der Weg".

Die elterliche Bauernstube als Himmelsmodell
Etwa als 14-jähriger kannte ich schon einige wenige Sternbilder, echt am Nachthimmel, nicht nur im Atlas. In unserer Bauernstube war, in Schrankhöhe umlaufend, eine Konsole angebracht, auf der zur Dekoration u. a. auch Zinnteller aufgestellt waren, und einige davon hatten ein Sternbild eingraviert. Natürlich hörte ich auch öfters Redewendungen wie „die Sonne steht im Sternbild Stier", oder „jetzt steht die Sonne schon im Sternbild Krebs". Allmählich fiel mir auf, daß ich mir hiervon kein rechtes Bild machen konnte: Woher weiß man, daß die Sonne „in einem bestimmten Sternbild steht", wo man doch am Tag zwar die Sonne, aber keine Sterne sieht? Und, vielleicht noch weniger vorstellbar, wieso wandert die Sonne von einem Sternbild zum nächsten, und noch dazu auf die gleiche Weise wie im Jahr zuvor?
Eine Antwort auf diese (wohl eher mehr diffus an die nächsten Familienmitglieder gestellten) Fragen erhielt ich damals nicht, aber etwa im selben Alter hörte ich von meinem älteren Bruder, daß die Erde die Sonne umkreist, und wir machten uns beide ein einfaches Modell davon: Die in der Mitte der Bauernstube herabhängende Lampe war die Sonne, und einer von uns beiden, langsam darumherumgehend, war die sie umkreisende Erde, und wir stellten uns vor, daß eine Umkreisung ein Jahr zu dauern hätte.
Dieses Spiel war aber bald nicht mehr attraktiv; ein wenig später später versuchte ich, zu der den Jahreslauf darstellenden Umkreisung noch die tägliche Erddrehung „dazuzumachen": Mein Kopf war die Erde, meine Augen waren der auf der Erde stehende und ins Weltall hinausblickende Mensch. Es war irgendwie lustig, bei sich drehendem Kopf zu sehen, wie der auf der Erde stehende Mensch zunächst auf die Sonne (Lampe) blickt, und wie nach einer halben täglichen Umdrehung die Sonne nicht mehr sichtbar war, sondern statt dessen ein anderer Teil des Himmels ohne Sonne (die Zimmerwand, die Sternbilder auf den Zinntellern). Die Überlagerung beider Bewegungen, Jahreslauf und Tages-

lauf, war nun zunächst weniger eine intellektuelle, sondern eher eine artistische Herausforderung und ein bißchen mühsam - aber dabei geschah spontan, nicht geplant, die entscheidende Erkenntnis: Im Verlauf des Jahresumlaufes ergibt es sich, daß die Sonne (Lampe) vor immer wieder anderen Sternbildern (Zinntellern) steht (man müßte also eigentlich sagen: „die Sonne steht *vor* dem Sternbild", und nicht: „steht *im* Sternbild"), und weiterhin, daß sie so im Verlauf der Jahresbewegung von einem Sternbild zum nächsten zu wandern scheint, und schließlich, daß man im Jahresverlauf nachts nach und nach auf immer wieder andere Sternbilder blickt. Sehr bald war das reale Modell (die körperlich-reale rotierende Umkreisung der Lampe) nicht mehr nötig um weitere Überlegungen anzustellen, sondern es war gut möglich, weitere Beobachtungen einfach im Kopf, gewissermaßen mit geschlossenen Augen zu machen: Das reale Spiel hatte sich zum Denkmodell entwickelt.

Aber auch die dazu gewissermaßen komplementäre Sichtweise, die reale, möglichst unmittelbare Naturbeobachtung (wie sie bekanntlich von M. Wagenschein empfohlen wird), wurde mir damals bald zum vertrauten Bedürfnis, und auch heute noch fühle ich mich dadurch erfreut oder sogar inspiriert: So z.B. stelle ich mir beim Anblick der Sonne real vor, wo im Weltall die Erde ein Vierteljahr oder auch ungefähr ein halbes Jahr später sein wird, zu welchen Tageszeiten sie dort von hier aus zu sehen wäre, und wie von dort aus der Taghimmel und der Nachthimmel aussieht. Wenn ich auch gelernt habe, dies mit Hilfe von Koordinaten auszudrücken - das Aufregende für mich sind nicht die Koordinaten, sondern die Intuition.

Besonders gerne hänge ich folgender Vorstellung nach: Ich beobachte im Hochsommer den Sonnenuntergang im Nordosten und sehe, wie die scheinbare Sonnenbahn den Horizont unter spitzem Winkel schneidet; dann stelle ich mir vor, wie nach dem Sonnenuntergang die Bahn unterhalb des Horizonts ungefähr weiterverlaufen wird bis zum Sonnenaufgang im Nordosten. Zugleich bewege ich mich in Gedanken schnell auf der gekrümmten Erdoberfläche nach Norden; dabei bildet die jeweilige horizontale Vorwärtsblickrichtung und die anfängliche horizontale Blickrichtung einen Winkel nach unten, und dieser Winkel wird umso größer, je weiter ich nach Norden komme. Wie verändert sich während dieser Bewegung nach Norden die unterhalb des jeweiligen Horizonts liegende scheinbare Sonnenbahn? Sie liegt immer weniger weit unterhalb des jeweiligen Horizonts, Sonnenuntergang und Sonnenaufgang rücken immer näher zusammen, bis, bei noch weiter fortgesetzter Bewegung nach Norden, die Sonnenbahn schließlich den Horizont nicht mehr erreicht - Mitternachtssonne. Am Tag der Sommersonnenwende ist die Sonnenbahn am weitesten vom Horizont entfernt: Midsommar! (Fast eine Art Zauberwort in Skandinavien) Hier aber beginnen Erinnerungen anderer Art sich der naturwissenschaftlichen Intuition zu überlagern.

Kieselsteine sind billiger als Benzin
Den ersten Physikunterricht erfuhr ich als etwa Vierzehnjähriger. Die Erwartung zu Beginn des neuen Schuljahrs war groß, wie bei jedem neuen Fach, und aus den ersten Wochen, vielleicht Monaten, habe ich noch konkrete Erinnerungen: Am Anfang stand das Urmeter („es besteht aus ... und wird aufbewahrt in ..."), dann kam der Satz „wo ein Körper ist, kann nicht zugleich ein zweiter sein", im Buch sah ich die Bilder vom oberschlächtigen und unterschlächtigen Wasserrad, und schließlich wurde das „Melde-Rohr" durchgenommen. Eine ganz bestimmte schulische Erfahrung ist mir im Zusammenhang mit dem Melde-Rohr erstmals richtig nahe gegangen: Daß der Lehrer etwas macht, wovon man als Schüler nicht nur nichts aufzunehmen imstande ist, sondern daß man dabei auch noch Abneigung und ein im Magen sitzendes flaues Gefühl verspürt. Es wurde viel skizziert, gerechnet, ins Heft eingetragen, auswendig gelernt - aber mir blieb nur die verständnislose und schüchtern zurückgehaltene stumme Frage: „Und was wird mit dem Melde-Rohr gemeldet"?
Vielleicht ein oder zwei Jahre davor war mein Interesse natürlich auch auf Autos gerichtet. Obwohl es recht verschieden aussehende Autos gab, so hatte ich doch die deutlich ausgeprägte Meinung, daß die „Erfinder" der verschiedenen Autos sich gegenseitig immer alles nachmachten, denn die Autos waren ja eigentlich alle sehr ähnlich: vier Räder, der Fahrer vorne links, der Motor vorne, und alle benötigten Benzin. Bald war mir klar, ich mußte selbst ein anderes, neues Auto erfinden, und ich trug verschiedene Ideen mit mir herum. Auch eine Idee für einen Motor, der kein Benzin braucht, war dabei: Ein im Auto mitgeführter großer Kieselstein drückt auf einen Zahn eines Zahnrades (Drehachse horizontal), welches dadurch in Drehbewegung versetzt wird; mit Hilfe einiger passend dazugeschalteter anderer Zahnräder mußte auch ein Rad des Autos in Bewegung gesetzt werden können.- Einige der darumherumliegenden Gedanken und Erfahrungen kann ich noch ungefähr rekonstruieren:
Eigentlich erwartet man einen Hinweis auf die Ähnlichkeit dieses Kieselsteinmotors mit dem oberschlächtigen Wasserrad; diese Assoziation blieb aber aus, auch einige Jahre später, als ich das entsprechende Bild im Physikbuch sah (erst sehr viel später, als ich mehrere alte Physikbücher durchblätterte, erinnerte ich mich). Sehr wohl aber kam damals sofort der abwinkende Einwand meines Vaters: „Das geht doch nicht". Ich war mir aber sicher, daß es gehen müßte, wenigstens (wie ein Erwachsener sagen würde) prinzipiell; die Analogie zum Radfahrer, der sein Körpergewicht auf eines der Pedale verlagert, sah ich damals noch nicht.
Aber bald kamen mehr und mehr praktische Bedenken: Auch bei noch so schlauer Zahnradübersetzung wird der Kieselstein sich nach unten bewegen, sobald das Auto fährt (eine deutlichere Vorstellung zur Zahnradübersetzung stellte sich aber nicht ein; die Gangschaltung beim Fahrrad war damals noch nicht weit verbrei-

tet). Um die Fahrt fortsetzen zu können, müßte ein Mitfahrer im Auto den so allmählich nach unten verlagerten Kieselstein wieder hochheben und in das Zahnrad einlegen, oder noch besser, man müßte gleich von Anfang an viele Kieselsteine ins Auto einladen, dort hoch lagern und diese der Reihe nach automatisch ins Zahnrad einlegen; jeder so verwendete Kieselstein war hernach nur noch Ballast und konnte also hinausgeworfen werden auf die Straße, und von anderen Autos auch wiederverwendet werden. Die (höhnische) Reaktion des in diese Überlegungen eingeweihten großen Bruders war: „Das ist wie ein Lastauto, das seine Kiesladung auf die Straße kippt!" Ich war beleidigt, denn meine Erfindung war besser als ein Kies abkippendes Lastauto - immerhin wurde bei mir dadurch ein Zahnrad usw. angetrieben!

Auch der Einwand „anstatt sich abzumühen, die Steine auf die Ladefläche des Autos hochzuheben, kann man doch auch gleich das Auto unmittelbar anschieben" fand noch einige Erwiderung: Erstens bilden die eingeladenen Steine einen Vorrat für später, d.h. anstelle eines einmaligen starken Anschiebens kann man durch die mitgenommenen Steine den Antrieb besser dosieren (eine Dampflokomotive verbrennt ihre Kohlen ja auch nicht alle am Anfang der Reise, sondern erst später nach Bedarf), und zweitens gibt es in der Landschaft ja auch Stellen, an denen die Steine schon in einiger Höhe oberhalb der Straße bereitliegen, so daß man sie nicht mehr mühevoll hochheben muß, sondern sie fast mühelos auf die Ladefläche des Autos schieben kann.

Allmählich kamen mir aber mehr und mehr Bedenken, in denen sich quantitative Fragestellung andeutet: Das Auto sollte ja auch bergaufwärts fahren können, und so stellte sich die Frage, welcher Höhengewinn für das ganze Auto überhaupt möglich wäre, während einer der Steine sich im Auto von oben nach unten verlagert. Ein wenig diffus, aber doch erkennbar war mir die Vorstellung, daß der Höhengewinn nicht größer sein konnte als die Absenkung des Steins innerhalb des Autos, denn sonst würde der Stein ja am Ende höher liegen als am Anfang, und das konnte ich mir nicht vorstellen. Das Wort „perpetuum mobile" kannte ich zwar, aber nur als Titel eines Musikstückes (ich glaube, es war eine Geläufigkeitsübung auf dem Klavier), nicht jedoch als Aussage zur Mechanik. Daß bei der Bergfahrt nicht nur der antreibende Kieselstein, sondern auch noch das ganze Auto mitsamt seinem Kieselsteinvorrat anzuheben ist, war nicht mehr in meinem Blickfeld, soweit ich mich erinnere; vielleicht habe ich diesen sehr störenden Einwand auch nur verdrängt.

Später im Studium - im Stillen war ich wohl manchmal ein wenig geschockt, mit welcher Selbstverständlichkeit, glatt, kurz und elegant, uns die wichtigen Einsichten serviert wurden - kam natürlich u.a. auch die Aufgabe „Ein stehender Schlittschuhläufer wirft einen Stein nach hinten, ...", und da erinnerte ich mich an meinen Kieselsteinmotor: Es wäre auch möglich gewesen, den Kieselstein nicht auf ein Zahnrad zu legen, sondern ihn in eine senkrecht stehende Röhre hineinfallen zu lassen, wobei die Röhre am Auto befestigt und an ihrem unteren Ende so gebogen sein muß, daß sie eine Umlenkung des fallenden Steins nach hinten vornimmt. Dabei wurde mir sehr wohl bewußt, daß die Masse des Vorrats an Steinen sich ungünstig auswirkt, was aber bei laufendem Antrieb immer weniger ausmacht, und ferner, daß jeder ausgeschleuderte Stein Energie mitnimmt. Eigentlich würde man erwarten, daß hier schon genügend Problembewußtsein gegeben war, um selbständig „etwas zu rechnen" - aber dazu kam es damals nicht. Ich war zwar eifrig im Lösen von fertig formulierten Rechenaufgaben, aber eigene Probleme zu einer Aufgabenstellung auszuschärfen (mit Ausnahme von einfachen quantitativen Gegenüberstellungen, s.u.) lag noch außerhalb meiner Reichweite. Die Raketengleichung war damals noch nicht Anfängerstoff.

Den spezifischen Heizwert von Benzin - normalerweise eigentlich ein eher nur am Rande der Physikeinführung vorkommender Tabellenwert - habe ich natürlich sehr wach wahrgenommen und mit der spezifischen potentiellen Energie einer halbwegs vernünftigen Kiesbeladung für meinen Kieselsteinmotor verglichen. Das Aha-Erlebnis daraus zeigte mir nicht nur den praktischen Wert von Benzin, sondern es machte mir auch bewußt, daß eine vorläufige Abschätzung sehr praktisch und nützlich sein kann.

Schlußbemerkungen

Die hier skizzierten Erinnerungen sind speziell ausgewählt und sie mögen sich im Lauf der Zeit vielleicht auch ein wenig geglättet oder geschönt haben, aber immerhin zeigen sie einige typische, jedem Didaktiker vertraute Aspekte; weil dabei gegenüber der experimentellen Seite eher der gedankliche Hintergrund dominiert, sei hier nur hingewiesen auf die Bedeutung des „Problemgrundes", auf die „innere Anschauung", und auf die „qualitative Vorstufe".

Der „Problemgrund" ist in allen drei Beispielen deutlich erkennbar: Die Besonderheit der Vase und das Handeln einer Bezugsperson, die provozierend unverständlichen Redewendungen über Sonne und Sternbilder, der Wettbewerb um das interessanteste Auto. Der Abstand zwischen dem „Problemgrund" und der im unterrichtlichen Sinn üblichen „Problemstellung" ist deutlich; letztere würde z.B. lauten: „Wie verhält sich Wasser in verbundenen Gefäßen?", „Welche Sterne beobachten wir im Jahreslauf?", „Kraftwandler und Bewegungswandler". Leider ist es bei vielen Unterrichtsvorhaben zeitlich nicht möglich, die Problemstellung aus einem vorher angelegten Problemgrund in natürlicher Weise herauswachsen zu lassen; übrig bleibt oft nur die (demonstrativ fröhliche) Feststellung des Lehrers „Wir interessieren uns heute für ...". Dem Laien erscheint der Problemgrund natürlich; die eigentliche physikalische Problemstellung aber, wenn sie nicht aus einem Problemgrund heraus erreicht wurde, erscheint ihm eher gekünstelt, fachgeprägt, und er kann diese wohl erst nach einiger Konditionierung glatt hinnehmen. Ohne Konditionierung kann es zu Abwehrreaktionen kommen (ich denke an die Erinnerung zum Melde-Rohr). Ob eine derartige Konditionierung durch den Unterricht bewußt angestrebt wird, oder ob sie sich in individuell günstigen Fällen allmählich von selbst einstellt, gewissermaßen als Strategie zur Selbsterhaltung, sei dahingestellt.

Das Auftreten der „inneren Anschauung" zeigt, wie wichtig zunächst die „äußere Anschauung", die reale praktische Beobachtung ist; es zeigt aber auch wie wichtig es ist, die praktische Beobachtung nicht einfach hinzunehmen (gewissermaßen wie eine fertige Fotografie, die man in eine Schublade legt), sondern sie geistig weiter zu verarbeiten. Alle Bestrebungen in Ehren, die den Physikunterricht durch Verwendung möglichst vieler Experimente attraktiv zu machen versuchen — aber bleibt dabei nicht manchmal das Potential, über ein Experiment vorher und nachher nachzudenken, ungenutzt? Das Experiment soll nicht nur als Attraktion, als Kunststück, als singuläre Fotografie gesehen werden, sondern (wenigstens manchmal) auch als sicherer Stützpunkt für die innere Anschauung und deren Erweiterung.

Die „qualitative Vorstufe" wird im Unterricht oft übersprungen. Aber man macht es sich zu einfach wenn man sagt, richtige Physik beginne ja ohnehin erst mit der mathematischen Formulierung. Es ist eher umgekehrt: Das Primäre ist die physikalische Vorstellung, oder auch die neue physikalische Idee; diese läßt sich (meist) in verbaler Form und mit qualitativen Aussagen gut darlegen und dann auch auf die erforderliche Ausschärfung, experimentell und mathematisch, hinführen. Man sollte also nicht meinen, daß z.B. bei Experimenten allein die Apparatur und der Meßwert, und bei Rechenaufgaben allein der Lösungsweg und das Ergebnis die Botschaften an den Schüler sind — auch die Genese der Aufgabenstellung und qualitative Vorbetrachtung sind Physikunterricht. Idee, vorläufiges Abwägen und schließlich Ausschärfung gehören zusammen.

Wollte man einen Schüler in seinen, wie z.B. oben skizzierten, Gedankengängen auch individuell fördern (was normalerweise nur unter besonders günstigen Umständen möglich sein dürfte), so würde man es wohl kaum für nötig halten, ihm dazu viel Faktenwissen aufzubürden, sondern man würde eher eine sanfte Steuerung versuchen und ihm dabei gelegentlich weitere Anregungen angedeihen lassen: selbständig sich entwickelndes Lernen (nicht „pauken"), das aus der Sicht des Schülers erscheint als „selbst etwas erforschen" oder „selbst etwas erfinden". Eine ähnliche Vorstellung als Idealform des Lernens im Bereich der Anfängerphysik im Studium vertritt D. Hestenes: „The student should get the feeling to reinvent physics himself". Sanfte Steuerung durch eine Bezugsperson kann sich dazu auch persönlichkeitsprägend auswirken: So z.B. meine ich noch heute manchmal eine bestimmte Stimme mit der leise mahnenden Ermunterung zu hören, wie sie mir seit dem Studium immer wieder geholfen hat: „... ich glaube schon, daß Sie das noch besser machen können, ..."; aber das gehört natürlich nicht mehr zu den Jugenderinnerungen.

K.-H. Lotze

Die Auseinandersetzung der Fachdidaktik mit neuen Erkenntnissen in der Physik am Beispiel der Gravitation

1 Vorbemerkung

Während sich bis zum Ende ihrer Schulzeit Fehlvorstellungen etwa über den Zusammenhang von Kraft und Bewegung sowie Schwerelosigkeit und Gezeiten hartnäckig halten, stellen Schüler schon sehr früh Fragen über das Weltall, die Schwarzen Löcher usw.. Antworten darauf lassen sich aber nur dann in das Wissen der Schüler integrieren, wenn die elementaren Fehlvorstellungen sinnvolles Lernen nicht weiter behindern.

Der Lehrende muß sich daher zunächst darüber klar werden, welche didaktischen Konsequenzen sich aus einer organischen Verbindung von klassischer und moderner Physik ergeben. Im Klassenzimmer können ihm dabei die komplizierten Formeln der Relativitätstheorie ebensowenig helfen wie die ausgeklügelten Experimente der Gravitationsphysik, wohl aber die für die wissenschaftliche Methode der Physik des 20. Jahrhunderts so charakteristischen Gedankenexperimente. Hierzu werden dem Lehrenden einige Anregungen gegeben und ferner wird gezeigt, inwieweit Dimensionsbetrachtungen nützlich sein können, physikalisches Denken zu schulen, indem beispielsweise der in der Schulbuchliteratur auf statische Situationen beschränkte Vergleich zwischen Elektrizität und Gravitation bis zu den Gravitationswellen hin ausgedehnt wird.

2 Der wachsende Abstand zwischen Schulphysik und moderner Wissenschaft

2.1 Generationenkonflikt

Eine zentrale Aufgabe der Physikdidaktik und der Lehrerausbildung besteht darin, einen sich abzeichnenden Generationenkonflikt innerhalb der Physik zu bewältigen. In weniger als fünf Jahren ist das, was wir heute als "moderne Physik" bezeichnen, oft bereits wieder "veraltete Physik", denn das "Wissen" in der Physik verdoppelt sich zur Zeit alle acht bis zehn Jahre. Es eröffnet sich damit das Problem, wie man diese Wissensexplosion im Unterricht bewältigt und zwar unter der Bedingung, daß die Zahl der in der Schule angebotenen Physikstunden konstant bleibt bzw. in der Tendenz eher abnimmt, der Lehrbetrieb eher konservativ ausgerichtet ist und Innovationen bei Lehrern aus vielerlei Gründen oft wenig Akzeptanz finden, was sich in Lehrplänen und Schulbüchern niederschlägt, denn weit mehr als die Hälfte des Inhalts betrifft hierin eine Physik, die bereits am Ende des 19. Jahrhunderts bekannt war.

Diesen augenscheinlichen Generationenkonflikt beschreibt A. Pflug wie folgt: „Obwohl die beiden genannten Disziplinen (die Quantenmechanik und die Relativitätstheorie, Anm. d. Verf.) das physikalische Denken des 20. Jahrhunderts in entscheidender Weise beeinflußt und verändert haben und als Eltern bzw. Großeltern der gegenwärtigen physikalischen Forschung anzusehen sind, steckt die Kunst ihrer gemeinverständlichen Darstellung gegenwärtig noch gänzlich in den Kinderschuhen, so daß selbst eine pubertäre Phase derselben noch Zukunftsmusik ist" [1].

Stellen wir also die Frage: Was können wir tun, damit wenigstens für die Kinder unserer heutigen Schüler Quantenmechanik und Relativitätstheorie dereinst klassische Physik sind?

Der Antwort kommen wir durch eine andere Frage näher: Wodurch ist für uns die Faraday-Maxwellsche Elektrodynamik, um nur ein Beispiel zu nennen, klassische Physik geworden? - Sie besitzt "innere Vollkommenheit" und hat viele "äußere Bewährungen" (A. Einstein) bestanden; fast nichts an ihr ist mehr paradox. Trotz ihres hohen Abstraktionsgrades ist sie anschaulich geworden. Alle diese Faktoren haben die Physik klassisch, d.h. auch vertrauenswürdig und lehrbar gemacht. Eine erste Antwort auf unsere Ausgangsfrage lautet also: Schon heute sollten Quantenmechanik und beide Relativitätstheorien in gebührendem Umfang im Schulunterricht vorkommen. Diese Schlußfolgerung ist jedoch nicht unumstritten.

2.2 Das Für und Wider moderne Physik zu lehren

Beginnen wir mit zwei Einwänden gegen moderne Physik[1] im Unterricht: Die Physik steht in dem Verdacht, so kompliziert zu sein, daß es nicht einmal an den Gymnasien mehr nützlich sei, sie zu unterrichten. Indem sie das "ganz Große" (Astrophysik, Kosmologie), das "ganz Kleine" (Elementarteilchen) oder das "ganz Komplexe" (Chaos) behandelt, habe sie sich zu weit von der menschlichen Lebenswelt entfernt. Zudem sei moderne Physik im Klassenzimmer fast immer "Kreidephysik". Sollten wir daraus folgern, auf die in Rede stehenden Inhalte lieber zu verzichten und stattdessen noch mehr technische Anwendungen der klassischen Physik zu lehren? Zu viele Gründe sprechen dagegen.

Erstens belegt die Neugier bereits sehr junger Schüler, daß sie mit einem Verzicht auf moderne Physik im Unterricht unzufrieden wären.

Zweitens ist moderne Physik ein Grundbestandteil unserer heutigen Kultur. Wir brauchen sie also, wenn Physikunterricht etwas zu Bildung und verständnisvoller Auseinandersetzung mit der Wirklichkeit beitragen soll. Bei unserem über alle Maßen selbstverständlichen Umgang mit Apparaten, die übrigens zum gro-

---

[1] Mit dem Begriff "moderne Physik" wird oft - vor allem im Schulbereich - einschränkend nur die Physik der 20er Jahre gekennzeichnet. Hier wird jedoch der Begriff unter Einbeziehung aktuellster Forschungsergebnisse gesehen.

ßen Teil Technik gewordene Quantenphysik sind, sollten wir die Worte Einsteins nicht vergessen:
"Schämen sollten sich die Menschen, die sich gedankenlos der Wunder der Wissenschaft und Technik bedienen und nicht mehr davon geistig erfaßt haben als die Kuh von der Botanik der Pflanzen, die sie mit Wohlbehagen frißt" [2].
Und schließlich: Die beste "öffentliche Wissenschaft" muß wieder in der Schule gelehrt werden. Die Medien werden mit dieser Aufgabe nicht fertig. Anstatt auf außerschulische Informationsquellen angewiesen zu sein, sollten Schüler in der Schule lernen, kritisch zu werten, was diese bieten.
Wir wollen die Liste der Pro- und Contra-Argumente nicht verlängern, sondern fragen:

2.3 Wie wird moderne Physik in der Schule lehrbar?

Wie so oft, ist es leichter zu sagen, wie nicht.
Sicherlich nicht durch Erweiterung des Stoffumfanges in gegebener Zeit, denn: "Überbürdung mit zusammenhanglos erscheinendem Stoff führt notwendig zur Oberflächlichkeit und Kulturlosigkeit. Das Lernen soll aber so sein, daß das Dargestellte als wertvolles Geschenk und nicht als saure Pflicht empfunden wird." (A. Einstein, [3])
Moderne Physik wird auch nicht lehrbar durch Beschränkung auf das Allerneueste, wenngleich Schüler natürlich schnelle Antworten auf ihre Fragen ohne weit hergeholte Grundlagen wünschen. In der klassischen Physik liegt aber für immer ein wesentlicher Teil des intellektuellen Gehalts der gesamten Physik. Wer dies vergißt, dem gerät Unterricht über moderne Physik unweigerlich zur Effekthascherei.
Die produktiven Fragen erwachsen hingegen - in Anspielung auf den berühmten Titel eines Mathematikwerkes von F. Klein - aus einer Betrachtung der klassischen Physik "von einem modernen Standpunkt aus". Sie lauten:
- Wie kann man moderne Physik mit den Begriffen und Konzepten des traditionellen Stoffes verknüpfen?
- Welche klassischen Grundlagen sind für die moderne Physik unabdingbar?
- Wie tragfähig sind beliebte Inhalte, didaktische Analogien usw.?
- Welche Fakten und Formeln in den Schulbüchern sind wirkliche Fossilien?

Wohlgemerkt: Die Suche danach ist nicht gleichbedeutend mit dem Weglassen von herkömmlichem Schulstoff! Wie wir sehen werden, können sich längst aus dem Curriculum verbannte Inhalte "von modernem Standpunkt aus" wieder als äußerst fruchtbringend erweisen.
Alle diese Fragen münden also in die Suche nach den didaktischen Rückwirkungen, die die Einbeziehung der modernen Physik in den Unterricht auf die Art und Weise hat, klassische Physik zu lehren.
Wir wollen nachfolgend am Beispiel der Gravitation die Verknüpfung von modernen und traditionellen Begriffen und Konzepten demonstrieren, denn man

kann 80 Jahre nach der Allgemeinen Relativitätstheorie nicht so tun, als hätte sie keine Auswirkungen auf den heutigen Unterricht über "Gravitation".

3 Elementare Physik vom modernen Standpunkt aus - Das Beispiel der allgemeinen Schwere

3.1 Wissen und Vorwissen - Wie lernen Schüler Physik?

Gerade für den weiten Weg zur modernen Physik brauchen wir eine sichere und realistische Ausgangsposition. "Man muß den Schüler dort abholen, wo er steht." (M. Wagenschein). Fragen wir also nach den Vorstellungen der Schüler und ihren Schwierigkeiten, den Zusammenhang zwischen Kraft und Bewegung und die Schwerkraft insbesondere zu verstehen.

Die Begriffe "schwer", "leicht", "oben" und "unten" beschreiben die Schwerkraft qualitativ. Dabei wird oft die Fehlzuordnung "schwer - unten" und "leicht - oben" getroffen (Abb. 1).

Nicht selten wird die Schwerkraft nur dort vermutet, wo Luft ist. So wird dann "erklärt", warum es im Weltraum, wo die Luft nicht ist, Schwerelosigkeit gibt. Nach unserer eigenen Erfahrung sind "Entfernungserklärungen" für die Schwerelosigkeit auch unter sehr guten Schülern weit verbreitet: In der Erdumlaufbahn herrsche Schwerelosigkeit, weil sie so weit weg ist, daß nach dem $1/r^2$ - Kraftgesetz die Schwerkraft "praktisch" keine Rolle mehr spielt.

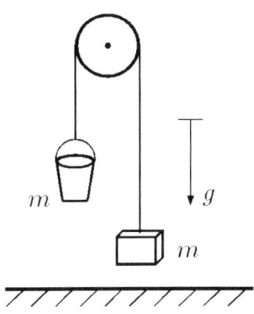

Abb. 1: Selbst in Situationen wie der hier gezeigten wird sehr oft die Fehlzuordnung "oben - leicht", „unten - schwer" getroffen [4].

Hier hat das Newtonsche Kraftgesetz die Schüler völlig in die Irre geführt. Nachtigall [5] berichtet, daß von 600 befragten Abiturienten die meisten (!) die Vorstellung haben, für jede Bewegung sei eine zur Geschwindigkeit proportionale Kraft erforderlich, für die dann auch Begriffe wie "Seitwärtskraft" und "tangentiale Wurfkraft" erfunden werden (Abb. 2). Oftmals geht Unterricht an dieser Stelle so weiter, als ob (Schwer-)Kraft, Schwerelosigkeit und Bewegung verstanden wären. Das ist höchst riskant!

Die Fehlvorstellungen der Schüler widerspiegeln die historische Entwicklung. Bei der Wiederholung der Phylogenese durch die Ontogenese ertappen wir manchmal auch Abiturienten - sozusagen - noch im aristotelischen Stadium ihrer Entwicklung. Sie haben das Trägheitsgesetz als Merksatz gelernt, aber es ist ihnen entgangen, daß es im Widerspruch zu ihrer Alltagsvorstellung aussagt: Es gibt in der Natur Bewegungen, die keiner Kraft bedürfen.

Darunter braucht das Selbstvertrauen der Schüler nicht zu leiden, welche die Physik als kompliziert empfinden, weil sie dem gesunden Menschenverstand

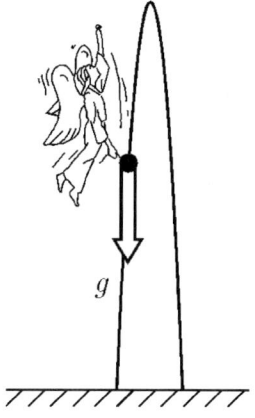 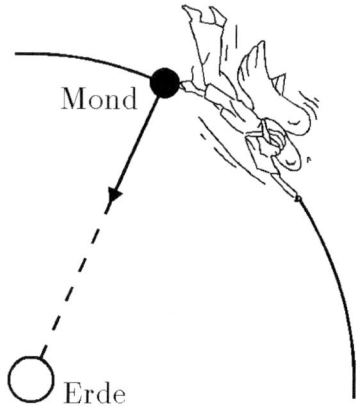

Abb. 2: Beispiele für die weit verbreitete Schülervorstellung, jede Bewegung erfordere eine Kraft in Bewegungsrichtung.

angeblich nicht zugänglich ist. Die Darstellung historischer Erkenntnisabläufe im Unterricht kann dem Schüler helfen, sich seiner eigenen Vorstellungen bewußt zu werden, ohne sich seiner Fehlvorstellungen zu schämen. Für den Lehrer reicht es nicht aus, den korrekten Inhalt zu lehren. Der Konflikt zwischen dem intuitiven Verständnis des Schülers und dem physikalischen Wissen des Lehrers sitzt tief. Da der Lehrer aber so unterrichtet, wie er selbst Unterricht erlebt hat, wird er diesen Konflikt nicht provozieren und austragen, wenn ihn die Universität dazu nicht befähigt hat. Er soll ihn aber offenlegen, denn explizit angesprochene Fehlvorstellungen können sinnvolles Lernen fördern.

Was wäre nämlich der Lohn für eine Auseinandersetzung mit der "Seitwärtskraft" und der "tangentialen Wurfkraft" gewesen? Erörtern wir die merkwürdig klingende Behauptung "Der Mond fällt um die Erde" (Abb. 3): Die einzige für die Mondbewegung verantwortliche Kraft ist die Zentralkraft in Richtung auf die Erde. Insofern

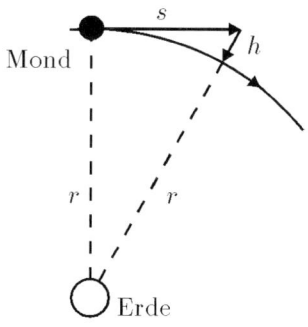

Abb. 3: Der Mond fällt um die Erde.

ist die Mondbewegung ein freier Fall. Jedoch sind die Richtungen von Kraft und Bewegung verschieden; der Mond fällt zwar frei zur Erde, dennoch stürzt er nicht auf sie. Die Komponente der Bewegung in Richtung der momentanen Bahntangente ist gerade eine solche, für die keine Kraft verantwortlich ist.

Aus dem rechtwinkligen Dreieck in Abb. 3 lesen wir die folgende Beziehung ab,

$$r^2\left(1+\frac{h}{r}\right)^2 = r^2 + s^2$$

und da für infinitesimal kleine Zeitintervalle Δt des Bewegungsablaufs $h/r \ll 1$ ist, folgt daraus näherungsweise

$$h \approx \frac{s^2}{2r}.$$

Dem Charakter der beiden Bewegungskomponenten entsprechend setzen wir

$$s = v \cdot \Delta t \quad \text{und} \quad h = \frac{a}{2}(\Delta t)^2 \quad \text{und erhalten}$$

$$a = \frac{v^2}{r} = \left(\frac{2\pi}{T}\right)^2 r.$$

Mit der Umlaufzeit $T_M = 27,3$ Tage und dem Bahnradius $r_M = 384400$ km ergibt sich die Beschleunigung des Mondes zu $a_M = 0,27 \text{cm/s}^2$. Diese vergleichen wir mit der Beschleunigung $a_A = 981 \text{cm/s}^2$ eines in der Nähe der Erdoberfläche ($r_A = 6372$ km) fallenden Apfels. Auch für seine Bewegung ist allein die zum Erdmittelpunkt gerichtete Zentralkraft verantwortlich - die Physik am Himmel und auf der Erde ist die gleiche. Allerdings stimmen bei ihm die Richtungen von Kraft und Bewegung überein. Wir finden

$$\frac{a_A}{a_M} = 3640 \quad , \quad \frac{r_A}{r_M} = \frac{1}{60,3}$$

und mit $60,3^2 \approx 3640$ das quadratische Abstandsgesetz

$$\frac{a_A}{a_M} = \left(\frac{r_M}{r_A}\right)^2.$$

Außerdem haben wir gelernt (und zwar ohne den terminus technicus der "Integrationskonstanten" verwenden zu müssen), daß für die Vielfalt der Bewegungen bei *ein und derselben* Kraft die Anfangsbedingungen, die für die Mondbewegung tief in der Geschichte des Sonnensystems verborgen sind, genauso wichtig sind wie das Kraftgesetz selbst.

3.2 Elektrostatik und Gravitation - ein Vergleich

Obwohl die Begriffe "leicht", "schwer", "oben" und "unten" zu den ältesten der Menschheit gehören, ist - historisch gesehen - das Phänomen Gravitation erst sehr spät verstanden worden. Das hat vor allem zwei Gründe: erstens die Universalität der Gravitation, die darin besteht, daß ein homogenes Schwerefeld alle Körper gleich stark beschleunigt (Galilei) und zweitens ihre Konstanz, die Tatsache also, daß das Schwerefeld nahe der Erdoberfläche (näherungsweise) homogen ist. Die Universalität der Gravitation ist ihre wichtigste Eigenschaft, ihr grundlegender Unterschied zu anderen Kräften.

Nachdem diese Erschwernisse historisch nun überwunden sind, werden sie den Schülern beim Lernen jedesmal neu zugemutet. Dabei wird die Einsicht in das Wesen der Gravitation durch die undifferenzierte Verwendung des Begriffs "Masse" als Antwort auf zwei völlig verschiedene Fragen erschwert. Diese lauten:
1. Wie schwer ist es, einen Körper durch irgendeine Kraft zu bewegen?
2. Wie schwer ist der Körper? Mit anderen Worten: Wie stark wird er durch ein spezielles Kraftfeld, eben das Gravitationsfeld, beeinflußt?

Es hat sich genau das ereignet, was F. Hund [6] beschreibt:
"Als Physiker wissen wir wenigstens aus der jüngsten Geschichte unserer Wissenschaft, daß die wichtigsten und grundlegenden Erkenntnisse nur bei ihrem Entstehen ausführlich diskutiert werden, nachher werden sie mehr oder weniger geglaubt und als selbstverständlich ohne Bedenken gehandhabt."

Wir behandeln zunächst die Elektrostatik, da sie als Antwort auf die beiden entsprechenden Fragen zwei Begriffe kennt. Die Frage "Wie schwer ist es, einen Körper zu bewegen?" ist unabhängig von der Spezifik des Kraftfeldes und wird mit dem Begriff der trägen Masse m_t beantwortet.

Wie stark ein Körper von einem elektrischen Feld beeinflußt wird, hängt von seiner elektrischen Ladung q ab. Die spezifische, auf die *träge* Masse bezogene, elektrische Ladung q/m_t ist erfahrungsgemäß von Körper zu Körper verschieden,

$$\frac{q}{m_t} \lessgtr 0 \tag{1}$$

und damit auch die durch ein elektrisches Feld erteilte Beschleunigung

$$a = \frac{q}{m_t} E . \tag{2}$$

Schließlich ist diese Eigenschaft die Grundlage für technische Apparate wie den Massenspektrographen, der Teilchen gleicher elektrischer Ladung nach ihrer Masse sortiert.

Im Falle der Gravitation wird die erste Frage wieder durch die träge Masse beantwortet. Wie schwer aber ein Körper ist, wie stark er also an das Schwerefeld koppelt, hängt von seiner schweren Masse m_t ab, die wir in Analogie zur Elektrostatik aus didaktischen Gründen besser Gravitationsladung nennen sollten. Beide "Massen", die träge Masse m_t und die Gravitationsladung m_s, sind logisch voneinander genauso unabhängig wie die Fragen, die sie beantworten. Es ist eine allein das Gravitationsfeld charakterisierende Eigenschaft, daß die spezifische Gravitationsladung m_s / m_t für alle Körper gleich ist

$$\frac{m_s}{m_t} = 1 \ . \tag{3}$$

An die Stelle von (2) tritt nun

$$a = g \tag{4}$$

mit g als Schwerebeschleunigung. Auf der Basis des freien Falls im homogenen Schwerefeld ließe sich kein Massenspektrograph konstruieren. Wir sehen also, daß es vorteilhaft sein kann, im Klassenzimmer eine andere Sprache ("Gravitationsladung") zu verwenden als im Labor des Physikers ("Masse").
Die universelle Konstanz der spezifischen Gravitationsladung rechtfertigt die Doppelbedeutung des Begriffs "Masse". In didaktischer Hinsicht ist sie die Hauptschwierigkeit und zugleich der Schlüssel für das Verständnis des Phänomens Gravitation.

3.3 Schwerelosigkeit und Gezeiten

Die durch $m_s = m_t$ ausgedrückte Universalität der Gravitation ist im Rahmen der Newtonschen Physik nicht herleitbar, sondern ein unabhängiges Naturgesetz. Auf der Grundlage seiner berühmten Fahrstuhl-Gedankenexperimente stellte Einstein das sog. Äquivalenzprinzip an die Spitze seiner Theorie. Es besagt:
In einem kleinen Labor (so klein, daß man die Feldlinien des Schwerefeldes als parallel ansehen darf), das in einem Schwerefeld frei fällt, sind alle Gesetze der Physik die gleichen wie die ohne Schwerefeld in einem Inertialsystem.
Zusammen mit vielen anderen Konsequenzen folgt aus diesem Prinzip die Gleichheit von träger und schwerer Masse. Begeben wir uns gedanklich in die Situation eines in einer kleinen, frei fallenden Fahrstuhlkabine mitfallenden Beobachters. Hält dieser anfänglich die legendäre Stahlkugel und die Vogelfeder neben sich in Ruhe, so werden sie in bezug auf ihn und die Kabine dauernd in Ruhe bleiben (Inertialsystem!). Das ist nur möglich, wenn bei Abwesenheit nicht gravitativer Kräfte auch Schwerelosigkeit herrscht.
Ein Beobachter am Boden, der dem Geschehen zusieht, wird sagen, daß die Kabine, der mitfallende Beobachter, die Stahlkugel und die Vogelfeder gleich schnell fallen. Da er die Schwerkraft spürt, und zwar nicht, weil er sich im Schwe-

refeld befindet (das gilt für den Beobachter in der Kabine ja auch), sondern weil ihn der Erdboden am freien Fall hindert, wird er das gleich schnelle Fallen als eine Eigenschaft dieser Schwerkraft deuten.

Kehren wir nun zurück zur Bewegung eines Satelliten um die Erde. Wir wiederholen: Obwohl die Richtungen von Kraft und Bewegung nicht mehr übereinstimmen, handelt es sich um den freien Fall. Folglich herrscht im Innern eines kleinen Erdsatelliten aus dem gleichen Grunde Schwerelosigkeit wie in der frei fallenden Fahrstuhlkabine. (Hier sehen wir, wie sehr die "Entfernungs-Erklärungen" einer vermeintlich angenäherten Schwerelosigkeit das Verständnis der vollkommenen Schwerelosigkeit im freien Fall blockieren.)

Im übrigen befinden wir uns ja selbst dauernd in dieser Situation, denn auch die Erde ist auf ihrer Bahn um die Sonne im freien Fall. Tatsächlich spüren wir die Anziehungskraft der Sonne nicht. Andernfalls müßten wir uns am Tage, wenn die Sonne über uns steht, ja leichter und nachts, wenn sie unter uns steht, schwerer fühlen.

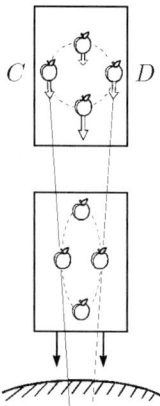
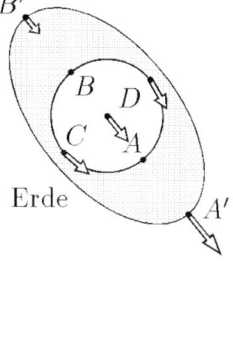

Abb.4: Ein frei fallender Kreisring von Testteilchen wird zu einer Ellipse verformt.

Abb. 5: Die Verformung der Ozeane durch die Gezeitenwirkung des Mondes in einer stark übertriebenen Darstellung.

In einem Zuge mit der Schwerelosigkeit behandeln wir nun auch die Gezeiten. Wieder beginnen wir mit einem Gedankenexperiment in Einsteins Fahrstuhl (Abb. 4), der nun nicht mehr "klein" sei, so daß wir die Konvergenz der Schwerefeldlinien zum Erdmittelpunkt hin bereits innerhalb der Fahrstuhlkabine in Rechnung stellen müssen. Benachbarte Testteilchen (die Äpfel aus Abb. 4) erfahren durch die Erde eine Beschleunigung aufeinander zu, und ein aus ihnen anfänglich gebildeter Kreisring wird zu einer Ellipse deformiert. (Die gegenseitige Massenanziehung der Äpfel wird dabei völlig vernachlässigt!) Bei einem Anfangsabstand der Äpfel C und D von 1 m bewirken 100 m freier Fall in der Nähe der Erdoberfläche eine Annäherung um 0,016 mm.

Beim "Real-Experiment", den Gezeiten im traditionellen Wortsinn, werden die Ozeane verformt, weil ihre Teile relativ zueinander und zum festen Erdkörper beschleunigt werden wie die Äpfel im Gedankenexperiment (Abb.5). Dafür ist der Einfluß des Mondes bedeutender als der der Sonne, obwohl die Anziehungskraft der Sonne auf die Erde 177mal größer als die des Mondes ist. Wir haben oben bereits betont, daß wir die Anziehungskraft der Sonne gar nicht spüren, denn wir fallen ja frei. Es kommt darauf an, wie stark sich die Anziehungskräfte über den Erddurchmesser hinweg ändern, und das sind beim Mond 6,6%, bei der Sonne aber nur 0,017%!

Auch der Flutberg B' von Abb. 5 läßt sich auf diese Weise leicht erklären: Der Punkt B des festen Erdkörpers fällt wie der Erdmittelpunkt und läßt den Punkt B' des Ozeans zurück, der, von B aus gesehen, als Flutberg erscheinen muß, obwohl auch er zum Mond hin beschleunigt wird.

Wir haben bis hierher ausschließlich Bekanntes zum Thema Gravitation behandelt, es allerdings im Lichte von Einsteins Fahrstuhl-Gedankenexperimenten neu gesehen. Letztere sind ein "Triumph der Wissenschaft", der darin besteht, "daß wir einen solchen Gedankengang finden können, daß das Gesetz einleuchtend erscheint." (R.P. Feynman). Insbesondere haben wir qualitative Fehlvorstellungen von Schülern mit qualitativen Argumenten widerlegen können. Auf die gelegentlich erhobenen Bedenken, ob denn Allgemeine Relativitätstheorie in den Unterricht gehöre, antworten wir daher: Wenn ein Physiklehrer um wissenschaftliche Korrektheit in seinem Unterricht bemüht ist, kann er das durch diese Theorie veränderte Verständnis von Gravitation nicht ignorieren.

3.4 Elektromagnetische Wellen und Gravitationswellen

Den Vergleich von Elektromagnetismus und Gravitation haben wir bislang auf statische Situationen beschränkt. Auch die Schulbuchliteratur geht darüber nicht hinaus. Das Feldkonzept wird aber erst bei zeitabhängigen Problemen wirklich bedeutsam. Unser bisher praktizierter Zugang ist tragfähig genug, um uns sogar einen Einblick in das Thema "Gravitationswellen" zu gewähren. Die Darstellung in diesem Abschnitt ist wesentlich von P.C.W. Davies [7] beeinflußt.

3.4.1 Elektromagnetische Wellen

Wir beginnen mit den vertrauten elektromagnetischen Wellen.

In einem einfachen Beispiel mögen zwei Teilchen mit den (trägen) Massen m_{t1} und m_{t2} die Ladungen $q_1 = +e$ bzw. $q_2 = -e$ tragen und durch Federkraft beschleunigt werden (Abb. 6). Bewegt sich bei einer Kontraktion der Feder die positive Ladung um die Strecke Δx nach rechts, bewegt sich die negative um die Strecke $\frac{m_{t1}}{m_{t2}} \cdot \Delta x$ nach links.

Der Ladungsmittelpunkt (das elektrische Dipolmoment) ist:

$$p_{el} = (+e)(+\Delta x) + (-e)\left(-\frac{m_{t1}}{m_{t2}}\Delta x\right). \tag{5}$$

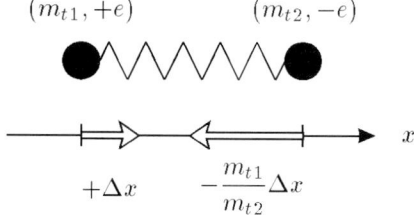

Abb. 6: Ein schwingender Dipol aus elektrischen Ladungen.

Sind insbesondere die Massen beider Teilchen einander gleich, ist die Bewegung der positiven Ladung um die Strecke Δx nach rechts und die der negativen um die gleiche Strecke nach links äquivalent zur Verschiebung *einer* doppelten positiven (negativen) Ladung nach rechts (links):

$$(+e)(+\Delta x) + (-e)(-\Delta x) = (+2e)(+\Delta x) = (-2e)(-\Delta x) .$$

Der Ladungsmittelpunkt schwingt, das Dipolmoment ändert sich. (Bei der Expansion der Feder ersetzen wir Δx durch $-\Delta x$.)
An der zeitlichen Veränderlichkeit des elektrischen Dipolmoments ändert sich auch dann nichts, wenn sich nur noch eines der beiden Teilchen bewegt. Dies können wir z.B. dadurch realisieren, daß wir bei gleichbleibender elektrischer Ladung q_1 die Masse m_{t1} so vergrößern, daß $\frac{q_1}{m_{t1}} \ll \frac{q_2}{m_{t2}}$ gilt.

Bekanntlich werden von den beschleunigt bewegten Ladungen elektromagnetische Wellen erzeugt, weil sich der mit der Bewegung der Ladungen verbundene Umbau der elektromagnetischen Felder nicht schneller als mit Lichtgeschwindigkeit ausbreiten kann. Auf die Einzelheiten gehen wir nicht ein, sondern verweisen z.B. auf die Darstellung in [8].

Wird die Beschleunigung eines elektrisch geladenen Teilchens statt durch eine Feder durch ein anderes geladenes Teilchen bewirkt, so ist für den Ablösevorgang elektromagnetischer Wellen charakteristisch, daß das elektrische Feld, das ein geladenes Teilchen umgibt, selbst elektrisch neutral ist. Also spürt nur das zu beschleunigende Teilchen, aber nicht sein Feld die andere Ladung. Wie auch bei dem Beispiel von Abb. 6 wird einige Zeit vergehen, bis das Fernfeld auf die veränderte Bewegung seiner Quelle reagiert.

Eine wichtige Anwendung dieser Ideen ist das elektromagnetische Stabilitätsproblem des alten Rutherfordschen Planetenmodells des Atoms. Die Bewegung eines Elektrons um den Atomkern ist die beschleunigte Bewegung einer Ladung. Durch den Energieverlust infolge der Abstrahlung elektromagnetischer Wellen sollte das Elektron binnen 10^{-10}s in den Kern spiralen (s. Abb. 7) - im Widerspruch zur Stabilität der Atome. Dieses Problem ist im Bewußtsein von Schülern und Studenten größtenteils nicht mehr vorhanden, wohl deshalb, weil Schulbuchautoren es zum Fossil erklärt und es aus den Büchern verbannt haben. Andere Autoren geben aber sogar die Strahlungsleistung P bei der Beschleunigung a einer elektrischen Ladung q an [8]:

$$P = \frac{2}{3} \frac{q^2}{4\pi\varepsilon_0 c^3} a^2 \, . \tag{6}$$

Dieses Problem sollte seine Daseinsberechtigung nicht nur als eine die Quantenmechanik motivierende Fragestellung behalten, denn: "Wir verstehen eine Theorie, wenn wir das Problem verstehen, zu dessen Lösung sie erfunden wurde" (K. Popper). Auch als Vergleichsgegenstand für das noch zu behandelnde gravitative Stabilitätsproblem ist es von Interesse.

Zunächst fragen wir jedoch, ob man in der Schule einen Zugang zu der Strahlungsleistung (6) überhaupt gewinnen kann. Immerhin gehört die Herleitung dieser Formel ja selbst in Hochschullehrbüchern zu den fortgeschritteneren Themen der Elektrodynamik. Wir bedienen uns hier der Dimensionsanalyse als eines heuristischen Instruments.

Der zeitliche Energieverlust P wird einerseits von Größen abhängen, die das beschleunigt bewegte Elektron charakterisieren: von seiner Ladung e und dem Abstand r vom Kern in der Kombination $e \cdot r$, denn elektromagnetische Strahlung entsteht (vgl. Glg. (5)), wenn sich das Dipolmoment ändert, sowie von der Umlauffrequenz ω. Aber auch Naturkonstanten, die elektromagnetische Wellen charakterisieren, sollten vorkommen: die elektrische Feldkonstante ε_0 und die Lichtgeschwindigkeit c. Wir versuchen damit den Zusammenhang:

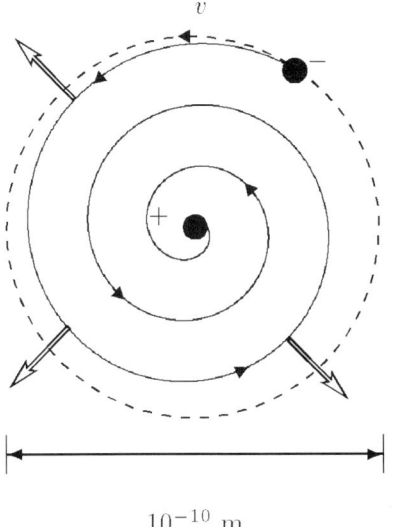

Abb.7: Die Instabilität des Rutherfordschen Planetenmodells des Atoms.

$$P \sim (er)^\alpha \omega^\beta \cdot c^\gamma \varepsilon_0^\delta \ .$$

Ausgedrückt durch die Grundgrößen Länge (L), Zeit (T), Masse (M) und Stromstärke (I) ist dim $P = ML^2T^{-3}$, dim $(er) = IT \cdot L$, dim $\omega = T^{-1}$, dim $c = LT^{-1}$ und, wie man am einfachsten aus dem Coulombgesetz ersehen kann:

dim $\varepsilon_0 = I^2 T^4 M^{-1} L^{-3}$. Der Exponentenvergleich in

$ML^2 T^{-3} = I^{\alpha+2\delta} T^{\alpha-\beta-\gamma+4\delta} L^{\alpha+\gamma-3\delta} M^{-\delta}$ ergibt $\alpha = 2 \wedge \beta = 4 \wedge \gamma = -3 \wedge \delta = -1$

und damit schon aus Dimensionsgründen

$$P \sim \frac{(er)^2 \omega^4}{c^3 \varepsilon_0} \ . \tag{7}$$

Dies ist die Strahlungsleistung (6), wenn man für a die Beschleunigung auf der Kreisbahn nimmt. Der Zahlenfaktor $\frac{2}{3} \cdot \frac{1}{4\pi}$ läßt sich durch Dimensionsanalyse natürlich nicht gewinnen.

3.4.2 Gravitationswellen

Wenden wir uns nun den Gravitationswellen zu und betrachten einen schwingenden Massendipol (Abb.8), der sich von dem aus Abb. 6 nur dadurch unterscheidet, daß die beiden gleich großen Massen nun elektrisch neutral sind.
Daß der Mittelpunkt der elektrischen Ladung auch für zwei Ladungsträger mit gleichen Massen noch schwingen konnte, lag daran, daß es elektrische Ladungen beiderlei Vorzeichen gibt. Die Masse ist jedoch immer positiv, Gravitation stets anziehend, und obendrein ist das Verhältnis von Gravitationsladung zu träger Masse für alle Körper gleich. In der Anordnung von Abb. 8 schwingt deshalb der Massenmittelpunkt (das Massendipolmoment) nicht.
Anstelle von (5) haben wir

$$p_{grav} = m_{s1}(+\Delta x) + m_{s2}\left(-\frac{m_{t1}}{m_{t2}} \cdot \Delta x\right) = m_{t1}\left(\frac{m_{s1}}{m_{t1}} - \frac{m_{s2}}{m_{t2}}\right) \cdot \Delta x = 0 \ . \tag{8}$$

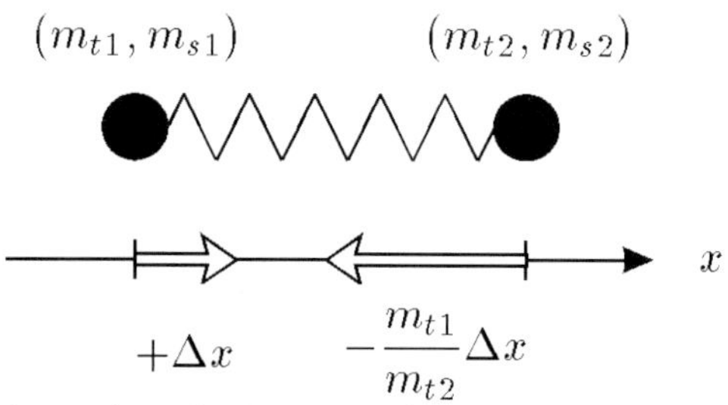

Abb. 8: Ein schwingender Dipol aus Gravitationsladungen (Massendipol)

Zwar schwingen die Konstituenten des Dipols für sich, man kann sie jedoch nicht durch eine einzige schwingende Masse ersetzen, wie es bei den Ladungen möglich war (vgl. (5)). Es hilft auch nicht, wenn wir die Trägheit des einen Körpers stark erhöhen in der Hoffnung, der Massenmittelpunkt könnte durch die alleinige Schwingung des anderen Körpers in Bewegung geraten. Während die Trägheit erhöht werden konnte, ohne daß die elektrische Ladung zunehmen mußte, wächst mit der trägen Masse in gleichem Maße auch die schwere Masse. Das Massendipolmoment ändert sich also nicht, wohl aber

$$Q_{grav} = m(+\Delta x)^2 + m(-\Delta x)^2 = 2m(\Delta x)^2 . \tag{9}$$

Die universelle Gleichheit von träger und schwerer Masse hat auch Auswirkungen auf die Ablösung von Gravitationswellen von der Quelle des Gravitationsfeldes.

Wenn eine Masse durch das Gravitationsfeld einer zweiten Masse anstelle der Feder beschleunigt wird, können wir nicht mehr - wie bei den elektrischen Ladungen - sagen, daß zwar die zu beschleunigende Masse, aber nicht ihr Gravitationsfeld das Gravitationsfeld der beschleunigenden Masse spürt. Ein Gravitationsfeld ist nicht gravitativ neutral! Mehr noch: Daß alle "Körper" durch ein Gravitationsfeld die gleiche Beschleunigung erfahren, gilt lokal ("in kleinen Fahrstuhlkabinen") auch für Felder. Können sich dann überhaupt Gravitationswellen ablösen, wenn doch die Felder mit ihren Quellen "gleich schnell" fallen?

Die Antwort lautet: Das Äquivalenzprinzip macht eine Aussage über lokale Verhältnisse, Felder erstrecken sich jedoch über den ganzen Raum. Das Fernfeld der zu beschleunigenden Masse spürt daher eine andere Anziehungskraft als die Masse selbst, so wie auch Teile der Ozeane eine andere Anziehungskraft des Mondes als etwa der Erdmittelpunkt spüren. Es sind also die Gezeitenkräfte, die eine Ablösung von Gravitationswellen von den felderzeugenden Massen doch noch ermöglichen.

Wie beim Rutherfordschen Atommodell das elektromagnetische Stabilitätsproblem auftritt, so sollte es bei Doppelsternsystemen ein gravitatives geben. Während aber die Quantenmechanik u.a. dafür erfunden wurde, die Stabilität der Atome in der Realität auch in der Theorie wiederzufinden, wäre es höchst wünschenswert, den vorausgesagten Kollaps eines Doppelsternsystems infolge des Energieverlustes durch Gravitationswellen in der Natur zu beobachten. Das enge Doppelsternsystem, dessen eine Komponente der Pulsar PSR 1913+16 ist, ist dafür ein Beispiel [9] (Abb.9).

Wir schätzen die Strahlungsleistung wieder mit Hilfe der Dimensionsanalyse ab. An die Stelle der elektrischen Ladung beim Rutherford-Atom tritt jetzt die Masse m, und zwar in der Kombination mr^2 (vgl. (9)). Wir stellen nun fest, daß sich aus den Systemparametern allein eine Strahlungsleistung:

$$P_{System} \sim \left(mr^2\right)^\alpha \omega^\beta$$

mit $\alpha = 1$ und $\beta = 3$ konstruieren läßt. Das kann aber nicht die Lösung unseres Problems sein, denn es fehlen die charakteristischen Naturkonstanten: die Lichtgeschwindigkeit c und - anstelle von ε_0 - die Gravitationskonstante G. Aus diesen beiden allein ergibt sich mit dim $G = L^3 M^{-1} T^{-2}$ wieder eine Strahlungsleistung, nämlich $P_{Natur} = G^\gamma c^\delta$ mit $\gamma = -1$ und $\delta = 5$. Erst die denkbar einfachste Kombination beider:

$$P = \frac{P_{System}^2}{P_{Natur}} \sim \frac{\left(mr^2 \omega^3\right)^2}{\left(\dfrac{c^5}{G}\right)} \tag{10}$$

könnte eine Lösung unseres Problem sein. Dabei steht P_{Natur} im Nenner, denn es ist:

$$P_{Natur} = 3{,}6 \cdot 10^{52} \frac{J}{s},$$

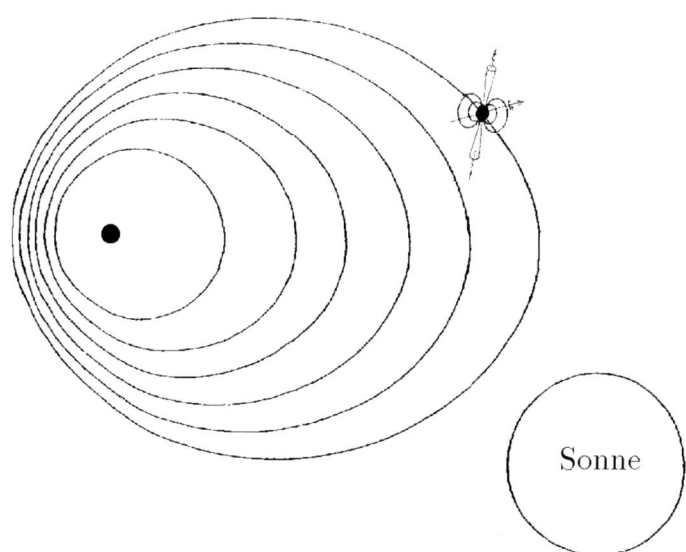

Abb. 9: Die Instabilität des Pulsar-Doppelsterns PSR 1913+16. (Die Sonne ist zum Zwecke des Größenvergleichs eingezeichnet.)

entsprechend einer thermischen Leuchtkraft von 10^{26} (!) Sonnen, und wir haben ja gerade mit Hilfe des Äquivalenzprinzips argumentiert, daß Gravitationswellen sehr schwach sein müssen. Das Erstaunliche ist nun: Nach der Allgemeinen Relativitätstheorie ist Gleichung 10 die für die gesuchte Strahlungsleistung - bis auf einen Faktor $\frac{64}{5}$! Mit den Bahnparametern des Pulsar-Doppelsterns [9] ergibt sich eine "Lebensdauer" des Systems von

$$\tau \approx \frac{E}{P} \approx 2{,}6 \cdot 10^9 \mathrm{a} \ .$$

Dadurch, daß eine seiner Komponenten, der sehr stabil rotierende Pulsar, eine Uhr verkörpert, die in ihrer Genauigkeit mit den genauesten Atomuhren vergleichbar ist, kann man schon im Verlaufe von nicht einmal 20 Jahren die Auswirkungen der Gravitationswellen-Abstrahlung auf die Umlaufzeit beobachten (Abb.10) und eine erstaunlich gute Übereinstimmung mit der Theorie konstatieren.

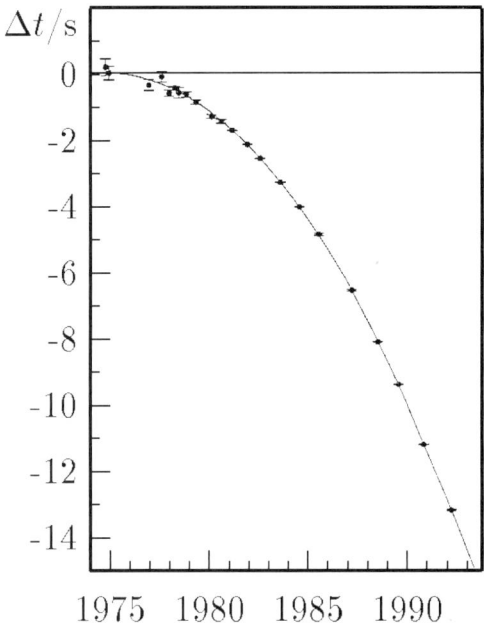

Abb. 10: Verschiebung Δt der Durchgangszeit durch das Periastron der Bahn des Pulsars PSR 1913+16 infolge der Abstrahlung von Gravitationswellen (durchgezogene Kurve: Vorhersage der Theorie, Punkte: Meßwerte mit Fehlergrenzen), nach [10]

3.4.3 Kritik an der Dimensionsanalyse

Worin bestehen die Vorzüge und Grenzen der Dimensionsanalyse? Ist dieses qualitative Verfahren ein brauchbares Werkzeug für den Unterricht?

Unbestritten ist wohl ihre Nützlichkeit bei der Fehlersuche in Ergebnissen oder einzelnen Schritten von deren Herleitung.

Als heuristisches Instrument besteht ihr großer *Vorzug* darin, daß sie zum physikalischen Überlegen und Argumentieren zwingt und beispielsweise die Aufmerksamkeit auf die Rolle der für ein Problem relevanten Naturkonstanten lenkt. Sie hat nur Sinn, wenn aus der Kenntnis des physikalischen Problems heraus vorher entschieden wird, welche Parameter für die Lösung des Problems eine Rolle spielen. Ohne die ausführliche Erörterung des Unterschiedes von spezifischer elektrischer und Gravitationsladung und die Schlußfolgerung, daß elektromagnetische Strahlung Dipolstrahlung ist, Gravitationsstrahlung aber nicht, hätte unsere Analyse keinen Sinn gehabt.

Mit anderen Worten: Die Dimensionsanalyse verlangt die Einhaltung von Wheelers Verhaltensregel "Never start a calculation before you know the answer" [11]. Im gleichen Sinne schreibt Mößbauer über eine Begegnung mit Feynman [12]:

"Er als Theoretiker untersagte mir bei Diskussionen zu meinem großen Erstaunen die Verwendung von mathematischen Formulierungen mit der Begründung, daß die Mathematik ja nachgeholt werden könne, wenn die Lösungen erst einmal klar wären."

Die Dimensionsanalyse birgt aber auch Nachteile und Gefahren, die wir nicht verschweigen dürfen.

Ein offensichtlicher Nachteil liegt in dem Verfahren selbst: Dimensionslose Faktoren wie in unserem Fall $\frac{2}{3} \cdot \frac{1}{4\pi}$ oder $\frac{64}{5}$ können nicht gewonnen werden. Für einen quantitativen Vergleich von Theorie und Experiment kommt es aber auf ihren genauen Wert an.

Zum anderen können Vorzüge und Grenzen dieses heuristischen Verfahrens eigentlich nur von dem eingeschätzt werden, der die vollständige Lösung des Problems kennt, für die die Dimensionsanalyse kein Ersatz ist. Das sind unsere Schüler aber in der Regel nicht. Dort, wo die Dimensionsanalyse erfolgreich ist, darf sie nicht leichtsinnig mit der physikalischen Theorie verwechselt werden!

Indem diesem Verfahren physikalische Überlegungen vorausgehen müssen, bewahrt es uns davor, uns zu dem für den Lehrer verbotenen Satz "Es kommt eben so heraus" hinreißen zu lassen.

4 Literatur

[1] Pflug, A.: Der menschliche Lebensraum zwischen Atom und Kosmos: eine Reise durch Dimensionen und Disziplinen, Physik und Didaktik 22(1994)(2)103-125
[2] Einstein, A.: Rede zur Eröffnung der Rundfunk- und Phono-Ausstellung in Berlin am 22.8.1930 (zitiert nach F. Herneck, Bahnbrecher des Atomzeitalters, Buchverlag Der Morgen, Berlin 1969)
[3] Einstein, A.: Mein Weltbild, (Hrsg. C. Seelig) Frankfurt/M., Berlin, Wien 1977
[4] McDermott, L.C.: Research on conceptual understanding in mechanics, Physics Today (1984)(7)2-10
[5] Nachtigall, D.K.: Krise des Physikunterrichts — Fünf Thesen zu einem aktuellen Thema, PLUS LUCIS (Wien) (1993)(1)5-9
[6] Hund, F.: Geschichte der physikalischen Begriffe, Spektrum Akademischer Verlag Heidelberg, Berlin, Oxford 1996
[7] Davies, P.C.W.: The search for gravity waves, Cambridge University Press, Cambridge 1980
[8] Sexl, R., I. Raab, E. Streeruwitz: Der Weg zur modernen Physik - Eine Einführung in die Physik, Bd. 2, Verlag M. Diesterweg Frankfurt/M., Berlin, München 1980, S. 190
[9] Lotze, K.-H.: Nobelpreis für Astronomen - Ein Doppelstern sendet Gravitationswellen aus, Der Mathematische und Naturwissenschaftliche Unterricht (MNU) (6)327-338
[10] Taylor, J.H.: Eröffnungsvortrag des Texas-Symposiums über Relativistische Astrophysik, München, Dezember 1994
[11] Taylor, E.F., J.A. Wheeler: Physik der Raumzeit - Eine Einführung in die spezielle Relativitätstheorie, Spektrum Akademischer Verlag Heidelberg, Berlin, Oxford 1994
[12] Mößbauer, R.: Vorwort zu R.P. Feynman, Vom Wesen physikalischer Gesetze, Piper-Verlag München, Zürich 1990

H. Dittmann - W. B. Schneider

Ein Experimentiersatz zur Wärmelehre mit vielen Möglichkeiten

1 Vorbemerkung

Die Auseinandersetzung mit Vorgängen des Wärmetransports und möglicher Energieumwandlungen gewinnen im Physikunterricht an zusätzlicher Bedeutung, wenn man sich der Herausforderung stellt, auch Umweltprobleme mit physikalischen Methoden zu bewerten. Bei diesem Bemühen sind überzeugende Experimente, die nicht unbedingt immer quantitativer Natur sein müssen, unerläßlich. Das Rüstzeug der Schulphysik für derartige Experimente entspricht allerdings seit vielen Jahrzehnten einem unveränderten Standard: Neben Thermometern verschiedener Bauart und Kalorimetern findet sich in den Sammlungen meist noch eine Experimentieranordnung zur Bestimmung des mechanischen Wärmeäquivalents (nach Schürholz), manchmal ist auch eine Thermosäule oder sogar eine Wärmepumpe vorhanden. Es fehlt aber ein Gerät zum direkten Nachweis und zur Messung von Wärmeströmen, so daß das vielfältige Wärmegeschehen in Natur und Technik meist nur indirekt über Temperaturmessungen erschlossen werden kann.

Im folgenden wird ein Experimentiersatz beschrieben, der sich durch große Einfachheit und überzeugende Daten auszeichnet und der selbst zusammengestellt werden kann. Er gestattet die Durchführung fast aller wesentlichen Standardversuche der Wärmelehre und ermöglicht darüber hinaus interessante Einblicke in Vorgänge des Wärmetransportes und der Energieumwandlungen.

2 Technische Hinweise zum Experimentiersatz

Der Experimentiersatz besteht aus wenigen, aufeinander abgestimmten Teilen, die sich leicht und mit geringen Kosten (weniger als 150 DM) beschaffen lassen. Er setzt sich aus folgenden Bestandteilen zusammen (s. Abb. 1):
- Zwei Metallwürfel aus Aluminium bzw. Kupfer, in die Temperaturfühler eingebaut sind, so daß man über angeschlossene Digitalthermometer die Temperatur der Würfel messen kann;
- Ein Peltiermodul, wie es zur gezielten Kühlung elektronischer Bauteile verwendet wird. Das hier verwendete Modul enthält 127 in Serie geschaltete Thermoelemente, die zwischen zwei dünnen Keramikplatten angeordnet sind. Es hat die Form eines flachen quadratisches Plättchens (30mm Kantenlänge, 3,5 mm Dicke). Es dient einerseits als Wärmepumpe, andererseits wird es zur Wärmestrommessung eingesetzt. Über den Aufbau des Peltiermoduls und seine universelle Verwendbarkeit im Physikunterricht haben wir schon an anderer Stelle berichtet; wegen Einzelheiten verweisen wir auf [1] - [3] und die Abb. 2 und 3, in denen das Peltiermodul in verschiedenen Detailansichten gezeigt wird und weitere technische Details angeben sind;

- Digitalthermometer mit zwei Meßfühlern und zwei großen Anzeigen;
- Transistor-Kühlblech (ca. 100x100mm^2);
- Solarmotor oder Tachogenerator (kleines Trägheitsmoment und Anlaufdrehmoment, Spannung ca. 0,5V -5V);
- Wärmeleitpaste;
- Verpackungsmaterial aus Styropor und Kunststoffschaum, Papprören und Alufolie wie man es in der Sammlung oder im Haushalt findet.

Die Metallklötze werden aus Stangenmaterial (30 x 30 mm^2 Querschnitt), das im Metallhalbzeughandel erhältlich ist, herausgesägt. Die Seitenteile des Stangenmaterials sind meistens bereits so plan, daß man diese als Kontaktflächen verwenden kann. Die Planheit ist wichtig, damit ein guter Wärmekontakt beim Aneinanderlegen zweier Würfel oder beim Auflegen des Peltiermoduls gewährleistet ist. Digitalthermometer mit besonders großer Ziffernanzeige sind im Elektronik-Versandhandel erhältlich (s. [4]).

Besonders bewährt hat sich eine Ausführung (Typ „Big Digit"), bei der zwei Anzeigen mit 30 mm hohen Ziffern übereinander angeordnet sind. Die eine Anzeige ist für einen internen Sensor, die andere für einen externen, der in einem kleinen, zum Ankleben an Fensterscheiben vorgesehenen Kunststoffnapf eingegossen ist, aus dem er sich leicht entnehmen läßt. Auch der interne Sensor kann mit geringer Mühe aus dem Thermometergehäuse ausgebaut und nach außen verlegt werden. Beide Sensoren sind gleichartige NTC Widerstände. Zum Einbau der Sensoren bohrt man in der Mitte einer Würfelseite ein bis zur Würfelmitte reichendes Loch von 2 mm Durchmesser, füllt etwas Wärmeleitpaste ein und versenkt darin den Temperatursensor. Die Zuleitungen werden mit Schrumpfschlauch verstärkt. Vom Rand und vom oberen Teil der Bohrung beseitigt man alle Spuren von Wärmeleitpaste und befestigt die Zuleitung des Sensors mit Zweikomponentenkleber, so daß der Würfel nach dem Festwerden des Klebers an der Zuleitung bequem gehalten werden kann. Es läßt sich damit insgesamt ein Würfelpaar an ein Digitalthermometer anschließen, so daß beide Temperaturen gleichzeitig abgelesen werden können. Man kann auch Digitalthermometer verwenden, die nur eine Temperatur anzeigen. In diesem Fall benötigt man für jeden Würfel ein Gerät. Hinweise auf ein Digitalthermometer mit einer projezierbaren Anzeige findet man bei Hacker [5].

Der praktische Umgang mit dem Peltiermodul erfordert noch eine Zugentlastung der Anschlußkabel und eine Abdichtung gegen Feuchtigkeit. Nach einigen Vorversuchen hat sich die in Abb. 2 vorgestellte Halterung gut bewährt.

Hinweis: Mittlerweile ist ein Schülerübungssatz zur Wärmelehre von der Firma Mekruphy [4] entwickelt worden, der Teile des Gerätesatzes enthält und mit dem unter anderen auch die im Folgenden beschriebenen Experimente durchgeführt werden können.

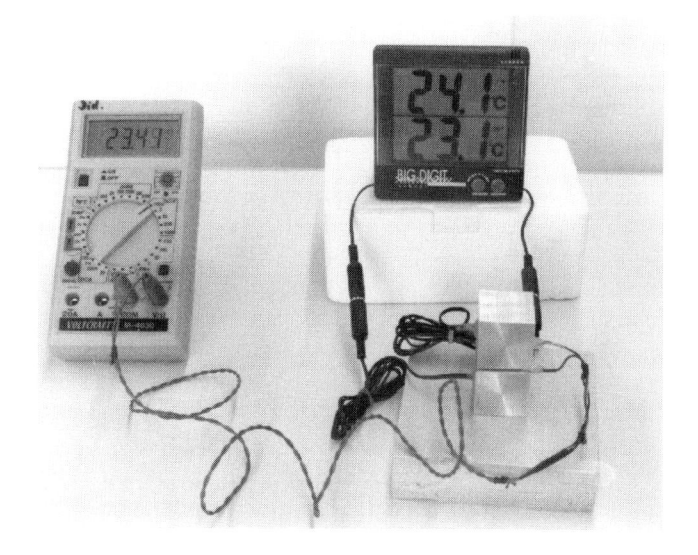

Abb. 1: Wesentliche Elemente des Experimentiersatzes: Würfelpaar (Kantenlänge: 30mm) mit eingebautem Thermofühler, passend zu einem großziffrigen Digitalthermometer; ein zwischen die Würfel geschaltetes Peltiermodul, das an ein 4 1/2-stelliges Digitalvoltmeter angeschlossen ist. Zum Erreichen eines kleinen Wärmeübergangswiderstandes ist das Peltiermodul mit Wärmeleitpaste an die jeweiligen Würfelflächen geklebt.

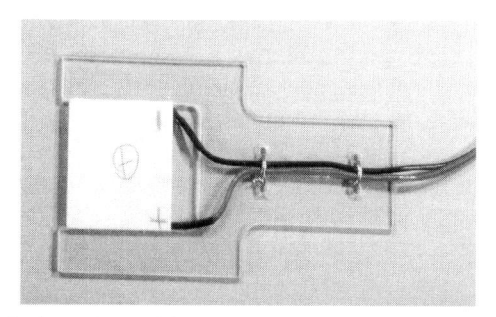

Abb. 2: Detailaufnahme des Peltiermoduls in einem Halter aus Acrylglas, der vor allem der Zugentlastung der Zuführungsdrähte dient (in Abb. 1 noch nicht verwendet). Der Halter ist aus einer dünnen Acrylglasplatte ($100 \times 50 \times 2 mm^3$) in der angegegbenen Form herausgesägt. Der Ausschnitt für die Aufnahme des Peltiermoduls ist so knapp (28 mm x 40 mm), daß es gerade zwischen die Keramikplatten des Moduls geschoben wird und durch die Klemmwirkung zusammen mit der Befestigung der Zuführungsdrähte gehalten wird. Man kann das Modul mit säurefreier Silikonpaste auch einkleben und damit gleichzeitig eine Abdichtung des Moduls erreichen.

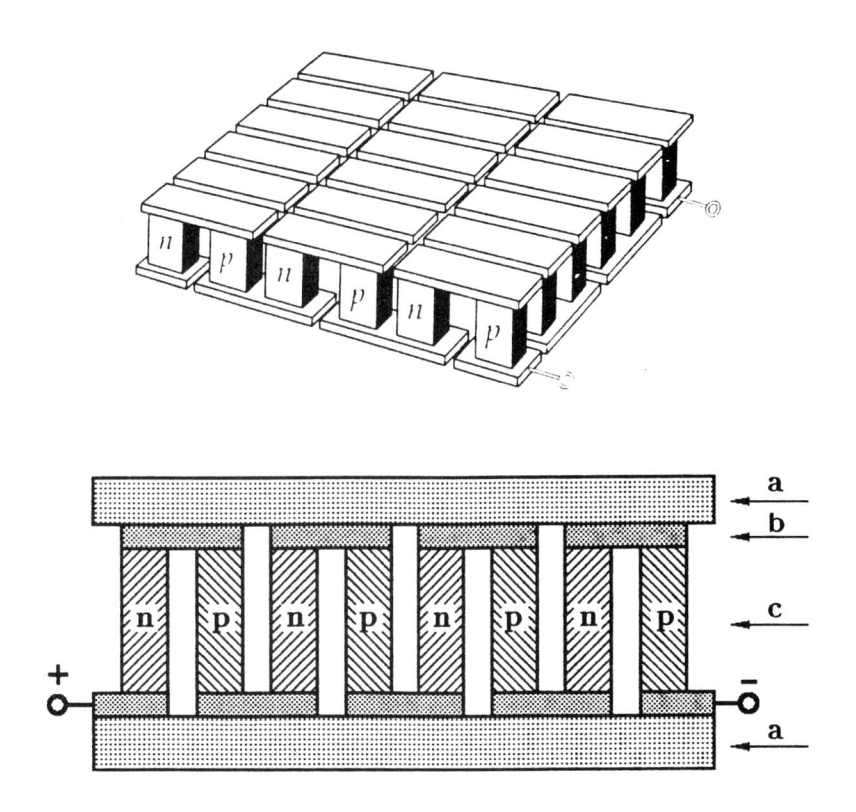

Abb. 3: Schematischer Aufbau eines modernen Peltiermoduls - oben Innenansicht, unten Schnitt mit eingezeichneten Keramikdeckplatten. Das Peltiermodul besteht aus 127 Thermoelementpaaren (p- bzw. n-dotiertes Wismut-Tellurid (c) mit Kontaktbrücken aus Kupfer (b)), die elektrisch hintereinander und thermisch parallel geschaltet sind. Die Elemente sind zwischen zwei dünnen Keramikdeckplatten (a) aufgebaut, die elektrisch isolieren aber thermisch gut leiten. Bei der eingezeichneten Polung ist beim Betrieb als Wärmepumpe die untere Keramikplatte die heiße Seite. Als Wärmestrommesser und Strahlungsdetektoren eignen sich vor allem Modelle mit möglichst vielen hintereinander geschalteten Thermoelementen und kleinen Abmessungen (30mm x 30mm x 3,5mm). Typangaben und Bezugsquellen unter [4].

Technische Daten: Temperaturempfindlichkeit: 0,048V/K; Wärmestromempfindlichkeit: 8,0W/V, Wärmewiderstand: 1,78 K/W; maximaler Temperaturbereich: -150°C bis +80°C; maximaler Temperaturunterschied zwischen heißer und kalter Seite: 67°C; maximale Stromstärke: 3A.

3 Bewährte Experimente zur Wärmelehre mit dem neuen Experimentiersatz

3.1 Die Würfel als Energiespeicher

Die beschriebenen Würfel mit eingebautem Temperatursensor dienen in den folgenden Versuchen als Speicher für innere Energie U, deren Änderung ΔU über die Temperaturänderung ($\Delta U = C \Delta T$) gemessen wird. Die Wärmekapazität C beträgt für den Kupferwürfel mit 30 mm Kantenlänge 100 J/K, für den ebenso großen Aluminiumwürfel 70 J/K.

In einer ersten Anwendung wird die Umwandlung von Reibungsarbeit in innere Energie untersucht. Dazu wird der Würfel z.b. auf einen Teppichbodenrest gelegt und ohne direkte Berührung mit den Fingern um eine bestimmte, durch zwei Anschläge begrenzte Strecke (z. B. 50cm) hin und her geschoben. Eine einfache Möglichkeit, den direkten Kontakt mit den Fingern zu vermeiden, besteht darin, den Würfel in einem Ring aus Pappe (Abschnitt einer Papröhre) zu führen. Die bei der Verschiebung verrichtete Reibungsarbeit führt dem Würfel ständig Energie zu: die Temperatur beginnt zu steigen. Man zählt nun die Anzahl der Verschiebungen, die man für eine Temperaturerhöhung von 0,1K (genau bestimmbar durch das Umspringen der Digitalanzeige) benötigt. Indem man fortlaufend weiter reibt, bis die Temperatur schließlich um ca. 1,5K gestiegen ist, erkennt man, daß die Anzahl der Verschiebungen für eine Temperaturerhöhung um 0,1K stets die gleiche bleibt, unabhängig davon, ob man schnell oder langsam schiebt. Zur Auswertung muß man noch die Reibungskraft messen, so daß die Reibungsarbeit ΔW aus der Anzahl der Verschiebungen berechnet werden kann. Es ergibt sich eine direkte Proportionalität zwischen ΔW und der Temperaturerhöhung ΔT. Falls die ganze Reibungsarbeit in innere Energie des Würfels überführt wird, was bei geringen Temperaturunterschieden von ca. 1,5K näherungsweise der Fall ist, gilt $\Delta U \propto \Delta W$ und der gemessene Proportionalitätsfaktor ist C. Eigentlich sollte man erwarten, daß auch die Teppichunterlage einen Teil der Energie aufnimmt; dieser Teil ist aber wegen der vergleichsweise geringen Wärmeleitfähigkeit des Materials vernachlässigbar. Der beschriebene Versuch kann die ursprünglich zur Bestimmung des mechanischen Wärmeäquivalents (nach Schürholz) verwendete Anordnung - auch von der Genauigkeit her - voll ersetzen. Darüber hinaus ist der physikalische Sachverhalt der Umwandlung von mechanischer in thermischer Energie leichter zu übersehen: Reibungskraft und Weg sind hier der Messung und dem Verständnis leichter zugänglich.

Die Würfel bieten sich auch für eine Art Mischungsversuche an: Man legt zwei Würfel (z. B. einen aus Aluminium und einen aus Kupfer) mit verschiedenen Anfangstemperaturen so aneinander, daß Wärme überfließen kann und wartet den Temperaturausgleich ab. Man reduziert den durch Strahlungsverluste bedingten Fehler in der Energiebilanz, indem man - wie bei Kalorimeterversuchen üblich - zu Beginn der Messung die Anfangstemperatur des einen Würfels geringfügig über und die des anderen entsprechend unter Raumtemperatur wählt.

Mit dem Würfel läßt sich auch die bei einem Händedruck übertragene thermische Energie abschätzen. Umfaßt man z.b. einen Kupferwürfel für etwa eine Sekunde mit der warmen Hand, so steigt die Temperatur um ca. 0,3K was einer übergeflossenen Energie von ca. 30J entspricht.

3.2 Das Peltiermodul als Energiewandler

Beim Verrichten von Reibungsarbeit an den Würfeln muß Energie aufgewendet werden, die dabei umgewandelt wird. Im Gegensatz zu anderen Unterrichtsbeispielen für mechanische Energieumwandlungen, bei denen stets Energieformen entstehen, die sich in leicht einsichtiger Weise wieder zur Verrichtung von Arbeit nutzen lassen, ergibt sich hier nur eine zur aufgewendeten Energie proportionale Temperaturerhöhung. Man deutet sie im Unterricht als eine Zunahme der sogenannten "inneren" Energie der Würfel. Einen Nachweis, daß diese neue Energieform ihren Namen Energie wirklich zu recht trägt, bleibt man im Unterricht schuldig, solange man nicht zeigen kann, daß man durch Umwandlung dieser Energie wirklich wieder Arbeit verrichten kann. Ein solcher Nachweis kann mit Hilfe des Peltiermoduls leicht geführt werden:

Man erwärmt den einen der beiden Kupferwürfel auf maximal 60°C, während der andere auf Raumtemperatur bleibt. Bringt man danach beide Würfel unter Zwischenschaltung des Peltiermoduls in Kontakt, so liefert das Peltiermodul eine Thermospannung, welche ausreicht, einen kleinen Elektromotor anzutreiben. Während der Motor läuft beobachtet man, daß die Temperatur des einen Würfels sinkt und die des anderen steigt. Offensichtlich bringt das Temperaturgefälle die innere Energie dazu, einen Wärmestrom durch das Peltiermodul vom heißen zum kalten Würfel "fließen" zu lassen, wobei ein Teil dieser Energie (über den Thermoeffekt) in elektrische umgewandelt wird. Die entstehende Thermospannung beträgt je Grad Temperaturdifferenz ca. 0,05V, so daß ein Solarmotor noch bis zu einem Temperaturgefälle von 10K läuft.

Wichtige Aspekte der inneren Energie - die dem herkömmlichen Sek. I - Unterricht sonst mangels geeigneter Demonstrationsmöglichkeiten entgehen - können mit dieser Anordnung behandelt werden: Für die Umwandlung der inneren Energie muß ein Temperaturgefälle erzeugt werden; insofern ist der kalte Würfel genau so wichtig wie der heiße. Auch der kalte Würfel enthält noch sehr viel innere Energie, die sich allerdings erst dann nutzen läßt, wenn man etwas Kälteres findet, z.B. einen Eisblock, um sie herausfließen zu lassen. Daß damit ein Verlust an innerer Energie verbunden ist, die ungenutzt zum kälteren Temperaturniveau fließt, ist leider grundsätzlich unvermeidbar. Innere Energie ist also eine Energieform, die sich nur mit Einschränkungen nutzen läßt, und zwar umso schlechter, je niedriger die Temperatur ist, unter der sie gespeichert vorliegt.

Der Wirkungsgrad bei der Umwandlung von thermischer in elektrische Energie durch das Peltiermodul ist größer, als der Versuch mit einem Solarmotor zunächst erscheinen läßt. Der Innenwiderstand eines solchen Motors liegt bei 100 Ω, der des Peltiermoduls bei ca. 3 Ω. Es liegt also eine grobe Fehlanpassung zwischen „Generator" und Motor vor. Schließt man hingegen z.b. zwei parallel geschaltete Spulen (300 Windungen, U-Kern mit Joch, Innenwiderstand ca. 3 Ω) an das Modul, dann ist - wegen der besseren Anpassung - die auf das Joch ausgeübte Kraft so groß, daß dieses nicht mit der Hand weggerissen werden kann.

Der Thermoeffekt ist bekanntlich umkehrbar: Schickt man durch das zwischen zwei Würfeln liegende Modul einen Strom (ca. 1,5A), so wird auf Grund des Peltiereffektes innere Energie aus dem einen Würfel heraus- und in den anderen „hineingepumpt", was man am Sinken und Steigen der entsprechenden Temperaturen erkennt. Man hat also hier eine einfache Wärmepumpe, mit der man überdies zeigen kann, worin der Spareffekt solcher Pumpen besteht. Dazu muß man nur die während einer kurzen Pumpzeit (ca. 30 Sekunden) der Stromquelle entnommene Energie $U \cdot I \cdot t$ mit der dem erwärmten Würfel zugeführten inneren Energie $C \cdot \Delta T$ vergleichen. Man findet, daß letztere - beim Heizen also die „Nutzenergie" - fast doppelt so groß ist wie die aufgewendete und letzten Endes zu bezahlende elektrische Energie. Dieses „Wunder" erklärt der Versuch: Die hinzugewonnene innere Energie entstammt dem abgekühlten Würfel; man braucht sie nicht zu bezahlen, da ja ein genügend großer Speicher in der Außenwelt zur Verfügung steht.

Da die elektrisch gepumpte Energie nach Abschalten der äußeren Energiequelle von selbst wieder zurückfließt und über das Modul elektrische Spannung erzeugt, ist die aus zwei Speicherwürfeln und dem Peltiermodul bestehende Anordnung zugleich Modell eines Akkumulators, der die Energie nicht chemisch, sondern als innere Energie speichert und diese umso länger hält, je besser der Würfel thermisch isoliert ist.

Das Peltiermodul arbeitet als Wärmepumpe so effektiv, daß ein Wassertropfen auf der gekühlten Seite des Moduls in wenigen Sekunden zu Eis erstarrt, wenn der Strom auf maximal 3A erhöht wird. Für gute Wärmeabfuhr muß in diesem Fall durch ein großes Transistor-Kühlblech gesorgt werden (die maximale Temperaturdifferenz von 67K zwischen heißer und kalter Seite darf nicht überschritten werden). Weithin sichtbar läßt sich die Eisbildung demonstrieren, wenn man vor dem Erstarren einen Strohhalm in den Tropfen hält, der nach der Eisbildung aufrecht stehen bleibt.

3.3 Das Peltiermodul als Wärmestrommesser

Wird das Peltiermodul der Fläche A und Dicke Δx von einem konstanten Wärmestrom P durchflossen, so stellt sich zwischen den beiden Keramikflächen eine Temperaturdifferenz ΔT ein, die zu P proportional ist (siehe Wärmeleitungsgleichung $P = \lambda \cdot A \cdot \Delta T / \Delta x$). Die sich am Modul einstellende Thermospannung U_{th} ist ihrerseits proportional zu ΔT, so daß insgesamt die Spannung U_{th} proportional zum Wärmestrom P durch das Modul ist ($P = k\, U_{th}$). Man kann daher bei Kenntnis von k das Peltiermodul zur Messung des durchgehenden Wärmestroms verwenden. Diese hiermit möglich gewordene direkte Wärmestrommessung ist mit der Einführung des Amperemeters in der Elektrizitätslehre im letzten Jahrhundert zu vergleichen. In [1] - [3] sind Verfahren zur Kalibrierung (Bestimmung von k) des Peltiermoduls beschrieben, die sich allerdings für die Sek. I als zu kompliziert erwiesen. Inzwischen haben wir einen einfacheren Weg gefunden, den wir in der Sek. I erprobt haben: Das Peltiermodul wird mit Wärmeleitpaste zwischen zwei Kupferwürfel geklebt, deren Anfangstemperaturen auf der einen Seite ca. 3K über, auf der anderen etwa 3K unter Raumtemperatur liegen (Minimierung der Strahlungsverluste). Es beginnt ein Wärmestrom zu fließen, der im Lauf der Zeit immer schwächer wird, weil sich die Temperaturen einander annähern. Entsprechend nimmt die vom Peltiermodul gelieferte Thermospannung ab. Der Grundgedanke der Kalibrierung ist nun folgender: Man bestimmt den Mittelwert P_m des während eines Zeitintervalls Δt geflossenen Wärmestromes aus dem Temperaturabfall ΔT des einen Würfels (gleich dem Temperaturanstieg am andern) und seiner Wärmekapazität. Die mittlere Thermospannung $U_{th,m}$ während des gleichen Intervalls Δt wird als arithmetisches Mittel von Anfangs- und Endspannung angenommen; k berechnet sich dann nach $k = P_m/U_{th,m}$.

Bei der Durchführung geht man folgendermaßen vor: man mißt die Zeit Δt, die bis zu einen Temperaturabfall ΔT von 0,5K verstreicht. Hierzu wird mit dem ersten Umspringen der Digitalanzeige die Zeitmessung gestartet und $U_{th,Anfang}$ notiert. Sobald die Temperatur um 0,5K angestiegen ist wird beim nächsten Umspringen die Zeitmessung gestoppt und $U_{th,Ende}$ notiert. Die Messungen ergaben den Wert k = 8,0 W/V. Die Exemplarstreuungen für diesen Wert liegen im Bereich des Meßfehlers. Da man mit einem $4^{1}/_{2}$-stelligen Digitalvoltmeter noch Spannungen im 10^{-5}V-Bereich messen kann, sind damit noch Wärmeströme in der Größenordnung von 10^{-4}W meßbar. Einen eindrucksvollen Beweis für die Empfindlichkeit des Peltiermoduls als Wärmestrommesser liefert folgender Versuch: Tippt man mit einer Fingerspitze nur etwa 1 Sekunde lang gegen einen der beiden Würfel, zwischen denen das Peltiermodul liegt, so wird die Anzeige des angeschlossenen Digitalvoltmeters fast ohne Verzug davon beeinflußt. Hiermit läßt sich sofort auf die Richtung des Wärmestromes schließen.

3.4 Wärmeströme in unserer Umwelt

Ein kalibrierter Wärmestrommesser ermöglicht u.a. die Beantwortung folgender Fragen: Wieviel Wärme verläßt an einem kühlen Wintertag den Physiksaal durch die Fenster, oder wieviel unerwünschte Wärme kommt an einem heißen Sommertag herein? Um diesen Fragen nachzugehen, klebt man das Peltiermodul mit Wärmeleitpaste an die Fensterscheibe, wobei man sich eine Stelle aussucht, die nicht von der Sonne beschienen wird. Mit dem Wärmestrommesser wird nur der Wärmestrom durch ein 9cm² großes Flächenstück des Fensters bestimmt, den Wert für die Gesamtfläche des Fensters erhält man durch eine entsprechende Hochrechnung. Die Außenwände lassen sich entsprechen untersuchen, man muß nur das Peltiermodul geeignet anbringen. Hier hat sich bewährt, mit Klebestreifen ein Stück Alufolie auf der Wand zu befestigen (Andrücken gleicht die Rauhigkeit der Wand aus) und darauf mit Wärmeleitpaste das Modul.

Ein interessantes Meßobjekt ist auch die menschliche Körperoberfläche. Es geht hier um die Fragen: Welcher Wärmestrom verläßt die Körperoberfläche eines Menschen? Wie wirkt sich Zugluft aus? Welchen Einfluß hat Feuchtigkeit auf der Körperoberfläche? Wie wirkt die Kleidung? Warum fühlen sich Metalle kalt, andere Stoffe (z. B. Styropor) dagegen warm an, auch wenn sie sich seit längerem im gleichen Raum befinden und daher gleiche Temperatur haben müssen? Auch diese Fragen kann man mit Hilfe des Peltiermoduls beantworten.

Eigentlich müßte man hierzu das Peltiermodul auf die Körperoberfläche kleben. Praktischer ist es, einen der Kupferwürfel als „Modellkörper" zu benutzen. Man geht dabei z.B. von einer mittleren Temperatur der Körperoberfläche von 35°C aus, auf die man den Würfel aufheizt. Bei einer Raumtemperatur von 20°C ergibt sich dann ein Wärmestrom von ca. 160 mW durch die 9 cm^2 große Fläche des Moduls. Nimmt man die Körperoberfläche zu 1,8 m^2 (konstante Temperaturverteilung) an, so ist der sie durchsetzende Wärmestrom 2000 mal so groß, also ca. 320 W. Der Grundumsatz eines in Ruhe befindlichen Menschen wird in der einschlägigen Literatur mit 200W angegeben - er würde also nicht ausreichen, den errechneten Wärmebedarf zu decken. Dies ist in Einklang mit der Tatsache, daß man im unbekleideten Zustand bei 20°C Raumtemperatur friert, wenn man sich nicht bewegt. Aktivität erhöht die Wärmeproduktion. Das Problem der "Wärme-Entsorgung" löst der Körper durch Erhöhung der Oberflächentemperatur (eine Erhöhung um 1K steigert den Wärmeabfluß bereits um ca. 25%, wie man durch eine Messung am Modell feststellen kann) und durch Schwitzen, wobei dem Körper Verdunstungswärme entzogen wird.

Der Einfluß von Zugluft kann demonstriert werden, indem man dem Peltiermodul, das unsere Haut im Modell ersetzt, mit der Hand etwas Luft zufächelt. Der Wärmestrom steigt dabei auf ca. das Doppelte. Diese Steigerung unterbleibt, wenn man die Modellhaut (Peltiermodul) z.B. mit einem dünnen Tuch abdeckt. Befeuchtet man das aufgelegte Tuch, so nimmt der Wärmestrom ganz drastisch zu, da der "Körperoberfläche" Verdunstungswärme entzogen wird. Der Versuch erklärt uns das unangenehme Gefühl des Frierens in feuchter Kleidung. Setzt man auf die "Modellhaut" einen zweiten, auf Raumtemperatur befindlichen Kupferwürfel, so steigt der Wärmefluß um mehr als den Faktor 10. Der Kupferwürfel scheint wie ein "Wärmeschwamm" zu wirken, der die Wärme in sich aufsaugt. Drückt man gegen die Modellhaut dagegen ein Stück ebenfalls auf Raumtemperatur befindliches Styropor, so wird der Wärmefluß bis auf einen geringen Rest unterbunden. Dieser Versuch erklärt, warum uns unser sogenannter "Temperatursinn" beim Anfassen von Metall und Styropor zu täuschen scheint: In Wirklichkeit ist dieser Sinn ein "Sinn für einen Wärmestrom", der uns ein Gefühl für den Wärmezu- und -abfluß

vermittelt. Eine Information über den unseren Körper verlassenden Wärmestrom ist für unsere Gesundheit wichtig.
Auch zu starke Wärmezufuhr kann natürlich zur Gefahr für unseren Körper werden. Davor warnt uns auch dieser Sinn. Die Metallwürfel geben uns Gelegenheit, für unsere Fingerspitzen jene Temperatur des Würfels zu ermitteln, bei der der Wärmestrom z.B. in unsere Fingerspitzen unerträglich wird. Um möglichst reproduzierbare Ergebnisse zu erhalten, bekommt die Testperson den Auftrag, den Kupferwürfel an gegenüberliegenden Seiten mit Daumen und Mittelfinger festzuhalten, während man mit einem heißen Lötkolben von oben her auf den Würfel drückt und diesen damit langsam erwärmt. Durch den Druck von oben wird die Testperson gezwungen, die Finger fest auf die Würfelseiten zu pressen, was für die Vergleichbarkeit der Ergebnisse wichtig ist. Es ist erstaunlich, wie genau die unter diesen Bedingungen erhaltenen Ergebnisse übereinstimmen: Bei 47°C wird es sehr unangenehm und bei ca. 51°C spätestens lassen alle Testpersonen los!

3.5 Wärmestrahlung

Versuche zur Wärmestrahlung gehören zu den spannendsten und lehrreichsten, welche die Wärmelehre zu bieten hat. Oft unterbleiben sie, weil keine Thermosäule vorhanden ist. Mit einem Peltiermodul, einem Transistorkühlblech, einer Papprohre und etwas Alufolie läßt sich schnell ein der Thermosäule gleichwertiges Strahlungsmeßgerät improvisieren: Das Peltiermodul wird mit Wärmeleitpaste in der Mitte eines ca. 10 x 10 cm^2 großen Transistorkühlbleches befestigt. Dieses wird in einer Styroporverpackung so untergebracht, daß nur ein 9cm^2 großes Fenster für das Peltiermodul offen bleibt. Vor dieses Fenster befestigt man z.B. mit Heißkleber ein ca. 10cm langes, als Kollimator und Konvektionsschutz dienendes Papprohr (Durchmesser ca. 60mm), das innen mit Alufolie auskleidet ist. Anstelle des Kühlbleches läßt sich selbstverständlich auch einer der Metallwürfel verwenden, was den Vorteil hat, daß man dann auch über die Referenztemperatur dieses Stahlungsmeßgeräts im Gegensatz zum Fall der Thermosäule nach Moll stets informiert ist, denn diese Temperatur spielt bei allen Versuchen zur Wärmestrahlung eine entscheidende Rolle. Das Strahlungsmeßgerät empfängt nicht nur Strahlung, sondern es sendet auch entsprechend der jeweiligen Referenztemperatur Strahlung aus.
Richtet man das Kollimatorrohr gegen verschiedene "Ziele" im Raum, so kann man untersuchen ob das Gerät mehr Strahlung aussendet als es empfängt oder umgekehrt. Hat das Gerät vor den Versuchen längere Zeit in dem Raum gelegen, in dem die Untersuchungen durchgeführt werden, so sollte der Nettowärmestrom eigentlich Null sein, was jedoch nicht erfüllt ist, da in einem normalen Raum nicht alle Gegenstände die gleiche Temperatur besitzen.
Es läßt sich auch zeigen, daß bei gleicher Temperatur die Oberflächen eines Körpers unterschiedliche Emissionseigenschaften haben. Dazu wird einer der Kupferwürfel so präpariert, daß vier verschiedene Oberflächen zur Verfügung stehen:

Eine Seite wird mit einem Lappen frisch poliert. Die zweite Fläche wird gleichmäßig dünn mit weißer Wärmeleitpaste bestrichen. Auf die dritte Fläche wird mit Wärmeleitpaste Alufolie geklebt. Die vierte Fläche schließlich wird ebenso mit Alufolie beklebt und anschließend mit einer Kerze berußt. Zur weiteren Untersuchung wird der Würfel auf ca. 50°C erwärmt, und es wird mit dem Strahlungsmeßgerät die jeweils von den Seiten emittierte Strahlung gemessen. Das Ergebnis ist, daß die blank polierte Kupferoberfläche wenig, die mit blanker Alufolie beklebte noch weniger, die weiße Oberfläche am meisten und die berußte nur etwas weniger strahlt. Die Tatsache, daß die berußte Alu-Folie wieder viel stärker strahlt als die blanke, entkräftet das Argument, daß die Alu-Folie die Wärme nicht "durchlassen" würde. Sie läßt sie sehr wohl durch, wie die berußte Oberfläche zeigt. Will man generell das Abschirmvermögen eines Körpers untersuchen, so muß man ihn zwischen Strahlungswürfel und -meßgerät halten und den Wärmestrom messen. So kann z.B. das Isoliervermögen von Haushaltsalufolie untersucht und die Frage beantwortet werden, welche Seite - die matte oder die glänzende - nach außen zeigen muß, um eine Speise thermisch zu isolieren und damit warm zu halten. Interessant ist auch das Ergebnis, daß Glasplatten fast keine Wärmestrahlung durchlassen.

Mit dem Strahlungsmeßgerät kann man auch die Strahlung der Sonne mittels der auf die Erde pro Zeit und Fläche einfallenden Energie untersuchen. An einem klaren, milden Wintertag bei einem Sonnenstand von ca 20° über dem Horizont haben wir folgende Energiestromdichten gemessen: Gegen den Himmel gerichtet: -180 W/m², direkt gegen die Sonne gerichtet: + 90 W/m², was netto 270 W/m² ergibt. Unter optimalen Bedingungen kann man 1,34kW/m² (Solarkonstante) erwarten.

Auch das Stefan-Boltzmannsche Gesetz wird mit dem Strahlungsmeßgerät zugänglich. Als Strahlungsquelle dient der mit Wärmeleitpaste bestrichene Boden einer mit warmem Wasser gefüllten Konservendose, die auf das vertikal stehendes Kollimatorrohr gestellt wird. Als Referenzkörper dient einer der Würfel, so daß dessen Temperatur direkt gemessen werden kann. Die vertikale Anordnung verhindert die Entstehung von störenden Konvektionsströmungen. Aus dem Wärmestrom wird die Energiestromdichte P/A berechnet und gegen T^4 aufgetragen. Es ergibt sich die nach dem Stefan-Boltzmannschen Gesetz $P/A = \sigma\varepsilon T^4$ erwartete Gerade, die allerdings nicht durch den Nullpunkt verläuft, da der Referenzkörper ebenfalls - jedoch in entgegengesetzte Richtung - strahlt. Berücksichtigt man dies und nimmt für Sender und Empfänger das gleiche Emissions- bzw. Absorptionsvermögen an, so gilt: $P/A = \sigma\varepsilon(T^4 - T_{Ref}^4)$. Die Auswertung unserer Meßergebnisse lieferte $\sigma\varepsilon = 3{,}7 \cdot 10^{-8}\, Wm^{-2}K^{-4}$. Die Abweichung von dem in der Literatur angegebenen Wert $\sigma\varepsilon = 5{,}67 \cdot 10^{-8}\, Wm^{-2}K^{-4}$ ist auf das von 1 abweichende Emissionsvermögen ε des Wärmestrahlers zurückzuführen.

4 Zusammenfassung

Der vorgestellte Experimentiersatz wurde in mehreren Gymnasialklassen der Sekundarstufe I erprobt. Die durch das Modul gegebene Möglichkeit, die Wärme direkt auf ihren vielen Wegen in der Umwelt zu erfassen, weckte Interessen und ließ die Wärmelehre zu einem lebensnahen Thema werden. Weiterhin ist für den Unterricht von Vorteil, daß mit dem Wärmestrommesser die Wärme als die zwischen zwei Systemen ausgetauschte thermische Energie eindeutig erfaßt werden kann. Bisher konnte man die Wärme nur über die Änderung der inneren Energie nachweisen, was zu Lernschwierigkeiten, zu unpräzisem Umgang mit den Begriffen und zu Fehlvorstellungen führte. Diese Schwierigkeiten müssen bei einer Einführung des Wärmestrommessers in den Physikunterricht nicht mehr auftreten.

5 Literatur und Bezugsquellen

[1] H. Dittmann und W. B. Schneider: Ein "Amperemeter" für den Wärmestrom. In: W. Kuhn (Hg.): Tagungsband des DPG-Fachausschusses Didaktik der Physik, Gießen 1990

[2] H. Dittmann und W. B. Schneider: Der Wärme auf der Spur. - In: W. Kuhn (Hg.): Tagungsband des DPG-Fachausschusses Didaktik der Physik, Erlangen 1991

[3] H. Dittmann und W. B. Schneider: Der Wärme auf der Spur - Ein Beitrag zur Wärmelehre in der Sekundarstufe I. - In: MNU 45/7, S. 397 - 403

[4] Bezugsquellen
Peltiermodul:
AMS Electronic GmbH (Melcor Peltierelement Typ Cp 1-127-05L und andere Typen) Albrechtstraße 14, 80636 München
Peltron GmbH (Typ PKE 72A0021) Flurstr. 74, 90765 Fürth (Preis bei Einzelbezug ca. 50 DM)
Schülerübungssatz:
Mekruphy GmbH, Schlehenhag 19, 85276 Pfaffenhofen a.d. Ilm
Digitalthermometer (Big Digit):
ELV Elektronik (Best. Nr. 40-118-72), 26787 Leer
Conrad (Best. Nr. 109320-99), Klaus-Conrad-Str. 1, 92240 Hirschau

[5] G. Hacker: „Ein elektrisches Thermometer mit projizierbarem LCD-Display". In: Wege in der Physikdidaktik Band 4, vorliegender Band S. 160

H. Lamprecht, J. Miericke

Der "Affenschuß" - Ein überraschendes Experiment zum waagrechten Wurf

1 Einleitung

Das im folgenden beschriebene Experiment, der Affenschuß, ist uns aus einer Physikvorlesung für Anfänger von Prof. Dr. Max Scheer an der Universität Würzburg [1] bekannt. Es ist z.b. auch als Beispiel zum schiefen Wurf im Buch von J. Orear [2, S. 46] erwähnt. Dort wird das Problem so geschildert: *Ein Affe lasse sich genau in dem Moment vom Baum fallen, in dem eine Kugel auf ihn abgefeuert wird. Unter welchem Winkel muß das Gewehr abgeschossen werden, damit die Kugel den Affen im freien Fall trifft?* In der Vorlesung wurde dieses Problem experimentell gelöst, indem ein Plüsch-Affe mit einer Druckluftkanone abgeschossen wurde. Dazu waren folgende Schritte notwendig: Die Kanone wurde mit Hilfe eines Lasers genau auf den Affen ausgerichtet, der an einem Elektromagneten von der Decke hing. Sobald die Stahlkugel aus der Kanone austrat, wurde mittels einer Lichtschranke der Elektromagnet ausgeschaltet, so daß der Affe frei fiel, bis er schließlich doch von der Kugel getroffen wurde. Dieses Experiment ist so überraschend und beeindruckend, daß es auch in der Schule durchgeführt werden sollte. Allerdings ist der technische Aufwand dieses Vorlesungsexperimentes für die Schule zu groß. Im folgenden wird gezeigt, wie man es im Physikunterricht dennoch mit schulüblichen Mitteln nachvollziehen kann. Hierbei beschränkten wir uns auf den waagrechten Abschuß (waagrechter Wurf [3]), wie in Abb. 1 gezeigt ist. Geschossen wird in unserer Anordnung mit einem Blasrohr. Der Affe hängt an einer Schnur, die beim Abschuß durch die Kugel gelöst wird. Näheres zum Aufbau ist im Abschnitt 3 zu finden.

2 Fachdidaktische Überlegungen

2.1 Der waagrechte Wurf

"Im Physikunterricht der Oberstufe werden die in der Mittelstufe vorwiegend phänomenologisch und qualitativ behandelten Stoffgebiete wieder aufgegriffen und unter verstärkter Einbeziehung der Mathematik quantitativ erfaßt" [3]. In der 11. Jahrgangsstufe steht daher z.B. in der Mechanik beim Thema "geradlinige Bewegungen" die mathematische Beschreibung bereits bekannter Bewegungsvorgänge im Vordergrund. Verblüffende und motivierende Experimente sind selten anzutreffen, so daß der Affenschuß eine wertvolle Bereicherung für den Unterricht darstellt.

Die Behandlung des waagrechten Wurfes setzt die Kenntnis der in einer Dimension ablaufenden Bewegungen voraus (gleichförmige und beschleunigte Bewegung zusammen mit dem freien Fall).

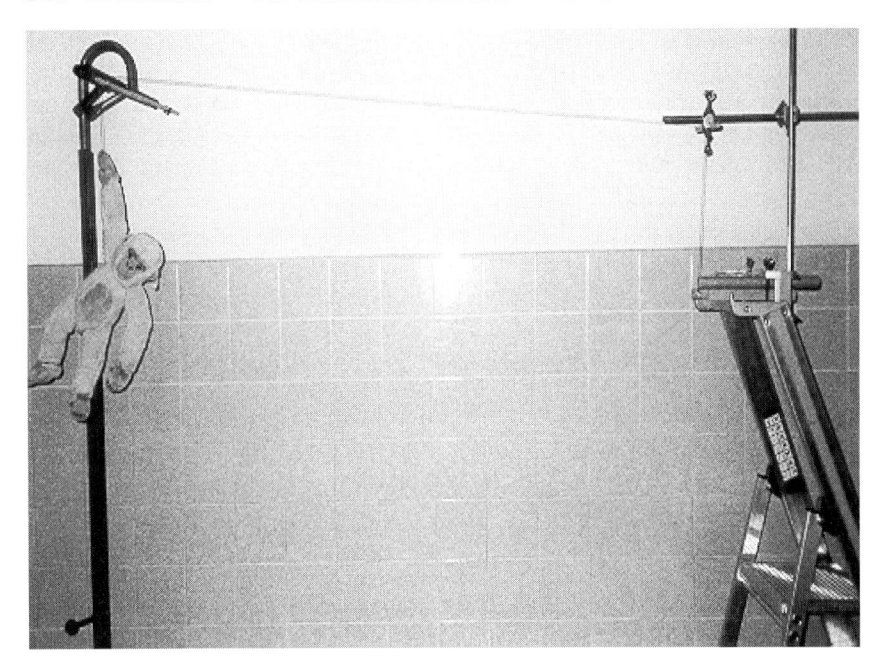

Abb. 1: Foto der Versuchsanordnung

2.2 Lernziele

Folgende Lernziele können mit dem Thema erreicht werden:
- Interesse für Physik wecken durch die Beobachtung eines verblüffenden Vorganges
- Anregung zu konkreten physikalischen Fragen
- Förderung der Fähigkeit, ein physikalisches Problem zu mathematisieren
- Erkennen der Vorteile von Videoaufnahmen
- Kenntnis der Bewegungsgleichungen für den waagrechten Wurf
- Ermittlung der Bahnkurve beim waagrechten Wurf
- Überblick über die Abhängigkeit der Bahnkurve von der Anfangsgeschwindigkeit
- Einsicht in die Unabhängigkeit von Bewegungen

2.3 Methodische Überlegungen

Da der Affenschuß zu schnell abläuft, um mit den Augen verfolgt werden zu können, werden zur Analyse der Bewegung Videoaufnahmen verwendet, so daß die Bewegung der Kugel und die des fallenden Affen bei der Vorführung in kleine, aufeinander folgende Zeitabschnitte zerlegt werden kann (Einzelbildschaltung). Die Einführung dieser Technik bereitet keine zusätzlichen Schwierigkeiten, da sie Schülern aus Fernsehsendungen (z.B. Sportübertragungen) vertraut ist.

Auf eine direkte Aufzeichnung und Auswertung des in der Schulstunde durchgeführten Versuches wird verzichtet, da eine für die quantitative Auswertung geeignete Aufnahme nur bei entsprechender Beleuchtung und sorgfältiger Auswahl der Versuchsparameter zu erhalten ist. Da z.b. die Austrittsgeschwindigkeit der Kugel nicht reproduzierbar einstellbar ist, wurde das Experiment mehrmals unter unterschiedlichen Bedingungen aufgenommen, so daß eine für die Auswertung durch die Schüler geeignete Aufnahme ausgewählt werden konnte.

3 Versuchsaufbau

3.1 Benötigtes Material:

- Papprohr ca. 30 cm lang, Durchmesser ca. 10mm
- Holzkugel (Durchmesser passend zu dem des Rohrs)
- Stecknadel und Faden
- Kombizange
- Draht, Nägel zur Befestigung des Blasrohres.
- Klappleiter
- Kartenständer
- Schraubzwinge
- Stativmaterial (1 Tischklemme, 2 Muffen, 1 lange und 2 kurze Stangen)
- Plüsch-Affe

3.2 Versuchsaufbau

Das Kernstück des Experimentes bildet das Blasrohr mit dem Auslösemechanismus. Das Rohr wird auf einem Brett so fixiert, daß das eine Ende (1) mit der Brettkante abschließt und das andere (2) übersteht, damit man frei blasen kann. Unterhalb des Rohrendes (1) wird eine Stecknadel in das Brett gesteckt, die dann soweit gekürzt wird, daß sie noch etwa 2 mm herausschaut und die Fadenschlinge gerade noch aufnehmen kann. Je knapper die Schlinge gehalten wird, desto leichter erfolgt die Auslösung durch die herausgeblasene Kugel und umso weniger wird die Bahn der Kugel durch den Faden beeinflußt.

Mit dem in jeder Physiksammlung vorhandenen Stativmaterial läßt sich ein geeigneter Aufbau zusammenstellen. Wir verwendeten zusätzlich noch einen Kartenständer und eine Leiter. Der Gesamtaufbau ist in Abb. 2 schematisch dargestellt. Die notwendige Justierung der Anordnung wird durch eine Verschiebung bzw. einer Höhenverstellung des Kartenständers erreicht. Es ist besonders bei großen Schußweiten wichtig, die Mitte des Affen genau anzupeilen, da sonst die Kugel am Affen seitlich vorbeifliegen kann. Aus diesem Grund wurde auch im Unterricht ein relativ großer Affe (Länge ca. 40cm, Breite ca. 10cm) verwendet, um auch bei einer Entfernung von 4m noch sicher zu treffen. Je größer die Entfernung ist, desto eindrucksvoller wirkt der Treffer auf den Beobachter.

Wird der Affe nur an einem Faden aufgehängt, so muß man damit rechnen, daß er sich zu drehen beginnt. Dies läßt sich vermeiden, wenn der Affe an zwei

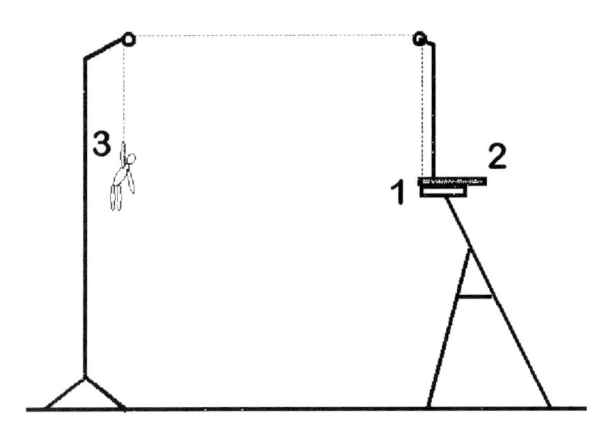

Abb. 2 Schematische Darstellung des Versuchsaufbaus

Fäden (bifilar) aufgehängt wird; den Faden führt man dann doppelt zur Stecknadelspitze.
Um eine auswertbare Videoaufnahme zu erhalten, wurden folgende Ergänzungen des Aufbaus vorgenommen:
· Abstand Affe - Blasrohr etwa 1,5m
· kleinerer Affe
· Hintergrund: Bettlaken,
· Koordinatensystem: senkrecht hängende Schnüre, die im Abstand von 20 cm an das Bettlaken geheftet und am Ende mit Gewichtstücken beschwert waren.

Beim Aufbau für die Videoaufnahme muß besonders darauf geachtet werden, daß das Blasrohr waagrecht justiert wird, damit die Bedingungen für den waagrechten Wurf erfüllt sind.

4 Unterrichtsablauf

In diesem Abschnitt wird der Ablauf einer erprobten Unterrichtsstunde zum Thema "waagrechter Wurf" unter Einbeziehung des Affenschusses dargestellt.

4.1 Einstieg

Zu Beginn der Stunde wird den Schülern kurz die Geschichte der Affen von Gibraltar vorgestellt (nach Paul Gallico [4]):

Scruffy, aus der Familie der schwanzlosen Berberaffen, lebt mit seiner Herde auf den Felsen von Gibraltar. Eine alte Überlieferung besagt, daß England Gibraltar verlieren wird, sobald der letzte Berberaffe verschwunden ist, also muß die Royal Army nach Kriegsausbruch alles tun, um sie am Leben zu halten. Die Herde steht unter der Obhut der königlichen Armee des Stützpunktes, aber sie schrumpft zusammen, bis Scruffy, der Leitaffe, fast nichts mehr zu leiten hat.

Die spanische Armee setzte nun alles daran, auch noch den letzten Affen zu erschießen, um die Moral der englischen Bevölkerung zu erschüttern und die Insel zurückzugewinnen.

Der letzte noch lebende Affe soll also mit Hilfe eines Blasrohres erlegt werden. Hier setzt die Diskussion mit den Schülern ein. Wie soll sich der Affe verhalten, sobald er sieht, daß mit dem Blasrohr auf ihn gezielt wird? Die erste Reaktion der Schüler ist, daß sie sich mit dem Affen solidarisieren und Vorschläge machen, wie er sich verhalten solle, um zu überleben. Sehr schnell werden die Alternativen "Sitzenbleiben" oder "Fallenlassen" genannt. Die Mehrheit der Schüler entscheidet sich für "Fallenlassen".

Damit ist das Thema der Stunde "Der Affenschuß" gefunden. Das Thema wird notiert und der gewählte Versuchsaufbau erklärt. Vor dem Start des Experiments werden die Schüler darauf hingewiesen, vor allem auf den Affen zu achten.

4.2 Problemstellung

Obwohl der Schuß sehr schnell erfolgt, erkennen die Schüler deutlich, daß der Affe getroffen wird. Die Schüler äußern nun ihre Beobachtungen und Vermutungen zur Flugbahn der Kugel. Die Schüleräußerungen werden auf einer vorbereiteten Folie gesammelt. Es wird die vermutete Bahnkurve eingezeichnet. Hieraus entwickelt sich die Frage, wie diese Bahn mathematisch beschrieben werden kann?

Die Schüler sind bereits damit vertraut, daß zur Beschreibung von Bewegungsabläufen zuerst ein Bezugssystem festzulegen ist. Das geeignete Koordinatensystem wird auf der Folie eingezeichnet und erneut wird die Frage gestellt, wie die Bewegung von Affe und Kugel im gewählten Koordinatensystem beschrieben werden kann. Um den Schülern zu helfen, wird der Bewegungsvorgang mit den vorbereiteten Zeitlupenaufnahmen im Detail vorgeführt und ausgewertet.

4.3 Videoanalyse

Zur Analyse der Viedeoaufnahme empfiehlt es sich, eine Aufnahme mehrmals in Zeitlupe und in Einzelbildern hintereinander auf ein Band zu kopieren, damit das zeitaufwendige Zurückspulen entfällt. Die Zeit wird durch die Folge der Einzelbilder festgelegt.

Abb. 3 zeigt vier Momentaufnahmen der Videosequenz, die direkt vom Fernsehgerät abfotografiert wurden. Die Bilder wurden für diese Darstellung am Computer nachbearbeitet, damit die wesentlichen Details (Kugel und Affe) in der Abbildung besser sichtbar sind. Die Wirkung der im Unterricht gezeigten Videosequenzen können die Fotos jedoch bei weitem nicht erreichen. Man erkennt, daß sich Affe und Kugel zu jedem abgebildeten Zeitpunkt auf gleicher Höhe befinden. In horizontaler Richtung benötigt die Kugel von Linie zu Linie jeweils die gleiche Zeit (drei Einzelbilder), sie legt also in gleichen Zeiten gleiche Strecken zurück. Diese Beobachtung, die sich erst in den Zeitlupenbildern offenbart, werden auf der Folie festgehalten.

4.4 Mathematische Analyse

Anhand der aus den Videobildern folgenden Informationen können die Schüler folgern, daß in horizontaler Richtung die Kugel eine Bewegung mit konstanter Geschwindigkeit durchführt und in vertikaler Richtung der Affe sowie die Kugel dem freien Fall unterliegen. Die Bewegungsgleichungen für die x- und y-Richtung sind bereits bekannt und werden auf dem Arbeitsblatt eingetragen.
Aus beiden Bewegungsgleichungen wird durch Elimination der Zeit die Bahnkurve der Kugel bestimmt:

$$y = \frac{g}{2v_0^2} x^2$$

Anhand der Funktionsgleichung können die Schüler erkennen, daß sich die Kugel auf einer parabelförmigen Bahnkurve bewegt.

4.5 Ergebnisse und Vertiefung

Wie hängt die Form der Parabel von der Anfangsgeschwindigkeit v_0 ab? Wo wird der Affe getroffen, wenn die Anfangsgeschwindigkeit höher bzw. niedriger ist? Was geschieht, wenn die Kugel sehr langsam austritt?
Diese Fragen werden mit den Schülern diskutiert und die Ergebnisse mit weiteren Videobeispielen und einer Folie mit den Bahnkurven für verschiedene Anfangsgeschwindigkeiten bestätigt.
Die Schüler fassen die Ergebnisse zusammen:
Der waagrechte Wurf setzt sich aus zwei unabhängigen Bewegungen zusammen. Der freie Fall der Kugel wird durch die Bewegung in horizontaler Richtung nicht beeinflußt.
Der Affe wird also immer von der Kugel getroffen, vorausgesetzt, das Blasrohr ist richtig justiert.
Die Ergebnisse werden nun bei einigen Aufgaben angewendet.
1. Beim Affenschuß beträgt die Entfernung zwischen Affe und Blasrohr 6m. Der Affe hängt in 2m Höhe.
a) Wie groß ist die Anfangsgeschwindigkeit v_0 der Kugel in horizontaler Richtung, wenn der Affe 1,5m über dem Boden getroffen wird?
b) Wie groß muß die Anfangsgeschwindigkeit v_0 mindestens sein, damit der Affe vor dem Auftreffen auf dem Boden getroffen wird?
2. Die maximale Austrittsgeschwindigkeit der Kugel beträgt 30 m/s. Ab welcher Entfernung wird der Affe, bei einer Höhe von 3m, nicht mehr getroffen?
3. Im neuen Freibad soll sich die Absprungkante des 10m-Turms genau über dem Beckenrand befinden. Wie lang muß das Sprungbecken aus Sicherheitsgründen mindestens sein, wenn man davon ausgeht, daß ein Mensch maximal die Geschwindigkeit 10 m/s erreichen kann?

Am Stundenende wird der Affenschuß noch einmal live durch einen Schüler durchgeführt. So wird verdeutlicht, daß beim Experiment zu Beginn der Stunde nicht "getrickst" worden war. Außerdem wird die anfangs von den Schülern geäußerte Meinung zur Überlebensstrategie des Affen noch einmal aufgegriffen und diskutiert, wieso sie die falsche Strategie für den Affen gewählt hatten. Interessant ist auch den Realitätsbezug herzustellen, indem man z.B. die Mündungsgeschwindigkeit eines Gewehres angibt und abschätzen läßt, ob der Affe eigentlich genügend Zeit hat, diese Strategieüberlegungen durchzuführen.

5 Literatur

[1] Vorlesung WS 87 "Einführung in die Experimentalphysik I" Prof. Max Scheer, Universität Würzburg
[2] J. Orear, Physik, Hanser Verlag, München 1982
[3] Amtsblatt des Bayerischen Staatsministeriums für Unterricht, Kultus, Wissenschaft und Kunst, Sondernummer 9, Lehrplan für das bayerische Gymnasium, Fachlehrplan Physik, 1991 (S. 1284 ff)
[4] Paul Gallico, "Die Affen von Gibraltar", *rororo* 1994

Abb. 3: Videoaufzeichnung des Affenschusses. Die gezeigten Bilder sind nach dem Ablauf von 6, 12, 18, und 21 Einzelbildern erhalten.

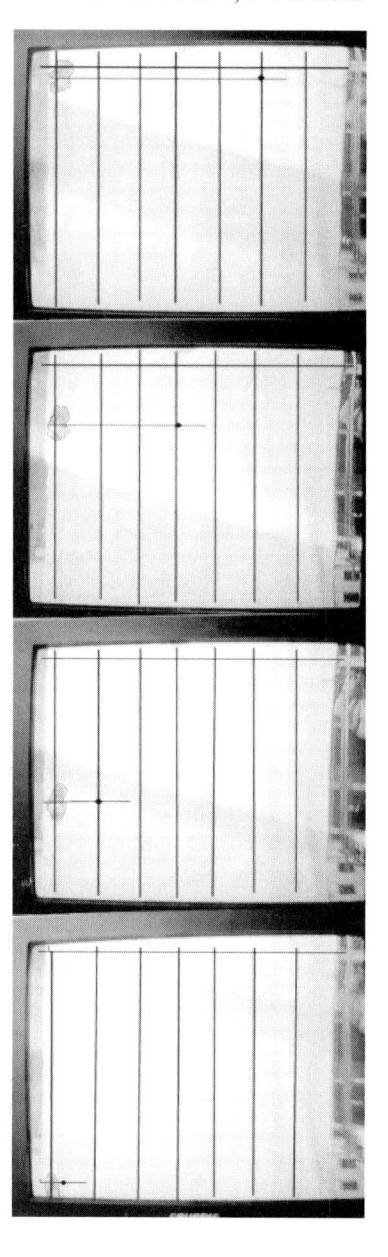

K. Rauner
Schülerversuche mit „gezeichneten" Widerständen

1 Vorbemerkung

Vor einigen Jahren ergab sich bei der Leitung einer Arbeitsgruppe von zehn- bis zwölfjährigen Kindern für Elektronik und HiFi-Technik das Problem, die grundlegenden Beziehungen zur Schaltung von Widerständen durch Versuche zu erarbeiten. Damit die Versuche auch für Kinder, die mit Physik bis dahin nur wenig Erfahrungen hatten, interessanter wurden, setzten wir statt der üblichen Widerstände „gezeichnete" ein [1]. Nachdem sich diese Methode bewährt hatte, wurde sie durch einige weitere Anwendung (siehe [2], [3]) ergänzt.
Die Grundidee besteht darin, daß man Kohleschichtwiderstände praktisch ohne Aufwand durch das Zeichnen mit einem gewöhnlichen Bleistift auf hochwertigem Papier herstellen und für Meßschaltungen anwenden kann, ein Verfahren, das sich besonders für Schülerübungen anbietet. Jeder Schüler braucht dabei nur einen weichen Bleistift (Härte 0 oder 1) und kariertes Zeichenpapier; in jeder Arbeitsgruppe werden weiterhin ein Ohmmeter, eventuell auch eine Flachbatterie und ein Milliamperemeter benötigt. In der folgenden Übersicht sind einige Beispiele zum Themenkreis elektrische Widerstände ausgewählt, die man mit Hilfe der „gezeichneten" Widerstände demonstrieren und erarbeiten kann.

2 Abhängigkeit des Leiterwiderstandes von seiner Länge

Jeder Schüler malt mit einem Bleistift sorgfältig ein Rechteck aus, mit Seitenlängen von beispielsweise 1 und 3 Kästchen, und mißt dessen Widerstand, indem er die Kontakte des Ohmmeters auf die Ränder des Rechtecks, wie in Abb. 1 gezeigt, drückt. Falls kein Ohmmeter zur Verfügung steht, kann man den Widerstand ausrechnen, indem man die bekannte Spannung einer Flachbatterie anlegt, und durch den mit dem Amperemeter gemessenen Strom teilt. Dann verlängern die Schüler den gezeichneten Leiter dadurch, daß sie zu dem bereits fertigen Rechteck einen weiteren Teil dazu zeichnen, z. B. 1x3 Kästchen. Sie messen wieder den Widerstand und vergleichen den gemessenen mit dem vorangegangenen Wert. Diesen Vorgang kann man mehrmals wiederholen und dann zeigen, daß der Leiterwiderstand mit seiner Länge wächst. Der Vorgang wird in Abb. 1 ersichtlich .

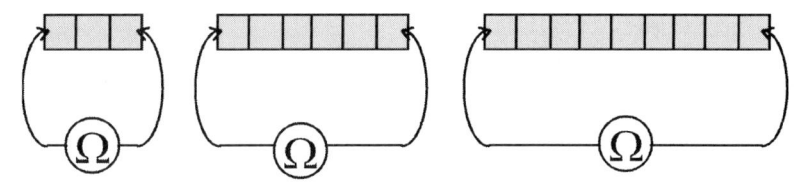

Abb. 1: Zur Abhängigkeit des Widerstandes von der Länge

3 Abhängigkeit des Leiterwiderstandes vom Querschnitt und Material

Die Schichtdicke der „gezeichneten" Widerstände ist sehr klein; sie kann durch stärkeren Auftrag mit Bleistift nicht meßbar vergrößert werden. Deshalb erhöhen wir den Flächeninhalt durch Vergrößerung der Breite der gezeichneten Rechtecke. Der Zeichen- und Meßvorgang wird ersichtlich in Abb. 2. Wenn man zum Zeichnen Bleistifte verschiedener Härte benutzt, kann man sich auch von der Abhängigkeit des Widerstandes vom Material des Leiters überzeugen: je höher der Härtegrad des Bleistiftes ist, desto dünner ist die aufgetragen Kohleschicht und desto höher ist der Widerstand eines Rechtecks gleicher Abmessung.

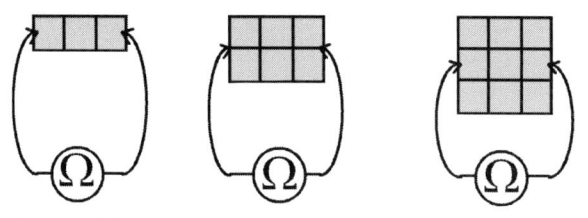

Abb. 2: Zur Abhängigkeit des Widerstandes vom Querschnitt

4 Reihen- und Parallelschaltung von Widerständen

Die Schüler zeichnen einige Rechtecke, z. B. je drei Kästchen, die sich mit ihren kürzeren Seiten fast berühren. Sie bestimmen die einzelnen „Widerstände", schreiben sich die Werte auf und füllen dann sorgfältig die Zwischenräume aus. Dann messen sie den Gesamtwiderstand und vergleichen das Ergebnis mit den Widerständen der ursprünglichen Rechtecke. So weisen sie nach, daß der Gesamtwiderstand einer Serienschaltung von Widerständen der Summe der einzelnen Widerstände entspricht. Der Vorgang wird in Abb. 3 erläutert:
Die Untersuchung der Parallelschaltung erfolgt in Analogie zum vorangegangenen Versuch; der Unterschied liegt darin, daß die ursprünglichen Rechtecke die gleiche Länge haben und mit den längeren Seiten dicht aneinander gezeichnet werden wie in Abb. 4 dargestellt ist. Aus den Messungen folgt, daß der Gesamtwiderstand der nebeneinander (parallel) verbundenen Widerstände kleiner ist als der kleinste der ursprünglichen Widerstände.

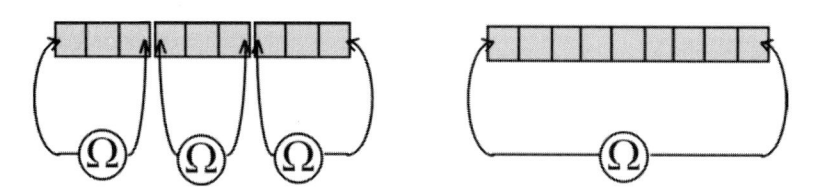

Abb. 3: Zur Reihenschaltung von Widerständen

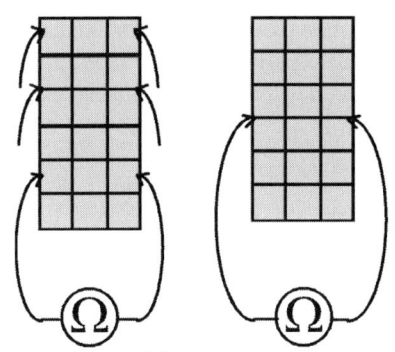

Abb. 4: Zur Parallelschaltung von Widerständen

5 Einstellbare Widerstände

Die Funktionsweise eines Regelwiderstandes läßt sich mit einem gezeichneten Widerstand und einem Milliamperemeter, das entsprechend Abb. 5 angeschlossen wird, untersuchen. Ein fest installierter Widerstand $R = 100\,\Omega$ verhindert eine Überlastung des Milliamperemeters bei zufälligem Kontakt beider Meßspitzen. Wenn ein Schüler eine Meßspitze an den Rand der Längsseite des sorgfältig angefertigten Rechtecks drückt, kann er die Abhängigkeit der Stromstärke vom Widerstand durch Verschieben der zweiten Meßspitze entlang der Längsseite messen. Um den Vorgang der Regelung auch optisch hervorzuheben, empfiehlt es sich, eine Leuchtdiode in den Stromkreis einzufügen.
Es ist auch möglich, mit gezeichneten Widerständen ein nichtlineares Potiometers zu realisieren. Die Widerstandsbahn eines solchen Potentiometers läßt sich zum Beispiel durch ein gleichschenkliges Dreieck mit kurzer Grundlinie - wie in Abb. 7 gezeigt - verwirklichen. Bei einer Verschiebung der Meßspitze

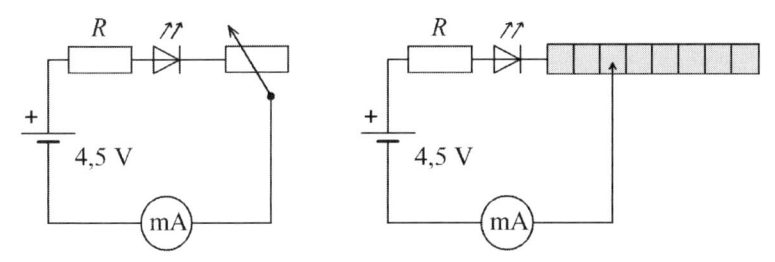

Abb. 5: Stromregelung mit dem „gezeichneten" Widerstand. Links ist zusätzlich zum Nachweis des Stroms mit dem Milliamperemeter noch eine Leuchtdiode eingebaut, deren Helligkeit sich über den Widerstand einstellen läßt.

um ein Quadrat wird der jeweilige Widerstand gemessen. Bei einem festen Bezugspunkt auf der kurzen Grundlinie des Dreiecks, ändert sich der Widerstand exponentiell mit den Abstand von der Grundlinie. Befindet sich die Meßspitze am obersten Punkt des Dreiecks, so ändert er sich logarithmisch mit dem Abstand zur Spitze.

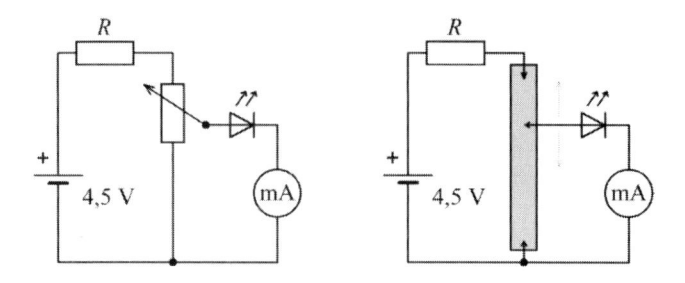

Abb. 6: Zur Spannungsreglung mit dem „gezeichneten" Widerstand
Nichtlinearer Widerstand

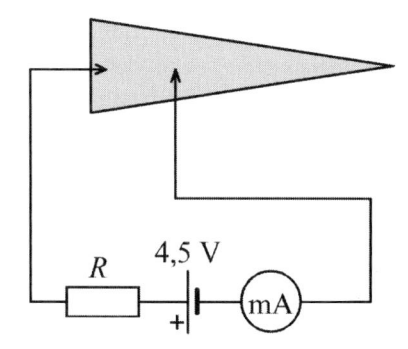

Abb. 7: „Gezeichneter" nichtlinearer Widerstand

6 Frequenzregelung

Eine weitere beliebte Anwendungsmöglichkeit für „gezeichnete" Widerstände ist die Frequenzeinstellung bei RC-Frequenzgeneratoren. Man kann mit diesen Widerständen die Frequenz stufenlos verändern und so einen „einfachen Synthesizer" herstellen. Die einfachste Schaltung für ein solches „Musikinstrument" mit einem gezeichneten Potentiometer findet sich in Abb. 8.

Hier nutzt man aus, daß beim Erreichen der Durchbruchspannung des Transistors der Kondensator schnell über den Transistor entladen wird, so daß kurz

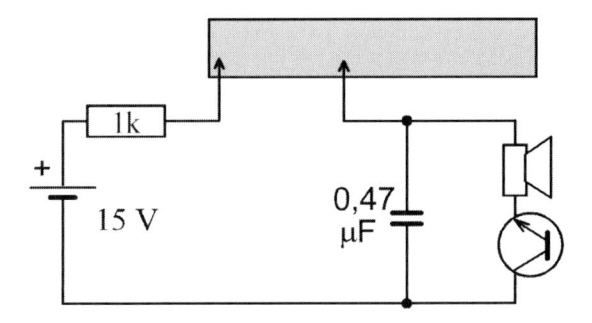

Abb. 8: Schaltung eines einfachen Schwingungserzeugers.

nach dem Öffnen die gesamte Spannung an beiden Widerständen abfällt und damit der Transistor keinen Schaden erleidet. Erst wenn der Kondensator wieder aufgeladen ist, liegt am Transistor die Durchbruchspannung an, und der Vorgang beginnt von neuem. Es entsteht damit eine Folge von Stromimpulsen, die als Ton über den Lautsprecher hörbar gemacht wird. Die Zeitkonstante und damit die Frequenz werden wesentlich durch den „gezeichneten" Widerstand bestimmt, dessen Wert über den Ort des Abgriffs eingestellt wird. Die Betriebsbedingungen sind unkritisch, so daß ein beliebiger Transistor benützt werden kann (bei einem PNP-Typ verändert man die Polarität der Quelle). Um eine einwandfreie Funktion zu gewährleisten, ist es allerdings nötig, daß die Quelle eine höhere Spannung hat als die Durchbruchsspannung des Transistors (in der Regel mehr als 10 V). Der verwendete Lautsprecher kann auch durch einen Telefonhörer ersetzt werden.

7 Schlußbemerkung

Der Autor dieses Artikels hat das beschriebene Verfahren mit Schülern zwischen 10 und 14 Jahren ausprobiert und herausgefunden, daß man damit das Interesse für Elektrizitätslehre besonders wecken und den elektrischen Widerstand mit seinen Anwendungen besser verständlich machen kann. Hervorzuheben ist, daß diese Methode vor allem für den Gruppenunterricht geeignet ist. Neben den gezeigten Beispielen sind natürlich noch andere Anwendungen der Methode denkbar.

8 Literaturverzeichnis

[1] Rauner, K.: Elektrotechnische Arbeitsgruppen, ÚDPM Praha 1986
[2] Barták, F., Kašpar, Z., Rauner, K., Scharffová, J.: Arbeitsprogramm für Jugendliche im Bereich der Elektrotechnik und Videotechnik, Svazarm, Praha 1988
[3] Rauner, K.: Frontalversuche mit gezeichneten Widerständen, Školská fyzika, 1994/2, ISSN 1211-1511

K. Rauner

Demonstrationsversuche zur magnetischen Informationsaufzeichnung

1 Vorbemerkung

Informationen verschiedenster Art (Text, Sprache, Musik, bewegte und unbewegte Bilder, Computerprogramme, Datenbanken, u. ä.) werden heutzutage in Form von Signalen übermittelt. Neben der Übermittlung spielt dabei die Speicherung dieser Informationen eine große Rolle. Typische Informationsspeicher sind zum Beispiel Bücher, Photographien, Filme, Magnetbänder, Disketten, Compact Disk (CD) und Halbleiter in den verschiedensten Anwendungen.
Signale lassen sich grundsätzlich in analoge und digitale (diskrete) unterteilen. Heutzutage wird zur Speicherung analoger und digitaler Signale am häufigsten die Magnetaufzeichnung angewandt. Sie hat den Vorteil der Überschreibbarkeit. Mit der Magnetaufzeichnung analoger Signale sind selbst Kinder in der Form von Ton- und Bildaufzeichnung mit Kassetten- bzw. Videorekorder konfrontiert. Die Magnetaufzeichnung digitaler Signale spielt bei der heutigen Computertechnik eine entscheidende Rolle, auch bei Telefon- oder Kreditkarten. Wegen dieser allgemeinen technischen Bedeutung der Magnetaufzeichnung ist es wünschenswert, dieses Thema im Physikunterricht anzusprechen. Wir haben uns daher um eine entsprechende Aufbereitung dieses Themas bemüht und berichten im Folgenden über einige Demonstrationsversuche, die mit schulischen Mitteln durchführbar sind. Die Experimente wurden in einer Gruppe von Schülern zwischen zehn und vierzehn Jahren erprobt (siehe [1], [2], [3]). Dabei wurde nur das Prinzip der Aufzeichnung von Signalen, deren Speicherung, Abruf und das Löschen berücksichtigt. Weitere technische Feinheiten wie Vormagnetisierung, Frequenzkorrektur u. ä. wurden ausgelassen. Die Magnetaufzeichnungstechnik läßt sich am besten in eine Unterrichtsreihe zur elektromagnetischen Induktion einbauen.
Folgende Hilfsmittel werden für die Versuche benötigt: ein Maßband aus Stahl oder ein entsprechendes Stahlband, ein Stabmagnet, Magnetnadel (Kompaß), Spulen mit 600 und 12000 Windungen, gerade Spulenkerne, eine Wechselspannungsquelle sowie ein Galvanometer oder ein sehr empfindliches Strommeßgerät mit Nullpunkt in der Skalenmitte (Mittenanzeige).

2 Modellversuch zum magnetischen Aufzeichnungsverfahren

Ein Maßband aus Stahl vertritt in diesem Versuch den Träger. Dieses kann man durch Überstreichen mit einem permanenten Stabmagneten in Querrichtung derart „bespielen", daß man abwechselnd mit Nord- und Südpol jeweils einen Bereich auf dem Maßband magnetisiert. Man kann die Magnetaufzeichnungen noch realistischer simulieren, indem man ein übliches Magnetband verwendet und es über die Stirnseite des Kernes einer Spule zieht, in welcher die Stromrichtung laufend umgeschaltet wird. Die Vorgehensweise bei diesem Versuch ist aus Abb. 1 (oben) ersichtlich.

Den Erfolg der Speicherung kann man mittels einer Magnetnadel nachweisen, die entlang des magnetisierten Maßstabes bewegt wird. Die einzelnen Bereiche des „Bandes" ziehen abwechselnd den Süd- oder Nordpol der Nadel an. Es ist dabei empfehlenswert, die einzelnen Bereiche mit einem Stift durch N und S zu kennzeichnen. Die Durchführung des Versuchs ist aus Abb. 1 ersichtlich.

3 Wiedergabe der Aufzeichnung

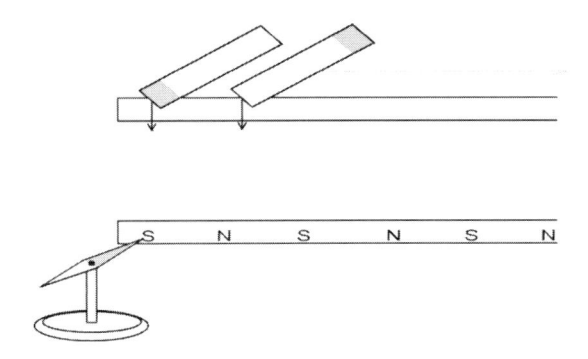

Abb. 1: Modellversuch zum Beschreiben (oben) und Lesen (unten) eines Modellmagnetbandes (Stahlband)

Die Informationen, die auf dem Band aufgezeichnet sind, lassen sich nun wiedergeben („abspielen"). Der Maßstab wird langsam über die Front des Eisenkerns der Spule mit 12000 Windungen bewegt, die an ein empfindliches Amperemeter (Meßbereich: - 150mV bis + 150mV) angeschlossen ist. Man beobachtet, daß jeder Übergang von N nach S in der Spule den Strom in einer Richtung induziert, der Übergang von S nach N dagegen in entgegengesetzter.

Falls ein solches Gerät nicht verfügbar ist, genügt auch ein Mikroamperemeter mit einem Meßbereich von - 50μA bis + 50μA. Wenn zur Magnetisierung ein sehr starker Permanentmagnet benutzt wurde (Ferrit) lassen sich mit einem Demonstrationsamperemeter Ausschläge von - 2mA bis + 2mA beobachten. Die Spule mit 12000 Windungen muß dann durch die geeignetere Spule mit 1200 Windungen ersetzt werden.

4 Löschen der Aufzeichnung

Die Aufzeichnung löscht man, indem man den Maßstab durch eine Spule mit 600 Windungen zieht, die an eine Wechselspannungsquelle angeschlossen ist (6 V, 50 Hz), wie in Abb. 3 dargestellt. Vom Löschen der Aufzeichnung kann man sich einmal mittels einer Magnetnadel überzeugen, zum anderen durch das

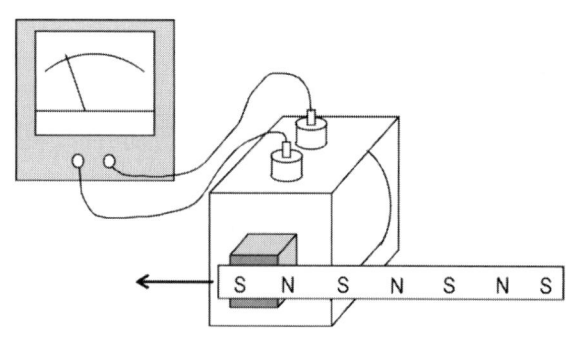

Abb. 2: Schematische Darstellung des Wiedergabevorgangs

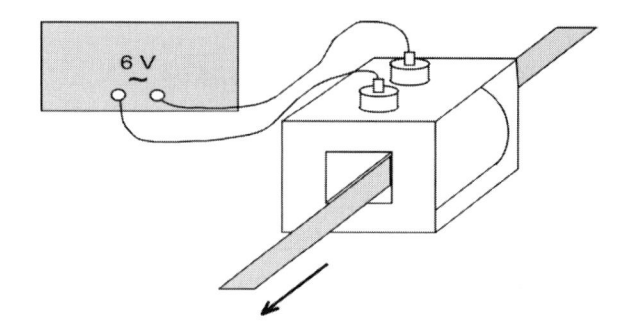

Abb. 3: Schematische Darstellung des Löschvorgangs

„Abspielen" gemäß Abb. 2 (Spule mit 12000 Windungen). Es läßt sich ferner der Einfluß der Bandgeschwindigkeiten auf den Schreib-, Abspiel- und Löschvorgang demonstrieren. Auch kann durch die Verkleinerung der Abstände der magnetisierten Bereiche auf dem Band die Grenze der Aufnahmedichte demonstriert werden.

5 Literatur
[1] Rauner, K.: Elektrotechnische Arbeitsgruppen, ÚDPM Praha 1986
[2] Barták, F., Kašpar, Z., Rauner, K., Scharffová, J.: Arbeitsprogramm für Jugendliche im Bereich der Elektrotechnik und Videotechnik), Svazarm, Praha 1988
[3] Rauner, K.: Demonstrationsversuche magnetischer Informationsaufzeichnung, Školská fyzika, 1995/1, ISSN-1211-1511

M. Lichtfeldt
Das Blockheizkraftwerk im Klassenzimmer

1 Vorbemerkung

Die Behandlung der Thermodynamik im Physikunterricht erscheint vielen Schülerinnen und Schülern als trocken, wenn der klassische Einstieg über die kinetische Gastheorie gewählt wird. Die Annahme eines idealen Gases entspricht nicht den Gegebenheiten realer thermodynamischer Prozesse, die ihnen täglich begegnen. Vielmehr sind dem Alltag entliehene Vorgänge gefragt, die einen Einblick in die Problematik von Energieumsetzungsprozessen und der dabei erreichten Wirkungsgrade geben können. Nur so wird es für Schülerinnen und Schüler möglich sein, die im Physikunterricht gewonnenen Erkenntnisse als alltagsrelevant im Sinne einer Allgemeinbildung zu schätzen. Dies ist ein für die Attraktivität des Faches Physik nicht zu unterschätzender Faktor (LICHTFELDT 1997; TODT 1993).

Ein solch komplexes, alle eben beschriebenen Forderungen nach Realitätsbezug erfüllendes Experiment kann durch den funktionstüchtigen Nachbau eines Blockheizkraftwerkes (BHKW) realisiert werden. Das hier beschriebene Modell eines Blockheizkraftwerkes ist sowohl für den normalen Unterricht in beiden Sekundarstufen (je nach theoretischem „Tiefgang") als auch für die Realisierung eines Physik-Projektes an der Schule geeignet, da es sowohl viele experimentelle Aufbauphasen als auch viele Möglichkeiten der Meßwerterfassung beinhaltet. Als „fertiges Produkt" kann es der staunenden Öffentlichkeit präsentiert und zum werbenden Element für den Physikunterricht werden.

2 Der Grundbaustein

Bunte Werbeprospekte für kleine, handliche Motor-Generator-Einheiten (siehe Abb. 1) versprechen elektrische Energie zu jeder Tages- und Nachtzeit, von der häuslichen Steckdose unabhängig, an jedem Ort und zu jeder Gelegenheit. Doch wie sieht es mit der Energiebilanz dieser Geräte aus? Halten die kleinen „Kraftwerke" das Werbeversprechen, die „Formel 1 für Energie" zu sein?
Bei einer Motor-Generator-Einheit handelt es sich um einen handelsüblichen "Stromerzeuger", der mit Hilfe eines benzinbetriebenen (Normalbenzin, bleifrei) Viertakt-Verbrennungsmotors einen Generator antreibt. Diese Einheiten werden für Marktstände und als Not- oder Stromaggregate für Laubengrundstücke mit verschiedenen elektrischen Leistungsabgaben vielerorts angeboten. Die hier beschriebene Einheit hat eine maximale Leistungsabgabe von 2200 Watt und kostete 500,- DM. Die gesamte Motor-Generator-Einheit ist kompakt gebaut und wird durch ein internes Gebläse gekühlt. Der Generator ist für 230 Volt Wechselspannung bei 50 Hz ausgelegt. Der Benzinmotor besitzt keine Möglichkeit zur manuellen Regulierung der Benzinzufuhr. Sie wird automatisch an die je nach Leistungsabgabe benötigte Benzinmenge angepaßt.

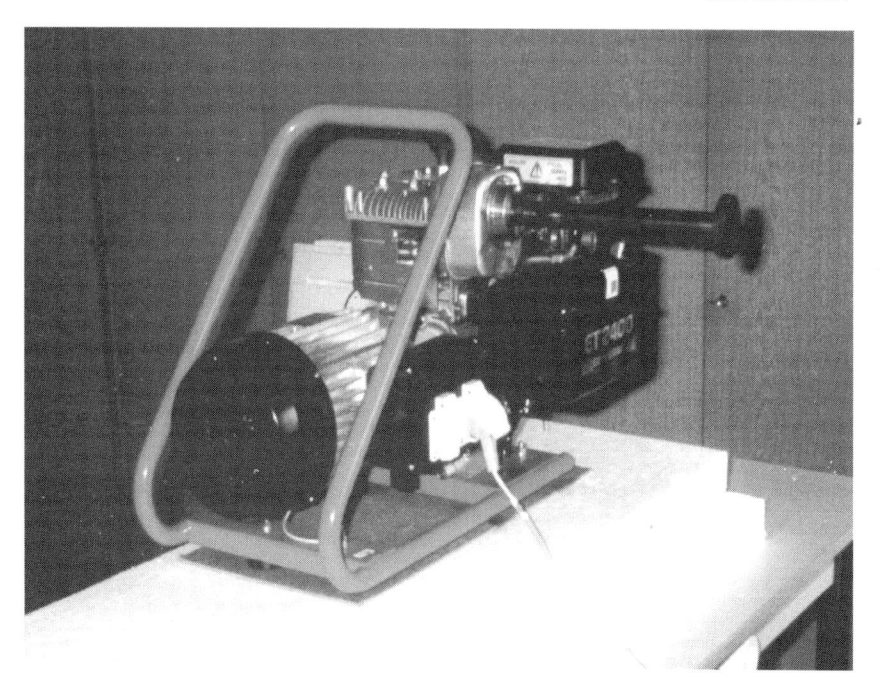

Abb. 1: Die handelsübliche Motor-Generator-Einheit

Bauprinzip der Motor-Generator-Einheit

Abb. 2: Schematischer Aufbau des Blockheizkraftwerkes (BHKW)

Das Blockheizkraftwerk im Klassenzimmer

3 Versuchsziele

Die in der Regel von Schülern durchzuführenden Experimente und Aktivitäten können folgende Ziele haben:
- Bestimmung des Benzinverbrauchs in Abhängigkeit von der abgegebenen elektrischen Leistung
- Bestimmung der Abgastemperaturen in Abhängigkeit von der elektrischen Last
- Aufbau eines Modell-Blockheizkraftwerkes mit Hilfe der Motor-Generator-Einheit
- Bestimmung der Leistungsbilanz (Leistungsabgaben an die elektrische Last, an die am Motorblock vorbeiströmende Kühlluft und an das Abgas im Vergleich zur Primärleistung des verbrannten Treibstoffes)
- Bestimmung von Wirkungsgraden für die elektrische Leistung und für die Heizleistung
- Qualitative Bestimmung der im Abgas enthaltenen Schadstoffe

4 Der Umbau zum Blockheizkraftwerk

Die Motor-Generator-Einheit dient in dem hier beschriebenen Modell nicht nur zur Erzeugung elektrischer Energie, sondern sie soll vielmehr als komplexe Einheit mit verschiedenen Energieumsetzungsprozessen experimentell erfaßt werden. Dazu bedarf es außer der Bestimmung der vom Generator abgegebenen elektrischen Energie der Aufnahme der Luftkühlung in den Meßprozeß sowie der Erfassung der vom Abgas abgeführten Energie.

Die gelieferte elektrische Energie ist die am einfachsten zugängliche Meßgröße; sie kann mit Hilfe von U-I-Messungen bestimmt und durch Parallelschalten von Glühlampen veranschaulicht werden.

Größere Schwierigkeit bereitet die Erfassung der nutzbaren Abwärme. Die Motor-Generator-Einheit wurde zu diesem Zweck folgendermaßen umgebaut (Schema in Abb. 2): Sie wurde in ein Gehäuse aus Styropor (Dämmplatten aus dem Baumarkt; ca. 25,-DM) gestellt, um eine definierte Strömung der durch den Motor erwärmten Luft zu erhalten. Um eine bessere Umströmung des Motor- Generatorblockes mit Kühlluft zu erhalten, wurden zwei zusätzliche Gebläse installiert, die wegen der gesamtenergetischen Betrachtungen die elektrische Energie vom Generator erhalten. Als zweckmäßig haben sich in etwa gleich große Eintrittsöffnungen und eine Austrittsöffnung für den Luftstrom erwiesen. Wir wählten je 14 x 14 cm^2 als Querschnitt. Jeweils bei Ein- und Austritt ist die Lufttemperatur zu bestimmen. Zusätzlich ist an der Austrittsöffnung zur Bestimmung des jeweiligen Luftvolumens noch die Luftgeschwindigkeit mit einem Windmesser aufzunehmen.

Der Auspuff wird so weit verlängert (z.B. durch Kupfer- oder Eisenrohre), daß er an ein Kühlgefäß mit definierter Wassermenge angeschlossen werden kann (Abb. 3). Durch das Kühlgefäß, einen 20-Liter fassenden Plastikeimer mit Deckel, werden die Auspuffgase mit Hilfe eines vielfach gekrümmten Kupferrohres (aneinander gelötete Rohrkrümmer) zur Wärmeabgabe hindurchgeleitet. Vor und nach dem

Kühler sind die Abgastemperaturen zu messen und im Kühler die Wassertemperatur. Das Auspuffende ist soweit zu verlängern, daß die Gase außerhalb des Versuchsraumes ausströmen, so daß keine Vergiftungsgefahr besteht. Die Dichtheit der Rohre muß aus Sicherheitsgründen gewährleistet sein. Andernfalls müssen die Versuche im Freien durchgeführt werden.

Der sich in der Motor-Generator-Einheit befindliche Tank besitzt eine innere Falzkante, bis zu der er nach jedem Versuch wieder aufgefüllt wird. Die nachgefüllte Menge ist ein Maß für das verbrannte Benzin.

Abb. 3: Motor im Gehäuse mit Anschluß an die Wasserkühlung des Auspuffs

5 Meßbeispiel

Die nachfolgende Tabelle zeigt ein Meßbeispiel für die Belastung des Generators durch 6 Glühlampen à 40 Watt und die beiden Gebläse à 120 Watt.

An dem Modell sollten grundsätzlich die Messungen erst nach einer Warmlaufphase des Motors von ca. 15 Minuten bei mittlerer elektrischer Last durchgeführt werden. Damit erreicht der Motorblock seine Betriebstemperatur, so daß während der eigentlichen Messung keine zusätzlichen „Wärmeverluste" auftreten.

Für *jede* elektrische Last wurde eine Messung über 10 Minuten durchgeführt, damit sich Schwankungen ausmitteln konnten. Messungen von 45 Minuten Länge haben ergeben, daß sich etwa 7-8 Minuten nach Änderung der elektrischen Last das Gesamtsystem wieder stabilisiert hat.

Zeit t in s	0	120	240	360	480	600
Benzin Volumen V in ml	-	-	-	-	-	240
Temperatur ϑ						
ϑ (Kühlwasser) in °C	23,0	24,0	25,5	27,5	29,5	31,5
ϑ (Abgas (warm)) in °C	-	285	315	323	327	335
ϑ (Abgas (kalt)) in °C	-	38	42	43	43	44
Warmluft						
ϑ (Zuluft) in °C	25	25	25	25	25	25
ϑ (Abluft) in °C	-	52	54	55	55	55
Geschwindigkeit in m/s	4,0	4,0	4,0	4,0	4,0	4,0
Stromstärke in A	2,01	2,01	2,01	2,01	2,01	2,01
Spannung in V	240	240	240	240	240	240
Kühlwasservolumen 20 l; Warmluftöffnung 400cm²						

Tabelle : Beispiel einer Messung bei einer elektrische Last aus 6 Glühlampen à 40 Watt und den beiden Gebläsen à 120 Watt:

5.1 Messung der vom Benzin bei der Verbrennung abgegebenen Energie

Zunächst muß der Brennwert des Benzins bestimmt werden. Mit Hilfe eines Kalorimeters (z.B. Fa. Neva, Nr. 4080186) läßt sich die Verbrennungswärme dadurch bestimmen, daß die Verbrennungsgase durch eine in der Kalorimeterflüssigkeit befindliche Kupferwendel geleitet werden und die Temperaturzunahme der Flüssigkeit gemessen wird. Der Brennwert für das benutzte Normalbenzin wurde zu 36,7 kJ/g und die Dichte zu $\rho = 0{,}78$ kg/l bestimmt. Die bei der Verbrennung von Benzin abgegebene Leistung berechnet sich nach:
  Leistung = Brennwert * Dichte * Volumen / Zeit .
In dem Meßbeispiel wurde die Leistung P = 10496 W gemessen. Abb. 4 zeigt den Benzinverbrauch in Abhängigkeit von der elektrischen Last.

5.2 Leistungsabgabe an die elektrische Last

Die elektrische Last wird über die Zahl der angeschlossenen Glühlampen eingestellt. Glühlampen sind empfehlenswert, da sie eine rein „ohmsche" Last darstellen und deutlich jenen Aspekt des Modells in den Vordergrund rücken, der das Hauptanliegen der Anlage darstellt, nämlich die Umwandlung fossiler Energie in elektrische. Für die elektrische Leistung gilt in diesem Fall einfach P = U I. Würden Geräte angeschlossen, die eine induktive Last darstellen, so erforderte die Leistungsmessung wegen der Phasenverschiebung zwischen U(t) und I(t) aufwendigere Messungen.
In dem in der Tabelle mitgeteilten Beispiel mißt man für die insgesamt vom Gene-

rator abgegebene elektrische Leistung P = 482 W. Die Abweichung von dem bei sechs Lampen erwarteten Wert (6x40 W) kommt daher, daß zusätzlich am Generator der Gebläsemotor zur Kühlung der Motor-Generator-Einheit angeschlossen ist.
Interessant ist auch die Untersuchung, inwieweit die Spannung am Generator von der Last abhängt, da man hierdurch die Größe des Generatorwiderstandes abschätzen kann. Bild 5 zeigt dazu die vom Generator gelieferte Spannung in Abhängigkeit von der elektrischen Last. Deutlich ist zu sehen, daß schon bei 1000 Watt Anschlußleistung die vom Hersteller angegebene Nennspannung erreicht ist. Bei größeren Belastungen sinkt die Spannung, so daß Geräte, die eine definierte, konstante Nennspannung benötigen, dann nicht mehr damit betrieben werden können. Lampen würden dunkler leuchten.

5.3 Leistungsabgabe an den „Warmwasserbereiter"

Die Auspuffgase werden zur Kühlung durch ein Wasserbad geleitet. Über die Änderung der Kühlwassertemperatur kann die von den Auspuffgasen abgegebene Energie gemessen werden. Im Modell für das Blockheizkraftwerk repräsentiert dieser Kühler symbolisch z.b. den Warmwasserbereiter in der Gartenlaube. Bei den Messungen zeigte sich eine sehr gute Kühlung der Abgase. Selbst bei Vollast des Motors und bei 39°C Kühlwassertemperatur war noch eine Kühlung der Abgase von 410°C auf ca. 55°C möglich, so daß die an die Umwelt abgegebene Energie („Restwärme") im Vergleich zur Abgabe der ungekühlten Abgase erheblich reduziert wurde. Bei der Aufstellung der Energiebilanz muß noch der Strahlungsverlust für den Plastikeimer von ca. 110 Watt berücksichtigt werden. In dem Beispiel ergibt sich für die an das Wasser abgegebene Leistung P = 1188 W.

5.4 Leistungsabgabe an die „Warmluftheizung"

Die Luft, die durch das Gebläse den Motor verstärkt umströmt, erwärmt sich und verläßt das Styroporgehäuse durch den als Windkanal konzipierten Auslaß. Der Windkanal ist notwendig, damit die Abluft möglichst laminar nach außen strömt. Nur so kann die Geschwindigkeit der Luft eindeutig bestimmt werden. Die mit der Luft nach außen transportierte Abwärme kann als Warmluft-Raumheizung (im Realfall über Wärmetauscher) für die Gartenlaube angesehen werden. Zur Bestimmung des Luftdurchsatzes (Luftvolumen pro Zeiteinheit) wird die Windgeschwindigkeit innerhalb der Austrittsöffnung des Kanals gemessen (handelsüblicher, für die Schule angebotener Windmesser (z.B. Anemo der Fa. Deuta)). Um den Meßfehler klein zu halten, empfiehlt sich die Messung bei größeren Luftgeschwindigkeiten. Daher sind im Windkanal kleine Austrittsöffnungen vorgesehen, um eine größere Strömungsgeschwindigkeit zu erhalten. Insgesamt muß darauf geachtet werden, daß es im Styroporgehäuse zu keiner Überhitzung kommt, da sonst der Motor durch einen Thermoschalter automatisch abgeschaltet wird. Die von der Luft aufgenommene Leistung berechnet sich nach:

Benzinverbrauch
der Motor-Generator-Einheit bei verschiedener Belastung

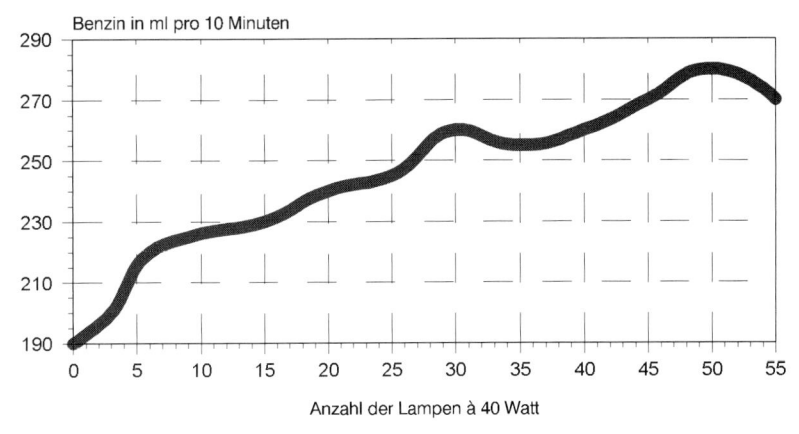

Abb. 4: Benzinverbrauch in Abhängigkeit von der elektrischen Last

Spannungsverlauf
der Motor-Generator-Einheit bei verschiedener Belastung

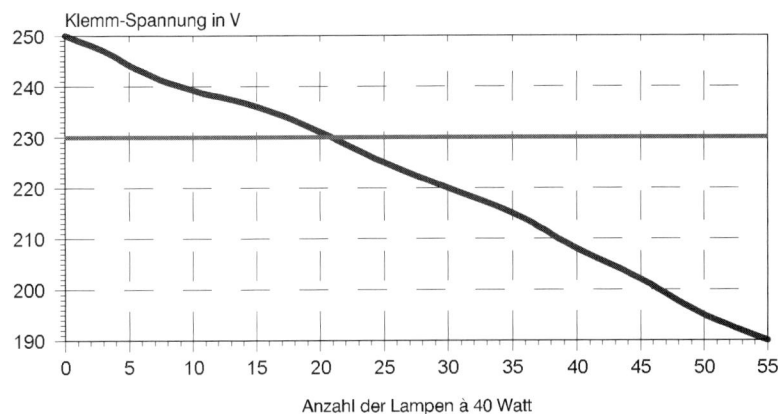

Abb. 5: Generatorspannung in Abhängigkeit von der Last

$$P = c_{wL} \, v \, A \, \rho \, \Delta T$$

(P: Leistung, c_{wL}: spez. Wärmekapazität der Luft; v: Luftgeschwindigkeit; A: Luftaustrittsfläche; : Dichte der Luft; ΔT: Temperaturerhöhung). In dem hier angegebenen Meßbeispiel mit $c_{wL} = 1 J/(kg \cdot K)$ und $\rho_{Luft} = 1{,}3 g/l$ ergibt sich daraus eine Leistung von P = 6300 W. Für die Schüler war dies ein unerwartet hoher Wert - gegenüber 480 Watt an elektrischer Leistung. Sie konnten nicht glauben daß die Industrie Geräte mit derart schlechten Wirkungsgraden baut.

5.5 Leistung und Wirkungsgrad bei variabler elektrischer Last

Eine vollständige Messung setzt sich aus mehreren Meßdurchläufen zusammen, wie sie oben im Beispiel beschriebenen wurden. Es empfiehlt sich ein schrittweises Erhöhen der elektrischen Last um je 3-4 Lampen à 40W. Höhere Anschlußwerte als 55 x 40 W sind nicht empfehlenswert, da dann der äußere Widerstand kleiner wird als der Innenwiderstand des Generators, und die abgegebene elektrische Leistung daher wieder abnimmt.

Die nachfolgenden Graphiken zeigen den Verlauf der Leistung und des Wirkungsgrades als Funktion der Last:
Die Graphik in Abb. 6 veranschaulicht die Gesamtbilanz. Deutlich wird, daß der größte Teil der vom Benzin gelieferten Energie, der in der Motor-Generator-Einheit umgewandelt wird, in die Abwärme geht und damit normalerweise nicht für die Nutzung zur Verfügung steht. Das Konzept des BHKW sieht vor, diesen Energieanteil einer sinnvollen Nutzung zuzuführen. Die Bilanz verbessert sich dadurch so weit, daß nur noch 10% der primären Energie verloren gehen.
Die Graphik in Abb.7 zeigt die Wirkungsgrade, die bei den drei beteiligten Umwandlungsprozessen (Warmluftheizung, Warmwasserbereitung, Elektrizität) erreicht werden, wieder in Abhängigkeit von der Anzahl der eingeschalteten Lampen. Der maximale Wirkungsgrad für die Erzeugung von Elektrizität beträgt knapp 14%.

6 Ergebnisse

Die Meßkurven für die Leistungsbilanz und den Wirkungsgradverlauf bei dem Funktionsmodell des Blockheizkraftwerks zeigen eindrucksvoll die bei der Energieumwandlung auftretenden charakteristischen Anteile. Wenn davon ausgegangen wird, daß die Motor-Generator-Einheit handelsüblich nur für die Erzeugung von elektrischer Energie genutzt wird, dann sind nur maximal 14% der Energie im Benzin für diese Energieform nutzbar.
Die restliche Energie geht als Wärme über den Auspuff und direkt vom Motorblock an die Umgebungsluft verloren. Als Heizlüfter wäre diese Einheit besser geeignet, da zwischen 70 und 80% der Gesamtenergie zum Heizen (Kühlwasser und Warmluft) zur Verfügung steht. Für Schüler(innen) ist erstaunlich, daß bereits im Leerlauf ein Leistungsbedarf von fast 7000 Watt durch das Benzin zu decken ist.

Das Blockheizkraftwerk im Klassenzimmer 63

Leistungsverlauf
Motor-Generator-Einheit

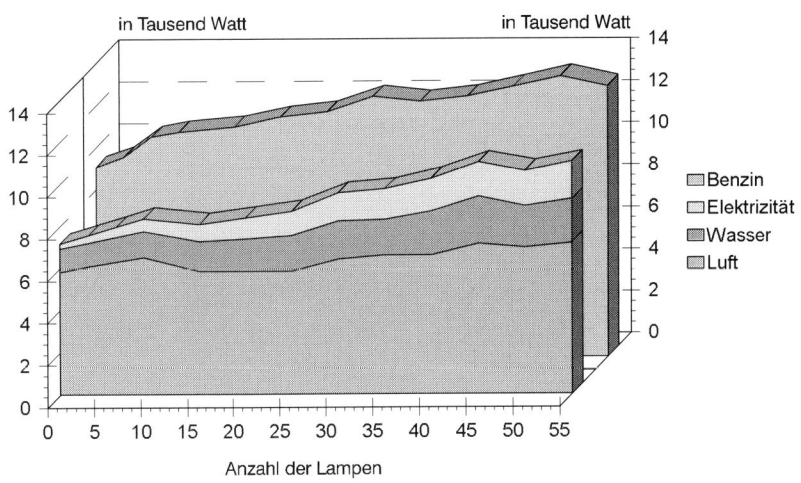

Abb. 6: Leistungsbilanz des Modell-BHKW: Graphik im Hintergrund: Leistung des verbrannten Benzins in Abhängigkeit von der Anzahl der eingeschalteten Lampen; Graphik im Vordergrund: übereinandergeschichtet die jeweiligen Leistungsabgaben an die Luft, an das Kühlwasser und an die Glühlampen, also die gesamte Nutzleistung des BHKW. Sie ist nur ca 10% geringer als die primäre Leistung des verbrannten Treibstoffes. Dieser nur sehr geringe Verlust ist auch für reale BHKWe typisch. Er zeigt die Effektivität dieses Konzepts.

Den Schülern wird an diesem Beispiel besonders deutlich, wie wichtig die Nutzung aller Energieformen ist, die bei der Wandlung fossiler Energie auftreten, was besonders effektiv bei einem Blockheizwerk möglich ist. Nur so sind Gesamtwirkungsgrade möglich, die eine umweltverträglichere Energieerzeugung zulassen. Die in den Meßkurven angezeigten Verluste sind bei den hier durchgeführten Versuchen diejenigen Anteile, die nicht als Gebrauchsenergie nutzbar sind (z.B. Rest-Wärmestrahlung).

Die Kurve für den Wirkungsgrad im Fall der an die Luft abgegebene Energie zeigt ein auffallend flaches Minimum, welches seine Erklärung darin findet, daß die Motor-Generator-Einheit bei einer elektrischen Belastung zwischen 600 und 1200 Watt optimal arbeitet.

7 Weitere Untersuchungsmöglichkeiten

Für Schüler(innen) mit einem verstärkten Interesse an der Chemie bzw. an der speziellen Abgasproblematik benzinbetriebener Motoren können z.B. qualitative

Wirkungsgradverlauf
Motor-Generator-Einheit

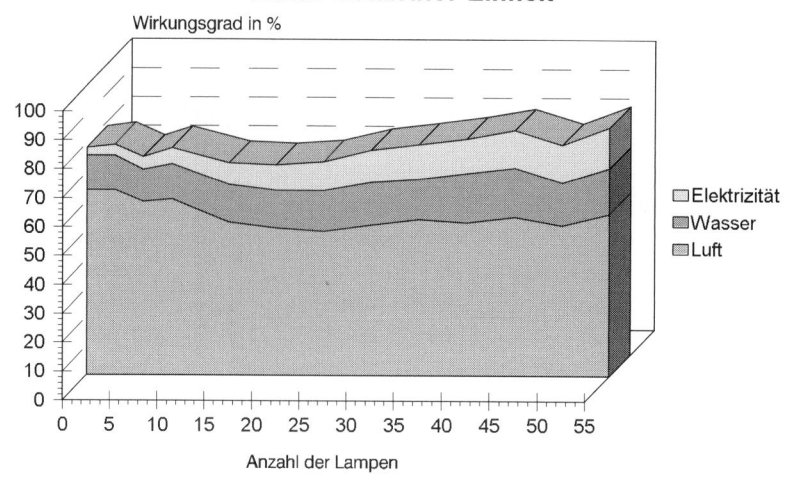

Abb. 7: Wirkungsgrade der beteiligten Umwandlungsprozesse in Abhängigkeit von der elektrischen Last.

Die Wirkungsgrade berechnen sich aus:

$$\eta_{Elekt} = P_{Elekt}/P_{Benzin} \quad \eta_{Luft} = P_{Luft}/P_{Benzin} \quad \eta_{Wasser} = P_{Wasser}/P_{Benzin}$$

Abgasuntersuchungen durchgeführt werden.

Die Auspuffgase werden durch drei hintereinander angeschlossenen Waschflaschen (I; II; III) geleitet. Wenn der Abgasdruck nach dem Kühler nicht mehr zu groß ist und die Abgase nicht mehr eine zu hohe Temperatur besitzen, kann auf ein Adsorptionsrohr mit Glaswolle verzichtet werden. Bei zu niedrigen Abgasdrücken oder einer direkten Messung der Abgase bei externer Benzinverbrennung kann das Hindurchleiten der Abgase durch die Waschflaschen mit Hilfe des Sogs einer Wasserstrahlpumpe ermöglicht bzw. beschleunigt werden.

7.1 Erster Versuchsteil:

Die Versuchsreihen werden bei jeweils zwei verschiedenen Füllungen der Waschflaschen durchgeführt:

a) In der Waschflasche I wird Kohlenmonoxid nachgewiesen. Das Kohlenmonoxid reagiert mit den in der Lösung freigesetzten Silberionen, so daß Silber ausfällt.

b) In der Waschflasche II können ungesättigte Kohlenwasserstoffe, die den Sauerstoff der Luft angreifen, nachgewiesen werden. Die entstehende Braunfärbung der sodaalkalischen Permanganatlösung kann mit Einschränkungen

als Nachweis angesehen werden.
c) In der Waschflasche III wird über die Trübung von Kalkwasser Kohlendioxid nachgewiesen.

7.2 Zweiter Versuchsteil:
a) In der Waschflasche I wird mittels der Jod-Jodkaliumlösung Schwefeldioxid nachgewiesen. Es setzt sich im Wasser zu schwefliger Säure um und entfärbt die Lösung.
b) In der Waschflasche II wird Stickstoffmonoxid zu Stickstoffdioxid oxidiert, um in der Waschflasche III (siehe c2) nachgewiesen werden zu können.
c) In der Waschflasche III wird die Saltzmannsche Lösung bei Anwesenheit von Stickstoffdioxid rot-violett eingefärbt.

7.3 Herstellung der Reagenzien zur Untersuchung der Abgase
Die chemischen Lösungen lassen sich folgendermaßen herstellen:
1. Herstellung der ammoniakalischen Silbernitratlösung:
   Man löst ca. 1 g Silbernitrat in wenig dest. Wasser (aqua dest.), gibt etwas Natronlauge und soviel konz. Ammoniaklösung hinzu, bis sich der entstandene Niederschlag gerade wieder löst.
2. Herstellung der Saltzmannschen Lösung (s. VDI Richtlinien Nr. 2453)
   Man versetzt in einem 500 cm^3 Meßkolben 2,5 g Sulfanilsäure mit ungefähr 250 cm^3 Aqua dest. und 70 cm^3 Eisessig. Nachdem die Lösung vollständig abgekühlt ist, werden 10 cm^3 0,1%ige N-(1-NAphthyl)-aethylen-diamindihydrochlorid-Lösung hinzugegeben und mit Aqua dest. bis zur Eichmarke aufgefüllt.
3. Herstellung der sodaalkalischen Permanganatlösung:
   Einige Permanganatkristalle werden in 50 cm^3 Aqua dest. gelöst, mit einer Spatelspitze Natriumkarbonat versetzt und gut umgerührt.
4. Herstellung einer schwefelsauren Kaliumpermanganatlösung:
   2,5 g Kaliumpermanganat werden mit 90 cm^3 Aqua dest. und 5,2 cm^3 Schwefelsäure (konz. 1:3 verdünnt) in einem 100 cm^3 Kolben versetzt. Es wird anschließend mit Aqua dest. bis zur Eichmarke aufgefüllt (PHILIPP 1992, S.9).

8 Schlußbetrachtung
Das hier beschriebene Experiment ist mehrfach mit verschiedenen Ausführungen der Motor-Generator-Einheit im Unterricht durchgeführt worden (siehe ESCHNER; FISCHLER; LICHTFELDT; WOLFF 1993). Jedesmal waren die Schüler(innen) begeistert von den Möglichkeiten, die sich durch die Vielfalt der Versuchsmöglichkeiten boten. Zwei Äußerungen von Schüler(innen) sollen dies exemplarisch belegen (LICHTFELDT 1994):
„Die Möglichkeit, Ergebnisse des Kurses im eigenen Leben zu benutzen, hat mir am meisten gefallen. Man kann also den Nutzen des Unterrichts unmittelbar erkennen."

"Physik war mir immer ein Greuel. Jetzt macht mir der Unterricht richtig Spaß. Viele beneiden uns um die Möglichkeiten an der Schule." Gerade in Physik-Grundkursen ist diese Einschätzung von größter Wichtigkeit. Zeigt sie doch gerade, daß Physikunterricht mehr „als trockene Formeln über lebensferne Dinge" ist. Physikunterricht gewinnt dadurch, neben dem fächerübergreifenden Aspekt, einen allgemeinbildenden Charakter (vgl. auch SCHECKER u.a. 1996).

Literatur

ESCHNER, J.; FISCHLER, H.; LICHTFELDT, M.; WOLFF, J.: Grundkurse Energieumwandlungen II - VII. In: Physik in der Schule 31 (1993) Heft 2 bis 9.
LICHTFELDT, M.: Rahmenrichtlinien für den Physikunterricht. Die Balance zwischen Wahlfreiheit und Fachsystematik. In: Keuffer, J. (Hrsg.): Modernisierung von Rahmenrichtlinien - Beiträge zur Rahmenplanentwicklung. Studien zur Bildungsforschung - Band 4, Deutscher Studienverlag, Weinheim 1997.
LICHTFELDT, M.: Grundkurse Energieumwandlungen VIII. Schüler(innen) haben das Wort. In: Physik in der Schule 32(1994), S. 108-110.
PHILIPP, E.: Experimente zur Untersuchung der Umwelt. bsv, München 1992
SCHECKER, H. u.a.: Naturwissenschaftlicher Unterricht im Kontext allgemeiner Bildung. In: Der mathematische und naturwissenschaftliche Unterricht 49(1996)8, S. 488-492.
TODT, E.: Schülerempfehlungen für einen interessanten Unterricht. In: Naturwissenschaften im Unterricht - Physik 4(1993)17 und 18, S. 37-38 u. 37-40

F. Wörlen, G. Emmert, P. Geyer, U. Nieberlein, M. Gabler

Das Ballon-Projekt zur Erkundung der Atmosphäre

1 Einleitung

Das Ballon-Projekt gehört zu einer Initiative, die Möglichkeiten des Amateurfunks für den Physikunterricht zu nutzen. Die Beobachtungen des Wetters in Bodennähe lassen sich durch Meßwerte aus großen Höhen ergänzen und die Ergebnisse mit den im Physikunterricht erarbeiteten Wettermodellen interpretieren. Die Idee zur Durchführung von Ballon-Projekten geht auf den Arbeitskreis für Amateurfunk und Telekommunikation in der Schule, Harsum (AATiS) zurück [3]. Der Verein bietet den Schulen qualifizierte Unterstützung bei der Planung und Durchführung des Projekts. Im Folgenden wird über das am Gymnasium Roth im Physikunterricht vorbereitete Ballon-Projekt berichtet, das Ende Juni 1996 stattfand.

Bei der Ballon-Mission transportiert ein mit Helium gefüllter Wetterballon eine Meßbox (s. Abb. 1, Plattform), die mit Sensoren ausgerüstet ist, in Höhen bis zu ca. 30 km. Die Sensoren messen während des Aufstiegs eine Reihe von Größen, die Auskunft über die physikalischen Eigenschaften der Erdatmosphäre geben. Der mitgeführte Sender überträgt kontinuierlich die Meßwerte zu einer Bodenstation, den die ortsansässige Amateurfunkgruppe betreibt. Die Funkamateure aus der Umgebung führen während des Fluges Funkpeilungen durch und ermitteln die momentane Position der Sonde. I.a. ist der Sender auch nach der Landung noch aktiv und die Bergung der Meßbox möglich. Beim Erreichen der Gipfelhöhe reißt die Hülle des Ballons, denn die Ballonhaut aus Latex dehnt sich beim Aufstieg um ein Vielfaches, und die intensive UV-Strahlung verursacht Änderungen der chemischen Struktur des Materials. Beides führt zu Rissen und schließlich zum Platzen der Haut. Die Geschwindigkeit bei der Landung der Meßbox soll der unter dem Ballon angebrachte Fallschirm vermindern (s. Abb. 1).

Dieses Projekt ist für den Physikunterricht attraktiv, weil die Meßapparatur von Schülern geplant und gebaut, sowie die Meßergebnisse ausgewertet und präsentiert werden können. Es bietet sich die Chance, unterschiedliche Schüleraktivitäten anzuregen und zu fördern. Thematische Querverbindungen zwischen Unterricht und Anwendung sind:

- die Auftriebskraft eines gasgefüllten Ballons in der Atmosphäre,
- der Aufbau und Betrieb einer Funkanlage,
- die Übermittlung von Daten mit elektromagnetischen Wellen,
- die Kalibrierung und der Betrieb von Sensoren in Schaltungen und
- der Zusammenhang zwischen Meßwert und Anzeige.

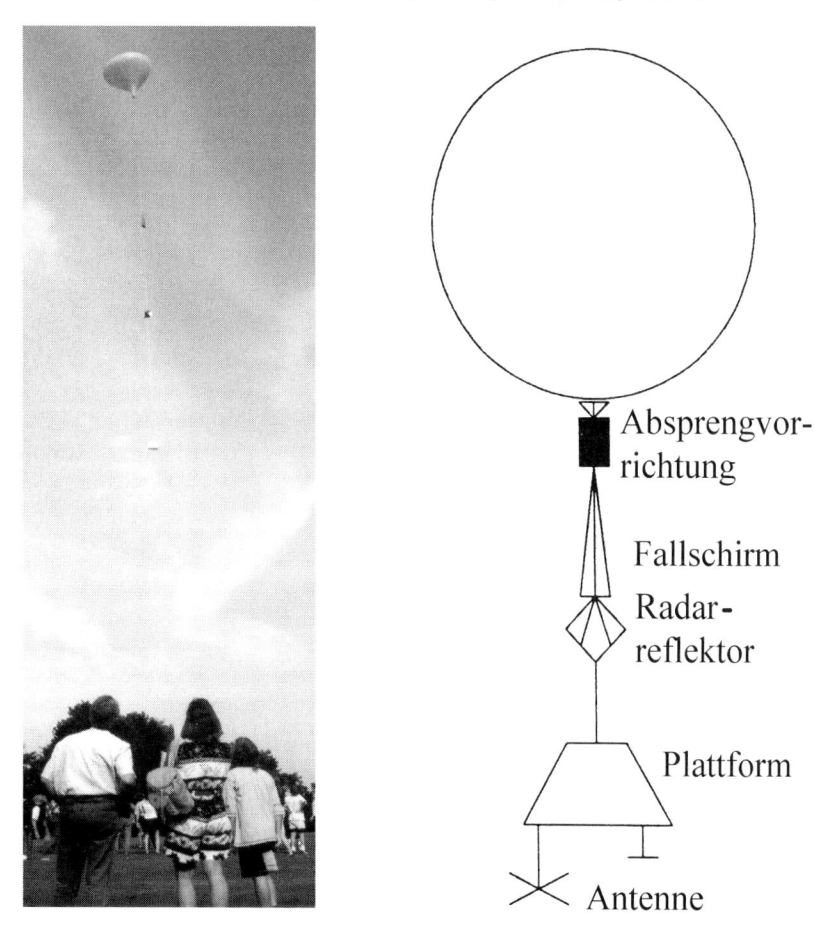

Abb. 1: Realer Start des Ballons (links) und Skizze des "Funk"-Ballons (Plattform zur Aufnahme der Meßbox).

2 Meßbox, Sensoren, Datenübermittlung:

Die konzipierte Meßbox (s. Abb. 2) enthielt handelsübliche Sensoren zur Messung der Temperatur, des Luftdrucks, der Lichtstärke, der relativen Luftfeuchte und der Höhenstrahlung. Die Auswahl der Sensoren und ihre Beschaltung, der Aufbau der Elektronik und die Gestaltung der Meßwerterfassung wurden im Unterricht durchgeführt.

Die Sensoren haben die Aufgabe, den Wert der zugehörigen Meßgröße in eine elektrische Spannung umzuwandeln. Diese Spannung wird dann durch das Meßwerterfassungs-Modul (MW-Modul; Auflösung ca. 4,88mV) so kodiert, daß sie der Sender (Frequenz 145,225MHz; packet-radio-Modus) übermitteln kann. Die

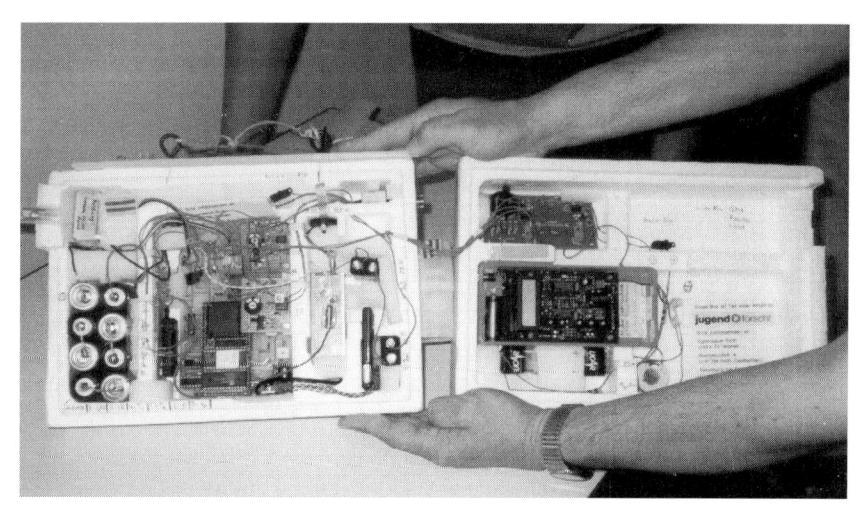

Das Ballon-Projekt zur Erkundung der Atmosphäre 69

Abb. 2: Offene Meßbox mit Meßwerterfassung, Sender, Batterie, Innentemperatursensor, Lichtsensoren, Außentemperatursensor, Sensor für relative Luftfeuchte, Drucksensor, Geiger-Müller-Zähler.

beiden Komponenten stellte der AATiS bereit, während die Ortsgruppe Schwabach-Roth des Amateurfunkvereins die Empfangsstation einrichtete. Die dort eintreffenden Daten wurden sofort angezeigt und gespeichert. Die Funkpeilung ermöglichte es, den Flug der Sonde zu verfolgen und den Landungsort zu lokalisieren, damit die Meßbox geborgen werden konnte. In den folgenden Abschnitten werden die benutzten Sensoren, ihre Beschaltung und Kalibrierung, sowie die Auswertung der Meßdaten beschrieben.

Abb. 3: Schaltung des Temperatursensors PT1000. $U(\theta)$: Spannung über dem Temperatursensor; Referenzspannung: $U_0 = 5{,}0\,\text{V}$.

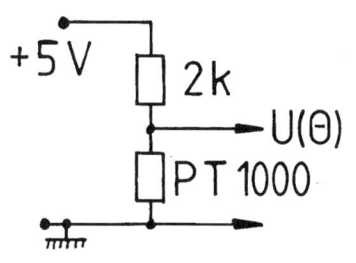

Temperaturmessung: Für die Temperaturmessung wurde der im Handel erhältliche Sensor PT1000 aus Platindraht verwendet, dessen Widerstand $R(\theta)$ nahezu linear von der Temperatur θ abhängt:

$$R(\theta) = R_0 (1 + \alpha \cdot \theta). \tag{1}$$

Der Temperaturkoeffizient bei Platin beträgt $\alpha = 3{,}9855 \cdot 10^{-3}\,\text{K}^{-1}$. Der Widerstand bei 0°C ist $R_0 = 1{,}0\,\mathrm{k}\Omega$ Die Referenzspannung $U_0 = 5{,}0\,\mathrm{V}$ des MW-Moduls liegt über dem PT1000 und dem in Serie geschalteten Widerstand $R_1 = 2{,}0\,\mathrm{k}\Omega$ (s. Abb. 3). Die Teilspannung $U(\theta)$ am PT1000 ergibt sich mit $R_g = R(\theta) + R_1$ zu

$$U(\theta) = U_0 \frac{R(\theta)}{R_g} \quad . \tag{2}$$

Zwischen der Temperatur θ und der Spannung $U(\theta)$ folgt aus (1) und (2) die Beziehung

$$\theta = \frac{U(\theta) R_1}{(U_0 - U(\theta)) R_0 \alpha} - \frac{1}{\alpha} \quad . \tag{3}$$

Es wurde je ein Sensor zur Messung der Außen- und Innentemperatur angebracht und die Spannungen $U(\theta)$ dem MW-Modul zugeführt.
Druckmessung: Der benutzte Drucksensor HS 21 (Hersteller: Fa. Bosch; Vertrieb: Fa. Conrad [1]; angegebener Druckmeßbereich 200 - 1020 hPa) enthält eine Blase, deren Gestalt der Druck p bestimmt. Die an der Blase angebrachte Meßbrücke aus piezoresistiven Streifen liefert ein Meßsignal, das eine integrierte Elektronik verstärkt. Ausgegeben wird die zum Druck p gehörige Spannung U(p). Versorgt man den HS 21 mit der Referenzspannung $U_0 = 5{,}0\,\mathrm{V}$ des MW-Moduls, gilt nach den Angaben des Herstellers die Beziehung für den Druck

$$p = [124{,}4 + 188{,}9\, U(p)\, V^{-1}]\ \mathrm{hPa} \tag{4}.$$

Die vom Sensor gelieferte Spannung U(p) wird dem MW-Modul zugeführt. Die untere Grenze des Meßbereichs beträgt ca. 175 hPa.
Messung der Beleuchtungsstärke: Zur Messung der Beleuchtungsstärke wurden die beiden Photo-Dioden SFH205 und BPX63 eingesetzt, wobei die erste für den IR-Bereich und die zweite für den UV-Bereich zuständig war. Bei der SFH205 (maximale Empfindlichkeit bei 950 nm) schirmt der getönte Diodenkörper das störende Tageslicht ab. Die Diode BPX63 befand sich in einem lichtdichten Gehäuse mit einem UV-Filter als Deckel (Durchlaßbereich ca. 300 - 400 nm). Das Außenlicht gelangte über einen Lichtleiter aus Quarz (durchlässig für UV- und IR-Licht) zu den beiden Dioden im Inneren der Meßbox. Das verstärkte (Schaltung in Abb.4) Diodensignal U(B) stellte die zur Beleuchtungsstärke B proportionale Meßgröße dar.
Nachweis der Höhenstrahlung: Zur Messung der Höhenstrahlung wurde ein Fensterzählrohr mit Verstärker und Zählelektronik (GMZ; Hersteller: Fa. Müller; Vertrieb: Fa. Conrad) verwendet. Die vom Analogausgang des Geräts gelieferte Spannung U(Z) hängt von der Zählrate Z ab. Vom Hersteller wird der Graph der Z-U(Z)-Beziehung angegeben [1]. Um die Berechnung der Zählraten durch

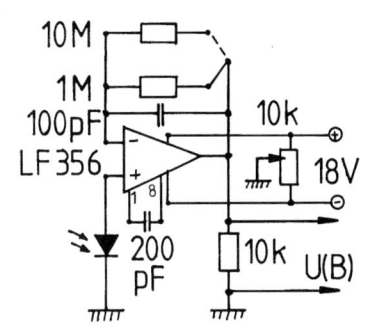

Abb. 4: Verstärkerschaltung für die Fotodioden. 18,0 V: Versorgungsspannung, U(B): Ausgangsspannung, B: Beleuchtungsstärke.

das MW-Modul zu ermöglichen, wurde an die Z-U(Z)-Kennlinie die Parabel $Z = A[U(Z)]^2 + BU(Z) + C$ angepaßt. Für die Koeffizienten ergab sich dabei: $A=8{,}165 \cdot 10^{-5}$ Imp s^{-1} mV^{-2}, $B=3{,}012 \cdot 10^{-2}$ Imp (s mV)$^{-1}$, $C=1{,}88$ Imp s^{-1}. Durch diese Beziehung läßt sich jeder Spannung U(Z) eine Zählrate Z zuordnen. Angenommen wurde, daß die Styroporwand der Meßbox die Höhenstrahlung nicht absorbiert.

Messung der relativen Luftfeuchte: Der Sensor für die relative Luftfeuchte besteht im wesentlichen aus einem geeignet aufgebauten Kondensator (Hersteller: Fa. Philips, Vertrieb: Fa. Conrad), bei dem die Dielektrizitätskonstante des Dielektrikums von der relativen Luftfeuchte abhängt. Um die Nachweisempfindlichkeit zu steigern, wurden vier Sensoren parallel geschaltet und die gesamte Kapazität mit einem Kapazitäts-Meßmodul [1] bestimmt (s. Abb. 5). Die Kapazität der Luftfeuchtesensoren hängt annähernd linear von der relativen Luftfeuchte ab.

Mit einer Reihe von Kondensatoren bekannter Kapazität wurde die Meßanordnung kalibriert, so daß der Zusammenhang zwischen der Spannung U(C) und der Kapazität C bekannt war. Es ergab sich dabei mit guter Näherung $C = AU(C) + B$ mit den Koeffizienten $A = 0{,}8676$ pF mV^{-1} und $B = -29{,}39$ pF.

Der Ballon: Als Füllgas wurden ca. 20 m^3 Helium verwendet. Die Auftriebskraft betrug ohne Meßbox ca. 25 N. Nach dem Anhängen der Meßbox (Ge-

Abb. 5: Messung der relativen Luftfeuchte. C: Kapazität der Kondensatoren, U(C): Ausgangsspannung am Kapazitäts-Meßmodul.

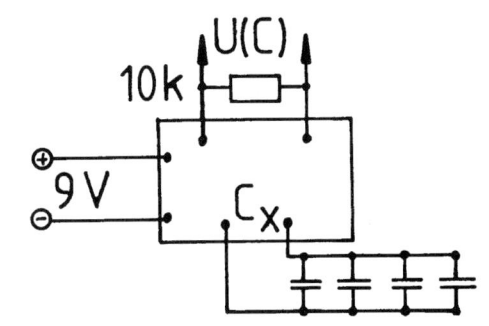

wicht: ca. 10 N) stellte sich als mittlere Aufstiegsgeschwindigkeit ca. 225 m/min ein. Während des Aufstiegs herrschte eine stabile Wetterlage mit geringer, mit der Höhe leicht zunehmender Windgeschwindigkeit, so daß der Fundort der Meßbox vom Startpunkt nur ca. 30 km weit entfernt war. Die Windrichtung drehte sich mit zunehmender Höhe von Ost nach West, so daß sich die Meßbox nach dem Start für kurze Zeit nach Westen bewegte und anschließend nach Norden driftete. Sie überflog den Raum Erlangen-Nürnberg und landete, vom Startort aus gesehen, in östlicher Richtung.

Auswertung: Die Spannung des 12 V-Batteriesatzes (8 Zellen mit jeweils 1,5 V) zur Versorgung des MW-Moduls und des Senders fiel von ca. 11 V beim Start auf ca. 9 V beim Erreichen der Gipfelhöhe. Die Schaltungen waren so ausgelegt, daß diese Schwankung der Versorgungsspannung die Messungen nicht beeinflußte.

Der mit Hilfe der Meßbox übermittelte Datensatz enthielt neben den Meßwerten auch die nach dem Start verstrichene Zeit t_i. Den einzelnen Zeitpunkten t_i mußten bei der Auswertung zunächst die Höhen h_i zugeordnet werden. Dazu wurde die Beziehung

$$\Delta h_i = - \frac{RT_i}{gM_m} \frac{\Delta p_i}{p_i} \tag{5}$$

benutzt. Δp_i ist die zur Höhendifferenz Δh_i gehörende Abnahme des Luftdrucks, p_i der mittlere Druck und $T_i = \left(\theta_i \,^\circ C^{-1} + 273\right) K$ die mittlere Temperatur am Rand der betrachteten Luftschicht. Die Werte für die Konstanten sind: die allgemeine Gaskonstante $R = 8,83144 \cdot 10^3$ J K^{-1} kmol^{-1}, die Erdbeschleunigung $g = 9,81$ N kg^{-1} und die mittlere molare Masse für Luft $M_m = 28,8$ kg kmol^{-1}. Ein Tabellenkalkulationsprogramm berechnet schrittweise die zu den Zeitpunkten t_i gehörenden Höhen $h_{i+1} = h_i + \Delta h_i$ aus den übermittelten Meßwerten. Das Ergebnis dieser Berechnungen für die Aufstiegs- und die Landephase bis zur Höhe von ca. 14 km zeigt Abb. 6. Zur Beschreibung des weiteren Aufstiegs bis zur Gipfelhöhe wurden für beide Flugphasen an die Meßpunkte jeweils Kurven vom Typ $h(t) = (At + B)^c$ (t: Zeitkoordinate; h: Höhenkoordinate) angepaßt. Angenommen wurde, daß die angepaßten Funktionen den Ballonaufstieg auch oberhalb von ca. 14 km mit ausreichender Näherung beschreiben. Die nun bekannte Zuordnung zwischen Flugzeit und Höhe ermöglichte es, die Meßwerte über der Steighöhe h anzutragen (s. Abb. 7 - 10). Aus dem Schnittpunkt der angepaßten Funktionen ergibt sich die vom Ballon erreichte Gipfelhöhe von ca. 28 km.

Druck: Das Ergebnis der Druckmessung ist in Abb. 7 dargestellt. Es zeigt sich der zu erwartende, exponentieller Abfall des Drucks mit der Höhe. Nach unterschreiten der unteren Meßgrenze 175 hPa des Sensors wird ein konstanter Wert angezeigt, der keine Aussagekraft hat.

Temperatur: Die Temperatur als Funktion der Steighöhe läßt sich aus Abb. 8 entnehmen. Die Außentemperatur lag beim Start bei ca. +10 °C, unterschritt in ca. 3,4 km Höhe die 0 °C-Marke und ging in ca. 12 km Höhe bis auf ca. –50 °C zurück. Die abgedichtete Styroporwand und die Verlustleistung der elektrischen Komponenten in der Meßbox verhinderten das Absinken der Innentemperatur auf Werte unterhalb von –15 °C.

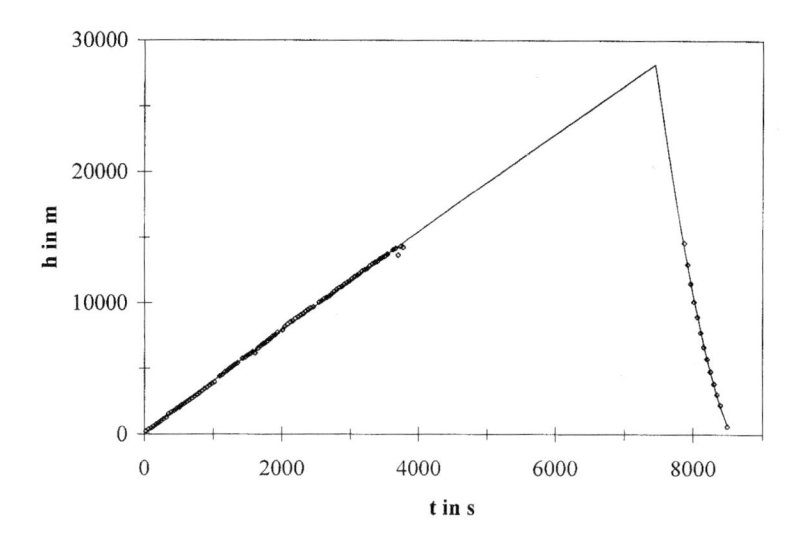

Abb. 6: Steighöhe h in Abhängigkeit von der Zeit t. An die Meßpunkte sind Kurven vom Typ $h(t) = (At + B)^c$ angepaßt.

Der außen angebrachte Temperatursensor zeigte die 0 °C-Grenze für ca. 3,4 km Höhe und den Beginn der Tropopause für ca. 12 km Höhe an. Der Feuchtesensor registrierte einen deutlichen Anstieg der relativen Luftfeuchte im Höhenbereich 3,7 - 5,8 km. Für die Ausbildung einer Wolkenschicht reichte das jedoch nicht aus, wie man der Abb. 2 entnehmen kann. Die beim Start sichtbaren transparenten Wolken lösten sich während des Aufstiegs auf. Die Ergebnisse stimmen mit Messungen eines Wetterballons überein, der ca. 100 km östlich und ca. 3 Stunden früher aufgelassen wurde: Die 0 °C-Grenze befand sich bei diesem Aufstieg in ca. 3,6 km Höhe und der Beginn der Tropopause in ca. 12 km Höhe. Die Voraussetzungen für die Bildung von Wolken waren in den Höhen 3,8 - 4,8 km gegeben.

Lichtstärke: Die Lichtsensoren registrierten eine konstante Beleuchtungsstärke vom Start bis zum Erreichen der Gipfelhöhe. Es zeigte sich kein Unterschied zwischen den gewählten Spektralbereichen.

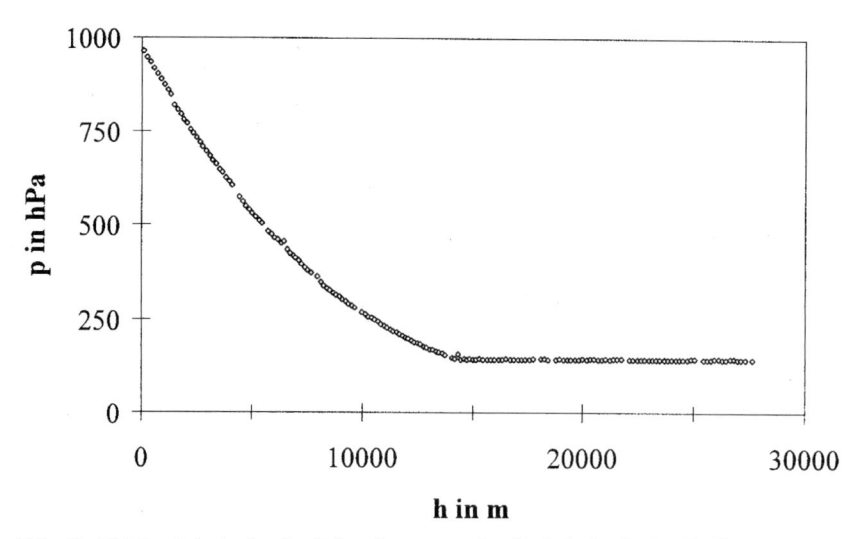

Abb. 7: Abhängigkeit des Luftdrucks p von der Steighöhe h des Ballons

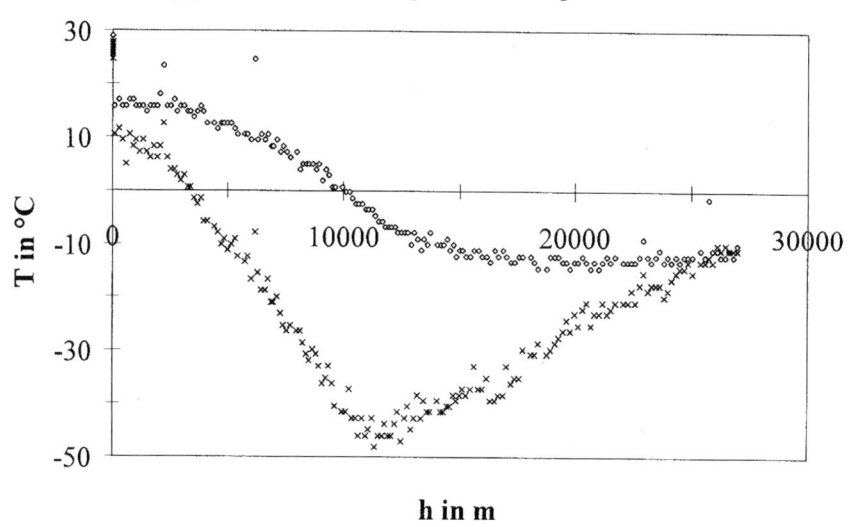

Abb. 8: Abhängigkeit der Temperatur T von der Steighöhe h. x : Außentemperatur, °: Innentemperatur

Relative Luftfeuchte: Die Kapazität der Feuchtesensoren Hängt annähernd linear von der relativen Luftfeuchte ab. Abb. 9 zeigt qualitativ den Verlauf der Luftfeuchte beim Aufstieg. Bemerkenswert ist der Anstieg der Werte in der Höhe von 3,7 - 5,8km.

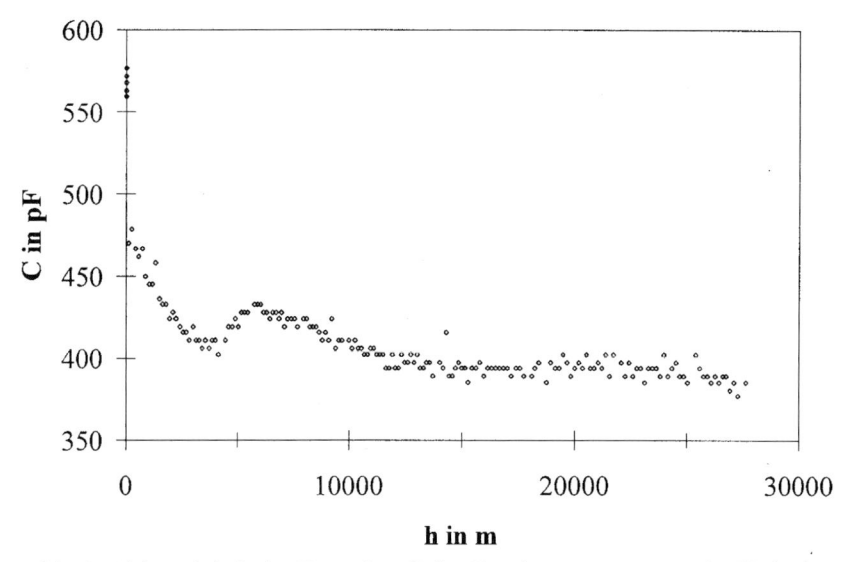

Abb. 9: Abhängigkeit der Kapazität C der Feuchtesensoren von der Höhe h

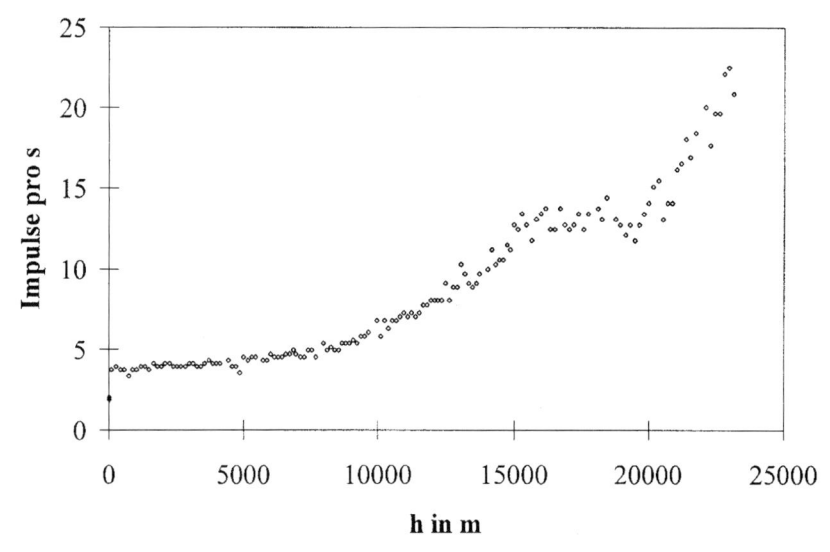

Abb. 10: Abhängigkeit der Zählrate des GMZ von der Höhe h.

Höhenstrahlung: Die Zählrate des GMZ gibt Auskunft über die Höhenstrahlung, die in Abb. 10 als Funktion der Höhe wiedergegeben ist. Von den Zählraten muß man die Nullrate von C = 1,88 Imp/s abziehen. Die Zählraten wachsen kontinuierlich bis zu ca. 22 Imp/s (ohne Nulleffekt) in ca. 24 km Höhe an. Der dann auftretende Sprung zu deutlich höheren Werten ist vermutlich auf Meßfehler zurückzuführen, die auf eine nicht mehr ausreichende Versorgungsspannung des GMZ zurückzuführen ist. Die Meßwerte nach dem Sprung wurden daher nicht berücksichtigt.

Die Höhenstrahlung hat unterschiedliche Ursachen. Sie wird durch die Atmosphäre so weit abgeschirmt, daß die zugehörige Zählrate an der Erdoberfläche nur noch ca. 1 Imp/s beträgt. Die in der Höhe von ca. 23 km gemessene Zählrate von ca. 22 Imp/s liegt in der gleichen Größenordnung, wie sie auch bei Flügen in größeren Höhen nachgewiesen wird [5].

3 Schlußbemerkung

Die Vorbereitung des Ballon-Projektes besorgte eine Arbeitsgruppe, die sich aus Teilnehmern des Leistungskurses Physik zusammensetzte, zum großen Teil während der unterrichtsfreien Zeit. Die praktischen Probleme, die bei den einzelnen Arbeitsschritten anfielen, erforderten es, das Wissen aus verschiedenen Teilgebieten der Schulphysik anzuwenden. Der Ballonaufstieg im Juli 96 leitete den "Tag der offenen Tür" am Gymnasium Roth (Bayern) ein. Im Rahmen dieser Veranstaltung verfolgte eine Gruppe von Amateurfunkern den Aufstieg des Ballons, projizierte die übermittelten Meßwerte und demonstrierte die Ortung der Meßbox durch Funkpeilung, bei der sich weitere Amateurfunkstationen aus der näheren Umgebung Roths beteiligten.

Ohne die tatkräftige Unterstützung in Form von Hardware, Ratschlägen und Hinweisen wäre eine so vielschichtige Mission in der zur Verfügung stehenden Zeit nicht zu realisieren. Gedankt sei allen, die zur Durchführung der Ballon-Mission beigetragen haben. Besonderer Dank gebührt den Herren Lipps, Böker und Thienelt (Mitglieder des AATiS), den Mitarbeitern des Geophysikalischen Meßzugs, Amberg und Herrn Meisner (Fa. Siemens, Erlangen) für das gespendete Helium.

4 Literatur

[1] Fa. Conrad, Hirschau: Betriebsanleitungen, Datenblätter für das GMZ MR 9511, Kapazitäts-Meßmodul, Drucksensor HS 21, Feuchtesensor;
[2] Farber H.U.: Wie genau ist die barometrische Höhenformel ?; PdN-Ph, 5(42), S. 16 (1993)
[3] Lipps W. (Hg.): Praxisheft 5 für Amateurfunk und Elektronik in der Schule; AATiS, Harsum (1996)
[4] Roedel W.: Physik der Umwelt - Die Atmosphäre; Springer, Berlin (1992)
[5] Volkmer M.: Belastung durch ionisierende Strahlen bei Langstreckenflügen; NiU-Ph; 32(7), S. 40 (1996), (Adresse für weitere Informationen: Gymnasium, Brentwoodstr. 4, 91154 Roth)

H. Dittmann, W.B. Schneider

Farbenlehre für den Physikunterricht

1 Einleitung

Das Thema "Farbe" hat viele Aspekte und Bezüge, nicht nur zur Physik, sondern auch, oder sogar mehr noch, zur Physiologie, zu Ästhetik und Kunst, zur Technik und zur Werbung. Das Thema reicht also weit über die Grenzen der Physik hinaus. Im konventionellen Physikunterricht der Sekundarstufe I fristet es als Anhängsel der Optik meist ein Schattendasein. Der Grund für die in der Regel recht stiefmütterliche Behandlung der Farben liegt nicht nur in der knappen Zeit, die dem Optikunterricht zur Verfügung steht. Ein gewichtiger, wenn auch wohl uneingestandener Grund liegt darin, daß "Farbe" etwas ist, das sich nicht zwanglos in den üblichen Kanon objektiver physikalischer Begriffe einfügen läßt. Zur "Farbe" gehört nämlich zweierlei: Erstens Licht mit einer bestimmten spektralen Intensitätsverteilung, das den Reiz liefert, und zweitens das Auge und der Mensch selbst, der den Reiz erst als Farbe empfindet. Ohne menschliches Empfinden gäbe es keine Farbe. Menschliche Empfindungen aber werden innerhalb der Physik als Fremdkörper empfunden.

Wir meinen, daß der Physikunterricht an allgemeinbildenden Schulen sich nicht an zu eng gezogenen fachlichen Grenzen orientieren darf, sondern - ausgehend von dem soliden Fundament an im Unterricht erworbenen physikalischen Kenntnissen und Fertigkeiten - das Recht und die Pflicht hat, gerade auf solche Randthemen einzugehen, die den Menschen so unmittelbar betreffen. Wegen der Verzahnung mit anderen Disziplinen ist das Thema Farbe besonders geeignet, diesem Anliegen im Unterricht unter themen- oder fächerübergreifenden Gesichtspunkten gerecht zu werden.

Im folgenden soll darin erinnert werden, welchen Beitrag der Physikunterricht zu diesem Thema im Physikunterricht leisten kann. Bei dieser Zusammenstellung, die eine direkte Anregung für den Unterricht darstellen soll, greifen wir auf Bekanntes zurück. Neu ist die Einbeziehung des Computers als besonders geeignetes Medium zur Herstellung, Untersuchung und Veranschaulichung von Farben. Leider lassen sich die im Text erwähnten Farbbeispiele hier nur schwarz-weiß wiedergeben. Sie können jedoch neben den erwähnten Programmen über das Internet abgerufen oder bei uns bestellt werden [6].

2 Ein Einstieg in die Farbenlehre mit Goethe

Goethe beschreibt in seiner Farbenlehre [1] zwei Versuche, die sich als Einstieg in die Farbenlehre hervorragend bewährt haben, die wir hier aus Platzgründen gleich als Vorführexperiment vorstellen. Es handelt sich um die Erzeugung und Interpretation eines normalen Spektrums und des dazu komplementären. Die Versuche lassen sich besonders einfach und lichtstark mit Hilfe eines Overheadprojektors und eines Prisma verwirklichen. Dazu wird das Prisma direkt hinter das Projektionsobjektiv geeignet angebracht.

Im ersten Versuch, bei dem es sich um die gewöhnliche Anordnung zur Erzeugung eines Spektrums handelt, wird die Schreibfläche mit einem Karton abgedeckt, wobei in der Mitte ein Streifen von ca. 5mm x 30mm herausgeschnitten ist. Das so enstandene Fenster dient als Spalt. Auf der Projektionsfläche beobachtet man ein helles Spektrum.

Zur Deutung dieses Versuchs, die allerdings mit Goethes Deutung nichts zu tun hat, kann man so vorgehen: Man legt über den Spalt ein dichtes Rotfilter, so daß nur rotes Licht durch das Prisma gelangt. Das "normale" Spektrum verschwindet, man sieht statt dessen nur noch einen seitlich verschobenen roten Balken - offenbar das Bild des Spaltes in der Schablone, das zur Seite hin abgelenkt ist, was aus der (vorher im Unterricht durchgenommenen) Brechung des Lichtes an den Flächen des Prismas verständlich wird. Ersetzt man das Rotfilter durch ein grünes, so sieht man als Bild einen grünen Balken, aber an einer anderen Stelle, die einer größeren Ablenkung entspricht. Mit einem blauen Filter erhält man noch größere Ablenkung des Bildes. Grünes Licht wird also stärker gebrochen als rotes, und blaues noch stärker. Nimmt man nun die Filter wieder weg und schickt weißes Licht durch den Spalt, so erscheinen die verschiedenfarbigen Spaltbilder gleichzeitig und geben in ihrer Aneinanderreihung das Spektrum. Das Spaltbild ohne Prisma ist somit die Überlagerung aller Spaltbilder mit Prisma, wie sich folgendermaßen mit einer elastischen, spiegelnden Folie (Hochglanzfolie einer Trockenpresse, oder Folie für Dekorationszwecke) demonstrieren läßt:
Man bildet das Spektrum über die Folie auf eine weiße Fläche ab. Bei der Biegung der Folie in der einen Richtung (Konvexspiegel) wird das Spektrum auseinandergezogen, bei entgegengesetzter Biegung (Konkavspiegel) zusammengeschoben bis schließlich wieder ein weißes Spaltbild entsteht.
Ein Farbfilter fügt somit dem weißen Licht keine "Farbe" hinzu, sondern hält nur alle Anteile des weißen Lichtes zurück, die "andere Farbe" haben. Deswegen macht das Filter das Licht auch immer dunkler.

Im zweiten Versuch verwendet man die in Abb. 1a,b gezeigte Schablone, die schon Goethe vorgeschlagen hat (s. [1], Band 1, S. 68). In 1a) ist die Anordnung wie in Versuch 1 mit dem Spalt (5mm x 30mm) gezeigt. Darunter in 1b) wird der in 1a) herausgeschnittene Streifen in das ebenfalls herausgeschnittene Fenster (ca. 100mm x 30mm) montiert. Man beobachtet für den Spalt das herkömmliche Spektrum (Abb. 1c) und darunter ein Spektrum (Abb. 1d) in den sogenannten Komplementärfarben.

Die Deutung ist (auch im Wortlaut) genau komplementär. Deckt man den Spalt in 1a) ab und legt über das durchsichtige Fenster in 1b) ein Rotfilter, so verschwindet das "komplementäre" Spektrum und statt dessen erscheint ein schwarzer Balken, seitlich abgelenkt, als Bild des schwarzen Streifens; schwarz heißt in diesem Fall: an diese Stelle gelangt *kein rotes* Licht. Ein Grünfilter gibt ein stärker abgelenktes Bild des Streifens an einer Stelle, an die *kein grünes* Licht gelangt, usw. Nimmt man die Farbfilter weg, so entsteht das komplementäre Spektrum, bei dem jetzt an jeder Stelle aus dem weißen Licht genau eine Farbe des "normalen" Spektrums fehlt. Würde man diese Farbe wieder hinzufügen, so wäre die Stelle wieder weiß.

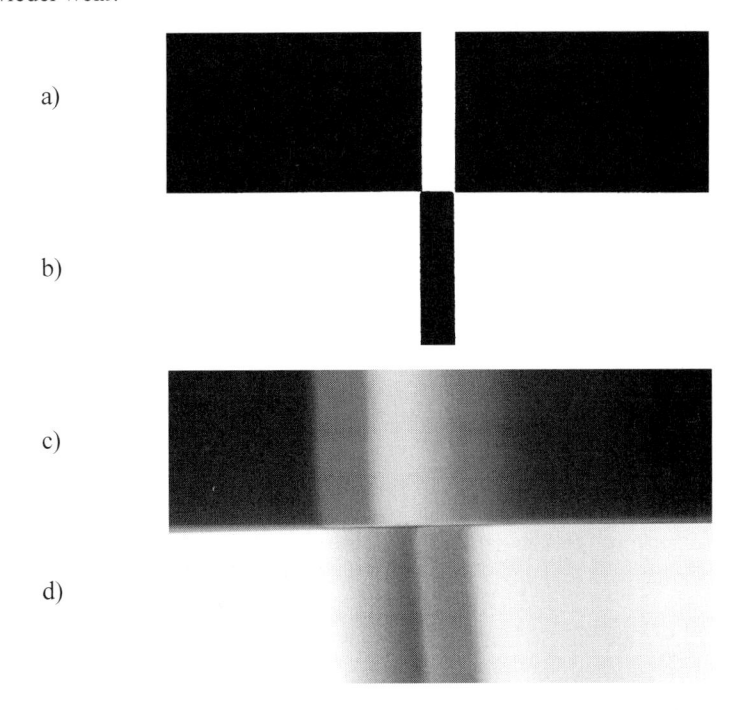

a)

b)

c)

d)

Abb.1: a) Schablone zur Erzeugung eines normalen und b) eines komplementären Spektrums; c) Photographie des mit der Schablone in a) erzeugten normalen und des darunterliegenden, komplementären Spektrums d).

Im Vergleich der beiden untereinander angeordneten Spektren wird die Bedeutung der Komplementärfarben besonders deutlich: Mit einem ebenen Spiegel läßt sich eines der beiden Spektren auffangen, bevor es die Projektionsfläche erreicht. Man kann den Spiegel so kippen, daß die komplementären Farben, die vorher übereinander standen, nun genau aufeinander treffen. Beide Spektren ergänzen sich dann in ihrer gesamten Ausdehnung zu einem weißen Streifen.

Die beschriebenen Versuche machen auch klar, was hier und im folgenden gemeint ist, wenn von "Farbe" gesprochen wird. Denn mit diesem Wort der Umgangssprache kann durchaus Verschiedenes gemeint sein: z. B. eine Substanz, die man mit dem Pinsel auf eine Fläche aufträgt, oder eine Eigenschaft eines

Gegenstandes (ein roter Bauklotz), oder ein Name für einen mehr oder weniger abstrakten Begriff wie "Kinder lieben Rot", oder im physikalischem Sinn ein bestimmter Frequenzbereich des Spektrums. All das meinen wir hier nicht. Farbe ist vielmehr das, was wir empfinden, wenn Licht in unser Auge gelangt. Zur Farbe gehört zweierlei: Erstens das Licht, zweitens unser Auge, das auf den Lichtreiz mit einer Farbempfindung reagiert. Die Fachsprache unterscheidet genauer den "Farbreiz", das ist das die Empfindung auslösende Licht, und die "Farbvalenz", die im Auge ausgelöste Empfindung. Wenn hier vom Auge die Rede ist, so ist damit nicht nur der Augapfel gemeint, sondern unser ganzes visuelles System, also auch die Nervenbahnen und jene Teile des Gehirns, welche die von der Netzhaut kommenden Reize verarbeiten.

2 Additive Mischung von Farben[1]

Eine wichtige Frage drängt sich auf, wenn man das im ersten Versuch erzeugte Spektrum anschaut: Zeigt es uns alle Farben, oder gibt es noch andere? Es fällt auf, daß die "Spektralfarben" sehr intensiv wirken - wir sagen besser "satt" oder "gesättigt", das ist der Fachausdruck. Die Farben, welchen man im täglichen Leben begegnet, wirken viel zarter, "ungesättigter". Solche Farben kann man aus den Spektralfarben leicht erhalten: Man muß nur weißes Licht dazu mischen, z.B. indem man das auf der Projektionsfläche dargestellte Spektrum mit einer hellen Experimentierleuchte anleuchtet. Je näher man die Experimentierleuchte heranbringt, je mehr man also an weißem Licht dazu mischt, desto ungesättigter erscheinen die Farben im Spektrum, bis sie vom weißen Licht schließlich nicht mehr zu unterscheiden sind. Neben dem *Farbton*, der sich aus der Lage im Spektrum bestimmt, ist also der Grad der *Sättigung* (d.h. also der Anteil an weißem Licht) ein weiteres Kennzeichen der Farben. Die Farben des Spektrums sind voll gesättigt, alle Farben nähern sich dem Weiß umso mehr, je ungesättigter sie sind.

Das Zumischen von weißem Licht zu den Spektralfarben ist bereits ein einfaches Beispiel von additiver Farbmischung. Diese läßt sich systematischer und einfacher wieder mit dem Overheadprojektor demonstrieren, über den eine Schablone mit drei Fenstern, in die jeweils ein Rot-, Blau und Grünfilter eingepaßt ist, auf eine Projektionsfläche abbildet wird. Geeignete Farbfilter werden von Lehrmittelfirmen angeboten [6]. Sie können jedoch auch selbst hergestellt werden (s. Abschnitt 6). Mit einem ebenen Spiegel kann man den Lichtanteil eines der Fenster vor dem Projektionsschirm abfangen und auf das Bild eines der anderen Fenster umlenken. So findet man heraus, daß ein schöner Purpurton ("Magenta" in der Computersprache) entsteht, wenn man blaues und rotes Licht mischt.

---

[1] Im obigen Sinn (Kap. 1) kann man Farben nicht mischen. Wir schließen uns hier jedoch aus praktischen Erwägungen der üblichen Sprechweise an und meinen das Mischen von Lichtanteilen, die z.B. von gefärbten Papier oder vom Bildschirm ausgehen und als Farbreiz über den Sehapparat die zugehörige Farbvalenz bewirken.

Durch geeignete Neigung des Spiegels läßt sich die Fläche, auf die das aufgefangene Licht projiziert wird, verkleinern und vergrößern, so daß das zugemischte Licht sich mehr oder weniger intensiv auswirkt. Auf diese Weise lassen sich verschiedene Purpurtöne erhalten, die je nach Spiegelstellung mehr an Blau oder an Rot grenzen. Bei der Mischung von Blau und Grün ergibt sich - wenig überraschend - Blaugrün ("Cyan" in der Computersprache); überraschend ist aber das Ergebnis der Mischung von Grün und Rot, das zu Gelb führt. Durch Mischung von Rot, Grün und Blau kann Weiß erhalten werden; zum Umlenken werden dann zwei Spiegel benötigt. Durch leichtes Kippen dieser Spiegel läßt sich ein Farbstich des Weißen ins Rote, Blaue oder Grüne beseitigen.

Es gibt auch andere Möglichkeiten, Licht unterschiedlicher Farbe additiv zu mischen. Wohlbekannt sind die Farbkreisel, die durch rasche Rotation die zu mischenden Lichtanteile dem Auge intermittierend darbieten, was wegen der Trägheit des Auges zum gleichen Ergebnis führt wie die simultane Darbietung. Am besten schneidet man sich aus dünnem Farbkarton je eine rote, grüne, blaue, schwarze und weiße Kreisscheibe von ca. 20 cm Durchmesser aus, die man in der Mitte mit einem Loch versieht, um sie auf die Achse eines Experimentiermotors spannen zu können. Schneidet man jede Scheibe längs eines Radius auf, so kann man, wenn mehrere der Scheiben auf der Achse sitzen, jeweils einen beliebigen Sektor einer dahinter befindlichen Scheibe über die davor stehende ragen lassen, so daß man z. B. 1/3 Rot mit 2/3 Grün durch rasche Rotation mischen kann. Es können auch drei und mehr farbige Lichtanteile durch diesen Trick in beliebig einstellbaren Anteilen gemischt werden. Die Drehrichtung muß so gewählt werden, daß die Scheiben nicht durch den scharfen Luftstrom, dem sie ausgesetzt sind, auffächern. Bei der Mischung von Rot und Grün wird man hier allerdings zunächst etwas enttäuscht. Bei normaler Raumbeleuchtung erscheint die Mischfarbe eher Braun als Gelb. Setzt man die rotierenden Scheiben aber in den Lichtkegel einer starken Experimentierleuchte, so wird aus dem Braun tatsächlich ein strahlendes Gelb. Dieser Versuch zeigt, daß der Farbeindruck auch stark von der Helligkeit abhängt.

Neben *Farbton* und *Sättigung* ist die *Helligkeit* der dritte Parameter, der die Farbempfindung beeinflußt. Dies läßt sich durch weitere Versuche mit den Farbkreiseln belegen. Führt man nämlich den Mischversuch noch einmal durch, indem man dem roten und dem grünen Sektor einen schwarzen hinzufügt, so wird bei gleichbleibender Beleuchtung die Helligkeit gemindert, denn bei jeder Scheibenumdrehung gelangt nun weniger rotes und grünes Licht ins Auge; aus dem strahlenden Gelb wird wieder helles oder dunkles Braun, je nach Winkel des schwarzen Sektors. Auch die Wirkung einer Zugabe von weißem Licht durch einen entsprechenden weißen Sektor läßt sich mit dieser Anordnung studieren; sie führt zu einer Verminderung der Sättigung: Aus Rot wird z.B. Rosa, aus Gelb wird Elfenbein.

Additive Farbmischung ist noch durch einen weiteren Trick möglich, der seit alters her in der Malerei und auch in der Druck- und der Textiltechnik verwendet wird: Kleine Pünktchen unterschiedlicher Farbe werden so eng nebeneinander gesetzt, daß sie vom Auge nicht mehr getrennt wahrgenommen werden können. Das Auge sieht dann die additiv hergestellte Mischfarbe. Die Monitore unserer Computer und Farbfernseher verwenden auch dieses Prinzip der Farbmischung. Untersucht man einen weißen Fleck auf dem Bildschirm, so erkennt man in regelmäßiger Anordnung rote, grüne und blaue Pünktchen (Pixel), das sind die Grundfarben, aus welchen alle weitere Farben entstehen. Sieht man sich eine gelbe Fläche auf dem Bildschirm an, so erkennt man mit der Lupe, daß nur die roten und die grünen Pixel eingeschaltet sind, während die blauen dunkel bleiben. Bei einer orangefarbenen Fläche erkennt man, daß die roten Pixel in voller Helligkeit leuchten, die grünen aber weniger hell. Bei Installation einer Grafikkarte mit 3 x 8 bit Farbtiefe lassen sich die Helligkeiten der Farbpixel einer jeden Grundfarbe in 256 Stufen (0 - 255) einstellen, so daß es für jedes "Dreigestirn" aus einem roten, grünen und einem blauen Pixel $256^3 = 16777216$ Möglichkeiten gibt, die (wenigstens theoretisch) zu ebensoviel verschiedenen Mischfarben führen und sich darstellen lassen. Die vom Auge unterscheidbaren Farbvalenzen werden in der Literatur mit 1 - 2 Millionen angegeben.

3 Farbkörper als Ordnungsstifter in der Welt der Farben

Das Fazit der Versuche mit dem Farbkreisel ist folgendes: Jede Farbe kann erhalten werden, wenn man erstens den geeigneten Farbton aussucht (also den geeigenten Anteil des kontinuierlichen Spektrums bzw. des komplementären Spektrums), zweitens dazu mehr oder weniger weißes Licht mischt, also die richtige Sättigung einstellt, und drittens das Licht dem Auge in geeigneter Helligkeit darbietet. Da jeder der drei Parameter Farbton, Sättigung und Helligkeit jeweils ein Kontinuum umfaßt, kann man sagen: Die Welt der Farben ist dreidimensional. Will man die Mannigfaltigkeit aller Farben darstellen, indem man jeder Farbe einen Raumpunkt zuordnet, so kommt man zu Farbkörpern, die je nach Anordnung diese oder jene Gestalt haben; eine Darstellung der Farben in der Ebene aber muß mit einem Verzicht auf Vollständigkeit erkauft werden.

Der Computer macht es uns heute sehr leicht, derartige Farbkörper darzustellen und sogar aufzuschneiden, um auch die innen verborgenen Farben zu sehen. Um dies zu demonstrieren, wurden von uns entsprechende Programme [6] hergestellt, die wir im folgenden auszugsweise vorstellen.

Das Programm FARBZYL.EXE legt der räumlichen Darstellung die Parameter Farbton, Sättigung und Helligkeit, die sog. Helmholtzschen Koordinaten, zu Grunde und führt zu einem Farbzylinder. Nach dem Programmstart ("Start 1") erscheint zunächst ein Farbkreis, der alle Farbtöne auf einer Kreisscheibe darstellt (s. Abb. 2). Die Farben des Spektrums beginnen links unten mit Rot; im Uhrzeigersinn folgen dann Orange, Gelb, Grün, Blaugrün ("Cyan"), Blau und Violett. Der Farbkreis schließt sich unten mit den Purpurtönen ("Magenta"). Alle Farbtöne erscheinen in der dem Monitor höchstmöglichen Sättigung. Setzt man die Maus an eine beliebige Stelle des Kreises, so kann man in den drei kleinen Fenstern rechts die Helligkeitsstufen der Grundfarben an dieser Stelle ablesen. Eine Besonderheit der Farbanordnung liegt darin, daß diametral gegenüberliegende Farben im Kreis stets komplementär sind. Der Farbkreis stellt von den drei Dimensionen der Farbwelt nur die erste dar: den Farbton. Mit "Start 2" kommt die zweite Dimension, die Sättigung hinzu: Alle Punkte der Kreisscheibe werden neu gezeichnet, und zwar so, daß die Sättigung nach innen kontinuierlich abnimmt bis zum total ungesättigten Weiß in der Mitte (s. Abb. 2). Mit der Maus kann wieder erkundet werden, wie die abnehmende Sättigung sich in den Helligkeitsstufen der Grundfarben widerspiegelt. Die Kreisscheibe zeigt nun eine zweidimensionale Farbmannigfaltigkeit. Mit "Start 3" kann schließlich die noch fehlende dritte Dimension der Helligkeit erkundet werden. Die Kreisscheibe wird nun fortlaufend von neuem gezeichnet, allerdings mit immer geringerer Helligkeit, bis sie schließlich schwarz erscheint. Die immer dunkler werdenden Kreisscheiben sind äquidistante Schnitte durch den Farbzylinder. Seine Achse stellt die sog. "unbunte Farbe" dar; sie ist oben weiß, unten schwarz, dazwischen kommen verschiedene Graustufen. Der Zylindermantel zeigt alle Farbtöne in maximaler Sättigung, oben in der hellsten Stufe, unten in der niedrigsten Helligkeitsstufe schwarz.

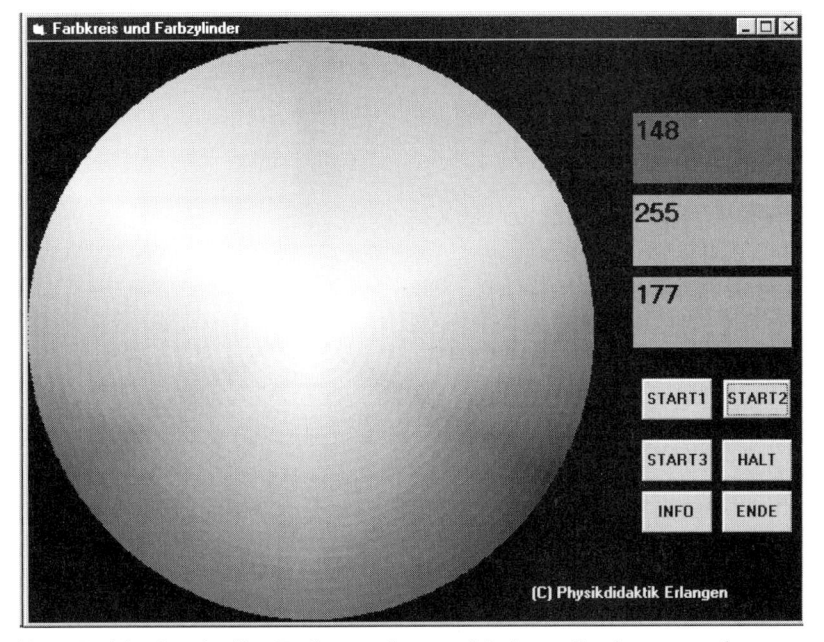

Abb.2: Farbkreis mit allen Farbtönen in verschiedenen Sättigungsgraden

Wenn man eine Ordnung in die Welt der Farben bringen will, bieten sich neben den *Helmholtzschen* (Farbton, Sättigung und Helligkeit) die sog. *trichromatischen* Koordinaten an, das sind die Helligkeitswerte r, g, und b der drei Grundfarben Rot, Grün und Blau. Bezieht man sich auf den Computer, so können diese Koordinaten jeweils die ganzzahligen Werte von 0 (Minimum) bis 255 (Maximum) annehmen. Es ist naheliegend, jeder Farbe einen Raumpunkt in einem dreidimensionalen cartesischen Koordinatensystem zuzuweisen; dann entsteht der sog. Farbwürfel, der mit dem Programm FARBW.EXE (Farbwürfel) studiert werden kann.

Eine besonders interessante Darstellung der Farben in einer ebenen Figur bietet das Programm FARBDR.EXE. Es stellt ein Farbdreieck dar, bei dem die trichromatischen Farbkoordinaten r, g, b gleichzeitig als Ortskoordinaten verwendet werden. Damit aus der dreidimensionalen Mannigfaltigkeit eine in der Ebene darstellbare zweidimensionale wird, ist die Summe r+ g + b = 255 = konstant gesetzt. Dann sind nur 2 der drei Koordinaten unabhängig wählbar, z. B. r und g; die dritte Koordinate b ergibt sich aus den ersten beiden. Mit r + g $\leq$ 255 erhält man in einem rechtwinkligen Koordinatensystem ein rechtwinklig-gleichschenkliges Dreieck zwischen der r- und der g-Achse, das alle Farbtöne enthält. Will man der grundsätzlichen Gleichberechtigung der drei Grundfarben Rechnung tragen, so ist es zweckmäßig, statt der rechtwinkligen Koordinatenachsen schiefwinklige zu nehmen mit einem Winkel von 60°. Das Farbdreieck wird dann gleichseitig. Das

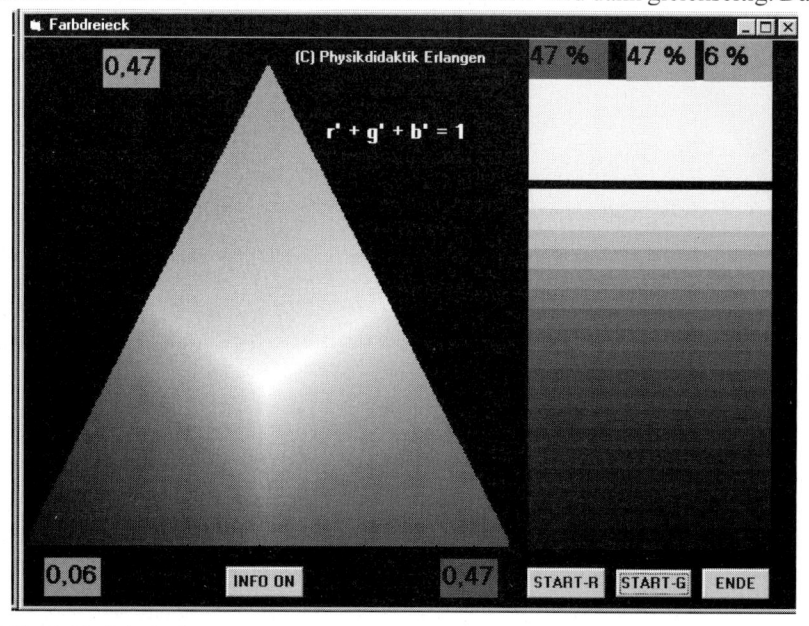

Abb. 3: Farbdreieck

Programm FARBDR.EXE läßt beide Darstellungsarten zu. Der Punkt, auf den der Mauszeiger deutet, ist durch ein prozentuales Verhältnis der drei Primärfarben gekennzeichnet, das man in den drei Fenstern rechts oben ablesen kann (s. Abb.3). Der Farbton wird dann rechts noch in verschiedenen Helligkeitsstufen angezeigt (die dritte Dimension der Farbwelt).

Das Farbdreieck hat interessante Eigenschaften, die sich in dem sog. Schwerpunktssatz von Graßmann[2] äußern: Wenn man zwei Punkte F_1 und F_2 herausgreift und die dazu gehörigen Lichtanteile additiv mit dem Intensitätsverhältnis 1:1 mischt, so hat die Mischung (abgesehen von der Helligkeit) jene Farbe, die man im Farbdreieck in der Mitte der Strecke F_1F_2 findet. Mischt man die Farben der Punkte F_1 und F_2 in einem anderen Intensitätsverhältnis, so ist der dieser Mischung entsprechende Farbpunkt der Schwerpunkt von F_1 und F_2, der diesem Verhältnis entspricht.

Wenn die Koordinaten von F_1 und F_2 durch (r_1,g_1,b_1) bzw. (r_2,g_2,b_2) gegeben sind, so hat der Mittelpunkt die Koordinaten $(^1/_2(r_1+r_2),^1/_2(g_1+g_2),^1/_2(b_1+b_2))$. Sieht man von dem gemeinsamen Faktor ½ ab, der nur die Gesamthelligkeit betrifft, so gilt also für die in der Mitte vorhandene Farbe, daß sie aus den ursprünglichen Farben F_1 und F_2 durch Addition der Grundfarben, also durch additive Mischung entsteht. So gesehen, erscheint der Graßmannsche Satz fast trivial - es scheint sich nur etwas analytische Geometrie dahinter zu verbergen. In Wirklichkeit ist er aber alles andere als trivial, er ist vielmehr fundamental für unser Farbempfinden. Das wird klar, wenn man daran denkt, daß die Farbvalenzen F_1 und F_2 nicht unbedingt durch die drei vom Computer verwendeten Primärlichtanteile (Rot, Grün, Blau) erzeugt sein müssen, sondern zu ganz anderen recht komplizierten Spektren gehören können. Solche Lichtanteile, die für unser Auge gleiches Aussehen haben, aber zu verschiedenen Spektren gehören, nennt man *metamer*.

Auch dann gilt nämlich der Satz von Graßmann, und dies ist das eigentlich Erstaunliche daran. Der Satz läßt sich auch kurz so formulieren: Bei der additiven Mischung zweier Farben ändert sich nichts am Aussehen der Mischfarbe, wenn man die Mischpartner durch metamere ersetzt. Metamere Farben sind so interessant und fundamental, daß man sie im Unterricht zeigen sollte: Man legt dazu auf die Schreibfläche des Overheadprojektors einen Karton mit einem Fenster, das durch ein geeignetes Gelbfilter abgedeckt wird. Auf der Projektionsfläche erscheint eine gelbe Fläche. Dann entzündet man einen Camping-Gasbrenner, bringt in die Flamme etwas Kochsalz und projiziert mit einer Linse die leuchtend gelbe Flamme auf den Schirm, neben die gelbe Fläche des Filters. Hat man das richtige Filter gewählt, so ist das Auge nicht in der Lage, einen Unterschied in den Farben zu erkennen. Daß die Farben dennoch in ihrer Art grundverschieden sind, erkennt man, wenn man sie nicht auf dem weißen Schirm, sondern auf einem grünen oder

---

[2] Hermann Graßmann (1809 - 1877) ist den Mathematikern als einer der Begründer der Vektor- und Tensorrechnung bekannt, den Philologen als bedeutender Sanskritforscher.

einem roten Karton auffängt, der im Gelbfilterlicht seine Farbe etwa beibehält, im Licht der Flamme jedoch grau erscheint.

Der Satz von Graßmann hat einige interessante weitere Folgen: In der Mitte des Dreiecks befindet sich der Unbuntpunkt oder Weißpunkt, gekennzeichnet durch gleiche Werte von r, g und b. Alle Farbpunkte, die auf einem vom Weißpunkt ausgehenden Strahl liegen, haben den gleichen Farbton, denn man kann sie nach dem Graßmannschen Satz herstellen durch Mischung von Weiß mit jener Farbe, die am Rand des Dreiecks liegt und die größte Sättigung aufweist. Leicht sieht man auch folgendes: Mischt man zwei Farben additiv, so ist die Mischung weniger stark gesättigt, als der Mischpartner mit der höheren Sättigung. Beim Mischen vieler Farben sinkt daher in der Regel die Sättigung. Weiter sind die Farben, die auf dem Rand des Dreiecks diametral gegenüberliegen, komplementär. Ihre additive Mischung gibt weiß.

Eine wichtige Frage ist noch offen: Enthält unser Farbdreieck - von der Helligkeit einmal abgesehen - nun alle Farben? Die Antwort lautet: Leider nein! Der Monitor des Computers kann zwar, wie wir gesehen haben mit einer Grafikkarte von 24 bit Tiefe über 16 Millionen Farbkombinationen herstellen, aber eben doch nicht alle Farben. Was fehlt, sind die Spektralfarben, von denen er nur drei in voller Sättigung zeigen kann: Nämlich die Primärfarben an den Ecken des Dreiecks, falls diese wirklich spektralrein[3] sind. Alle Randpunkte des Dreiecks weisen zwar die größte Sättigung auf, die für den Bildschirm möglich ist, die Spektralfarbe des gleichen Farbtones ist aber noch stärker gesättigt. Am deutlichsten fällt das vielleicht am Cyan (Blaugrün) auf, das auch am Rand des Dreiecks doch recht blaß aussieht. Das spektrale, voll gesättigte Cyan wäre im Farbdreieck auf dem vom Unbuntpunkt ausgehenden Strahl anzuordnen, der die Mitte der linken Dreiecksseite schneidet, aber irgendwo *außerhalb* des Dreiecks. Nun gibt es für die Punkte dort außen auch noch Koordinaten, aber die scheinen zunächst keinen Sinn zu machen, weil der r-Wert negativ ist, und eine negative Helligkeit unseres roten Primärlichtes kann man nicht einstellen. Aber es geht anders herum: Man könnte dem spektralen Cyan rotes Primärlicht (r,0,0) zumischen, bis die Mischfarbe auf den Rand des Dreiecks fällt. Dann hätte man die Gleichung Cyan + (r,0,0) = (b,g,0) oder Cyan = (-r,b,g).

Das bedeutet also: Obwohl man Cyan mit unseren Primärlichtanteilen nicht ermischen kann, ist es trotzdem möglich, Cyan unter Verwendung negativer Farbkoordinaten in unserem System zu *lokalisieren*. Das geht nicht nur mit Cyan, sondern mit jedem beliebigen Anteil des Spektrums; dabei ergibt sich für das kontinuierli-

---

[3] Betrachtet man die entsprechenden Stellen des Bildschirmes durch ein Taschenspektroskop, so sieht man für die rote Farbe in der Tat eine scharfe Spektrallinie, für die grüne und die blaue jedoch etwas breitere Bänder; diese Farben sind also nur mit guter Näherung, aber nicht streng gesättigt. Möglicherweise gibt es Unterschiede, die durch den Hersteller bedingt sind.

che Spektrum ein hufeisenförmiger Linienzug, der außerhalb des Dreiecks verläuft und mit dem Dreieck nur die drei Punkte für die Primärlichtanteile Rot, Grün und Blau gemeinsam hat. Zwischen Rot und Grün schmiegt sich das Hufeisen ziemlich eng an die Dreiecksseite an, aber die Seite zwischen Blau und Grün wird doch in weitem Bogen umfahren. Alles, was innerhalb des Linienzuges, aber außerhalb des Dreiecks liegt, gehört zu Farben, die in dieser Welt, aber eben nicht auf dem Computer vorkommen, weil sie durch die drei Primärlichtanteilen nicht darstellt werden können. Eine Verbesserung könnte nur durch Hinzunahme weiterer spektraler Primärlichtanteile erreicht werden.

Die Farbmetrik, also jenes Teilgebiet der Farbenlehre, das sich zur Aufgabe macht, Farben durch Messung exakt und objektiv festzulegen, bedient sich ebenfalls der additiven Mischung von drei Primärlichtanteilen Rot, Grün und Blau, die allerdings definierte Wellenlängen und Intensität haben müssen. Die genau zu messenden Intensitätsverhältnisse bei der Mischung dienen - ähnlich wie die Helligkeiten r, g, b beim Computer - als Farbkoordinaten. Wegen der Einzelheiten verweisen wir auf die Fachliteratur, z.B. [2] oder [3]. Dort findet man auch Bilder von der DIN-Farbnormtafel, deren Zusammenhang mit dem Farbdreieck erklärt wird.

4 Ergänzungen zur Physiologie der Farbwahrnehmung

Ein tieferes Verständnis des Graßmannschen Satzes und anderer interessanter Erfahrungen, die man beim Experimentieren mit farbigen Lichtquellen machen kann, setzt Kenntnisse über die Entstehung der Farbwahrnehmung voraus, vor allem die Kenntnis der heute allgemein akzeptierten Dreifarbentheorie von Young und Helmholtz, nach der die Farbempfindung auf den Erregungszustand besonderer Rezeptoren auf der Netzhaut zurückgeht. Von diesen Rezeptoren (den sog. "Zapfen") gibt es auf der Netzhaut drei unterschiedliche Arten, die sich in ihrer spektralen Empfindlichkeit unterscheiden. Die Theorie kann mit Hilfe eines Computermodells (Programm FWAHR2.EXE) verständlich gemacht werden. Genaueres zu dem Modell findet man in einem Beitrag [7] in diesem Buch. Das Modell ist geeignet, interessante physiologische Phänomene zur Farbwahrnehmung verständlich zu machen, z.B. die schon von Goethe beschriebenen farbigen Schatten und die negativen Nachbilder, die ihre Ursache in einer sog. "Umstimmung" des Auges haben:

Drückt man z.B. auf den Knopf "Rot" des Modells, so erscheint die relative Empfindlichkeit für die rotempfindlichen Zapfen auf halbe Werte reduziert. Etwas derartiges kann unserem visuellen System auch geschehen, z.B. wenn man längere Zeit "rotlastiges" Licht einwirken läßt. Das geschieht z.B. so: Man beleuchtet einen weißen Schirm mit einer starken Halogenlampe und außerdem noch mit rotem Licht, das man mit einem Overheadprojektor mit Rotfilter über der Schreibfläche darüber projiziert. Wenn die Halogenlampe genügen stark ist, wird der Schirm nach einiger Zeit weiß erscheinen: Das Auge hat sich an das etwas andersartige weiße Licht gewöhnt, indem es den Rotanteil weniger stark gewichtet.

Hält man nun in einigem Abstand vor den Schirm die Hand, so entstehen zwei Schatten. In dem einen fehlt das Licht der Halogenlampe, er wird nur vom Overheadprojektor beleuchtet und erscheint daher rot, was nicht überrascht. Die Überraschung bringt der Schatten, in welchem nur das weiße Licht der Halogenlampe zu sehen ist. Es erscheint keineswegs weiß, sondern lindgrün. Das Phänomen läßt sich mit dem Computermodell simulieren: Man stellt das Maximum der Glocke in die Mitte des sichtbaren Bereichs und stellt die Halbwertsbreite maximal. Dann ergibt sich Weiß. Bei Reduktion der Empfindlichkeit für die roten Zapfen wird aus dem Weiß ein blasses Grün.

Ähnlich lassen sich die negativen Nachbilder verstehen, die man wie folgt demonstrieren kann: Man projiziert mit dem Overheadprojektor eine dunkle Schablone, aus der das Verkehrszeichen "Einbahnstraße" ausgeschnitten ist, hinterlegt mit *grüner* Folie. Nachdem die Zuschauer das Bild ca. 1 Minute fixiert haben - das Auge sollte dabei wirklich auf einen festen Punkt in der Mitte des Bildes fixiert bleiben - nimmt man die Schablone plötzlich weg, so daß die Projektionsfläche weiß wird. Die Zuschauer sehen aber auf der weißen Fläche das bekannte Einfahrtverbot in der komplementären Farbe Rot.

5 Versuche zur subtraktiven Farbmischung

Ebenso wie der additiven Mischung begegnen wir auch auch der subtraktiven in verschiedenen Formen und bei vielen Gelegenheiten: Z.B., wenn wir durch eine Sonnenbrille eine blumenübersäte Wiese anschauen, oder wenn bei einer Theatervorstellung Personen und Gegenstände mit farbigem Licht beleuchtet werden, oder wenn wir bunte Glasscheiben übereinander legen um durchzusehen, oder wenn wir farbige Flüssigkeiten mischen, usw. Immer wird dabei Licht beim Durchgang durch ein Medium oder auch bei der Reflexion an einer Oberfläche in der Weise verändert, daß es in bestimmten Spektralbereichen mehr geschwächt wird als in anderen. Dem ursprünglich einfallenden Licht werden dabei Anteile *weggenommen*, deshalb hat sich der Ausdruck *subtraktive* Mischung durchgesetzt. Am einfachsten läßt sich die subtraktive Mischung mit Farbfiltern demonstrieren, die man übereinander auf den Projektor legt. Z.B. läßt ein magentafarbenes Filter vom weißen Licht (fast) nur Blau und Rot durch indem es die anderen Farbanteile bevorzugt absorbiert, ein Cyanfilter läßt dagegen Blau und Grün durch, was man symbolisch so ausdrücken könnte:

$$\text{Magenta} = \text{Blau} + \text{Rot} \qquad \text{Cyan} = \text{Blau} + \text{Grün}$$

Legt man das Cyanfilter aufs Magentafilter, so versperrt es dem Rotanteil den Weg, während der Blauanteil beide Filter durchsetzt. So betrachtet, scheint die Bezeichnung "subtraktive Farbmischung" gut gewählt. Legt man die Filter aber in umgekehrter Reihenfolge auf, so ist das Ergebnis ebenfalls Blau, und es paßt nicht ganz mit unseren Vorstellungen vom Subtrahieren zusammen, wenn Magenta - Cyan dasselbe gibt, wie Cyan - Magenta. Auch was zu beobachten ist, wenn man Cyan subtraktiv mit sich selbst mischt, reimt sich nicht mit der Subtraktion.

In der Tat wäre die Bezeichnung *multiplikative* Mischung treffender als subtraktive. Das zeigt das Computerprogramm SUBMI.EXE. Das Programm simuliert, was geschieht, wenn 4 farbige Filter nacheinander von (eingangs) weißem Licht durchsetzt werden (s. Abb. 4). Jedes dieser Filter kann in seiner Durchlässigkeit (Transmission) in drei Bereichen (blau, grün, rot) definiert werden (Einschreiben der durchgelassenen Prozentsätze und Betätigen der Eingabetasten). Das Programm "errechnet" dann aus den Helligkeiten des einfallenden Lichtes r_e, g_e, b_e und den eingegebenen Prozentzahlen für die Transmissionen die Helligkeiten r_d, g_d, b_d für das durchgelassene Licht, z.B. $r_d = 0,6 r_e$ für eine Transmission von 60% im Roten. In dem weißen Fenster in Abb. 4 rechts oben kann man dann ablesen, wieviel Prozent des einfallenden Lichtes in den Bereichen blau, grün und rot nach dem Passieren der 4 Filter vorhanden sind. Die Figur darunter zeigt, welche Farbe das anfangs weiße Licht jeweils nach dem Passieren eines Filters annimmt. Für das in Abb. 4 gezeigte Beispiel ist der durchgelassene Rotanteil beim ersten und zweiten Filter 100%, beim dritten und vierten 50% bzw. 90%, woraus sich erklärt, daß im insgesamt durchgelassenen Licht 45% des ursprünglichen Rotanteils zu finden sind.

Die subtraktive Mischung ist also einfach zu verstehen; dennoch sind die Ergebnisse wesentlich komplizierter und weniger voraussagbar als bei der additiven. Das hängt damit zusammen, daß bei der subtraktiven Mischung der einfache Satz

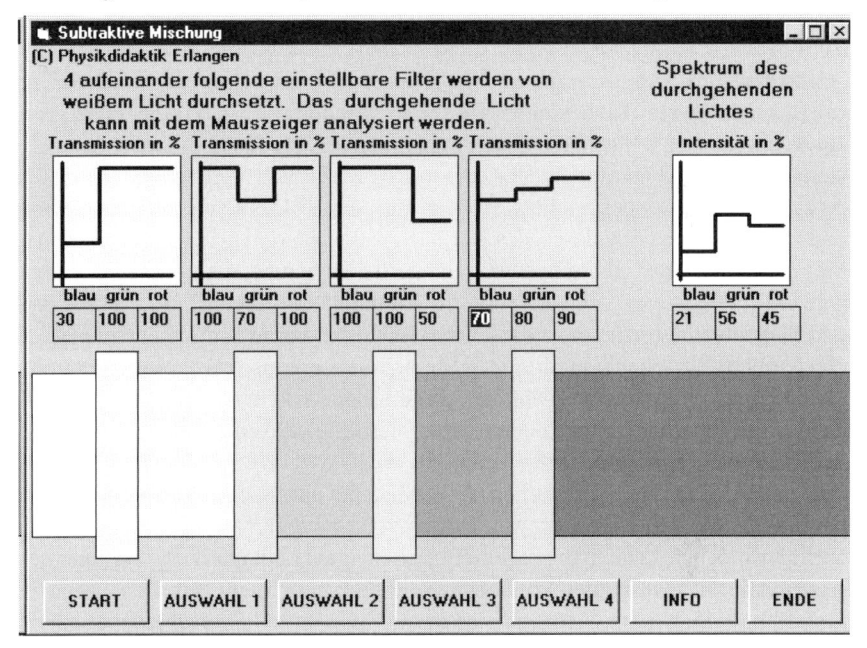

Abb. 5: Modell zur subtraktiven Mischung

von Graßmann über Metamere (vgl. Abschnitt 3) nicht gilt; mit anderen Worten: metamere (d.h. gleich aussehende) Farben können bei subtraktiver Mischung zu verschiedenen Ergebnissen führen. Ein einfaches Beispiel ist bereits der im Abschnitt 3 beschriebene Versuch mit der durch Kochsalz gefärbten Flamme und dem Gelbfilter-Licht. Bringt man in diese metameren Lichter einen roten oder grünen Karton, so wirkt er im Gelbfilterlicht wieder rot bzw. grün, weil das Gelbfilter normalerweise auch rot und grün durchläßt (beide Farben addieren sich ja zu Gelb). Das intensive Na-Licht jedoch enthält kein Rot oder Grün, deshalb kann es von dem Karton auch nicht reflektiert werden. Das Ergebnis der subtraktiven Mischung zweier Farben kann also durch bloßes Ansehen der Farben nicht vorausgesagt werden; eine sichere Voraussage ist nur möglich, wenn man die spektrale Zusammensetzung des einfallenden Lichtes und die Transmissionen (bzw. Remissionen) des an der Mischung beteiligten Körpers kennt. Dieser Sachverhalt ist für die Praxis wichtig, er sollte vor allem beim Kauf farbiger Textilien bei Kunstlicht beachtet werden. Das Kunstlicht könnte zum Tageslicht metamer sein, also den Eindruck von Tageslicht machen; dennoch kann der Stoff bei echtem Tageslicht besehen anders wirken.

Wichtig ist die subtraktive Mischung z.B. für den Farbendruck mit Tintenstrahl- und Laserdruckern und für die Farbphotographie. Die dabei benutzten Primärfarben sind Cyan, Magenta und Gelb. Im Farbdreieck des Abschnittes 3 liegen diese Farben jeweils auf den Mitten der drei Seiten des Dreiecks. Wie wir eben festgestellt haben, genügt es aber nicht, diese Primärfarbfilter durch ihr Aussehen zu beschreiben, es müssen vielmehr ihre Transmissionen festgelegt werden. Die entsprechenden Farbfilter können für die verschiedenen Spektralbereiche grob durch Tabelle 1 charakterisiert werden

Daraus kann leicht entnommen werden welche Farbe sich ergibt, wenn man zwei der Farben übereinanderdruckt, z. B. Cyan und "Gelb". Das Cyan läßt vom weißen Licht nur Blau und Grün durch, das "Gelb" davon wiederum nur Grün. Druckt man Magenta und „Gelb" übereinander, dann wird dem blauen, dem grünen und dem gelben Licht der Weg versperrt, nur das Rot kann passieren. Druckt man Cyan und Magenta übereinander so kann nur Blau durchkommen, und Schichten aller drei Farben übereinandergedruckt sollte schwarz ergeben. Wegen der Unvollkommenheit der Farbstoffe erhält man allerdings meist kein gutes Schwarz, so daß im Druck die "Farbe" schwarz eigens noch als vierte verwendet wird; man spricht deshalb auch vom Vierfarbendruck.

Daß sich mit den drei Primärfarben Cyan, Magenta und "Gelb" eine breite Palette von Farben kombinieren läßt, wenn sie in verschiedenen Sättigungsgraden zur Verfügung stehen, kann man mit Stufenfiltern zeigen: Legt man z.B. von einer nur schwach gesättigten gelben Folie zwei, drei oder noch mehr Stücke stufenartig gestaffelt übereinander, so ergibt sich der Farbton Gelb in verschiedenen Sättigungsgraden. Ebenso kann man mit schwach gesättigten cyanfarbenen und ma-

	Blau	Grün	Gelb	Rot
Cyan	1111111111	1111111111	0000000000	0000000000
Magenta	1111111111	0000000000	0000000000	1111111111
„Gelb"	0000000000	1111111111	1111111111	1111111111

Tabelle 1: Übersicht zur subtraktiven Farbmischung (111: läßt durch, 000: sperrt)

gentafarbenen Folien verfahren. Wir haben uns auf diese Weise Stufenfilter mit 6 Sättigungsgraden für jede Grundfarbe und für Grau hergestellt. Legt man diese Stufenfilter auf dem Overheadprojektor gekreuzt übereinander, so ergibt sich eine große Vielfalt von Farbtönen.

Sehr interessant und aufschlußreich ist es, verschiedenfarbige, mit einem Tintenstrahldrucker gedruckte Flächen mit der Lupe zu betrachten. Um z.B. die Farbe Rosa zu erzeugen, muß der Drucker rote Farbtupfen (subtraktive Mischung von Magenta und Gelb) erzeugen, die verringerte Sättigung wird durch additive Mischung mit dem Weiß des Papiers zwischen den roten Tupfen erreicht. Der Tintenstrahldrucker verwendet also subtraktive und additive Mischung nebeneinander.

6 Hinweise zur Herstellung von Farbfiltern

Will man auf die von Lehrmittelfirmen [6] vertriebenen Filter, die im Fall von Schülerexperimenten zu kostbar sind, verzichten, so besteht auch die Möglichkeit, selbst Filter herzustellen, was besonders reizvoll ist.

In Bastelgeschäften gibt es aufklebbare Farbfolien (Bucheinbandfolien) preisgünstig als Meterware in vielerlei Farben. Als Träger verwendet man OH-folien. Allerdings sind diese Folien - auf blasenfreies Aufkleben ist zu achten - nicht besonders klar, sie genügen aber, um das Wesentliche zu zeigen.

Einfacher ist es, wenn man sich die Farbfilter selbst herstellt. Eine Verfahren besteht darin, Gelatine einzufärben und auf einem geeigneten Träger (Glasplatte, Folie) in einer dünnen Schicht aufzubringen und zu trocknen.

Man benötigt neben der Gelatine noch die passende Farbtinte (Zeichenbedarfsgeschäfte). Zur Herstellung eines Filters werden zwei Blätter Gelatine in 50 cm^3 heißem Wasser aufgelöst und so viel Tinte untergerührt, bis die gewünschte Farbdichte erreicht ist. Die Lösung gießt man auf eine Glasplatte der Größe DIN A4 aus, die genau waagrecht ausgerichtet ist. Es entsteht dann eine gleichmäßig dicke Gelatineschicht, die im Laufe eines Tages antrocknet, so daß man dann ein Filter der gewünschten Farbe erhält. Als Träger eignen sich auch Overheadfolien, die in der Handhabung praktischer sind. Man muß nur beachten, daß die Gelatineschicht beim Trocknen schrumpft und die Folie sich deswegen einrollt. Hier hilft eine dünnere Schicht, d.h. man verwendet nur ein halbes Blatt Gelatine für eine DIN A4 Folie. Vor dem Ausgießen muß die Folie auf einem glatten Tisch vollständig eben fixiert werden, was man durch "Ankleben" an die Unterlage mit Wasser am einfachsten erreicht. Die aufgegossene Gelatine darf höchstens handwarm sein, weil sich die Folie sonst wellt. Sehr schöne und klare Folien erhält man auch, wenn man eine so dicke starke Gelatineschicht auf die Folie bringt, daß man diese nach dem Trocknen abziehen kann. Solche Folien eignen sich z.B. zur Herstellung von Stufenfiltern.

Eine andere einfache Methode, um Farbfilter zu erhalten, besteht darin, daß man sie sich mit dem Farbdrucker ausdruckt.

7 Literatur und Bezugsquellen

[1] Goethe, Johann Wolfgang von (Hrsg. Gerhard Ott u. Heinrich O.Proskauer): "Farbenlehre, Bd. 2", Verlag Freies Geistesleben, Stuttgart, 3. Auflage 1984

[2] Bergmann-Schäfer, "Lehrbuch der Experimentalphysik, Band 3 Optik", Berlin 1978

[3] Buchwald, E., "Fünf Kapitel Farbenlehre", Physik-Verlag Mosbach/Baden, 1955

[4] Falk, David S., Brill, Dieter R., Stork, David G.: "Ein Blick ins Licht, Einblicke in die Natur des Lichts und des Sehens in Farbe und Fotografie", Basel 1990

[5] Treitz, Norbert: "Farben", Klett Verlag, Stuttgart 1985

[6] *Programme*: die genannten Programme werden gegen Einsendung eines Unkostenbeitrages von 5DM auf Diskette zugeschickt. Sie können aber auch übers Internet abgerufen werden unter:
http://www.physik.uni-erlangen.de/didaktik/didaktik.html ;
Die Programme laufen unter Windows (ab Version 3.11); sie setzen eine Grafikkarte mit 24 bit Farbtiefe voraus.
Farbabbildungen: Diese sind unter der gleichen WWW-Adresse abrufbar. Wir schicken auf Anfrage gegen Erstattung der Unkosten auch entsprechende Farbdrucke auf Folie oder Papier zu. Die meisten sind bereits mit den Programmen generierbar.
Bezugsqquelle: Didaktik der Physik, Universität Erlangen - Nürnberg, Staudtstraße 7, 91058 Erlangen
Farbfilter: z.B. Leybold Best.-Nr. 467 95 bzw. - 96

[7] H. Dittmann und W.B. Schneider: "Farbige Interferenzerscheinungen - gedeutet mit einem Modell zur Farbwahrnehmung". In: Wege in der Physikdidaktik , Band 4 (vorliegendes Buch, S. 93)

H. Dittmann, W. B. Schneider

Farbige Interferenzerscheinungen - gedeutet mit einem Modell zur Farbwahrnehmung

1 Einleitung

Die prächtigen Farberscheinungen bei Interferenzversuchen mit weißem Licht führen zu Fragen, die nur dann einigermaßen befriedigend beantwortet werden können, wenn man die engeren Grenzen der Physik überschreitet und - zumindest kurz - auf die Physiologie der Farbwahrnehmungen eingeht.

Im folgenden wird an zwei äußerlich verschiedene, aber formal gleich zu behandelnde Interferenzversuche erinnert, anhand deren unser Anliegen besonders deutlich gemacht werden kann. Die farbigen Interferenzerscheinungen werden mit Hilfe einer Computersimulation gedeutet, die sich auf die Theorie von Young und Helmholtz stützt und die Möglichkeiten der Farbdarstellung moderner Bildschirme verwendet.

2 Zwei klassische Interferenzversuche

Es gibt zwei besonders eindrucksvolle Interferenzversuche, die lichtstark, ohne größeren Justieraufwand auch einem größeren Zuschauerkreis vorgeführt werden können, die sich trotz äußerlicher Verschiedenheit durch einen gemeinsamen Formalismus beschreiben lassen und deren Farbenpracht durch das gleiche Modell zur Farbwahrnehmung gedeutet werden kann. Es sind dies die Interferenzen, die an einer dünnen Seifenlamelle (Keilplatte) im reflektierten Licht auftreten und die Interferenzen im polarisierten Licht, die man im durchfallenden Licht bei gekreuzter oder paralleler Polarisator-Analysatorstellung und einem dazwischengeschalteten, doppelbrechenden Material beobachten kann.

2.1 Interferenzen an einer dünnen Seifenlamelle

Bei diesem Experiment an einer dünnen Seifenlamelle handelt es sich um eine „Zweistrahlinterferenz". Die Aufspaltung der einfallenden Welle geschieht durch Reflexion an der Vorder- und an der Rückseite der dünnen Seifenhaut. Die Phasenverschiebung wird durch den unterschiedlichen optischen Weg und durch den Phasensprung bei der Reflexion an der Grenzschicht Seifenhaut-Luft verursacht. Bei dieser Aufspaltung sind die Amplituden der beiden an unterschiedlichen Grenzschichten reflektierten Wellen nahezu gleich [2].

Zur Erzeugung einer ebenen Seifenlamelle biegt man aus einem ca. 15cm langen Stück Kupferlackdraht von 2mm Stärke einen Ring von etwa 3cm Durchmesser mit einem Stiel von ca. 5cm Länge, der zur Befestigung in einem Halter dient. Der Ring muß mit einem Tropfen Lötzinn geschlossen werden, da die Seifenhaut sonst an der Nahtstelle abreißt. Es empfiehlt sich die Lötstelle durch Feilen oder Schmirgeln an den Verlauf des Drahts anzugleichen. Die Seifenlösung mischt man sich aus destilliertem Wasser, dem man ein handelsübliches Spülmittel und Glyzerin zugibt. Eine Zugabe von etwa 30% Glyzerin erhöht zwar die Haltbarkeit der Lamelle, vergrößert aber auch die Dicke der Lamelle, so daß dann die Farben ausbleiben oder nur sehr blaß werden (siehe auch [2], [4]). Zur Projektion leuchtet man die in vertikaler Ebene gehaltene Seifenlamelle mit einer Experimentierleuchte (Glüh- oder Bogenlampenlicht!) voll aus, stellt sie dabei aber etwas schräg, so daß das reflektierte Licht durch ein Projektionsobjektiv (z.b. f = 15cm) fällt. Mit dem Kondensor bildet man wie üblich die Wendel der Lampe über die Seifenlamelle auf die Eingangsebene des Abbildungobjektivs ab, so daß die Lamelle gut ausgeleuchtet, vergrößert auf einem ca. 3m entfernt aufgestellten Schirm abgebildet wird.

Kurz nach dem Eintauchen der Seifenlamellen zeigen sich meist noch keine Farben; die Schicht ist zu dick. Die Schwerkraft sorgt jedoch dafür, daß die Schicht dünner wird und zwar so, daß sie die Form eines Keils annimmt. Das dickere Ende befindet sich unten. Es zeigen sich bald waagrechte Interferenzstreifen (Streifen gleicher Dicke) mit unterschiedlicher Farbe. Die Übergänge zwischen den Streifen können kontinuierlich oder auch sprunghaft erfolgen. Scharfe Farbgrenzen deuten darauf hin, daß die Schicht an den entsprechenden Stellen ihre Dicke auch sprungartig ändert. Man beobachtet solche Sprünge hauptsächlich an den Rändern in der Nähe des Drahtringes. Oft zeigen sich innerhalb mancher Zonen heftige, turbulente Bewegungen mit überraschenden Farbfolgen, von denen man immer wieder fasziniert ist. An den dünnsten Stellen schimmert die Schicht bläulich-silbern mit einem scharfen Rand zu einer schwarz erscheinenden Zone, die den Eindruck erweckt, als sei dort die Schicht überhaupt nicht mehr vorhanden. Tatsächlich ist sie dort nur so dünn geworden, daß der optische Weg im dichteren Medium vernachlässigbar klein wird. Es spielt somit nur noch der Phasensprung bei der Reflexion an der Vorderseite eine Rolle, so daß für alle Wellenlängen Auslöschung auftritt.

2.2 Interferenzversuch mit polarisiertem Licht

Bei diesem Interferenzversuch wird die für das Auftreten der Interferenzerscheinung notwendige Phasenverschiebung mit Hilfe doppelbrechender Kunststoffolien (z.B. in Blumengeschäften als Verpackungsmaterial für Blumen erhältlich) erreicht. Er ist in den gängigen Optiklehrbüchern beschrieben (z.B. [2], [4], [5]). Wir nutzen in Abwandlung der in den Lehrbüchern beschriebenen Anordnung den Overheadprojektor aus. Der Versuch läßt sich ohne Justieraufwand leicht durchführen. Der Vorteil unserer Anordnung besteht darin, daß wir großflächige Folien zur Polarisation und zur Doppelbrechung verwenden können, so daß es zu einer lichtstarken, vergrößert darstellbaren Interferenzerscheinung kommt. Polarisator und Analysator sind aus einer 0,8 mm starken Polarisationsfolie (Bezugsquelle in [9]) hergestellt.

Damit kein direktes Licht auf die Leinwand fällt, sollten die Folien die Schreibfläche ausfüllen bzw. in einem formatfüllenden Papprahmen so gehalten werden, daß kein unpolarisiertes Licht auf die Leinwand fällt. Damit die Interferenzerscheinung großflächig erscheint, sollten die Folien mindestens eine Fläche von 15x15cm^2 besitzen.

Der Versuch wird folgendermaßen durchgeführt: Man deckt die Schreibfläche des Projektors mit dem Polarisator ab. Legt man den Analysator unter 90° gedreht darüber, so wird das Gesichtsfeld in der Projektion dunkel. Schiebt man aber zwischen Polarisator und Analysator ein Stück dünner Kunststoffolie (z.B. Folie zum Einpacken von Blumen), so hellt es sich farbig auf. Die Farbe hängt davon ab, wie die Richtung der Folie zur Richtung des Polarisators steht. Verdoppelt oder verdreifacht man die Kunststoffschicht, indem man die Folie mehrfach übereinanderlegt, so sieht man jedesmal eine andere Farbe. Besonders lehrreich wird der Versuch, wenn man auf einen Karton, der ein längliches rechteckiges Fenster aufweist, mehrere Stücke der Kunststoffolie so aufklebt, daß nebeneinander liegende Felder der 1fachen, 2fachen, ..., 8fachen Foliendicke entstehen. Die Folien müssen auf dem Karton (z.B. mit einem Klebestreifen) so befestigt werden, daß ihre optischen Vorzugsrichtungen parallel sind. Bei Folien, die von einer Rolle abgewickelt wurden, kann man sich zu diesem Zweck an der Schnittkante orientieren. Die eine Hauptachse der Doppelbrechung ist parallel zu dieser, die andere senkrecht dazu (genauere Hinweise zur Herstellung solcher Folienanordnungen in [7]).

Die folgenden Betrachtungen gelten für den Fall, daß das Fenster mit den Folienschichten so zwischen Polarisator und Analysator geschoben wird, daß die Schnittkanten aller aufgeklebten Kunststoffolien einen Winkel von 45° gegen den Polarisator bilden. In der Projektion zeigt sich dann eine Reihe von 8 verschiedenfarbigen Feldern, die später dazu dient, die Hypothesen zur Farbwahrnehmung zu testen und zu bestätigen. Sind Polarisator und Analysator in Parallelstellung, so beobachtet man die zur ersten komplementäre Farberscheinung.

3 Deutung der Interferenzerscheinungen

Obwohl die Phasenverschiebung bei den beiden oben beschriebenen Versuchen auf recht unterschiedliche Weise zustande kommt, läßt sie sich für den Fall des senkrechten Lichteinfalls durch den gleichen mathematischen Formalismus beschreiben, und führt daher zu den gleichen quantitativen Ergebnissen. In einer guten Näherung gilt der Formalismus auch noch für Einfallswinkel kleiner als 10°, wie sie bei unseren Experimenten immer gegeben sind.

In Abb. 1a ist der Seifenhautversuch (s. Kap. 2.1) skizziert. Die einfallende Welle 1 wird in den direkt reflektierten Anteil 2 und in den nach Eindringen in die Haut an deren Rückseite reflektierten Anteil 3 aufgespalten. Die Haut hat die Dicke d und die Brechzahl n. Die Welle 1 soll nahezu senkrecht auf die Haut auftreffen. Der optische Weg in der Seifenhaut beträgt dann für die Welle 3

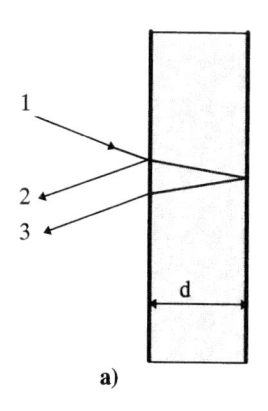

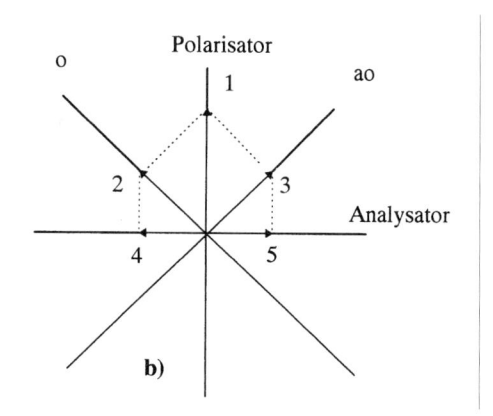

Abb.1: Bezeichnungen zur Erläuterung des Zustandekommens eines Phasenunterschieds in a) für die Interferenz bei einer Seifenhaut (1: einfallende, 2 u. 3: reflektierte Welle, d: Dicke der Seifenhaut) und in b) für die Interferenz bei polarisiertem Licht und einem doppelbrechenden Medium (o, ao: Richtung der zwei optischen Achsen des linear doppelbrechenden Materials, 1: Amplitude der einfallenden Welle, 2: und 3: Amplitude des in Richtung von a bzw. ao schwingenden Anteils der Welle, 4: und 5: Projektion der Amplituden 2 und 3 auf die Richtung des Analysators.

insgesamt 2dn. Durch die Reflexion beim Übergang ins dichtere Medium erfährt die Welle 2 einen Phasensprung von π (bzw. $\lambda/2$). Insgesamt ergibt sich zwischen Welle 2 und 3 der Gangunterschied $2dn + \lambda/2$ mit dem zugehörigen Phasenwinkel φ:

$$\varphi = 2\pi 2nd/\lambda + \pi \tag{1}$$

In Abb. 1b ist erläutert, wie der Gangunterschied im zweiten Interferenzversuch (s. 2.2) durch die Verwendung von polarisiertem Licht und einem doppelbrechenden Material zustande kommt.

Der Polarisator läßt nur Licht der Schwingungsrichtung 1 durch. Im linear doppelbrechenden Medium kann man sich dieses Licht in zwei zueinander senkrecht schwingende Anteile mit den Schwingungsrichtungen der Achsen o und ao zerlegt vorstellen, wobei diese Achsen wegen der oben beschriebenen besonderen Lage der Folien mit dem Polarisator 45° einschließen und die Amplituden daher gleich sind.

Beim Eintritt ins doppelbrechende Medium schwingen beide Wellen noch phasengleich; wegen der unterschiedlichen Ausbreitungsgeschwindigkeiten des Lichtes, die zu den Richtungen o und ao gehören, haben aber beim Austritt beide Schwingungsanteile einen zur Dicke d der doppelbrechenden Schicht proportionalen optischen Wegunterschied: $n_o d - n_{ao} d = \Delta nd$.

Der zum Polarisator gekreuzte Analysator läßt von diesen Anteilen nur die Komponenten 4 und 5 mit gleichen Amplituden durch. Aus den entgegengesetzten Richtungen der Pfeile 4 und 5 in Abb.1b erkennt man, daß bereits ohne den durch die Doppelbrechung verursachten Wegunterschied schon ein solcher von $\lambda/2$ besteht (Polarisator und Analysator gekreuzt!). Insgesamt ergibt sich also ein Gangunterschied $\Delta nd + \lambda/2$ zwischen den beiden in der Schwingungsebene des Analysators interferierenden Anteilen. Der Phasenwinkel beträgt daher:

$$\varphi = 2\pi\Delta nd / \lambda + \pi \tag{2}$$

Die Formeln (1) und (2) für den Phasenwinkel werden identisch, wenn man in der ersten den Term 2dn und in der zweiten Δnd durch δ ersetzt. Sie lauten dann

$$\varphi = 2\pi\delta/\lambda + \pi \tag{3}$$

In beiden Fällen ist δ zur Schichtdicke proportional; wir wollen δ deswegen hier der Einfachheit halber als *effektive Schichtdicke* bezeichnen.

Die Aufgabe lautet, zwei parallele harmonische Schwingungen gleicher Frequenz und gleicher Amplitude (wir können sie gleich ½ setzen), aber mit der Phasenverschiebung φ zu addieren. Dabei entsteht wieder eine harmonische Schwingung der gleichen Frequenz, wobei die Amplitude A der Überlagerung

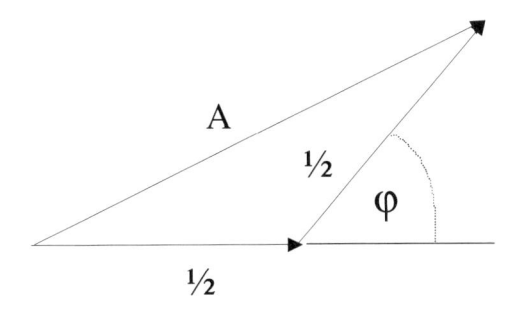

Abb. 2 Superposition von harmonischen Schwingungen durch Vektoraddition

zwischen den Extremwerten 0 (Auslöschung) und 1 (maximale Verstärkung) liegt. Das Quadrat der Amplitude, also A^2, gibt die Intensität I an. Am einfachsten läßt sich die Berechnung von A durch Vektoraddition der Zeiger beider Schwingungen durchführen.

Die beiden Zeiger haben hier die Längen $1/2$ und schließen den Winkel φ ein (vgl. Abb.2). Nach dem Cosinus-Satz ergibt sich dann für I:

$$I = A^2 = (1/2)^2 + (1/2)^2 - 2(1/2)(1/2)\cos(\pi - \varphi) = (1/2)(1 - \cos(2\pi\delta/\lambda)) \tag{4}$$

In Abb. 3 ist der Verlauf von I(λ) nach Glg. 4 als Funktion der Wellenlänge dargestellt, wobei die effektive Schichtdicke als jeweils konstanter Parameter in die Rechnung eingeht.
Der Verlauf der Kurve in Abb. 3 bestimmt nun wesentlich die Farberscheinung, die für beide Interferenzversuche zu erwarten sind. Die Kurve stellt im übertragenen Sinn die Transmissionskurve eines Filters dar, das mit weißem Licht durchstrahlt wird. Sie gibt an, welche Wellenlängenbereiche bei einer vorgege-

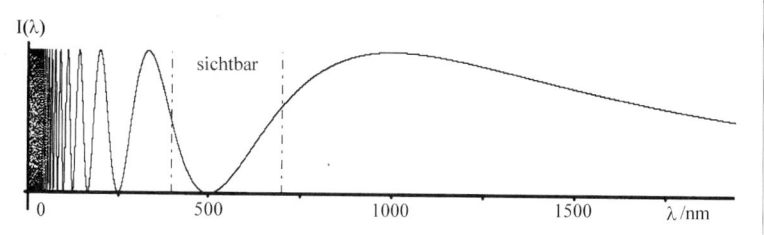

Abb.3: Verlauf von I als Funktion der Wellenlänge nach Glg. 4 für die effektive Schichtdicke von δ = 500 nm. Für wachsendes δ bleibt der typische Verlauf für sin(1/x) erhalten. Die Kurve wird jedoch von 0 ausgehend nach rechts gestreckt, für δ = 1000 nm z.B. um den Faktor 2, so daß dann mehr Minima in den sichtbaren Bereich fallen. Entsprechend wird für z.B. für δ = 250 nm die Kurve um den Faktor ½ gestaucht, so daß dann kein scharfes Minimum mehr im Sichtbaren liegt. Zur Deutung der Farbwahrnehmung genügt es hier den im sichtbaren liegenden Wellenlängenbereich von 400 - 700 nm zu betrachten.

benen effektiven Schichtdicke herausgefiltert werden. Der Verlauf ist durch unendlich viele Minima gekennzeichnet, die bei $\lambda = \delta/n$, n = 1, 2, 3, ... liegen, sich also für große Interferenzordnungen gegen 0 häufen. Je nach Wahl der effektiven Schichtdicke δ fallen 0 bis beliebig viele Minima in den sichtbaren Bereich; für δ = 2000 nm sind es z.B. drei, nämlich 667 nm, 500 nm, 400 nm. Insgesamt kann man bei beiden Anordnungen Interferenzen niedrigster Ordnung beobachten, so daß sie selbst noch mit Glühlicht auftreten.
Der Verlauf der Kurve in Abb. 3 bestimmt nun wesentlich die Farberscheinung und Struktur der Interferenzerscheinungen. Zur Deutung der sich jeweils insgesamt ergebenden Farberscheinung muß man allerdings auf die Besonderheiten der Farbwahrnehmung durch unser Auge genauer eingehen.

4 Computersimulation zur Farbwahrnehmung

Nach der Dreifarbentheorie, die schon auf Young und Helmholtz [4] zurückgeht, und die heute durch physiologische Untersuchungen weitestgehend gesichert ist, kommt die Farbwahrnehmung durch die Erregung von Farbrezeptoren (sog. Zäpfchen) auf der Netzhaut unseres Auges zustande. Von diesen Rezeptoren gibt es drei verschiedene Sorten mit unterschiedlicher spektraler Empfindlichkeit.

Die Abbildungen 4 und 5 zeigen exemplarisch Ergebnisse der Computersimulation, die die Farbwahrnehmung nach der Dreifarbentheorie veranschaulichen sollen. Das breite Fenster oben zeigt die relativen Empfindlichkeiten $\varepsilon_b(\lambda), \varepsilon_g(\lambda)$ und $\varepsilon_r(\lambda)$ der drei Rezeptorarten (es sind die drei glockenförmigen niedrigeren Kurven, die im Original entsprechende Farben haben). Sie sind über der Wellenlänge des erregenden Lichtes aufgetragen. Die Maxima der Erregungskurven liegen bei Wellenlängen, die dem blauen, dem grünen und dem roten Licht entsprechen, etwa jenen Farben, die auch von den Farbmonitoren zur Darstellung der Farben durch additive Mischung verwendet werden.

Weiter sieht man im oberen Fenster eine über den sichtbaren Bereich hinausgehende Kurve, die sogenannte „Filterkurve" $I(\lambda)$ nach Glg. 4. Sie gilt für die effektive Schichtdicke δ = 500 nm. Mit Hilfe eines Schiebereglers, der unter dem Fenster zu sehen ist, kann man auch andere effektive Schichtdicken einstel-

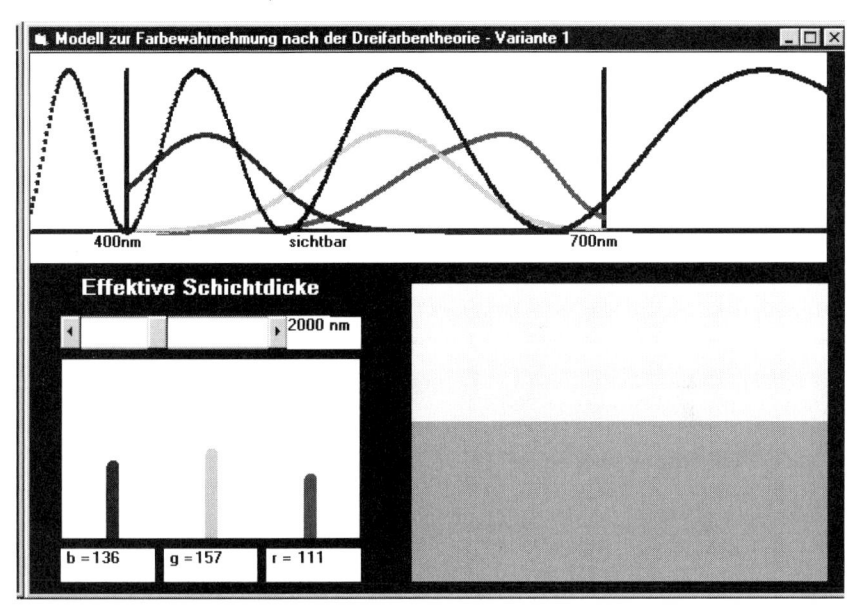

Abb.4: Zur Erläuterung der Computersimulation zur Farbwahrnehmung nach der Dreifarbentheorie: Oben: Die drei Kurven stellen von links nach rechts die relativen Empfindlichkeiten $\varepsilon_b(\lambda), \varepsilon_g(\lambda)$ und $\varepsilon_r(\lambda)$ für die drei Rezeptorarten des Auges dar, im Original in den entsprechenden Farben. Die tiefschwarze Kurve stellt den Verlauf von I bei der vorgegebenen Schichtdicke von 500 nm dar und gibt an, welcher Frequenzbereich dem Auge angeboten wird. In den Fenstern links unten sind die Erregungszustände der drei Rezeptorarten dargestellt, in den Fenstern rechts daneben der sich daraus ergebende Farbeindruck in zwei verschiedenen Helligkeitsstufen.

len, z.B. δ = 2000 nm (vgl. Abb.5). Das einfallende Licht erregt die drei Rezeptorarten mehr oder weniger stark, je nach dem, ob ein größerer oder ein kleinerer Flächenanteil der Intensitätskurve auf die Kurve der relativen Empfindlichkeit des entsprechenden Rezeptors fällt. Das Programm errechnet die jeweiligen Erregungszustände b, g und r der Rezeptoren durch Integration über die Produkte aus relativer Empfindlichkeit und Intensität des einfallenden Lichtes:

$$r = c_r \int \varepsilon_r(\lambda) I(\lambda) d\lambda \; ; \; g = c_g \int \varepsilon_g(\lambda) I(\lambda) d\lambda \; ; \; b = c_b \int \varepsilon_b(\lambda) I(\lambda) d\lambda.$$

Die Integration erstreckt sich dabei über den sichtbaren Teil des Spektrums. Die Faktoren c_r, c_g und c_b dienen der Normierung und sorgen dafür, daß die zu weißem Licht gehörige Intensitätsverteilung ($I(\lambda)$ = const.= 1, entsprechend maximaler Helligkeit über alle Wellenlängen) für den Computer hellstes Weiß ergibt, was r = g = b = 255 bedeutet.

Das Ergebnis der drei Integrationen, also die Erregungszustände r, g und b wird in dem Fenster links unten durch Balken veranschaulicht. So wie unser Gehirn aus den drei Erregungszuständen der Rezeptoren eine Farbwahrnehmung "errechnet", so errechnet der Computer einen Farbvektor r,g,b und stellt dann im

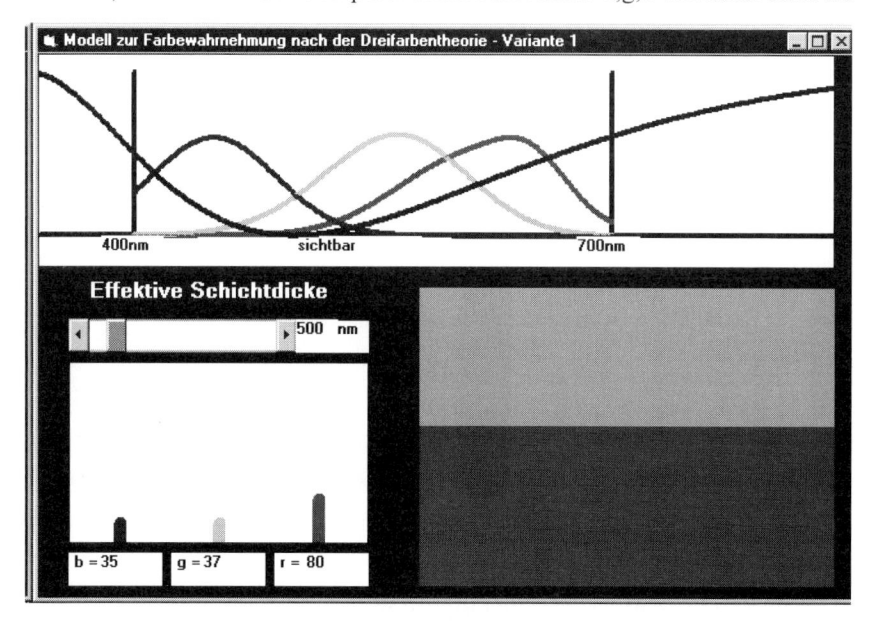

Abb. 5: Darstellung wie in Abb. 4, jedoch für die effektive Schichtdicke δ = 2000 nm. Der Verlauf zeigt im Sichtbaren drei Minima. Die Erregungszustände r, g, b haben sich gegenüber Abb.4 verändert; dementsprechend entsteht ein anderer Farbeindruck, der in den beiden Fenstern unten rechts dargestellt wird.

RGB-Modus auf dem Bildschirm durch additive Mischung von drei Primärlichtanteilen (Rot, Grün, Blau) eine Farbe dar, die tatsächlich auch unserem Auge (wenigstens annähernd) so erscheint, wie das ursprüngliche Licht mit der Intensitätsverteilung $I(\lambda)$. Die vom Computer ermittelte Farbe erscheint in den Fenstern rechts unten in zwei Helligkeitsstufen, aus folgendem Grund: Nach der Normierung (d.h. der Berechnung der Werte c_r, c_g und c_b), ergibt die Intensitätsverteilung $I(\lambda)$ =const.=1 für weißes Licht die hellste Farbe des Bildschirmes mit r = g = b = 255. Jede andere Verteilung mit kleineren Intensitätswerten ergibt auch für r, g und b kleinere Werte, also dunklere Farben; meist erscheinen die Farben auf dem Bildschirm so dunkel, daß man sie kaum noch beurteilen kann. In diesem Punkt unterscheidet sich das Computermodell vom wirklichen Auge, bei dem noch eine Regelung dafür sorgt, daß bei geringerer Gesamthelligkeit die relativen Empfindlichkeiten der Rezeptoren und damit auch die wahrgenommene Helligkeit vergrößert wird. Diese beim Auge stark ausgeprägte Adaptionsfähigkeit wird in unserem Computermodell durch folgenden Trick nachempfunden: Die durch Integration gefundenen Werte r, g, b werden nachträglich proportional vergrößert, und zwar so weit, daß wenigstens einer der drei Werte das Maximum 255 erreicht. Die damit im RGB-Modus darzustellende Farbe hat nach den Regeln der additiven Farbmischung den gleichen Farbton wie die ursprüngliche, sie erscheint aber nun so hell, daß sie sich gut beurteilen läßt. Die nachträgliche proportionale Vergrößerung von r, g, b hat den gleichen Effekt, als würde man die Werte der relativen Empfindlichkeiten vergrößern und dennoch die alte Normierung benützen. Licht mit der Intensitätsverteilung "weiß" könnte dann allerdings vom Bildschirm nicht mehr adäquat dargestellt werden.

5 Test der Computersimulation und deren Grenzen

Natürlich möchte man am Ende gerne wissen, wie gut das Computermodell in der Lage ist, eine gegebene Intensitätsverteilung in einen Farbeindruck umzuwandeln. Zum Vergleich könnte man Filter verwenden, deren Transmission über das gesamte sichtbare Spektrum bekannt ist. Schickt man weißes Licht durch ein solches Filter, so hat man Licht mit einer bekannten Intensitätsverteilung, die der Transmissionskurve entspricht. Unser Augenmodell müßte nun über eine Eingabe verfügen, die es gestattet, die Intensitätsverteilung punktweise einzugeben, um die Werte r, g und b zu berechnen. Eine solche Eingabe ist aber nicht vorgesehen, da der Test einfacher durch Vergleich mit den durch Doppelbrechung erzeugten Interferenzfarben geschehen kann. Allerdings besteht da zunächst eine Schwierigkeit: Verwendet man irgend eine Verpackungsfolie, so kennt man zunächst die effektive Schichtdicke δ nicht. Man kann sie aber leicht bestimmen, wenn man sich mit der Folie Proben der einfachen, doppelten, ..., k-fachen Schichtdicke herstellt, wie in Abschnitt 2 beschrieben. Zu diesen Proben gehören dann auch die effektiven Schichtdicken kd (k = 1, 2, ...8) und eine typi-

sche Folge von 8 Farben. Gibt man im Computermodell irgend eine effektive Schichtdicke ein und verdoppelt diese dann, so wird man im allgemeinen zwei Farben sehen, die nicht zu der typischen Folge passen. Aber nach wenigen Versuchen wird es gelingen, ein d so zu finden, daß nicht nur die ersten zwei, sondern auch weitere aufeinanderfolgende Farben gut übereinstimmen. (Eine Tabelle, welche den Zusammenhang zwischen Gangunterschied und der Interferenzfarbe wiedergibt, findet sich z.b. in [4].) Z.B. fanden wir für eine Verpakkungsfolie aus dem Blumengeschäft δ = 320 nm. Mit zunehmender Ordnung k werden die Intensitätsverteilungen komplizierter und es treten dann stärkere Abweichungen zwischen dem Computermodell und den tatsächlichen Interferenzfarben auf. Diese Abweichungen haben zwei Gründe:
Erstens sind die verwendeten Kurven der relativen Empfindlichkeit sicher nicht ganz richtig. Das Modell verwendet Gaußkurven, bei denen es eine Reihe von Parametern gibt, die man passend wählen kann. Im Programm wurden folgende Funktionen verwendet:

$\varepsilon_r(\lambda) = 3.2 \, \text{Exp}(-(\lambda - 650)^2/1000) + 6.5 \, \text{Exp}(-(\lambda - 610)^2/4000)$

$\varepsilon_g(\lambda) = 4.8 \, \text{Exp}(-(\lambda - 550)^2/4000) + 4.0 \, \text{Exp}(-(\lambda - 580)^2/3000)$

$\varepsilon_b(\lambda) = 8.0 \, \text{Exp}(-(\lambda - 450)^2/3000)$

Insbesondere reagieren die zu größeren k-Werten gehörigen Farben recht kritisch auf die Parameter. Verbesserungen in der Farbwiedergabe wären sicher möglich, wenn man die Parameter noch etwas abändert oder die Empfindlichkeiten durch eine noch größere Anzahl von Gaußkurven zusammensetzt. Vom physikalischen Standpunkt ist das wenig reizvoll, interessant wäre höchstens, daß sich auf diese Weise eine Möglichkeit auftut. Genaueres über die Empfindlichkeitskurven zu erfahren, die man in der einschlägigen Literatur nur grob angedeutet findet (z.B. [4], [8]).
Eine zweite Ursache für die Abweichungen ist grundsätzlicher Art: Das Modell geht davon aus, daß der durch den Vektor r, g, b gegebene Erregungszustand der drei Rezeptorarten bei uns den gleichen Farbeindruck hervorruft, den das Licht des im RGB-Modus arbeitenden Bildschirmes in unserem visuellen System hervorbringt. Dies ist sicher nicht ganz richtig, wie man allein schon daran erkennt, daß der Bildschirm voll gesättigte Spektralfarben zwar einigermaßen nachmachen kann, aber eben doch nur so, daß man deutliche Unterschiede erkennt. An solchen Farben muß das Modell daher scheitern.

6 Computersimulation und Interferenzversuche

Die Computersimulation wurde an die Besonderheiten der beiden Interferenzversuche angepaßt. Die Ergebnisse leben von der farbigen Darstellung, die hier nicht möglich ist. Daher beschränken wir uns nur auf die Diskussion der Simulation für die Farberscheinungen bei einer dünnen Seifenhaut.
In Abb. 6 ist das Ergebnis zu der Farberscheinung bei einer dünnen Seifenhaut

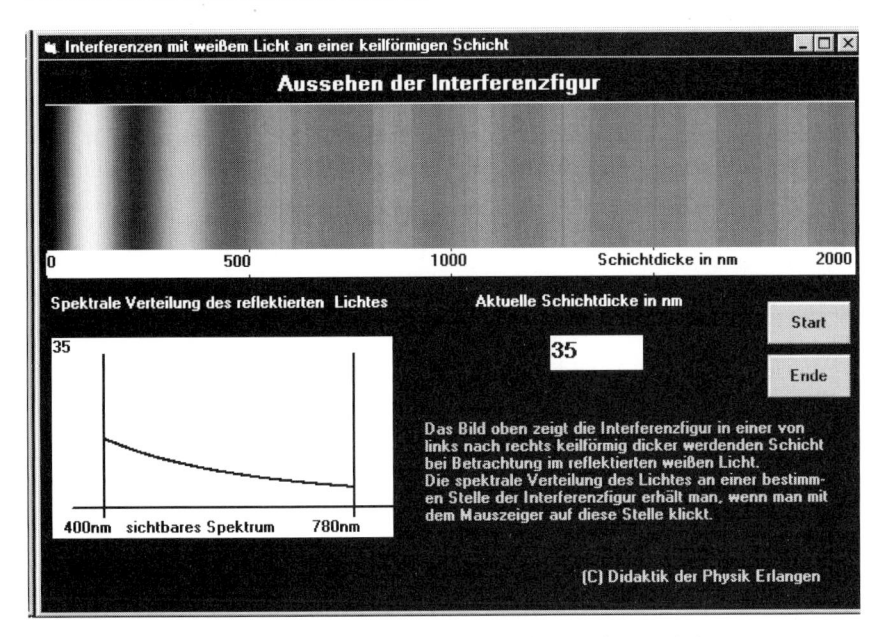

Abb.6: Farbenerscheinung bei einer Seifenlamelle nach Kap 2.1

gezeigt. In dem oberen Fenster erscheinen die Farben in der gleichen Reihenfolge, wie in der keilförmig dicker werdenden Schicht der Lamelle. Darunter ist die tatsächliche Schichtdicke d (also nicht die effektive $\delta = 2dn$) aufgetragen. Die vom Computermodell angezeigten Farben stimmen in ihrer Folge gut mit den tatsächlichen im Versuch überein. Bei größeren Schichtdicken werden die Farben zunehmend ungesättigter. Klickt man mit der Maus auf eine beliebige Stelle des Interferenzstreifenmusters, so erscheinen in den darunter liegenden Fenstern die aktuelle Schichtdicke d und die Intensitätsverteilung I(λ) nach Glg. 4.

Das Programm gestattet auch Rückschlüsse auf die Dicke der Seifenhaut an interessanten Stellen, z. B. wo sie im reflektierten Licht unsichtbar wird. Die gerade noch schwach sichtbare daran angrenzende Interferenzfarbe wirkt silbrig mit einem Stich ins Blaue. Die Abbildung 6 zeigt, daß das für diese Farbe verantwortliche Intensitätsspektrum und die Schichtdicke d = 35 nm in guter Übereinstimmung mit den Abbildungen in [3] sind. Auch die in der Interferenzfigur auftretenden Farbinseln mit scharfen Rändern, die besonders bei höheren Glyzerinzugaben zu beobachten sind, lassen sich deuten: Es handelt sich gewissermaßen um "Tafelberge" in dem sonst flachen und in der Dicke kontinuierlich ansteigenden Gelände der Seifenhaut. Die Höhe der Tafelberge läßt sich aus dem auftretenden Farbensprung schätzen.

7 Zusammenfassung

Die Interferenzversuche "Seifenhaut" und "doppelbrechende Folien" sind in der vorgestellten Form besonders geeignet, in die Problematik der Deutung der Farberscheinungen bei Interferenzversuchen einzuführen. Sie sind einmal leicht vorzuführen und lassen sich zum anderen mit der gleichen Computersimulation deuten. Sie führen in eine farbige Welt ein, die voller Faszination ist und die es Wert ist, den Schülern nicht vorenthalten zu werden.

Wir danken Herrn OStR J. Becker, Emmy-Noether-Gymnasium Erlangen, für nützliche Hinweise zu den Interferenzversuchen mit polarisiertem Licht.

Anmerkung Farbige Abbildungen zu den beiden Interferenzversuchen und zu Abb. 4-6 findet man unter:
http://www.physik.uni-erlangen.de/didaktik/didaktik.html

8 Literatur und Bezugsquellen

[1] Die vorgestellten Programme laufen unter Windows ab Version 3.11, falls eine Grafikkarte von 24 bit Farbtiefe installiert ist. Sie können gegen Erstattung der Versandkosten unter der Adresse Didaktik der Physik, Staudtstr. 7, 91058 Erlangen bezogen bzw. über das Internet abgerufen werden. (http//: www.physik.uni-erlangen.de/didaktik/didaktik.html)
[2] Hecht, E.: „Optics", Addison-Wesley, 1987
[3] Isenberg, C.: „The Science of Soap Films an Soap Bubbles", Dover Publication, Inc., New York 1992
[4] Bergmann-Schäfer: „Lehrbuch der Experimentalphysik, Band 3 Optik", Berlin 1978
[5] Falk, D.S., Brill, D.R., Stork, D.G.: „Ein Blick ins Licht", Birkhäuser Verlag, Springer-Verlag, Basel, Boston, Berlin 1990
[6] Pohl, R. W.: „Einführung in die Physik Band 3, Optik und Atomphysik", Springer Verlag, Heidelberg, z.B. 1958
[7] Becker, J: „Anregungen für den Unterricht", Stark Verlag, Lose-Blatt-Sammlung o.J.
[8] Treitz, N.: „Farben", Klett Studienbücher Physik, Ernst Klett Verlag, Stuttgart 1985
[9] Bezugsquellen für Polarisationsfilter: B+W Filterfabrik, Postfach 2463, 55513 Bad Kreuznach

H. Harreis und N. Treitz

Eine graphische Methode zur Lösung von Problemen aus der relativistischen Physik

1 Vorbemerkung

Compton-Effekt, Paarerzeugung und Paarvernichtung werden im Physikunterricht der Oberstufe behandelt. Diese Beispiele aus der modernen Physik erfordern die Berücksichtigung relativistischer Effekte. Hierzu gibt es für den Unterricht einige Vorschläge, bei denen Herleitung und Anwendung von Formeln oft entscheidender sind als die physikalischen Grundlagen. Wir haben uns daher die Aufgabe gestellt, nach einem alternativen Weg zu suchen und sind dabei auf die im „Zeitalter der Numerik" etwas in Vergessenheit geratenen graphischen Lösungsverfahren gestoßen. Diese Verfahren können bei größerer Anschaulichkeit und Begreifbarkeit sowohl qualitative als auch quantitative Ergebnisse liefern. Die Anwendung dieser Verfahren im Unterricht setzt allerdings eine längere Eingewöhnungsphase voraus, da Schüler mit graphischen Lösungsverfahren heute nur wenig vertraut sind.

Im Folgenden wird das von uns entwickelte Verfahren vorgestellt. Neben der größeren Anschaulichkeit hat es den Vorteil, daß es auch auf Stoßprobleme der klassischen Physik anwendbar ist.

Es beruht auf der Darstellung von Impuls und Energie in einem einzigen Diagramm, in dem die Energie als Ordinate und der Impuls als Abszisse aufgetragen werden. In dieser „Energie-Impuls-Ebene" werden nun Energie und Impuls als Komponenten eines Vektors aufgefaßt. Dies ist der aus der Relativitätstheorie bekannte, hier auf zwei Komponenten reduzierte Vierervektor, der üblicherweise aus drei Impulskomponenten und einer Energiekomponente besteht. Zunächst werden nur lineare Bewegungen mit einer Impulskomponente untersucht. Mit der einfach zu erläuternden Erweiterung auf zwei Impulskomponenten können dann viele Probleme zu dieser Thematk bereits in voller Allgemeinheit behandelt werden.

Zur Einführung der graphischen Methode im Unterricht eignet sich am besten ein Beispiel aus der klassischen Physik. Hier bietet sich der elastische Stoß von zwei Gleitern auf einer Luftkissenfahrbahn an. Allerdings ist dieses Beispiel so einfach, daß die Vorteile der graphischen Methode gegenüber der rechnerischen Behandlung nur ansatzweise ersichtlich werden. Sie kommen erst im relativistischen Fall voll zum Tragen. Es ergeben sich jedoch bereits bei komplizierteren Problemen der klassischen Physik spürbare Vorteile. Das sehr einfache Beispiel „zentraler elastischer Stoß" hat für den Unterricht den Vorteil, daß die Einführung des graphischen Verfahrens mit Experimenten unterstützt werden kann.

2 Vorstellung der Methode und Hinweise zur Einführung im Unterricht

Zur Einführung des graphischen Verfahrens hat sich nach unseren Untersuchungen eine in den Unterricht eingebundene „graphische Schülerübung" als geeignet erwiesen. Das Ziel ist, das Ergebnis des Aufpralls eines bewegten Gleiters 2 (m_2=0,2kg; Impuls p_2=0,18kg · m/s) auf einen ruhenden Gleiter 1 (m_1=0,1kg) mit Hilfe der Darstellung in Abb. 1 vorherzusagen. Die hier gemachten Vorschläge wurden in 3 Klassen der Jahrgangsstufe 13 (Grundkurs der Gesamtschule Süd in Duisburg, Grund- und Leistungskurs des Sophie-Scholl-Gymnasiums in Oberhausen) erprobt. Dazu wurden nach entsprechender Wiederholung von Impuls- und Energieerhaltungssatz und Vorbereitung des Zusammenhangs $W_{kin} = p^2/2m$ jedem Schüler eine Parabel auf Folie, die $W_{kin1} = p^2/2m_1$ des Gleiters 1 darstellt, und ein Grundblatt mit der zum Gleiter 2 gehörenden Parabel ($W_{kin2} = p^2/2m_2$) zur Verfügung gestellt.

Die Parabel gibt die möglichen Bewegungszustände eines Gleiters in Form von zusammengehörigen Werten von Impuls und kinetischer Energie wieder, die als Komponenten eines Vektors („Vierer-Vektor" mit nur einer Impuls-Komponente) aufgefaßt werden können. Solch ein Impuls-Energievektor weist damit stets vom Scheitel der Parabel zu einem Punkt auf der Parabel. Diese Darstellungsart ist gewöhnungsbedürftig. Unter Umständen sollten hier Übungen zum Eintragen von Vektoren zu verschiedenen Bewegungszuständen eines Gleiters vorweggehen.

Zunächst wird der Vektor zu Gleiter 2, in Abb. 1 gestrichelt gezeichnet, in das Grundblatt eingetragen. Dies ist gleichzeitig der Vektor für das Gesamtsystem vor dem Stoß, da der Gleiter 1 ruht. Energie- und Impulserhaltung bedeuten nun, daß nach dem Stoß die Vektoren zu Gleiter 1 und zu Gleiter 2 wieder insgesamt den gleichen Vektor des Gesamtsystems ergeben müssen. Die Spitze des Vektors zu Gleiter 2 nach dem Stoß muß auf der Parabel II ($W_{kin2} = p^2/2m_2$) liegen (siehe Abb. 1). Den zugehörigen Punkt findet man auf dieser Parabel, indem man die aus Folie ausgeschnittene Parabel I ($W_{kin1} = p^2/2m_1$) mit der Öffnung nach oben, der Symmetrieachse parallel zur Energieachse und dem Scheitel auf der Parabel des Grundblatts so weit verschiebt, bis der rechte Parabelast I durch den Endpunkt des Vektors des Gesamtsystems vor dem Stoß geht. In Abb. 1 ist Parabel I durch eine geringere Strichstärke angedeutet. Durch den flachen Schnittwinkel zwischen den Parabelästen bedingt ist allerdings der obere Schnittpunkt auf diese Weise nur ungenau festgelegt. Es sollte aber so begonnen werden, da auf diese Weise die Addition der beiden Impuls-Energie-Vektoren besser nachvollzogen werden kann. Eine genauere Festlegung des Schnittpunkts, bei sonst gleichem Sachverhalt, ergibt sich aus der Drehung der Parabel I um 180° (in Abb. 1 jetzt mit größerer Strichstärke gezeichnet). Auf dem Overheadprojektor läßt sich dieses Beispiel mit entsprechenden Folienkopien veran-

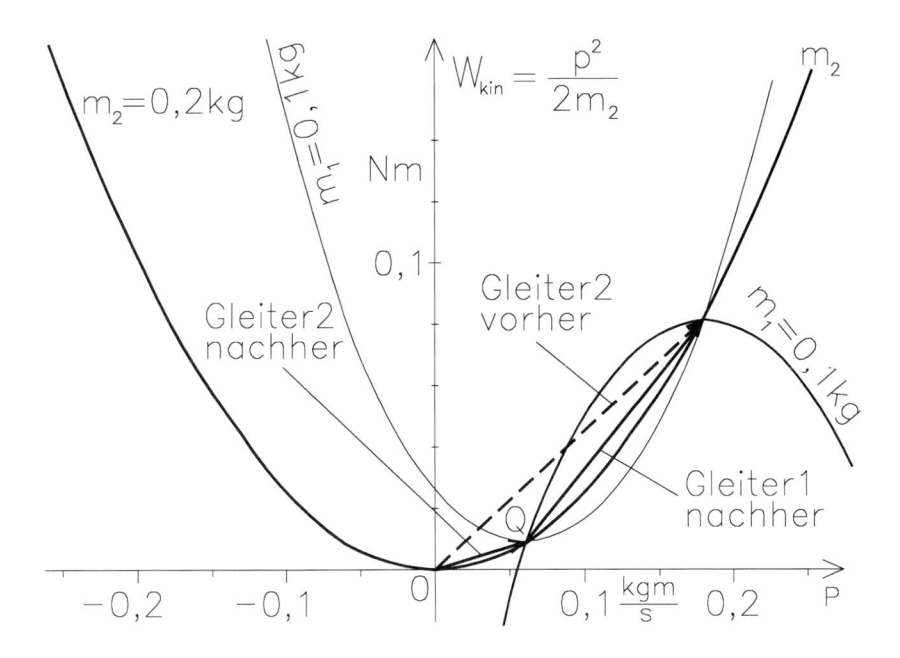

[Figure 1: Graph showing kinetic energy vs momentum parabolas with labels: $m_2 = 0.2$ kg, $m_1 = 0.1$ kg, $W_{kin} = \frac{p^2}{2m_2}$, Nm, Gleiter2 nachher, Gleiter2 vorher, Gleiter1 nachher, Q, axes marked -0.2, -0.1, 0, 0.1 kgm/s, 0.2, P]

Abb. 1: Gleiter 2 stößt auf den ruhenden Gleiter 1. Die stark ausgezogene Parabel zu Gleiter 1 läßt eine genauere Lagebestimmung der Schnittpunkte der beiden Parabeln zu.

schaulichen. Nach weiteren einfachen Beispielen, die durch Experimente auf der Fahrbahn untermauert werden, können folgende zwei Beispiele (Bewegung beider Gleiter) entweder als Hausaufgabe oder als weitere Übung im Unterricht eingesetzt werden:
Gleiter 2: $p_2 = -0,1$ kg m/s; Gleiter 1: $p_1 = +0,14$ kg m/s und:
Gleiter 2: $p_2 = -0,1$ kg m/s; Gleiter 1: $p_1 = +0,1$ kg m/s.
In Abb. 2 ist die Lösung des 1. Beispiels eingezeichnet.

3 Anwendung der graphischen Methode auf den elastischen Stoß zweier Gleiter auf dem Luftkissentisch

Der Vorteil der integrierten graphischen Darstellung von Energie und Impuls gegenüber dem rechnerischen Ansatz kommt dann voll zur Geltung, wenn man zu Stoßproblemen mit zwei Impulsrichtungen, z.B. zum Stoß von zwei Gleitern 1 und 2 der Masse m_1 bzw. m_2 mit $m_1 < m_2$ auf einem Luftkissentisch übergeht. Im folgenden soll dieser zu Abb. 1 analoge Fall diskutiert werden. Gleiter 2 (Anfangsimpuls p_2) stößt dabei auf den ruhenden Gleiter 1. Den Funktionsgraphen für die kinetische Energie des Gleiters 2 aufgetragen über der Impulsebe-

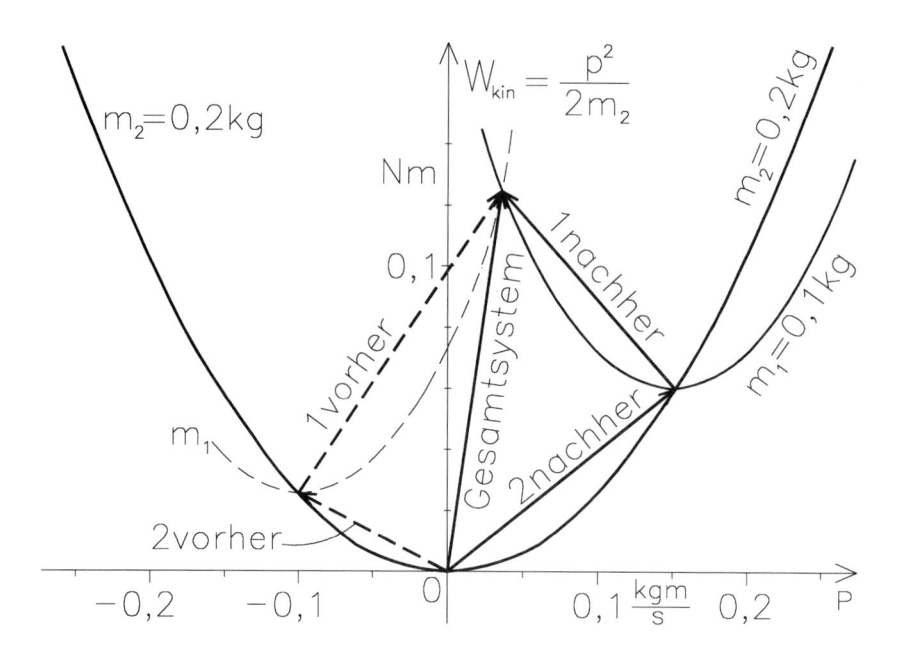

Abb. 2: Gleiter I und Gleiter II haben entgegengesetzte Impulsrichtungen. Die gestrichelt gezeichneten Impuls-Energie-Vektoren addieren sich zum Vektor des Gesamtsystems vor dem Stoß. Die auf dem Grundblatt eingezeichneten Parabeln zum Gleiter I zeigen die Lage der Folienparabeln.

ne, die durch die Achsen p_x und p_y aufgespannt wird, erhält man durch Rotation der Parabel $p^2/2m_2$ um die Achse der kinetischen Energie. Es ergibt sich eine Rotationsparaboloidschale über der Impulsebene.
Analog wird aus der Parabel zu Gleiter 1 in Abb. 1 durch Rotation um die Symmetrieachse auch eine Rotationsparaboloidschale, welche die entsprechende Paraboloidschale des Gleiters 2 durchdringt. In Abb. 3 ist der soeben geschilderte dreidimensionale Sachverhalt der Durchdringung von zwei Paraboloidschalen mit zugehöriger Schnittkurve in einer Mehrtafelprojektion dargestellt. Links oben der Aufriß, links darunter der Grundriß. Im Aufriß sieht man lediglich die Spur (Verbindungslinie der Schnittpunkte der beiden Parabeln) der Ellipse als Schnittkurve der beiden Paraboloidschalen. Im Grundriß wird diese Ellipse durch die Projektion zu einem Kreis. Im Seitenriß rechts daneben (Projektion auf die Ebene, die von der Achse der kinetischen Energie und der Achse p_y aufgespannt wird) erscheint die Schnittkurve als Ellipse. Im Grundriß darunter (Projektion auf die p_x- p_y- Impulsebene) wird die Schnittkurve wieder ein Kreis. Im Vergleich zum links daneben gezeigten Grundriß ist dieser um 90° gedreht. Die

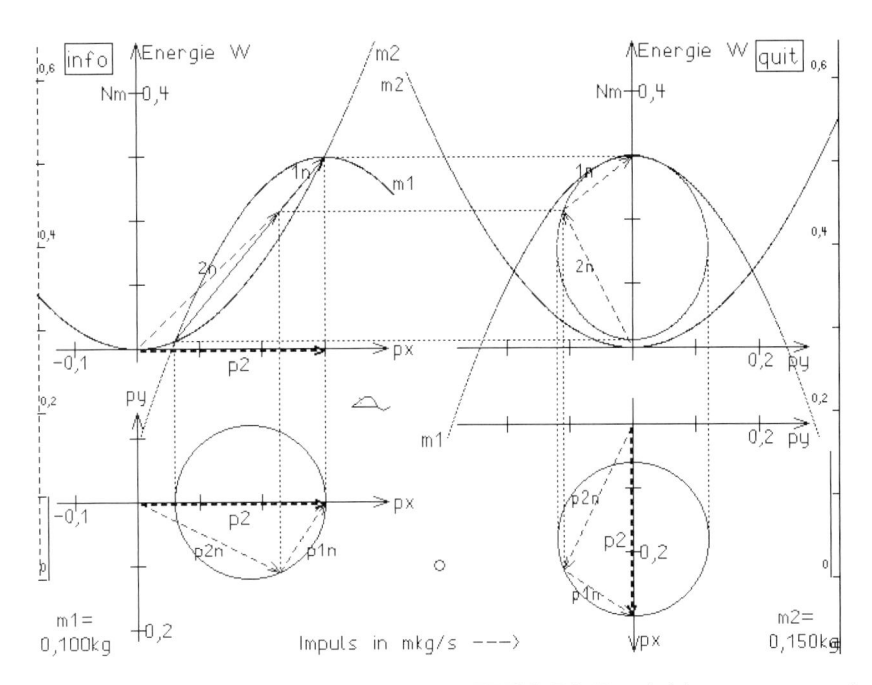

Abb. 3: Ausdruck aus dem Programm LUFTTISC. Die Durchdringung von zwei Rotationsparaboloidschalen wird in einer Mehrtafelprojektion gezeigt. Links oben: Aufriß; links unten: Grundriß; rechts oben: Seitenriß; rechts unten Grundriß (um 90° gedreht!)

gesamte Mannigfaltigkeit der Lösungen dieses auf dem Luftkissentisch ablaufenden Stoßprozesses wird durch alle Punkte auf dieser Schnittkurve gegeben. Jeder Punkt der Schnittkurve charakterisiert ein Paar von Impuls-Energie-Vektoren für beide Gleiter nach dem Stoß. Im Seitenriß und im Grundriß sieht man dies besonders deutlich. In Abbildung 3 ist hierfür ein Beispiel angegeben. Im Grundriß erkennt man deutlich, daß die Impulsvektoren p_{1n} und p_{2n} nach dem Stoß sich zum Vektor p_2 des Gesamtsystems vor dem Stoß zusammensetzen. Das gleiche gilt für die Impuls-Energie-Vektoren im Aufriß und im Seitenriß, wobei es im Seitenriß deutlicher zu sehen ist als im Aufriß.

Um diese Zusammenhänge für verschiedene Ausgangsituationen untersuchen zu können, haben wir ein Computerprogramm (LUFTTISC) erstellt, bei dem die Parameter in weiten Bereichen geändert werden können und das sowohl über die Maus als auch über die Tastatur gesteuert werden kann. Abb. 3 stellt ein mit LUFTTISC erhaltenes Ergebnis dar. Das Programm kann direkt von uns bezogen werden.

4 Anwendung der graphischen Methode auf den Compton-Effekt mit Hinweisen zur Einführung im Unterricht

Die Anwendung der integrierten graphischen Darstellung von Energie und Impuls auf Stoß- bzw. Wechselwirkungsprobleme in der relativistischen Physik ist bereits an anderer Stelle [1-9] beschrieben. Daher sei hier nur beispielhaft die Anwendung auf den Compton-Effekt skizziert.

Für diese Anwendung wäre eine vorhergehende experimentelle Behandlung des Compton-Effektes wünschenswert. Meistens wird im Unterricht darauf aus technischen und zeitlichen Gründen verzichtet. Man beschränkt sich auf die Mitteilung experimenteller Ergebnisse.

Zur Anwendung der graphischen Methode benötigt man zunächst den relativistischen Zusammenhang zwischen der Gesamtenergie (Ruhenergie + kinetische Energie) eines Elektrons

$$W(p) = \sqrt{W_o^2 + p^2 c^2}$$ und dem Impuls p.

Bei der Unterrichtserprobung war dieser Zusammenhang in zwei Fällen bereits bekannt, in einem Fall wurde er mit den Schülern durch die Umformung von

$$m(v) = m_0 / \sqrt{1 - v^2 / c^2}$$

hergeleitet. Dazu wurden die Beziehungen:

$$W = m(v) \cdot c^2, \quad W_0 = m_0 c^2, \quad p = m(v) \cdot v$$

verwendet. Die graphische Darstellung der Hyperbel W(p) gegen p · c aufgetragen wird mit Zeichendreieck und Zirkel mit den Schülern erarbeitet. Man beginnt mit der Abtragung der Ruhenergie W_0 vom Nullpunkt aus nach oben. Für jeden Wert p · c findet man die zugehörige Energie W(p) als Hypotenuse in einem rechtwinkligen Dreieck aus der Ruhenergie W_0 (Ordinate) und dem Wert p · c (Abszisse) als Katheten. Die Länge der Hypotenuse

$$W(p) = \sqrt{W_o^2 + p^2 c^2}$$

wird mit dem Zirkel im Abszissenpunkt p · c vertikal nach oben abgetragen, um einen Punkt der gesuchten Hyperbel zu erhalten. Die Asymptoten der Hyperbel sind die beiden Geraden mit der Beziehung $W = |p| \acute{u} c$. Der Zusammenhang zwischen Energie und Impuls für das ruhemasselose Photon folgt aus der Beziehung für das Elektron einfach durch Streichen der Ruhenergie zu $W(p) = |p| \cdot c$

Da in diesen relativistischen Impuls-Energie-Beziehungen der Impuls mit c multipliziert wird, akzeptieren die Schüler, daß man bequemerweise p · c auf der Abszisse aufträgt.

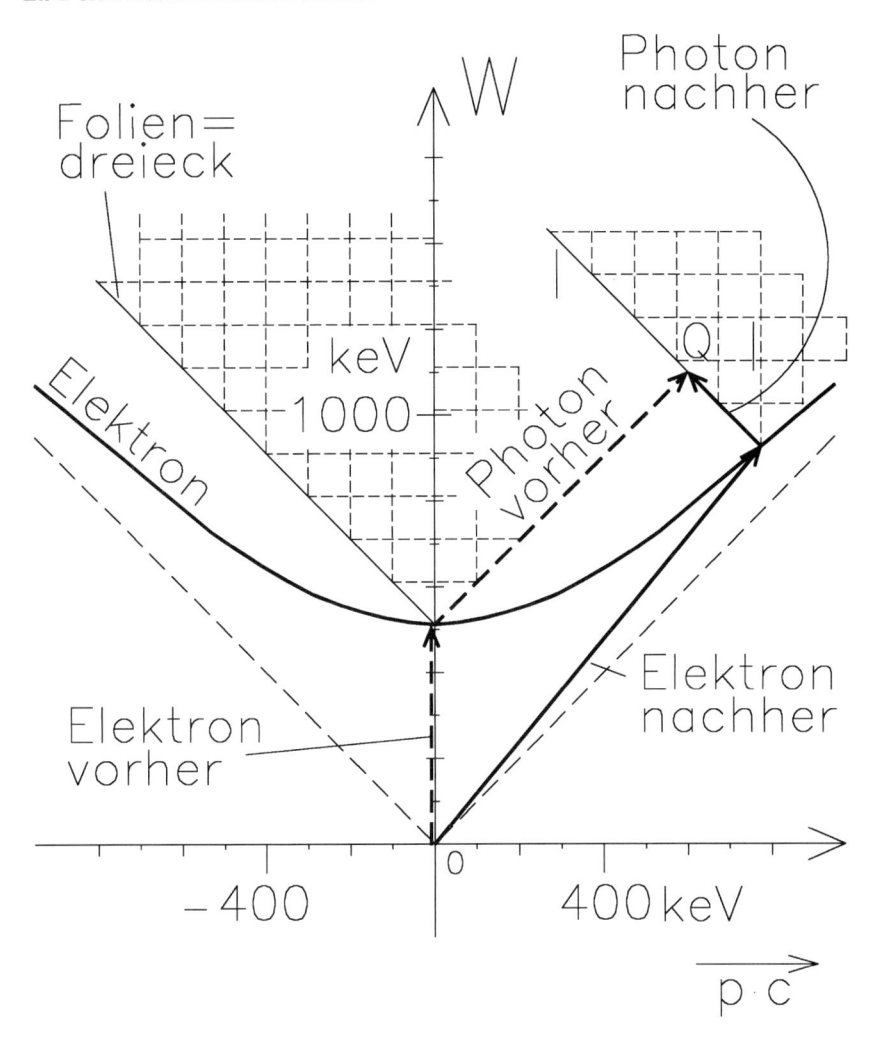

Abb. 4: Compton-Effekt, Rückstreuung als "graphische Schülerübung". 1. Beispiel. Ein primäres Photon mit einer Energie von 600 keV löst ein rückgestreutes Photon von ca. 180 keV und ein vorwärts gestreutes Elektron mit einer kinetischen Energie von ca. 420 keV aus.

Auf den Compton Effekt, wie er üblicherweise unterrichtet wird, läßt sich damit die erarbeitete graphische Methode direkt anwenden.
Im Anschluß daran bietet sich eine „graphische Schülerübung" an. Jeder Schüler erhält dazu ein Grundblatt mit der eingezeichneten Hyperbelkurve für das Elektron und ein aus Folie ausgeschnittenes rechtwinkliges Dreieck, das den

Zusammenhang $W(p) = |p| \cdot c$ beschreibt. Es läßt sich auch z. B. ein Geodreieck verwenden. Das Elektron vor der Wechselwirkung sei in Ruhe. Das einlaufende Photon habe eine Energie von 600 keV.

Abb. 4 zeigt wie das Dreieck eingesetzt wird, um zur Lösung zu gelangen. Der Impuls-Energie-Vektor des Elektrons „vorher" und der des Photons „vorher" (in Abb. 4 gestrichelt) werden addiert, wobei die Spitze des Vektors den Punkt Q des Gesamtsystems vor der Wechselwirkung angibt! Die Vektoren von Photon und Elektron „nachher" müssen zusammengesetzt wieder in Q enden. Auf den Achsen können direkt die Energie des rückgestreuten Photons und des gestreuten Elektrons sowie die zugehörigen Impulse abgelesen werden. Es kann auch noch einmal nachgeprüft werden, daß bei dieser graphischen Methode der Energie- und Impulserhaltungssatz erfüllt sind.

Im Unterschied zur rechnerischen Behandlung läßt sich hier jeder beliebige Bewegungszustand des Elektrons vor der Wechselwirkung mit dem Photon genauso einfach erfassen. Auch lassen sich weitere Fragen folgender Art mühelos beantworten: Was passiert, wenn Elektron und Photon vorher sich in gleicher bzw. in entgegengesetzter Richtung bewegen? Kann man ein Elektron, das sich bewegt, nur unter dem Gesichtspunkt von Energie- und Impulserhaltung durch die Wechselwirkung mit einem Photon zum Stillstand bringen? Welche Energie muß ein solches Photon haben? Durch eine geringfügige Verschiebung des Dreiecks kann z.B. die letzte Frage, die eine Lösung zur Aufgabe mit den Daten: primäres Elektron: $p \cdot c = -300$ keV ; primäres Photon: $p \cdot c = +500$ keV darstellt, mit Abb. 5 beantwortet werden.

5 Weitere Anwendungen

Die Paarvernichtung eines Positrons und eines Elektrons kann mit dieser graphischen Methode auf einfache Weise dargestellt werden (siehe [3] und [7]). Weiterhin lassen sich die Energie- und Impulsbilanz bei der Emission und Absorption von Photonen graphisch veranschaulichen (siehe [4]). Die Beziehung für den relativistischen Dopplereffekt läßt sich mit Hilfe der graphischen Methode ohne explizite Verwendung der Lorentz-Transformation ableiten. Implizit geht die Lorentz-Transformation über die relativistische Energie-Impuls-Beziehung in die Darstellung ein ([5]).

Die Erzeugung neuer Teilchen, wie sie in der Hochenergiephysik üblich ist, kann man sowohl durch Beschuß eines im Laborsystem ruhenden Target-Teilchens als auch durch den Stoß zweier entgegengesetzt laufender Teilchen erreichen. Man benötigt dabei bestimmte Mindestenergien für die Geschoßteilchen. Die hier vorgestellte graphische Methode erlaubt eine relativ einfache quantitative Lösung dieses Problems (siehe auch [5]).

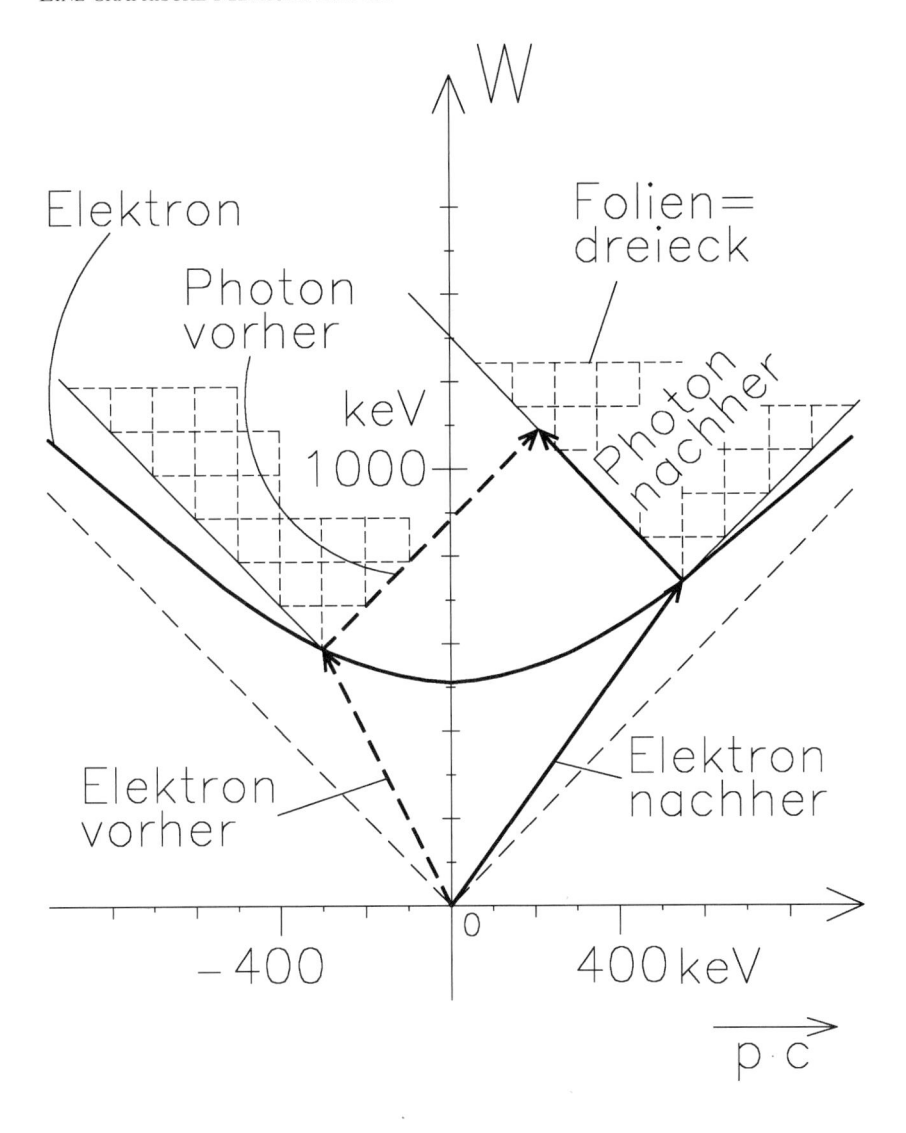

Abb. 5: Rückstreuung beim Compton-Effekt als „graphische Schülerübung"
Ein primäres Photon mit $p \cdot c = +500$ keV und ein primäres Elektron mit $p \cdot c = -300$ keV ergeben ein sekundäres Photon mit einer Energie von 350 keV und ein vorwärts gestreutes Elektron mit 230 keV kinetischer Energie.

6 Literatur

[1] H. Harreis und N. Treitz: Eine graphische Methode, Energie- und Impulsbilanzen zu veranschaulichen, PdN-Ph 2/46 (1997), S. 6

[2] H. Harreis und N. Treitz: Graphische Darstellungen, ein Modell und ein Computerprogramm zum *Compton*-Effekt, PdN-Ph. 2/46 (1997), S. 9

[3] H. Harreis und N. Treitz: Graphische Repräsentation und ein Computerprogramm zur "Paarvernichtung" von e^+ und e^-, PdN-Ph. 2/46 (1997), S. 14

[4] H. Harreis und N. Treitz: Eine graphische Veranschaulichung der Impuls- und Energiebilanzen bei Absorption und Emission von Photonen, PdN-Ph. 2/46 (1997), S. 16

[5] H. Harreis und N. Treitz: Die graphische Transformation ins Schwerpunktsystem, angewandt auf die Erzeugung von Teilchen in der Hochenergiephysik sowie auf die Erklärung des Dopplereffekts, PdN-Ph. 2/46 (1997), S. 19

[6] H. Harreis und N. Treitz: Vorschläge zur Einführung der graphischen Methode z.B. zum *Compton*-Effekt im Physikunterricht, PdN-Ph. 2/46 (1997), S. 22

[7] H. Harreis: Ein dreidimensionales Modell zur relativistischen Energie-Impuls-Beziehung für die Paarvernichtung, in: Didaktik der Physik, DPG-Tagung, Jena 1996, S. 373

[8] H. Harreis und N. Treitz: Models in order to support the explanation of relativistic interaction (Compton-effect and annihilation of e^- and e^+), in: Proceedings of the Girep conference, Ljubljana 1996, S. 553

[9] H. Harreis u. N. Treitz: A graphical method for the solution of relativistic interaction (f.i. Compton-effect, anihilation of e^- and e^+ and other examples), in: Proceedings of the Girep conference, Ljubljana 1996, S. 343

[10] D.E. Liebscher: Relativitätstheorie mit Zirkel und Lineal, Akademie, Berlin 1991

H. Harreis
Weitere Anwendungsbeispiele für die graphische Methode zur Lösung relativistischer Probleme

Die im vorhergehenden Beitrag vorgestellte graphische Methode zur Lösung relativistischer Probleme wird im Folgenden anhand des inelastischen Stoßes bei einem Verkehrsunfall und einiger Beispiele aus der Hochenergiephysik näher erläutert.

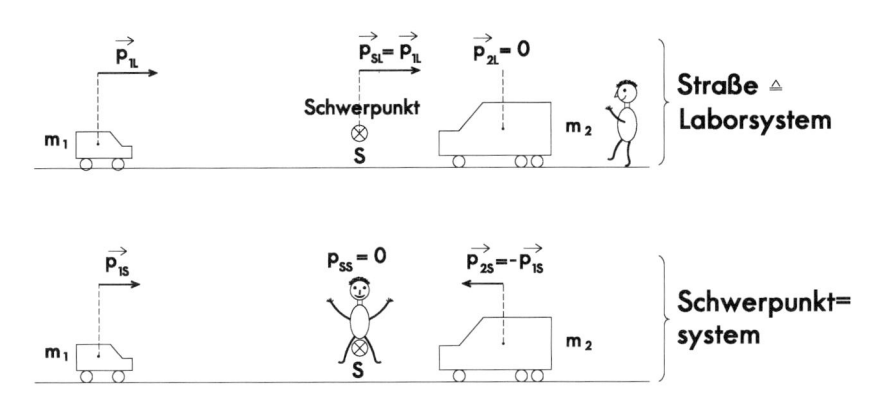

Abb. 1: Stoß im Labor- und im Schwerpunktsystem

Kann man eigentlich kinetische Energie „wegtransformieren"? Eine immer wieder gestellte Frage, wenn man die in Abb. 1 dargestellte Situation vorstellt: Ein fahrendes Auto 1 der Masse m_1 habe den Impuls $\vec{p}_{1L}$ von der Straße (Laborsystem) aus beobachtet, und nähere sich einem auf der Straße stehenden Auto 2 der Masse m_2. Im Laborsystem ist die kinetische Energie des fahrenden Autos gegeben durch: $W_1 = p_{1L}^2 / 2m_1$. Dies ist auch die Gesamtenergie der beiden Autos von der Straße aus beobachtet. Erfolgt die Beobachtung im Schwerpunktsystem, so bewegen sich beide Fahrzeuge auf den Beobachter zu, wobei die Impulse entgegengesetzt gleich groß sind. Sind beide Massen gleich, $m_1 = m_2 = m$, so ergeben sich besonders einfache Beziehungen. Der Impuls des Fahrzeugs 1 ist dann im Schwerpunktsystem $p_{1S} = p_{1L}/2$ und Auto 2 bewegt sich in entgegengesetzter Richtung bei gleichem Impulsbetrag. Berechnet man jetzt die gesamte kinetische Energie der beiden Fahrzeuge im Schwerpunktsystem, so erhält man $p_{1L}^2/4m$, dies ist Hälfte der kinetischen Energie im Laborsystem. Wo ist die andere Hälfte geblieben? Es fällt nicht schwer, die im Vergleich zum Laborsystem fehlende Hälfte als kinetische Energie der Bewegung des Schwerpunkts relativ zur Straße auszumachen. Denn der Schwerpunkt bewegt sich im

Laborsystem bei dem Impulsbetrag des Fahrzeugs 1 in gleicher Richtung, also mit der kinetischen Energie $p_{1L}^2/4m$. Durch den Übergang ins Schwerpunktsystem wird die Bewegung des Schwerpunkts wegtransformiert und es bleibt nur noch die kinetische Energie der Fahrzeuge relativ zum Schwerpunkt übrig. Damit ist das Schwerpunktsystem (in dem der Schwerpunkt per Definition ruht) dadurch ausgezeichnet, daß in ihm die sich bewegenden Fahrzeuge (Körper) die minimale kinetische Energie (kinetische Energie der Bewegung gegen den Schwerpunkt) besitzen. Beim Übergang in ein anderes Inertialsystem kommt die kinetische Energie der Relativbewegung des Schwerpunkts dazu.

Diese Feststellung gilt auch für die spezielle Relativitätstheorie. Im Fall der klassischen Mechanik folgt daraus, daß sich die Geschwindigkeiten der Körper so transformieren müssen, daß die oben erläuterten Bedingung für die kinetische

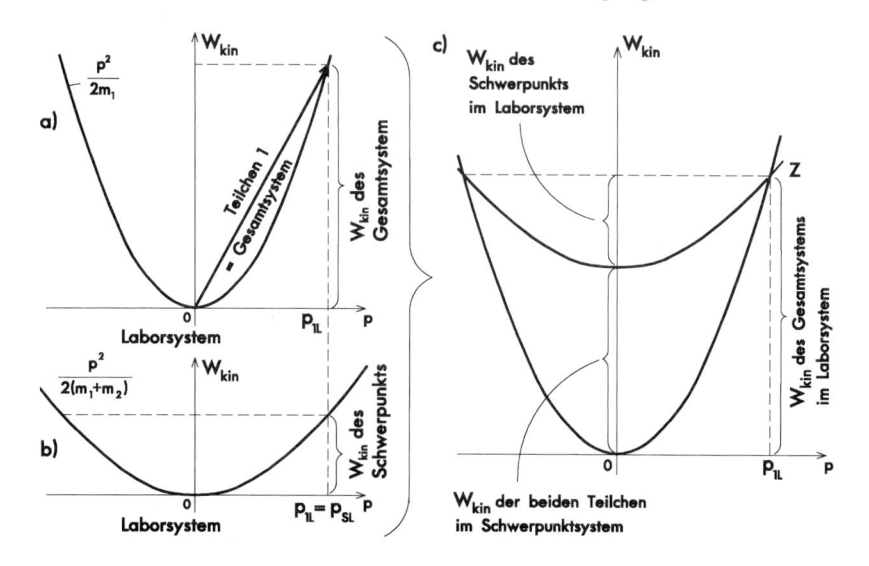

Abb. 2: Beispiel zum nichtrelativistischen Stoß

Abb. 2 a): Der Impuls-Energievektor des Teilchens 1 mit dem Impuls p_{1L} ist gleichzeitig der des Gesamtsystems im Laborsystem (Teilchen 2 ist im Laborsystem in Ruhe);

Abb. 2 b): Der Schwerpunkt des Gesamtsystems mit der Masse $(m_1 + m_2)$ hat im Laborsystem den Impuls $p_{SL} = p_{1L}$. Daraus folgt die kinetische Energie: $p_{SL}^2 /(2 (m_1 + m_2))$;

Abb. 2 c): Aus 2a) und 2b) zusammengefaßt folgt: Von der kinetischen Energie des Gesamtsystems im Laborsystem wird die kinetische Energie des Schwerpunkts im Laborsystem abgezogen. Als Ergebnis erhält man die kinetische Energie der beiden Teilchen im Schwerpunktsystem. (relative Bewegung gegen den Schwerpunkt).

Energie erfüllt ist. Wie man leicht nachprüfen kann, folgt daraus die Transformationsvorschrift für die Geschwindigkeiten gemäß der Galilei-Transformation. Im Falle der speziellen Relativitätstheorie kann daraus eine Ableitung der Transformationsvorschrift für die Geschwindigkeiten gemäß der Lorentz-Transformation gewonnen werden, ohne letztere explizit zu verwenden. Dies soll hier nicht ausgeführt werden. Die Abbildungen sind jedoch so angelegt, daß die dafür nötigen Informationen daraus entnommen werden können.

Interessanter ist die zweite Frage, die sich an Abb. 1 anschließt: Welcher Anteil der kinetischen Energie steht bei einem inelastischen Stoß der beiden Autos maximal z.B. für Verformungsarbeit zur Verfügung?

Es ist die kinetische Energie, die in der Bewegung der beiden Fahrzeuge relativ

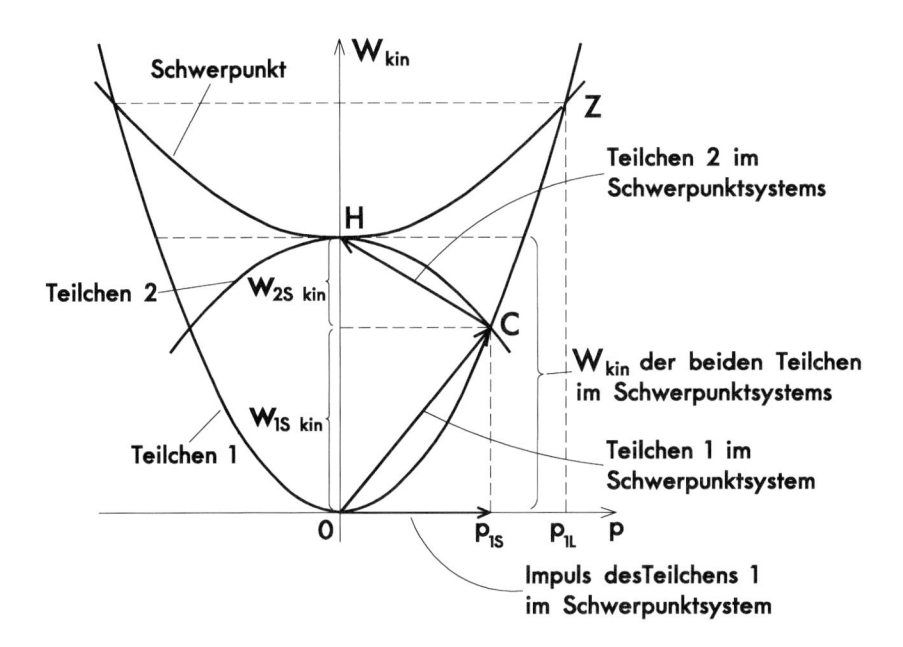

Abb. 3: Aufteilung der kinetischen Energie der beiden Teilchen im Schwerpunktsystem aus Abb. 2c). Die Konstruktion erfolgt in folgender Weise: Im Punkt H liegt der Scheitel der nach unten geöffneten Parabel mit dem Öffnungsparameter $1/2m_2$. Der Impuls-Energievektor des Teilchens 2 im Schwerpunktsystem liegt mit seinem Ende auf dieser Parabelkurve, und mit seine Spitze im Scheitelpunkt H. Der Schnittpunkt C mit der Parabelkurve $W_{kin} = p^2 / 2m_1$ ergibt die Lösung der Aufteilung auf die beiden Teilchen. Die Impuls-Energievektoren der beiden Teilchen im Schwerpunktsystem sind eingezeichnet.

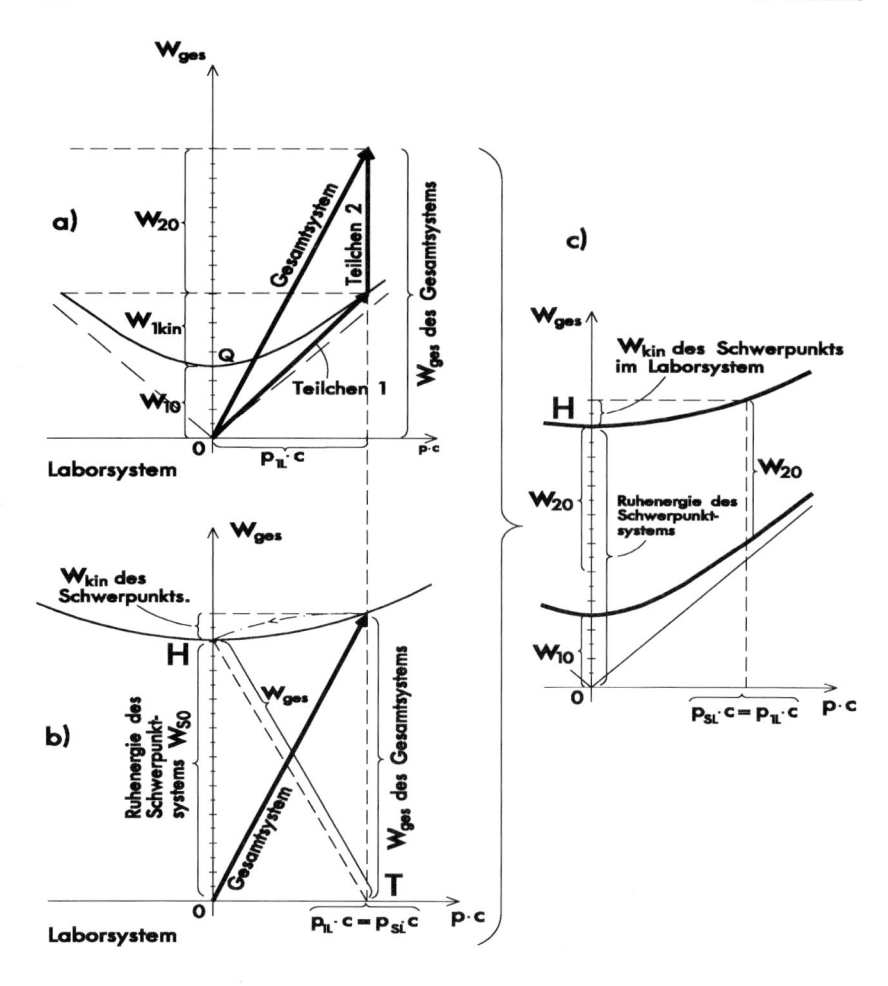

Abb. 4: Relativistischer Stoß:

Abb. 4 a: In Analogie zu Abb. 2a) wird der Impuls-Energievektor des Gesamtsystems im Laborsystem gebildet. Unterschied: Es muß für die Gesamtenergie die Ruhenergie der Teilchen mit berücksichtigt werden. Der Impuls-Energievektor des Teilchens 1 muß mit seiner Spitze auf der Hyperbel liegen, die mit Ihrem Scheitel bei Q liegt und der Beziehung $W_{ges1} = \sqrt{W_{10}^2 + p^2 c^2}$ genügt. Der Vektor für das ruhende Teilchen 2 ist senkrecht nach oben gerichtet, da er nur die Ruhenergie als Energiekomponente und keine Impulskomponente besitzt. Die Summe beider Vektoren ergibt den Vektor des Gesamtsystems.

Abb. 4b: Zu dem Impuls-Energievektor des Gesamtsystems wird nun die Ruhenergie gesucht. Da der Impuls des Gesamtsystems gegeben ist durch: $p_{SL} c = p_{1L} c$ schlägt man mit dem Zirkel einen Kreisbogen mit W_{ges} des Gesamtsystems als Radius um den Punkt T. Der Schnittpunkt H mit der Ordinatenachse liefert das Dreieck HTO. Die Ruhenergie des Schwerpunktsystems W_{so} ist damit gegeben durch $W_{so}^2 = W_{ges}^2 - p_{sL}^2 c^2$ (Pythagoras am Dreieck RTO). Anschließend läßt sich die Hyperbelkurve der Gesamtenergie des Schwerpunkts mit dem Scheitel in H konstruieren.

Abb. 4c: Analog zu Abb. 2 werden 4a) und 4b) zu 4c) zusammengefaßt. Die Ruhenergie des Schwerpunktsystems kann nun wieder auf die beiden Teilchen aufgeteilt werden. Da die beiden Teilchen sich im Schwerpunktsystem relativ gegen den Schwerpunkt bewegen, besitzen diese auch noch kinetische Energie, die in der Ruhenergie des Schwerpunktsystems enthalten ist.

zum Schwerpunkt enthalten ist und nicht etwa die gesamte kinetische Energie. Da der Impuls des Schwerpunkts relativ zum Laborsystem erhalten bleiben muß, bleibt auch die kinetische Energie dieser Schwerpunktsbewegung erhalten und steht nicht für die Verformungsarbeit zur Verfügung.

Eine völlig analoge Frage stellt sich in der Hochenergiephysik. Welcher Anteil an der kinetischer Energie steht bei einem inelastischen Stoß eines Teilchens auf ein im Laborsystem ruhendes Targetteilchen maximal für die Erzeugung neuer Teilchen zur Verfügung? Wenn die beiden Ausgangsteilchen unverändert aus der Reaktion wieder hervorgehen sollen, kann nur die kinetische Energie der Bewegung, relativ zum Schwerpunkt für die Produktion neuer Teilchen genutzt werden. Falls die ursprünglichen Teilchen nach der Reaktion nicht mehr vorhanden sind, steht deren Ruhenergie noch zusätzlich zur Verfügung.

Diese beiden Probleme können mit der gleichen graphischen Methode gelöst werden wie in Abb. 2 und 3 sowie Abb. 4 und 5 dargestellt ist. Da die Abbildungen die Entwicklung kleinschrittig darstellen, sowie die Bildunterschriften sehr ausführlich sind und die Analogie zwischen der klassischen und der relativistischen Mechanik sehr weitreichend ist, benötigt man nur einige wenige begleitende Erläuterungen. Der Unterschied besteht lediglich darin, daß im relativistischen Fall an Stelle der Parabeln, die im Falle der Newtonschen Mechanik den Teilchen bzw. dem Schwerpunkt zugeordnet sind, Hyperbeln verwendet werden ($W_{ges} = \sqrt{W_0^2 + p^2 c^2}$). Bei der Berechnung der Ruhenergie des Schwerpunkts ist zu beachten, daß diese sich aus der Ruhenergie der beiden Teilchen und deren kinetischer Energie bezüglich der Bewegung relativ zum Schwerpunkt zusammensetzt.

Anhand des in Abb. 3 dargestellten Falles könnte auch die Frage gestellt werden, ob z.B. bei einem Auffahrunfall (siehe Abb. 1) der Sachverständige aus den Verformungen auf die dazu nötige Energie schließen kann?

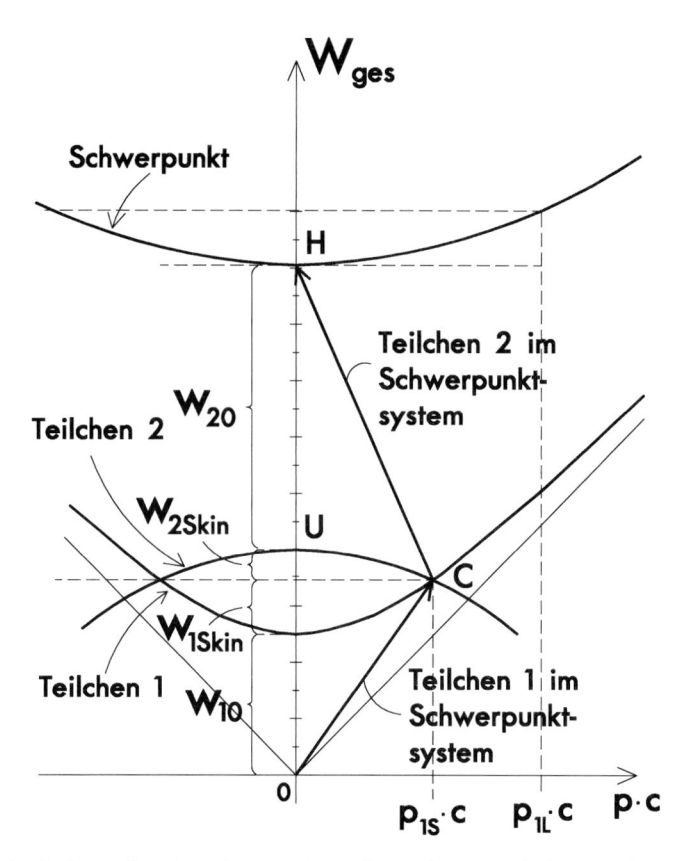

Abb. 5: Aufteilung der Energie: Zur Aufteilung der Energie konstruiert man die Hyperbelkurve für das Teilchen 2 mit der Ruhenergie W_{20} von H aus. H stellt dann den Ursprung eines Impuls-Energiekoordinatensystems dar, dessen Impulsachse nach rechts und Energieachse nach unten verläuft. In diesem Koordinatensystem wird Teilchen 2 durch eine nach unten geöffnete Hyperbel mit dem Scheitel bei U und der Formel:

$$W_{ges} = \sqrt{W_{20}^2 + p^2 c^2}$$

repräsentiert.

Der Schnittpunkt der beiden Hyperbelkurven im Punkt C (völlig analog zu Abb. 3) stellt die Lösung dar. Die Impuls-Energievektoren der Teilchen im Schwerpunktsystem sind eingezeichnet. Wenn die beiden Teilchen unverändert aus dem Stoßprozeß hervorgehen sollen, dann steht nur diese kinetische Energie der Relativbewegung gegen den Schwerpunkt für die Erzeugung neuer Teilchen zur Verfügung (Ansonsten zusätzlich die Ruhenergie der beiden Teilchen).

Bei einem völlig inelastischen Stoß kann die Geschwindigkeit des aufgefahrenen Fahrzeugs aus der Verformungsenergie ermittelt (abgeschätzt) werden. Ausgangspunkt für die graphische Lösung ist der Punkt H in Abb. 3. Aus dem Schnittpunkt der Parabel des Schwerpunkts mit derjenigen des Fahrzeugs 1 im Punkt Z erhält man den Ausgangsimpuls p_{1L} des aufgefahrenen Fahrzeugs. Sowohl im relativistischen als auch im nichtrelativistischen Fall ist die Aufteilung der kinetischen Energie im Schwerpunktsystem auf die Fahrzeuge bzw. auf die Teilchen im Sinne der Aufgabe nur eine Zusatzinformation. Für die Ableitung der Transformation der Geschwindigkeiten gemäß der Galilei- bzw. der Lorentz-Transformation ist es eine Notwendigkeit.

Literatur

[1] H. Harreis und N. Treitz: Eine graphische Methode, Energie- und Impulsbilanzen zu veranschaulichen, PdN-Ph 2/46 (1997), S. 6

[2] D.E. Liebscher: Relativitätstheorie mit Zirkel und Lineal, Akademie, Berlin 1991

B. Buttkus, H. J. Schlichting, V. Nordmeier
Tropfendes Wasser zwischen Ordnung und Chaos - Experimente zur nichtlinearen Dynamik

> When ever you can, count
> Francis Galton

1 Wie fallen Wassertropfen?

Das schlafraubende Tropfen eines undichten Wasserhahns ist wohl jedem bekannt. Das Unangenehme besteht offenbar in der Regelmäßigkeit des Geräuschs, das durch das Auftreffen der Tropfen verursacht wird. Es scheint, als raste unsere Aufmerksamkeit auf den einfachen Tropfrhythmus ein, wodurch wir gezwungen werden, die ewige Wiederholung mitzumachen.

Im Altertum hat man aus dieser Not eine Tugend, gemacht, indem man die Regelmäßigkeit des tropfenweisen Auslaufens von Wasser aus einem eigens dafür gefertigten Gefäß ausnutzte, um die Zeit zu messen. Die Ägypter erreichten mit solchen Wasseruhren eine Genauigkeit, mit der sie präzise astronomische Messungen vornehmen konnten.

Die Regelmäßigkeit, mit der eine solche Wasseruhr funktioniert, legt es nahe, ein einfaches „Uhrwerk" der Tropfenbildung zu unterstellen: Unterhalb einer bestimmten Ausflußgeschwindigkeit ist die Oberflächenspannung des Wassers so groß, daß sich das aus einer Öffnung auslaufende Wasser in einem allmählich wachsenden Tropfen ansammelt, bis dieser so schwer ist, daß die Oberflächenspannung nicht mehr ausreicht, ihn noch länger an der Öffnung der Tropfstelle festzuhalten. Der Tropfen reißt ab und fällt. Das weiterhin kontinuierlich nachströmende Wasser beginnt sofort mit der Bildung eines neuen Tropfen, der dann dasselbe Schicksal erleidet. Solange die Bedingungen sich nicht ändern, ist es schwer, sich vorzustellen, daß etwas anderes passierte.

Dennoch weiß man und beginnt sich in jüngster Zeit dafür auch physikalisch zu interessieren, daß sich eine solche „Tropfwasseruhr" von üblichen Uhren erheblich unterscheidet. Sie ist, mit Christian Morgenstern zu sprechen, „anderer Art, reagiert mimosisch zart" und kann daher außer einem regelmäßigen ein unregelmäßiges Verhalten zeigen, denn

„Selbst als Uhr, mit ihren Zeiten, will sie nicht Prinzipien reiten. Zwar ein Werk, wie allerwärts, doch zugleich ein Werk - mit Herz."

Um dieses Uhrwerk mit Herz geht es uns im folgenden. Das „mimosisch zarte" Verhalten tropfenden Wassers bedeutet, daß die Tropfenbildung sensitiv von den Anfangsbedingungen abhängt, so daß man den Zeitpunkt, in dem der nächste Tropfen fällt, nicht vorhersagen kann.

In der Sprache der nichtlinearen Dynamik sagt man, ein solches System sei chaotisch: Je nach der Größe eines geeigneten Kontrollparameters verhält sich ein chaotisches System sowohl regelmäßig als auch in nicht vorhersagbarer Weise unregelmäßig.

Seitdem O.E. Rössler den tropfenden Wasserhahn als möglichen Kandidaten eines chaotischen Systems diskutierte [4], sind zahlreiche Untersuchungen dieses Systems vorgenommen worden (vgl. z.B. [1], [2], [3], [6], [7], [10], [11]). Die dort beschriebenen Versuchsaufbauten sind jedoch teilweise so aufwendig und kompliziert, daß sie uns im Rahmen der Schulphysik nur schwer zugänglich erscheinen. Im folgenden wird daher eine Alternative vorgestellt, in der wir versuchen, so einfach und durchschaubar wie möglich die wesentlichen Verhaltensweisen des tropfenden Wassers darzustellen.

Aber nicht nur die Erreichung der Ergebnisse und die damit verbundene Einführung in den Bereich der nichtlinearen Dynamik erscheinen uns wert, diesen Versuch beispielsweise in der Oberstufe des Gymnasiums durchzuführen. Indem zur Erlangung der Versuchsergebnisse auch klassische Inhalte und Methoden erarbeitet und verständnisvoll angewendet werden müssen, kommt es außerdem zu einem vertieften Verständnis des üblichen Stoffes. Aus diesem Grund beschränken wir uns im folgenden nicht nur auf die Darstellung der Ergebnisse, sondern bemühen uns, die Durchführung des Experimentes gleichrangig zu beschreiben. Aus Platzgründen müssen wir auf eine Wiederholung von Begriffen und Zusammenhängen der nichtlinearen Physik verzichten und verweisen auf entsprechende Darstellungen in der Literatur (vgl. [5], [8], [9]).

2 Komplexe Dynamik

Die chaotische Tropffolge verrät uns zunächst nur, daß der Mechanismus, dem sie die Entstehung der Tropfen verdankt, nicht auf einen einfachen Schwingungsvorgang zurückgeführt werden kann, wie er sich etwa aus einer einfachen Folge von Anschwellen und Ablösen der Tropfen ergäbe. Die Schwingung muß komplexer sein und durch mindestens drei Variablen beschrieben werden.

Wie kann man sich eine solche Schwingung vorstellen? O.E. Rössler hat darauf hingewiesen, daß man es mit einer Kopplung zweier Schwingungen zu tun hat. Neben der bereits erwähnten Schwingung aufgrund des Anschwellens und Ablösens des Tropfens ist das gedämpfte Zurückschwingen des nach dem Abtropfen zurückbleibenden Resttropfens in Rechnung zu stellen. Damit wird der Blick von den fallenden Tropfen auf ein gekoppeltes Schwingungssystem gerichtet, das an der Ausflußöffnung agiert. Mit der Beobachtung der fallenden Tropfen verfügen wir daher nur über eine Momentaufnahme des gesamten Systemverhaltens. Das Problem besteht darin, mit dieser drastisch reduzierten Information dennoch ein möglichst zutreffendes Bild vom Verhalten des zugrundeliegenden chaotischen Schwingungssystems zu erhalten.

Bei der Verfolgung dieses Ziels wird versucht, durch den konkreten Aufbau des Systems dafür zu sorgen, daß keine zusätzliche Komplexität ins Spiel kommt. Paradoxerweise ist dies nur dadurch zu erreichen, daß man eine entsprechend größere Komplexität im Versuchsaufbau in Kauf nimmt: Um beispielsweise zu erreichen, daß die Tropfenbildung nicht schon durch turbulent anströmendes Wassers in unkontrollierbarer Weise beeinflußt wird, muß in das Wasserleitungssystem unmittelbar vor der Ausflußöffnung eine waagerecht angeordnete Kapilare mit geeignetem Querschnitt eingebaut werden, die für eine „Beruhigung" des Wassers sorgt. Aus demselben Grund muß die Austropföffnung möglichst klein gewählt werden.

3 Meßmethoden und Versuchsaufbau

Als einzige in einfacher Weise registrierbare „Äußerung" des Systems kommt der Abstand aufeinanderfolgender Tropfen in Frage. Dieser Tropfabstand fungiert als der Ordnungsparameter des Systems. Wir registrieren ihn mit Hilfe einer Lichtschranke und verarbeiten die Signale mit einem angeschlossenen Computer (Abb.1). Als Kontrollparameter dient uns der Wasserstrom bzw. die Fließrate. Da die Fließrate proportional ist zur Wasserhöhe im Auslaufgefäß (Hagen-Poisseuille), laufen unsere Messungen darauf hinaus, die Tropfabstände bei verschiedenen Wasserhöhen zu messen, die mit Hilfe eines höhenverstellbaren Labortisches eingestellt werden. Die Qualität der Messungen hängt sehr empfindlich vom exakten Ablesen und der Konstanz der Wasserhöhe während der Messung ab. Das ist nicht ohne Hilfsmittel möglich. Wir verwenden zum Ablesen einen Präzisionsmaßstab und zur Aufrechterhaltung einer konstanten Wasserhöhe die sogenannte Mariottesche Flasche (Abb.1).

Außerdem muß dafür Sorge getragen werden, daß man auch wirklich das Endverhalten des Systems erfaßt. Dies ist vor allem im chaotischen Bereich nicht ohne weiteres an den Meßergebnissen selbst zu erkennen. Daher muß man bei jeder Messung eine gewisse Zeit warten, bis sich die Transienten aufgrund von Schwankungen des Wasserspiegels abgebaut haben.

4 Meßergebnisse

4.1 Tropfspektrum

Um einen „groben Überblick" über das Tropfverhalten des Systems zu erhalten, bestimmen wir zunächst das Tropfspektrum des Systems. Dabei registrieren wir die Tropfabstände während das Auslaufgefäß langsam leerläuft und dabei die Wasserhöhe kontinuierlich abnimmt. Erwartungsgemäß gewährt das Tropfspektrum nur eine unvollkommene Einsicht in das tatsächliche Systemverhalten. Denn brauchbare Meßwerte erhält man auf diese Weise nur in Bereichen, die so groß sind, daß das System das jeweils typische Endverhalten annehmen kann, bevor durch die abnehmende Füllhöhe bereits ein neuer Bereich mit anderem Endverhalten erreicht wird. Für zwischen derart stabilen Bereichen liegende Füllhöhen, zeigen die Meßwerte natürlich nur transientes Chaos an und müssen einer sorgfältigeren Untersuchung unterzogen werden.

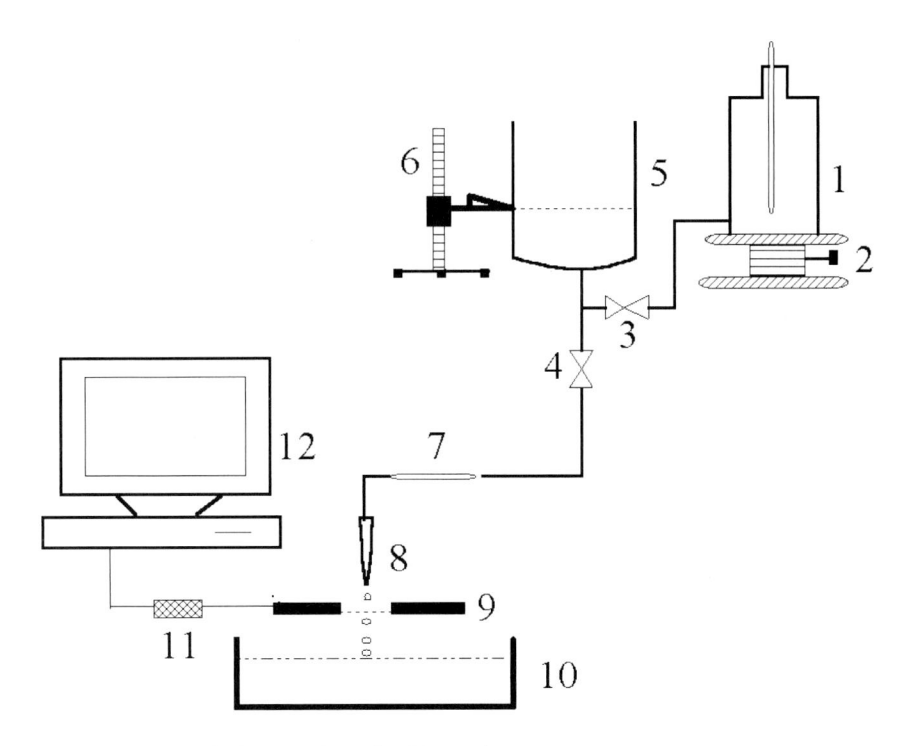

Abb.1: Schematischer Aufbau des Versuchs
1 Mariottesche Flasche; 2 höhenverstellbarer Labortisch; 3,4 Absperrhahn; 5 Auslaufgefäß; 6 Maßstab; 7 Kapillare; 8 Austropfpipette; 7 Lichtschranke; 10 Auffangbehälter; 11 Interface; 12 Computer.

4.2 Bifurkationen

Dazu wird die Wasserhöhe im Auslaufgefäß systematisch variiert, indem sie jeweils so lange konstant auf dem Wert der vorgesehenen Fließrate gehalten wird, bis man davon ausgehen kann, daß das Endverhalten erreicht ist. Um dies nicht im einzelnen kontrollieren zu müssen, gehen wir in der Regel davon aus, daß stabiles Endverhalten vorliegt, wenn 1000 Tropfen mit konstantem Abstand registriert werden. In der Nähe von Bifurkationspunkten reicht auch das nicht immer aus. Die Sensitivität des Systems liegt an diesen Stellen offenbar unterhalb der Genauigkeit unseres experimentellen Aufbaus.

In den folgenden Meßreihen werden zunächst die Tropfabstände als Funktion der Fließrate dargestellt. Wie das Bifurkationsdiagramm (Abb.2) zeigt, stellt man bei einer Fließrate von 0,4 ml/s ein reguläres Verhalten fest. Die Tropfen fallen mit konstantem Abstand. Man spricht von einem Einer-Zyklus (s. Abb.3 (a), (c)

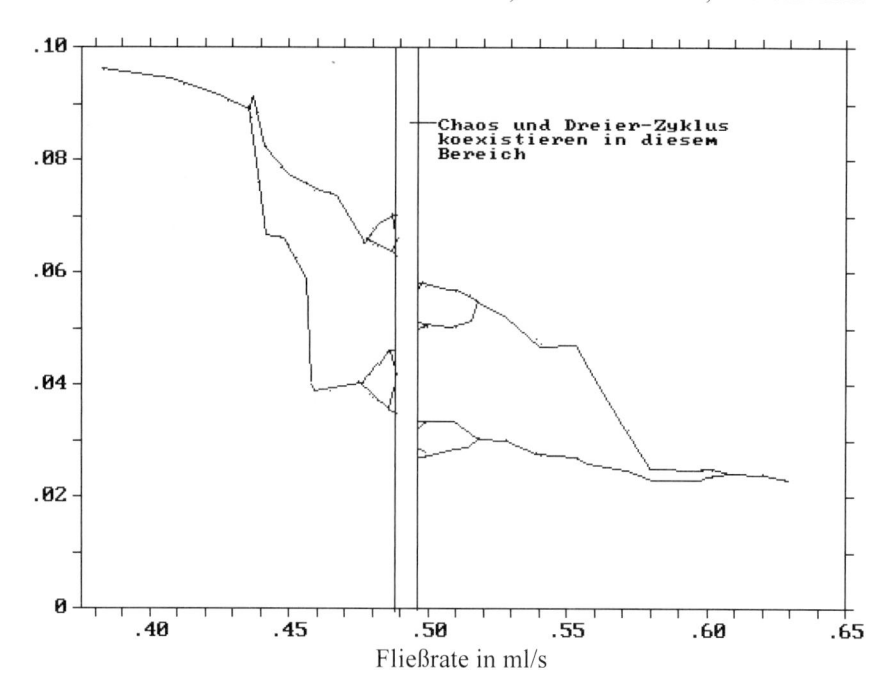

Abb. 2: Bifurkationsdiagramm; aufgetragen ist der der Tropfabstand in s gegen die Fließrate in ml/s

v = 0,422 ml/s). Unterhalb von 0,4 ml/s bleibt dieses Verhalten bestehen und wird nicht weiter verfolgt. Steigert man die Fließrate, so spaltet sich der Einer-Zyklus bei einem Wert von 0,435 ml/s in einen Zweier-Zyklus auf. Zu jedem Wert einer Fließrate erhält man zwei verschiedene Tropfabstände. Die Tropfabstände alternieren zwischen zwei Werten, was im Tropfdiagramm (dort wird der Tropfabstand gegen die Anzahl der Tropfen aufgetragen) durch zwei Punktfolgen zum Ausdruck kommt (Abb.3 (b) v=0,470 ml/s).
Bei einer Fließrate von etwa 0,477 ml/s kommt es zu einer weiteren Bifurkation. Der Zweier-Zyklus spaltet sich in einen Vierer-Zyklus auf: Jedem Wert der Fließrate entsprechen jetzt vier Tropfabstände (Abb.4 (a), (c) v=0,482 ml/s). Da die Abstände zwischen den Bifurkationspunkten immer kleiner werden und das System außerdem in der Nähe der Bifurktationspunkte besonders empfindlich gegen Störungen reagiert, ist uns die Registrierung eines regulären Achter-Zyklus nur an einer Stelle bei einem Wert von 0,488 ml/s gelungen (Abb.4 (b), (d)). Jede Messung unterhalb dieses Wertes führte auf einen Vierer-Zyklus und jede Messung oberhalb zu chaotischem Verhalten, d.h. zum Auftreten beliebiger Tropfabstände bei gegebenen Fließraten.

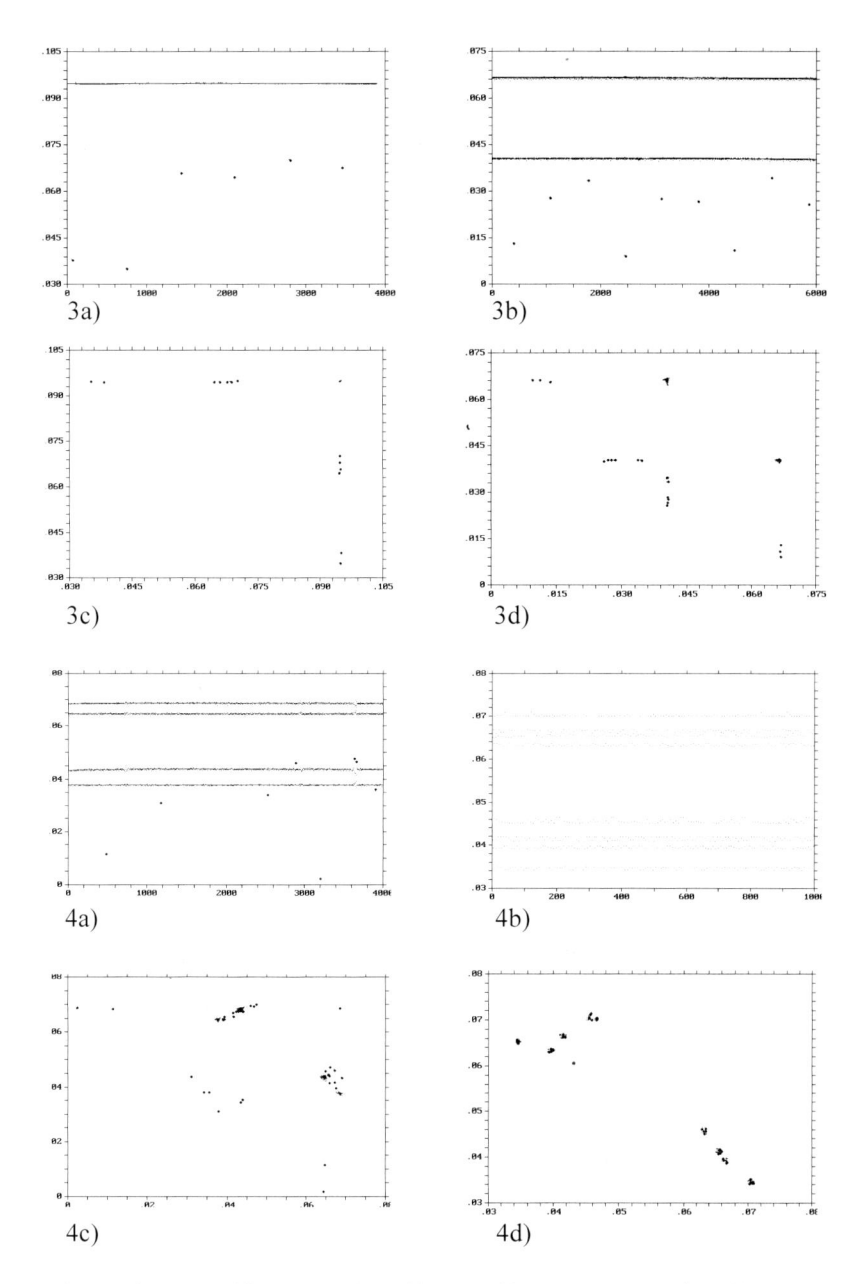

Abb 3 und 4: Tropfdiagramme jeweils a) und b); Return-Map jeweils c) und d), Erläuterungen im Text

Dieses Szenario, nach dem das System (mit zunehmenden oder abnehmenden Kontrollparameter) über eine Sequenz von Periodenverdopplungen (nach einem ihrem Entdecker auch Feigenbaum-Szenario genannt) vom regulären ins chaotische Verhalten übergeht, wird bei vielen nichtlinearen Systemen angetroffen und weist universelle Züge auf (vgl. [8], [9]). Beispielsweise konvergiert das Abstandsverhältnis benachbarter Bifurkationspunkte gegen die universelle Feigenbaum-Konstante, mit einem Wert von 4,6692. Mit Hilfe von Meßwerten, die wir beim „tropfenden Wasserhahn" gewonnen haben, kommen wir diesem Wert mit 4,66 erstaunlich nahe.

Entgegen der von anderen Systemen bekannten Beobachtung, daß chaotisches Verhalten in einem relativ breiten Bereich auftritt, läßt sich beim „Tropfenden Wasserhahn" nur ein relativ schmalbandiger chaotischer Bereich zwischen Fließraten von 0,488 ml/s und 0,496 ml/s ausmachen. Bei höheren Fließraten stellt man nämlich wieder reguläres Verhalten fest und zwar so, daß sich das System über das Szenario eines „umgekehrten Feigenbaums" wieder zu einem regulären Einer-Zyklus "zurückentwickelt". Auch für dieses Szenario konnte die Feigenbaum-Konstante mit einem Wert von 4,74 abgeschätzt werden.

Bei noch höheren Fließraten geraten wir an die Grenzen des mit unserer einfachen Apparatur erreichbaren Auflösungsvermögens.

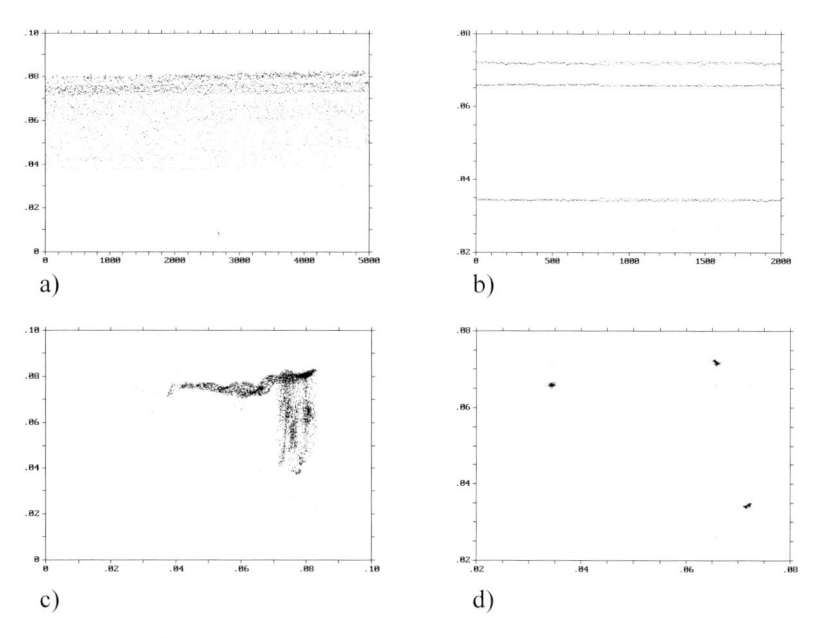

Abb. 5: Tropfdiagramme jeweils a) und b); Return-Map jeweils c) und d), Erläuterungen im Text

Neben der Darstellung des Systemverhaltens in Form von Tropfendiagrammen sind sogenannte Return-Maps üblich. Darin werden jeweils aufeinanderfolgende Tropfabstände gegeneinander aufgetragen. Ein Einer-Zyklus ist demnach im Idealfall durch einen Punkt, ein Zweier-Zyklus durch zwei Punkte usw. charakterisiert. Der Vorteil solcher Return-Maps besteht darin, daß sich das Endverhalten auch in Situationen, in denen dem Tropfdiagramm noch kein eindeutiges Endverhalten anzusehen ist, in einem charakteristischen Punktmuster manifestiert. Dies ist nicht nur während der Suche nach Verzweigungspunkten im regulären Bereich von Bedeutung, sondern auch im chaotischen Bereich. Der chaotische Bereich zeichnet sich nämlich in einer Return-Map als relativ kompaktes Gebilde aus (vgl. [12]).

Auf diese Weise kann es von sonstigem irregulären, etwa stochastischen Verhalten unterschieden werden. Beispielsweise weist die kompakte Return-Map (Abb. 5 (c)) bei einer Fließrate von 0,493 ml/s auf chaotisches Verhalten hin.

4.3 Weitere Attraktoren

In manchen Fällen erhält man innerhalb des chaotischen Bereichs, z. B. bei einer Fließrate von 0,493 einen Dreier-Zyklus. Dies ist ein Hinweis darauf, daß der chaotische Attraktor des Systems mit einem regulären Dreier-Attraktor koexistiert.

Es stellt sich nun die Frage, wie der Übergang vom regulären Einer-Zyklus zum irregulären Verhalten ab einer Fließrate von 0,628 ml/s aussieht. Bei einer Fließrate von 0,638 ml/s entsteht ein relativ gleichmäßig strukturiertes Gebilde. Vermutlich existiert auch hier ein chaotischer Attraktor (Abb.6 (c)). Da man keinen Zweier-Zyklus in diesem Bereich findet, besteht die Möglichkeit, daß sich das System nicht über eine Sequenz von Periodenverdopplungen ins Chaos begibt, sondern daß es einen anderen Übergang vollzieht. Bei einer Fließrate von 0,693 ml/s findet man einen regulären Dreier-Zyklus. Bei einer Fließrate von 0,672 ml/s tritt wieder ein kompaktes Gebilde auf (Abb.6 (d)). Auch hier kann die Existenz eines chaotischen Attraktors vermutet werden. Auf welche Weise sich der Übergang vom Dreier-Zyklus ins Chaos vollzieht, konnte nicht festgestellt werden.

5 Zusammenfassung

Der „tropfende Wasserhahn" wird mit relativ einfachen Mitteln untersucht und als chaotisches System mit regulären und chaotischen Bereichen identifiziert. Als interessant erweist sich dabei zum einen, daß trotz der spärlichen Informationen, die dem System des nichtlinearen Oszillators am Ausgang einer Wasserhahn- bzw. Pipettenöffnung in Form von Tropfen entlockt werden, weitreichende Aussagen über das Systemverhalten erzielt werden können. Durch geschicktes Zählen der Tropfen können nicht nur einzelne reguläre und chaotische Bereiche ausgemacht, sondern darüber hinaus kann ein relativ detaillierter Über-

6a) 6b)

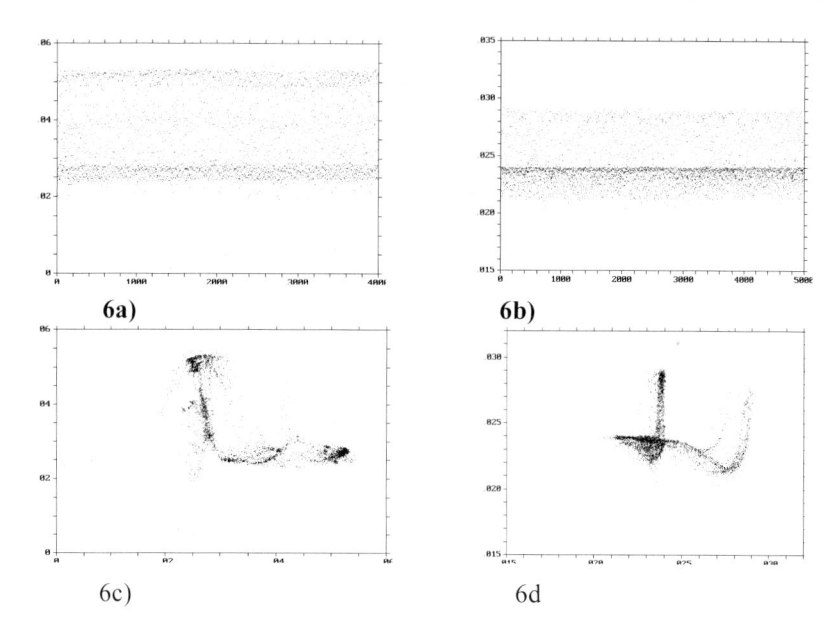

6c) 6d

Abb. 6: Tropfdiagramme jeweils a) und b); Return-Map jeweils c) und d)

blick über das Gesamtverhalten in Form zweier „Feigenbäume" gewonnen werden. Indem das System im Unterschied zu vielen anderen dynamischen Systemen bei einem naiven Zugang sein wahres Verhalten hinter einem Gespinst von transienten Strukturen „versteckt", wird man schrittweise gezwungen, den Versuchsaufbau zu optimieren, Störquellen zu vermeiden und zunächst unzugänglich erscheinende Bereiche indirekt zu erschließen. Dabei lernt man eine Menge über das merkwürdige nichtlineare System, aber auch eine Menge an experimenteller klassischer Physik.

Anmerkung: Diese Arbeit ist die geringfügig veränderte Version einer Zeitschriftenpublikation (Physik in der Schule 33/2, 67-71 (1995)). Da seit dem Abschluß der Experimente im Jahre 1993 weitere Publikationen zu dieser Thematik erschienen sind haben wir einige Hinweise darauf hinzugefügt ([13] - [15]).

6 Literatur

[1] Austin, J.: A mechanical treatment to the leaky faucet experiment. In: Physics Letters A, (2,3) 155 (1991) S.148.
[2] Bernhardt, P.A.: The autonomous chaotic relaxation oscillator: An electrical analogue to the dripping faucet. In: Physica D, 52 (1991) S.489.
[3] Dreyer, K.; Hickey, F.R.: The route to chaos in a dripping water faucet. In: American Journal of Physics, (7) 59 (1991) S. 619.
[4] Haken, H.: Synergetics: A Workshop. Springer Verlag, Berlin/Heidelberg/ New York, 1977.
[5] Heinrichs, G.: Chaos - Einführung in eine neue physikalische Theorie. Aulis Verlag Deubner & Co KG, Köln, 1992.
[6] Martien, P.; Pope, S.C.; Scott, P.L.; Shaw, R.S.: The Chaotic Behavior Of The Leaky Faucet. In: Physics Letters A, 110 (1985) S. 399.
[7] Nunez Yepez, H.N.M.; Salas Brito, A.L.; Vicente, L.A.; Vargar, C.A.: Chaos in a dripping faucet. In: European Journal of Physics, 10 (1989) S. 99.
[8] Schlichting, H.J.: Strukturen im Chaos - einfache Systeme als Zugang zu einem neuen Forschungsbereich der modernen Physik. In: physica didacta, 1/18 (1991) S.14.
[9] Schlichting, H.J.; Backhaus, U.; Küpker, H.G.: Chaos beim Wasserrad - ein einfaches mechanisches Modell für das Lorenzsystem. In: Physik und Didaktik, 3/19 (1991) S.196.
[10] Shaw, R.: The Dripping Faucet as a Modell Chaotic System. Arial Press Inc., Santa Cruz, 1984.
[11] Wu, X.; Tekle, E.; Schelly, Z.A.: Dripping faucet apparatus with temperature and high-resolution timing and flow rate controlls.In: Review of Scientific Instruments, 12/60 (1989).
[12] Nordmeier, V.; Schlichting, H.J.: Auf der Suche nach Strukturen komplexer Phänomene. In: Praxis der Naturwissenschaften, 1/45 (1996), S.22.
[13] Sartorelli, J.C.; Gonclaves, W.M.; Pinto, R.D.: Crisis and intermittence in a leaky-faucet experiment. In: Physical Review E, 5/49 (1994) S.3963.
[14] Sánchez-Ortiz, G.I.; Salas-Brito, A.L.: Strange attractors in a relaxation oscillator
model for the dripping water faucet. In: Physics Letters A, 203 (1995) S.300.
[15]Sternemann, W.: Der chaotische Wassertropfen - zu seinen Möglichkeiten in der Schule. In: Computer und Unterricht, 14 (1994) S.22.

S. Thienel

Sensoren - klein, billig und für Schüler verfügbar

1 Vorbemerkung

Der Computer kann zur Unterstützung von Meßaufgaben im experimentellen Physikunterricht nur dann eingesetzt werden, wenn durch ein geeignetes Interface die Verbindung zwischen Experiment und Computer hergestellt wird. Normalerweise wird man das Interface von einer Lehrmittelfirma beziehen. Neben der Notwendigkeit der Begründung des Computereinsatzes an sich stellt die Verwendung eines Interfaces eine zusätzliche Erschwernis dar. Um diese Hemmschwellen abzubauen, wurde von uns ein Verfahren erprobt, bei dem der Computer ohne zusätzlich zu erwerbendes Interface als Meßwerterfassungsgerät verwendet wird, so daß Schüler auch ihren eigenen Computer verwenden können und mit einigen wenigen zusätzlichen, sehr kostengünstigen Bauteilen gefahrlos zu Hause interessante Experimente durchführen können. Der Grundgedanke ist hierbei die Verwendung des Game-Ports als Schnittstelle zu Sensoren.

2 Game-Port

Der Game-Port des Computers dient in der Regel zum Anschluß des sogenannten Joysticks, der eine interaktive Steuerung von Computerspielen ermöglicht. Man kann mit Hilfe der eingebauten Drehknöpfe den Cursor über den Bildschirm bewegen und zusätzlich über die eingebauten Schalter ("Feuerknöpfe") an bestimmten Stellen oder zu bestimmten Zeiten bestimmte Reaktionen hervorrufen. Damit der Computer zusammen mit dem Joystick diese interaktiven Steuerungsaufgaben erfüllen kann, sind die verschiedenen Anschlüsse des Game-Ports über die in Abb. 1 schematisch dargestellte Schaltung mit der Computerhardware (hier Adresse 201h) verbunden, die es gestattet:
· vier Widerstände zwischen 0 und ca. 100 kOhm zu messen und
· vier Schaltkontakte zu überwachen.

Diese Eingänge lassen sich "zweckentfremden" und für physikalische Meß- und Steueraufgaben verwenden, wie im Folgenden gezeigt werden soll.

2.1 Funktion der Game-Portanschlüsse

Die Verbindung der Anschlüsse des Game-Ports mit der Hardware des Computers erfolgt über die in Abb. 1 schematisch angegebene Schaltung, deren Funktion mit Hilfe einiger Grundkenntnisse aus dem Bereich der Digitalelektronik verstanden werden kann. Anhand des Schemas erkennt man, daß ein Schreibzugriff auf die Adresse 201h beliebigen Inhalts die eingezeichneten Impulsgeber dadurch triggert, daß die Kondensatoren an den Eingängen sehr schnell entladen werden. Die Ausgänge der Impulsgeber nehmen dabei den Wert 'logisch 1' an. Der Ladevorgang geschieht über je einen 2,2-kOhm-Widerstand und die

externen, im Joystick eingebauten Drehpotentiometer. Die Ladezeit eines Kanals hängt somit von der Größe des jeweiligen externen Widerstandes (Stellung des Drehknopfs am Joystick) ab. Steigt die Spannung am Kondensator über einen bestimmten Vergleichswert (etwa 2,5V), so fällt die Kippstufe im Impulsgeber auf 'logisch 0' zurück. Ein Lese-Zugriff auf die Speicherzelle 201h liefert den momentanen Zustand der Impulsgeber und auch den der vier Schalter. Die Verbindung zum Systembus geschieht über Bustreiber, die normalerweise im Tristate-Zustand sind. Das bedeutet, sie sind weder im Zustand 'logisch 1' noch im Zustand 'logisch 0', sondern elektrisch vom Bus getrennt, bis über einen Dekoder die Adresse 201h erkannt wird. Erst dann wird der Zustand am Eingang der Treiber zum Bus durchgeschaltet. Von der Software aus erscheint also der Gameport als eine einzige 8-Bit-Speicherzelle und die Messung der Impulslänge des durch Zugriff ausgelösten Impulses erfordert in der Regel ein kleines Programm. Analysiert man die Schaltung, so ergibt sich nach [1] für die Ladezeit der Zusammenhang: Ladezeit $t_L = 24{,}2\mu s + 1\mu s \cdot R / k\Omega$.
Damit wird der Widerstandswert in eine Zeitdauer umgewandelt, die mit dem Computer weiterverarbeitet werden kann.
Der Zusammenhang zwischen Ladezeit und Widerstand liefert für die Praxis leider oft nur sehr ungenaue Werte, da die angegebenen Bauteile, besonders die des Kondensators, von Rechner zu Rechner, ja sogar von einer Kippstufe zur anderen zum Teil erheblich schwanken. Ein Kalibriervorgang ist also immer notwendig, der natürlich auch für den Unterricht von Interesse sein kann.
Anmerkung: Abb. 1 zeigt u. a. auch die Belegung der Game-Port-Buchse. Die beiden Anschlüsse MIDI IN und MIDI OUT sind nur nutzbar, wenn der Game-Port zu einer Sound-Karte gehört. Die Game-Ports auf einer sog. Multi-I/O-Karte oder direkt auf dem Motherboard unterstützen diese beiden Leitungen in der Regel nicht.

2.2 Software

Von der Genauigkeit der Zeitmessung hängt die Auflösung der gewünschten Analog-Digital-Wandlung ab. Für hohe Auflösungen muß man evtl. sogar in die Interruptverwaltung des Rechners eingreifen. Eine Lösung ist z.B.in [2] beschrieben. Für die hier angestrebten Anwendungen genügt eine Auflösung von 256 Schritten, die z. B. über die mit MS-DOS verfügbare Programmiersprache Q-BASIC sehr einfach möglich ist. Die folgende Zusammenstellung entstammt fast wörtlich dem INDEX der HELP-Funktion in QBASIC. Sie beschreibt die von QBASIC aus verfügbaren Anweisungen zum Ansprechen des Game-Ports.
Die STICK-Funktion gibt die Koordinaten eines Joysticks zurück.
Aufruf: STICK(n%)
n% wählt die zurückgegebenen Koordinaten aus:
Die STRIG-Funktion gibt den Status des Joystick-Schalters zurück.
Aufruf: STRIG(n%)

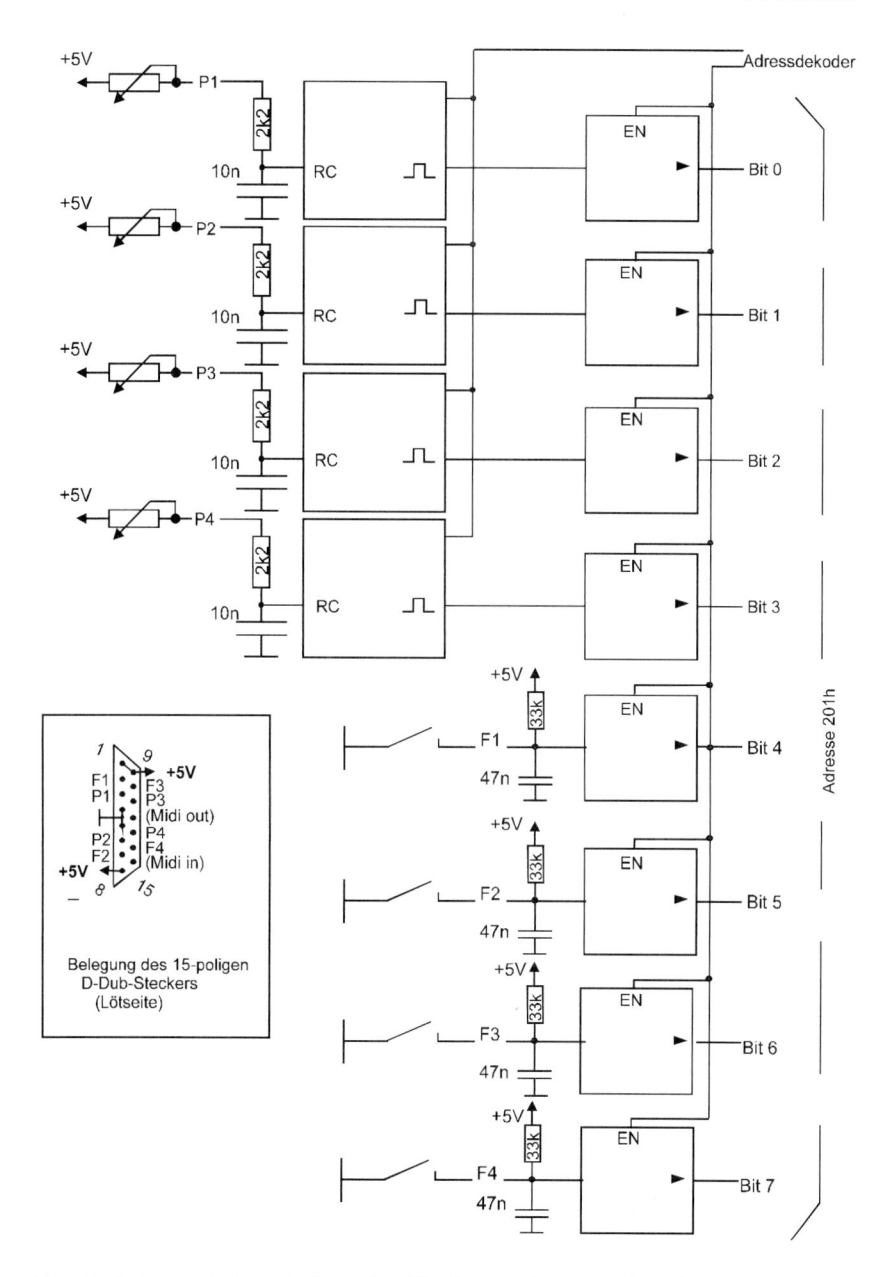

Abb. 1: Schematischer Aufbau der Hardware, die zwischen dem Joystickeingang und der Speicherzelle 201h geschaltet wird

n%	Rückgabe	Anmerkung:
		Sie müssen STICK(0) aufrufen, bevor Sie
0	x-Koordinate von Joystick A	STICK(1), STICK (2) oder STICK(3) aufru-
1	y-Koordinate von Joystick A	fen können. STICK(0) speichert alle gegen-
		wärtigen Koordinaten.
2	x-Koordinate von Joystick B	Beispiel: Temp% = STICK(0)
3	y-Koordinate von Joystick B	PRINT STICK(2), STICK(3)

Die STRIG-Funktion gibt den Status des Joystick-Schalters zurück.
Aufruf: STRIG(n%)
n% wählt die Statusbedingung des Joysticks aus:
   n% wählt die Statusbedingung des Joysticks aus:
n% Bedingung
0   Unterer Schalter von Joystick A wurde seit letztem STRIG(0) gedrückt.
1   Unterer Schalter von Joystick A wird gerade gedrückt.
2   Unterer Schalter von Joystick B wurde seit letztem STRIG(2) gedrückt
3   Unterer Schalter von Joystick B wird gerade gedrückt.
4   Oberer Schalter von Joystick A wurde seit letztem STRIG(4) gedrückt.
5   Oberer Schalter von Joystick A wird gerade gedrückt.
6   Oberer Schalter von Joystick B wurde seit letztem STRIG(6) gedrückt.
7   Oberer Schalter von Joystick A wird gerade gedrückt.

Anmerkung: STRIG gibt -1 zurück falls die Bedingung wahr ist, ansonsten 0.
Die STRIG-Anweisung aktiviert, deaktiviert oder unterbricht die Ereignisverfolgung des Joysticks. Ist die Ereignisverfolgung aktiviert, verzweigt ON STRIG ZEILE zu einem Unterprogramm immer dann wenn der angegebene Schalter des Joysticks gedrückt ist. ZEILE ist dabei die Marke oder Nummer der ersten Zeile des Unterprogramms der Ereignisverfolgung.
Aufrufmöglichkeiten:
STRIG(n%) ON
Aktiviert die Ereignisverfolgung für den Joystick.
STRIG(n%) OFF
Deaktiviert die Ereingisverfolgung für den Joystick.
STRIG(n%) STOP
Unterbricht die Ereignisverfolgung für den Joystick. Ereignisse werden ausgeführt, sobald die Ereignisverfolgung mit STRIG ON aktiviert ist.
n% wählt dabei einen der vier Schalter des Joysticks wie folgt aus:
Anmerkungen:
Ist der externe Widerstand so groß (150kOhm oder mehr), daß bei der Zeitmessung der Zähler überläuft (wrap-around), so meldet die STICK( )-Funktion Werte, die wieder bei Null beginnen. Eine Messung der Analogwerte über die beschrie-

n%	Schalter	
0	Unterer Schalter, Joystick A	
2	Unterer Schalter, Joystick B	
4	Oberer Schalter, Joystick A	
6	Oberer Schalter, Joystick B	

Beispiel:
'Dieses Beispiel erfordert einen Joystick.
ON STRIG(0) GOSUB Handler
STRIG(0) ON
PRINT „ESC für Abbruch"
DO UNTIL INKEY$ = CHR$(27): LOOP
END

Handler:
PRINT „Schalter am Joystick gedrückt."
RETURN

benen QBASIC-Befehle hat den Nachteil, daß immer wieder Ausreißer entstehen, weil das Beobachten der Kippstufe kurzzeitig evtl. von anderen aktiven Programmen unterbrochen werden kann. Durch Mehrfachmessungen und Bildung von Mittelwerten erreicht man jedoch ausreichend genaue, reproduzierbare Meßergebnisse.

3 Sensoren

Nutzt man den Joystick, so wird laufend der Widerstand der "Joystick-Potentiometer" gemessen und es werden die Schalterstellungen der sogenannten "Feuerknöpfe" abgefragt. Diese Funktionen lassen sich nun für einfache Meßaufgaben ausnutzen. Dazu ersetzt man z.b. die Potentiometer durch einfache Sensoren, die ihren elektrischen Widerstand abhängig von der zu messenden Größe ändern (der Widerstand des Sensors sollte 100kOhm nicht überschreiten). Auf diese Weise kann man bis zu vier analoge Größen unabhängig voneinander registrieren.

Sehr kostengünstig sind z. B. folgende Sensoren:

a) 100-kOhm-Potentiometer gibt es in vielen Ausführungen (Dreh-, Schiebe-, Zehngang- oder Spindel-Potentiometer). Sie können zur Messung von Winkeln und Längen eingesetzt werden.

b) Kreuzpotentiometer werden als Steuerknüppel-Einheit in Joysticks eingebaut und eignen sich besonders für die Aufnahme zweidimensionaler Größen. Sie bestehen aus zwei um 90° versetzten Drehpotentiometern und einem Hebel, der in zwei Dimensionen beweglich ist und auf beide Potentiometer gleichermaßen wirkt.

c) Heißleiter mit einem Widerstand von ca. 80 kOhm bei Zimmertemperatur eignen sich meist problemlos für einen Temperaturbereich von unter 0°C bis über 100°C.

d) Fotowiderstände mit einem Dunkelwiderstandswert um ca. 100kOhm. Sie überdecken einen weiten Helligkeitsbereich.

e) Reflex- bzw. Gabel-Lichtschranken werden über eine Pegelwandlerstufe und einen Inverter an die Schalteingänge angeschlossen. Abb. 2 zeigt eine Möglichkeit, die Leuchtdiode aus dem Game-Port mit Strom zu versorgen. Der

Ausgang ist als 'open collector' ausgelegt und kann deswegen parallel zu anderen Ausgängen geschaltet werden.

f) Reed-Kontakte reagieren auf die Annäherung eines Magneten mit Schließen oder Öffnen eines Kontaktes und können als Annährungssensor dienen.

g) Neigungs-Schalter nutzen zum Kontaktgeben einen beweglichen Quecksilbertropfen, der je nach Neigung einen Kontakt öffnet oder schließt.

4 Vertrauensbildende Experimente

Die Verwendung einer Black-Box sollte immer von einem gewissen Mißtrauen begleitet werden. Der Computer ist sicher das komplexeste System, das im Unterricht als Black-Box eingesetzt wird. Einfache, überschaubare Versuche, die

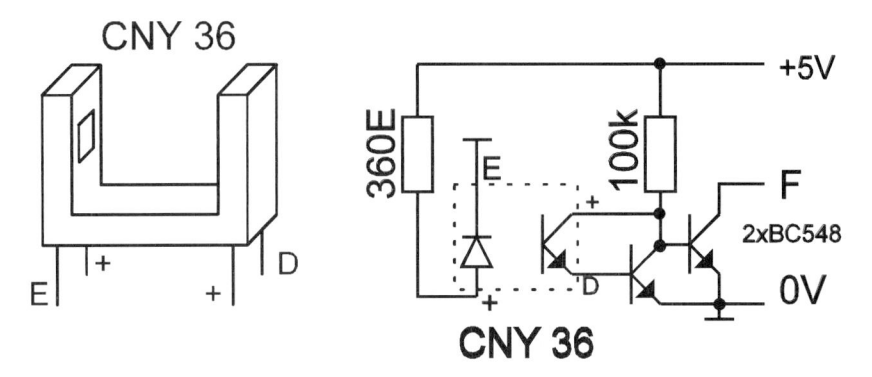

Abb. 2: Anschluss einer handelsüblichen Gabellichtschranke CNY 36 an den Game-Port. Die zweite Transistorstufe dient als Inverter und sorgt dafür, daß der Port-Eingang bei einer Lichtwegunterbrechung aktiv wird.

das Verständnis der jeweiligen Funktion im konkreten Einsatz verdeutlichen, sind deshalb besonders wichtig. Hier soll in einem Experiment das im Zusammenhang mit dem Game-Port verwendete Wandlungsverfahren verdeutlicht werden. Die anschließende Beschreibung eines Kalibriervorgangs hat mehrere Funktionen. Einerseits kann nachvollzogen werden, wie eine Kalibrierkurve zustande kommt, andererseits können auch die Voraussetzungen wie Monotonie, Reproduzierbarkeit, sowie die Qualitäten Stabilität, Auflösung und Linearität besprochen werden.

4.1 Analog-Digital-Wandlung

Auf den meisten Game-Port-Karten findet ein integrierter Schaltkreis Verwendung, der mit NE 558 bezeichnet wird und vier etwas "abgespeckte" Versionen des sehr häufig anzutreffenden Timers NE 555 enthält. Jeder Kanal besteht im Wesentlichen aus einer Kippstufe, einem Komparator mit einer eigenen Referenzspannung und einem Transistor zum Entladen des extern anzuschließenden Kondensators. Der hier gezeigte Versuchsaufbau entspricht der Schaltung auf der Game-Port-Karte. Allerdings ist der Kondensator deutlich größer gewählt, so daß bei Verwendung der beschriebenen Sensoren Ladezeiten im Sekunden-

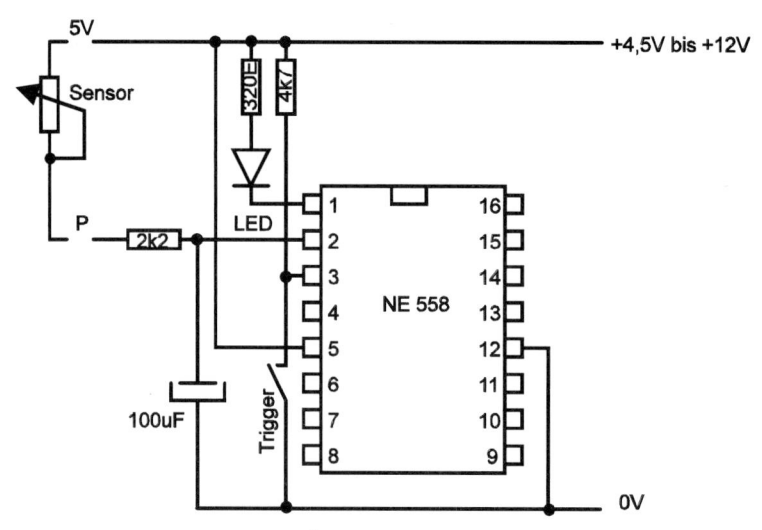

Abb. 3: Versuchsaufbau für die Überprüfung der Funktion eines Analog-/Digitalwandlers wie im Game-Port. Ein vergrößerter Kondensator erlaubt Zeiten im Sekundenbereich.

bereich entstehen, die mit der Stoppuhr oder wenigstens mit bloßem Auge erfasst werden können. Auch die Spannung am Kondensator läßt sich mit einem sehr hochohmigen Messgerät verfolgen, so daß Lade- und Entladevorgang nachvollziehbar sind. Eine Messung muß jeweils durch Schließen und nachfolgendes Öffnen des Schalters 'Trigger' ausgelöst werden. Der Zustand der Kippstufe ist an einer Leuchtdiode zu erkennen. Die Leuchtdauer ist ein Maß für den extern angeschlossenen Widerstand.

4.2 Kalibrierung eines Winkelaufnehmers

Kopiert man zwei Geodreiecke, die mit ihrer längsten Seite aneinander liegen, so erhält man eine sehr genaue Winkelskala für 0° bis 360°. Eine Kopie davon klebt man auf den Deckel einer Schuhschachtel und befestigt im Zentrum ein kostengünstiges 100kOhm-Drehpotentiometer, am besten ein Exemplar mit 6 mm-Kunststoff-Achse. Durch die Achse läßt sich leicht ein Loch bohren, in das ein etwas stabilerer Draht oder besser eine geeignete Stricknadel als Zeiger gesteckt wird. So können Winkel in einem Bereich von 0° bis ca. 270° über den Game-Port gemessen werden. Weiter läßt sich die Achse des Potentiometers meist nicht verdrehen. Den Vollkreis zu überstreichen ist mit einem Zehngang-Potentiometer möglich. Da hierbei nur eine der zehn möglichen Umdrehungen genutzt wird, kann der Gesamtwiderstandswert des Potentiometers ohne weiteres bis 1MOhm betragen. Der Kalibriervorgang kann zum Vergleich auch mit einem logarithmischen Potentiometer, wie sie für Lautstärkeregler üblich sind, wiederholt werden

Zur Meßwertaufnahme dient das folgende, sehr kurze QBASIC-Programm, das solange alle vier Analogwerte nebeneinander auf dem Bildschirm darstellt, bis eine beliebige Taste gedrückt wird.

```
' Darstellung der vier Analogwerte nebeneinander
CLS
DO WHILE INKEY$ = ""
PRINT STICK(0), STICK(1), STICK(2), STICK(3)
LOOP
END
```

Auf die Darstellung eines Diagramms wird hier bewußt verzichtet.

5 Experimente für Schülerübungen und als Hausaufgabe

Die im Folgenden beschriebenen Versuche sind in mehreren Grundkursen Physik/Informatik gründlich ausprobiert. Es handelt sich meist um das Ergebnis kleiner Projekte, die jeweils von zwei bis drei Schülern durchgeführt wurden. Neben diesen Beispielen sind sehr viele andere Anwendungen von Sensoren am Game-Port denkbar.

5.1 Strahlungsdiagramme

Lampenfabrikanten und Antennenhersteller interessieren sich gleichermaßen dafür, wieviel Energie ihre Erzeugnisse in welche Raumrichtung abstrahlen. Je nach Anforderung ergibt sich ein ganz charakteristisches Strahlungsdiagramm. Hier soll nachvollzogen werden, wie sich ein Strahlungsdiagramm einer Leuchtdiode (LED) aufnehmen läßt. Dazu wird mit Hilfe eines Fotowiderstandes (LDR) die Helligkeit in Abhängigkeit von der Winkelstellung gemessen, die wiederum mit einem Potentiometer als Winkelgeber über den Computer bestimmt wird. Abb. 4 zeigt den Versuchsaufbau. Die Stromversorgung für die LED wird über einen Widerstand von ca. 100Ohm dem Game-Port entnommen. Das Potentiometer, an dessen Achse die LED befestigt ist, wird am besten so justiert, daß die Messung der Hauptstrahlrichtung mit der Mittenstellung zusammenfällt. Wenn die Innenwand der Schachtel reflektiert, kommt es zu Verfälschungen des Diagramms, die man aber anhand der Geometrie sehr wohl diskutieren kann. Ein Vergleich ist gut möglich, wenn viele Versuchsexemplare mit identischen Leuchtdioden, aber verschiedenfarbigen Schachteln aufgebaut werden können. Auch der Vergleich mit der Leuchtfarbe ist interessant.

Als Erfassungsprogramm dienen die folgenden Programmzeilen. Es ist so aus-

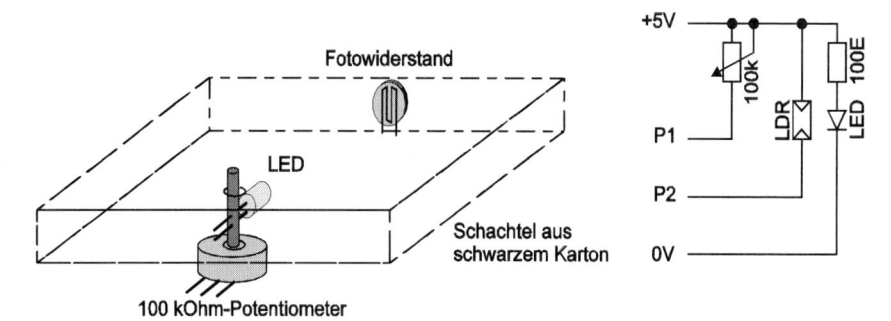

Abb. 4: Versuchsaufbau zur Messung des Strahlungsdiagramms einer LED. Der Fotowiderstand liefert die Helligkeit, das Potentiometer den Winkel (100E entspricht 100Ohm)

gelegt, daß die zeitlich äquidistant gemessenen Wertepaare in der Datei LED.DAT abgespeichert werden. Das Komma zwischen den Werten entspricht einem TAB und soll die Übernahme durch EXCEL erleichtern. Die Durchführung des Versuches beschränkt sich damit auf langsames Drehen des Potentiometers mit der LED von einem Anschlag bis zum anderen. Eine beliebige Taste beendet die Messung.

Die Messwerte-Datei kann in EXCEL weiterbearbeitet werden. Die Winkelangaben sind meist so gut linear, daß sie sehr einfach umgerechnet werden können. Auch Helligkeitswerte können als relative Angaben einfach übernommen werden.

```
' Aufnahme des Strahlungsdiagramms einer LED
OPEN „LED.DAT" FOR OUTPUT AS #1:      'legt die Datei LED.DAT an
PRINT #1, „Winkel", „Intensitaet":    'und löscht eine bestehende
CLOSE
ON TIMER(2) GOSUB Messung:            'Timersteuerung auf 2 Sek.

TIMER ON
    DO WHILE INKEY$ = „": LOOP:       'bel. Taste bricht ab
    END

Messung:
OPEN „LED.DAT" FOR APPEND AS #1:      'Datei öffnen
PRINT #1, STICK(0), STICK(1):         'Werte anhängen
PRINT STICK(0), STICK(1):             'auf Bildschirm ausgeben
BEEP                                  'akustisch melden
CLOSE                                 'Datei wieder schließen
RETURN
```

Abb. 5 zeigt ein Muster-Diagramm, bei dem eine Schachtel mit einer hellen und einer dunklen Innenseite benutzt worden ist. Deutlich ist ein zweiter Peak zu sehen, der von einer Reflexion stammt.

Strahlungsdiagramm einer LED

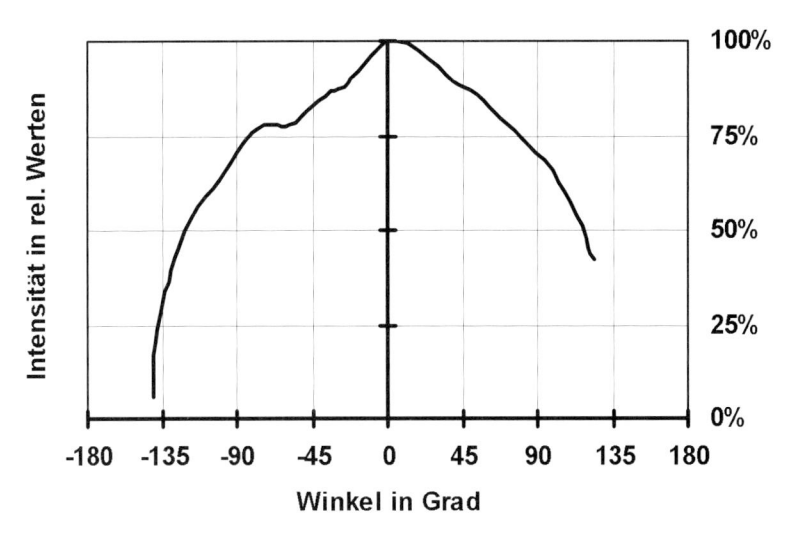

Abb. 5: Das Strahlungsdiagramm einer LED

5.2 Energieverbrauch bei Kühlschrank oder Gefriertruhe

Ein Kühlschrank bzw. eine Gefriertruhe sind so konstruiert, daß im Innenraum die Temperatur niedriger gehalten wird als in der Umgebung. Solange die Türe geschlossen bleibt, hängt der Energieverbrauch im Wesentlichen von der Umgebungstemperatur ab. Hier soll versucht werden, nachzuweisen, daß das Einbringen eines "warmen" Gegenstandes den Energieverbrauch deutlich steigert. Drei Sensoren sind dazu notwendig. Die Innentemperatur wird über einen Heißleiter gemessen, der in unmittelbarer Nähe des eingebrachten warmen Gegenstandes angebracht ist. Die Entfernung zu dem Wärmetauscher ist sehr viel größer. Der Öffnungszustand der Tür wird mit einem Photowiderstand (LDR) überwacht, da der Innenraum hell ist, wenn die Türe offensteht. An der Hinterwand der Gefriertruhe befindet sich eine Kühlfläche, meist ein Rost, der die aus dem Innenraum "abgepumpte" Wärme an die Umgebung abgibt. Dort entsteht nur dann eine erhöhte Temperatur, wenn das Aggregat in Betrieb ist. Über dessen Temperatur, kann der Schaltzustand des Kühlaggregats registriert werden. Die Anforderungen an die zur Versuchsdurchführung notwendige Software sind ähnlich wie bei 5.1. Das Programm kann übernommen werden. Lediglich die

Prozedur MESSUNG muß präzisiert werden. Es werden zunächst fünf Messwerte gemittelt und in die Datei KALT.DAT geschrieben. Es sind drei Parameter zu beachten. Der zeitliche Abstand zwischen zwei Messungen kann auf etwa 30 Sekunden erhöht werden, da sich die beobachteten Parameter nicht schnell ändern. Beim Öffnen der Türe sollte man darauf achten, daß auch eine Messung während dieser Zeit stattfindet. Ein BEEP informiert darüber, wann gerade gemessen wird. Das Programm hat folgende Form:

```
' Überwachung eines Gefrierschranks
OPEN „KALT.DAT" FOR OUTPUT AS #1:     'legt die Datei KALT.DAT an
PRINT #1, „Tür", „T_in", „T_out":     ' und löscht eine bestehende
CLOSE
ON TIMER(30) GOSUB Messung:           'Timersteuerung auf 30 Sek.
TIMER ON
DO WHILE INKEY$ = „":                 'bel. Taste bricht ab
LOOP
END


Messung:
t% = 0: i% = 0: h% = 0
FOR j% = 1 TO 5
t% = t% + STICK(0):                   'Helligkeit im Innenraum
i% = i% + STICK(1):                   'Innentemperatur
h% = h% + STICK(2):                   "Aussentemperatur
BEEP
NEXT j%
t% = t% / 5: i% = i% / 5: h% = h% / 5
OPEN „KALT.DAT" FOR APPEND AS #1:     'Datei öffnen
PRINT #1, t%, i%, h%:                 'Werte anhängen
PRINT t%, i%, h%:                     'und auf Bildschirm ausgeben
CLOSE :                               'Datei wieder schließen
BEEP:                                 'akustisch melden
RETURN
```

Es sind u. a. folgende Aussagen möglich:
· Wenn die Innentemperatur über einen bestimmten Schwellwert ansteigt, startet das Kühlaggregat.
· Das Kühlaggregat läuft im Normalfall etwa 30 Minuten und ist etwa 20 Minuten aus.
· Wenn die Türe geöffnet wird (einzelner Peak) und ein warmer Gegenstand (hier: nasses Küchentuch) eingebracht wird, läuft das Aggregat einmalig deutlich länger.
· Zwischen dem Einsetzen der Kühlung und der Reaktion der gemessenen Innentemperatur liegt eine bestimmte Zeitspanne. (Diese Verzögerung hängt von der Entfernung des Sensors von den Kühlflächen ab.)

- Ein eingebrachter Gegenstand läßt die Innentemperatur kurzfristig höher ansteigen als normal.

Es ist möglich, den Computer so zu konfigurieren, daß er ohne Tastatur und Bildschirm startet und das obige Programm ausführt. Dies ist bei Fernüberwachungen von Vorteil. Es genügt den Rechner zusammen mit den angeschlossenen Sensoren in die Nähe des zu überwachenden Geräts zu stellen.

Diese Konfiguration geschieht bei MS-DOS-Rechnern in den folgenden drei Schritten.

1. Stellen Sie sicher, daß im SETUP der HALT ON KEYBOARD ERROR abgeschaltet ist (disabled), damit der Rechner ohne Tastatur überhaupt hochfährt.
2. Machen Sie in der AUTOEXEC.BAT den Start von WINDOWS unwirksam. (Zeile WIN mit REM versehen!)
3. Ergänzen Sie in der AUTOEXEC.BAT eine Zeile, die QBASIC aufruft und dabei Namen und Pfad des Messprogramms als Parameter übergibt.Beispiel: C:\DOS\QBASIC /RUN C:\DOS\KALT.BAS   (QBASIC und KALT.BAS müssen hier beide im Ordner DOS sein. Andernfalls sind die Pfade entsprechend zu ändern)

WINDOWS 95-Besitzer können sich z. B. eine MS-DOS-Startdiskette mit einer entsprechenden Lösung anfertigen.

In Abb. 6 ist das Ergebnis einer zweieinhalbstündigen Messung wiedergegeben. Die Hochwerte stellen jeweils die Innen- (obere Kurve) und die Kühlrippentemperatur (untere Kurve) in einer willkürlichen Einheit (es geht nur um den zeitlichen Verlauf) dar. Die Kurven sind soweit gegeneinander verschoben, daß sie nicht ineinander verlaufen.

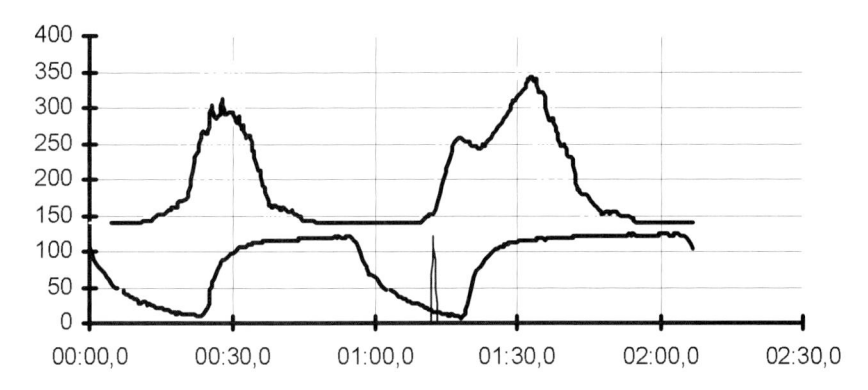

Abb. 6: Zeitlicher Verlauf in Stunden der Innentemperatur (oben), der Kühlrippentemperatur (unten) und der Helligkeit der Innenbeleuchtung (einzelner Peak) einer Gefriertruhe (in willkürlichen Einheiten).

5.3 Anomalie des Wassers - Füllstandsmessungen

In der Gefriertruhe läßt sich eine weitere Beobachtung machen. Wasser zieht sich bekanntlich bei sinkender Temperatur zusammen. Aber nur bis ca. 4°C, dann dehnt es sich wieder aus. Diese Anomalie des Wassers lässt sich auf folgende Weise nachweisen:
An einer mit Wasser gefüllten und mit einem Korken dicht verschlossenen Kunststoff-Flasche wird ein Heissleiter als Temperatursensor angebracht. Der Druck in der Flasche ist ein Maß für die Dichte des Wassers. Er wird über die Höhe des Wasserspiegels in einem kleinen Luftvolumen, z.b. in einer umgedrehten Kugelschreiberhülse, mit Hilfe der Bodenplatte eines Spindelpotentiometers gemessen. Abb. 7 zeigt einen möglichen Aufbau dieses Dichtemessers. Die Flasche wird in die Gefriertruhe gestellt und die Werte der Sensoren werden mit dem unter 5.2 beschriebenen Programm alle 30 Sekunden abgefragt und abgespeichert. Eine typische Messkurve ist in Abb. 7 zu sehen.
Man erkennt deutlich, wie die Flaschentemperatur (untere Kurve) sinkt und dabei die Dichte (obere Kurve) erst zunimmt, um dann wieder leicht abzunehmen.
In der praktischen Durchführung dieses Versuches ist es vorteilhaft, wenn sowohl Flasche als auch Kugelschreiberhülse durchsichtig sind. Dann kann durch

Abb. 7: Aufbau des Dichtemessers in der Wasserflasche. Die Höhe des Wasserspiegels bestimmt den wirksamen Widerstand der Kohlebahn.

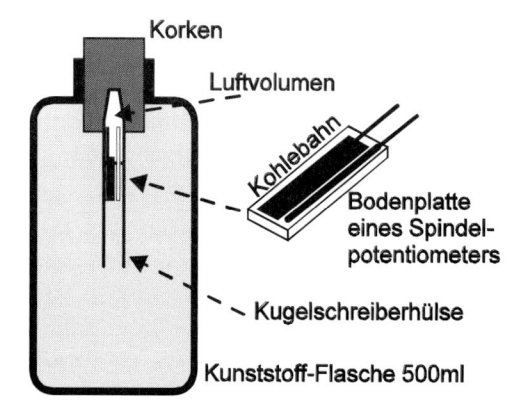

leichtes Eindrücken des Korken der Wasserspiegel im Dichtemesser so justiert werden, daß bei Raumtemperatur die Oberkante des Spindelpotentiometers gerade mit Wasser bedeckt ist.
Bei sinkender Temperatur nimmt die Dichte zu bzw. das Volumen und damit der Druck ab. Der Füllstand wird also ebenfalls zurückgehen. Weil dann ein Teil der Kohleschicht des Potentiometers nicht mehr mit Wasser bedeckt ist, steigt der Widerstand. Es gilt also der naheliegende Zusammenhang: Je größer die Dichte im Wasser, desto größer ist der Wert am Game-Port
Die Länge des Spindelpotentiometers und der Durchmesser der Kugelschreiber-

hülse legen ein Flaschenvolumen von 500 ml nahe. Die Idee, zur Kontrolle beim Auftauen und Erwärmen die zeitlich umgekehrte Kurve messen zu wollen, scheiterte bisher immer daran, daß durch Eisbildung und die damit zusammenhängenden Kräfte der Korken leicht aus der Flasche gedrückt wurde. Damit ist mindestens der Dichtemesser so dejustiert, daß nichts Sinnvolles mehr gemessen wird. Meistens sind zusätzlich noch Undichtigkeiten aufgetreten, die zu leichtem Wasserverlust führten und die Dejustierung noch verstärkten.

Anomalie des Wassers

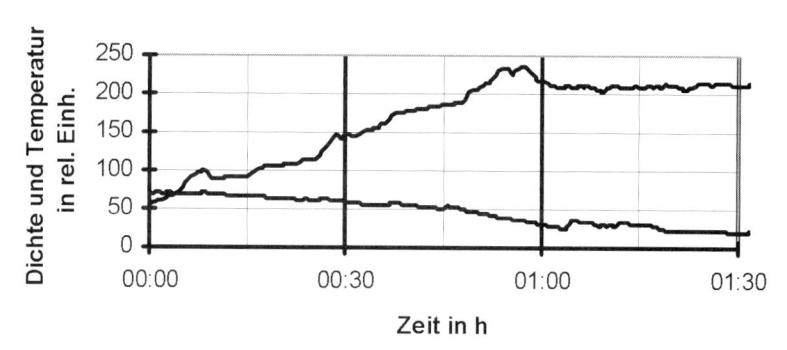

Abb. 8: Typische Dichte-Kurve (oben) beim Abkühlen einer Wasserflasche. Zum Vergleich ist auch die Temperaturkurve (unten) aufgenommen.

5.4 Regenmengen-Messer

In [6] ist ein Regenmengen-Messer nach dem Kipplöffelprinzip beschrieben, der aus Demonstrationsgründen relativ aufwendig gestaltet worden ist. Wenn nicht energiesparender Dauerbetrieb angestrebt wird, sind Messungen auch direkt am Game-Port möglich, so daß auf die beschriebene Elektronik verzichtet werden kann.

Das Funktionsprinzip ist in Abb. 9 zu erkennen. Ein Löffel mit einem Magneten am Stiel ist so gelagert, daß er im leeren Zustand auf der Magnetseite etwas schwerer ist und am Reedkontakt haftet. Füllt sich der Löffel, so nimmt das Gewicht auf der anderen Seite solange zu, bis der Magnet am Reedkontakt nachgibt. Der Löffel kippt dann relativ schnell, öffnet den Kontakt und entleert sich. Danach fällt er zurück und bleibt wieder am Reedkontakt hängen. Die Wassermenge für einen Kippvorgang ist z. B. mit einer Einmal-Spritze sehr genau bestimmbar und liegt, je nach Gewichtsverhältnissen und Stärke des Magneten zwischen 0,5 und 2ml. Für Absolutmessungen ist der Querschnitt des Regeneinlasses ausschlaggebend. Das folgende Programm speichert den Zeitpunkt eines jeden Kipp-Ereignisses in der Datei "REGEN.DAT".

```
' Regenmengen-Messer
CLS
OPEN „REGEN.DAT" FOR OUTPUT AS #1: 'REGEN.DAT anlegen
PRINT #1, „Zeitpunkt"
CLOSE
DO WHILE INKEY$ = „":                          'bel. Taste bricht ab
```

Abbildung 1: Ein Regenmengen-Messer nach dem Kipplöffelprinzip

```
IF STRIG(1) = 0 THEN
GOSUB Messung
DO WHILE STRIG(1) = 0
LOOP
END IF
LOOP
END
Messung:
OPEN „REGEN.DAT" FOR APPEND AS #1: 'Datei öffnen
PRINT #1, TIME$:                    'Werte anhängen
PRINT TIME$:                        'auf Bildschirm ausgeben
CLOSE :                             'Datei wieder schließen
BEEP:                               'akustisch melden
RETURN
```

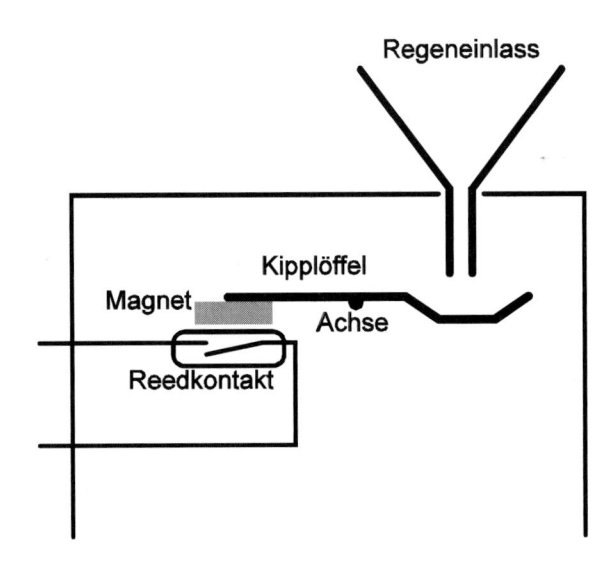

Abb. 9: Regenmengenmesser nach dem Kipplöffelpronzip

5.5 Überwachung der Spannung einer Solarzelle

Zur Überwachung der Spannung z. B. einer Solarzelle dient die in Abb. 10 gezeigte Schaltung. Sie besteht aus einem Widerstand von 100kOhm und einer Diode. Letztere ist unbedingt notwendig. Sie schützt den Eingang der Kippstufe, wenn sich der interne Kondensator auf Spannungen aufladen würde, die höher sind als die eigene Betriebsspannung und deswegen zur Zerstörung der integrierten Schaltkreise führen können. Die zu messende Spannung darf theoretisch bis auf fast 2,5 V absinken. Doch dann ergeben sich wegen der zu flach verlaufenden Eichkurve nur unbefriedigende Genauigkeiten. Die Obergrenze könnte ebenfalls ausgedehnt werden, aber Spannungen größer als 24 V sollen nicht von Schülern angewendet werden.

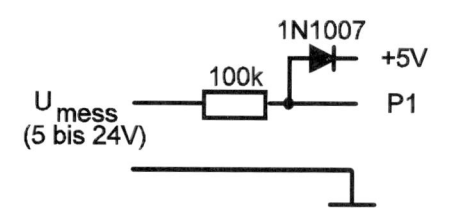

Abb. 10: Mit einem Festwiderstand lassen sich auch Spannungen zwischen 5V und 24V messen. Die Diode schützt den Eingang am Computer vor Überspannung.

Achtung: Bei der Messung von Spannungen, die sich nicht auf die Computermasse beziehen, kann es zu Zerstörungen kommen. Problemlos lassen sich Batterie-, Akku- und Solarzellenspannungen im angesprochenen Bereich von 5 bis 24 V überwachen.

6 Technische Hinweise und Tips

6.1 Sensoren mit kleineren Innenwiderstandswerten

Nicht alle Sensoren sind mit Widerstandswerten um 100 kOhm zu bekommen. Kleinere Widerstände nutzen aber die Spanne von 256 Schritten nicht. Falls die geringere Auflösung nicht ausreichen sollte, kann sie mit einem zusätzliche Kondensator, wie in Abb. 11 gezeigt, erhöht werden. Er vergrößert die zu ladende Kapazität und verlängert dadurch die Ladezeit. So kann der Einfluss eines zu kleinen Widerstandes teilweise ausgeglichen werden. Wenn allerdings der externe Kondensator zu groß gewählt wird, reicht die kurze Entladezeit zu Beginn eines Messvorgangs wegen des Widerstandes von 2,2kOhm nicht zur vollständigen Entladung. Das kann die Qualität der Kalibrierkurve stark beeinträchtigen. In solchen Fällen ist es oft besser, auf der Softwareseite einen erhöhten Aufwand zu treiben.

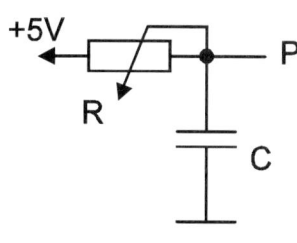

Abb. 11: (siehe Text)

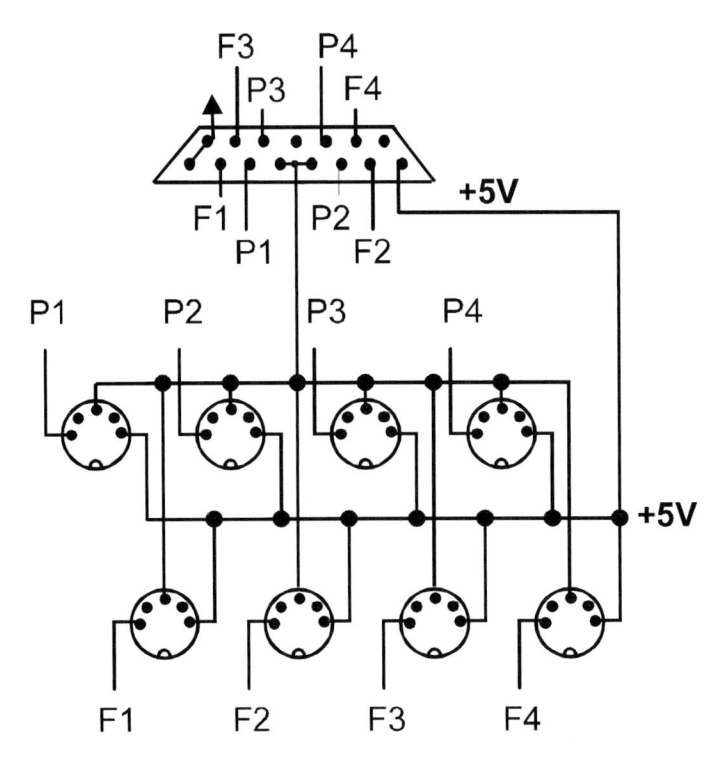

Abb. 12: Verdrahtung der Meßbox

6.2 Eine Messbox mit je vier Eingängen für Schalter und Potentiometer

Der Game-Port-Anschluss befindet sich in der Regel auf der Rückseite des Computers und ist deswegen relativ schlecht zugänglich. Ausserdem sind alle Anschlüsse für die Sensoren und Schalter über einen einzigen Stecker geführt. Jede spezielle Kombination verschiedener Sensoren muss also neu verlötet werden. Eine Messbox löst beide Probleme. Sie besteht aus einem Gehäuse, das auf der einen Seite mit einem 15-poligen D-Sub-Stecker versehen ist. Hier kann über ein handelsübliches Game-Port-Verlängerungskabel die Verbindung zur Rechner-Rückseite hergestellt werden. Auf der anderen Seite befinden sich die einzelnen Anschlüsse für die Sensoren und Schalter. Sie werden auf insgesamt acht Diodenbuchsen gelegt. Abb. 12 zeigt einen Verdrahtungsvorschlag. Die 5V-Leitung sollte auch an die Schalter-Buchsen gelegt werden, damit man, wie oben beschrieben, Gabellichtschranken oder Ähnliches anschließen kann. Jeder Sensor bekommt jetzt einen eigenen Diodenstecker und kann mit jedem anderen ohne löten zu müssen kombiniert werden.

Die Kosten für die Box liegen zwischen 15 und 20 DM, die für einen Sensor mit Kabel und Stecker um 5 DM. Für ca. 50 DM läßt sich die Messbox mit einem Satz unterschiedlicher Sensoren für die Physiksammlung herstellen. Alle verwendeten Bauteile sind handelsüblich und in Elektronikfachgeschäften oder über den Versandhandel erhältlich.

Anmerkungen:
- Das Experimentieren mit dem Game-Port ist für den Experimentator ungefährlich, da die Spannungen 5V nicht übersteigen. Der Computer kann dagegen beschädigt werden, wenn zwischen dem 5V-Anschluß und der Masse ein Kurzschluß entsteht oder wenn nicht erdfreie Spannungsquellen verwendet werden. Entsprechende Vorsicht ist daher geboten.
- Alle hier wiedergegebenen Schaltungen sind nach bestem Wissen ausgetestet. Trotzdem könnten Fehler in der Wiedergabe enthalten sein. Der Autor haftet nicht für Schäden, die aus einem Nachbau entstehen. Sollten sich beim Nachbau Probleme ergeben, so bietet der Autor seine Unterstützung zur Behebung der Probleme an.

7 Literatur

[1] Messmer, H.-P.: PC-Hardwarebuch, Addison-Wesley (Deutschland) GmbH, S. 676 ff.
[2] Köhler, A.: Kurzzeitmessungen mit dem PC-Gameport, FUNKAMATEUR, Theuberger-Verlag Berlin 1995, Heft 6, S. 1182 ff
[3] ELEKTOR-Halbleiterheft 1995, Elektor-Verlag GmbH Aachen, S. 110 f.
[4] Althaus, M., PC Profibuch, SYBEX-Verlag Düsseldorf 1990, S. 534 ff.
[5] Tischer: PC intern 3.0, DATA BECKER GmbH Düsseldorf 1992, S. 631 ff
[6] Wendt, A.: Computerunterstützte Wetterstation zum Selstbau, Praxisheft 3 für Amateurfunk und Elektronik in Schule und Freizeit;
Herausgeber: Arbeitskreis Amateurfunk und Telekommunikation in der Schule, Wolfgang Lipps, Sedanstraße 24, 31177 Harsum

V. Havel

Ein elektronisches Fluxmeter und sein Einsatz im Physikunterricht

1 Vorbemerkung

Die Entwicklung neuer Meßmethoden für Demonstrationszwecke ist u. a. eine Aufgabe der Physikdidaktik. Hierzu sollen im Folgenden einige Ideen vorgestellt werden, die ein neues Verfahren zur Messung des magnetischen Flusses betreffen. Sie sollen Anregungen für eigene Entwicklungen auf diesem oder ähnlichem Gebiet geben.

2 Elektronisches Fluxmeter

Das Magnetfeld bzw. der magnetische Fluß Φ wird häufig über den Spannungsstoß Q_U, der proportional zu B bzw. Φ ist, bestimmt:

$$Q_U = \int_0^\tau U(t)dt \tag{1}$$

Früher benützte man zu Bildung des Integrals ballistische Galvanometer im Kriechfall oder Fluxmeter. Das Funktionsprinzip des Fluxmeters beruhte auf der sehr großen induktiven Dämpfung eines Galvanometers bei geringem Außenwiderstand. Auch wenn die Fluxmeter bei Magnetfeldmessungen - historisch gesehen - eine bedeutende Rolle gespielt haben, haben sie doch eine ganze Reihe von Nachteilen. Sie wurden daher mit der Entwicklung der Elektronik von moderneren elektronischen Geräten verdrängt. Insbesondere spielen hier Hall-Sonden eine herausragende Rolle. Es gibt jedoch Anwendungsbereiche – vor allem bei ferromagnetischen Stoffen – wo es notwendig ist, die früher verwendeten ballistischen Galvanometer und Fluxmeter durch adäquate elektronische Geräte zu ersetzen, die ebenfalls den Spannungsstoß Q_U, messen und nicht die Nachteile der oben angeführten Geräte besitzen. Das vom Autor dieses Artikels vorgeschlagene Gerät erfüllt die wichtigsten Anforderungen an ein Demonstrationsgerät für den Physikunterricht an Schulen.

Bei der Messung des Spannungsimpulses ist zu beachten, daß die Eingangsspannung beide Polaritäten haben kann. In Abb.1 wird der zeitliche Verlauf eines solchen Stoßes veranschaulicht.

Im Zeitintervall $<t_1,t_2>$ ist die Spannung positiv, im Intervall $<t_2,t_3>$ ist sie negativ. Der Grundgedanke des elektronischen Fluxmeters beruht auf der Verwendung eines Spannungs-Frequenz-Wandlers und eines Vorwärts-Rückwärts-Zählers. Das Funktionsprinzip des Gerätes wird aus dem Blockschema in Abb.2 leicht verständlich. Die Spannung U(t) wird an einen linearen, nichtinvertierenden Verstärker mit einer einstellbaren Verstärkung angelegt. Am Ausgang

U(t) diagram

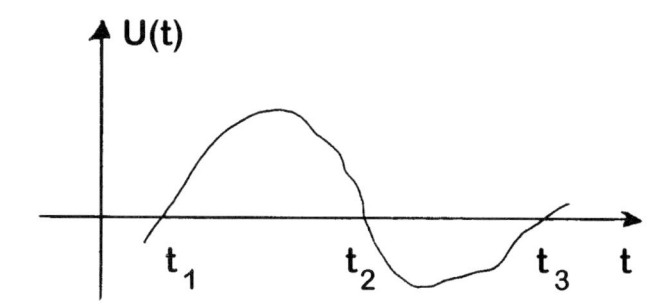

Abb.1: typischer Verlauf eines Spannungsstoßes bei einem Induktionsversuch, wie er bei Fluxmetern zu verarbeiten ist.

des Verstärkers teilt sich das Signal und gelangt einerseits zu einem Absolutwert-Geber, andererseits zu einem Komparator. Am Ausgang des Komparators erscheint die logische Eins (H), wenn $U(t) > 0$, und die logische Null (L), wenn die Eingangsspannung negativ ist.
Durch das Komparatorsignal wird der Zähler bei logisch H auf Vorwärts- und bei logisch 0 auf Rückwärts-Zählen eingestellt. Der Absolutwert-Geber bildet

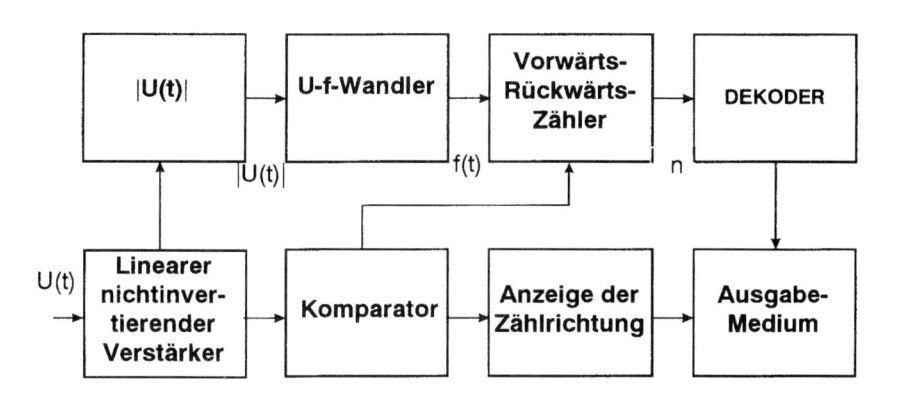

Abb.2: Blockschema des elektronischen Fluxmeters
den Betrag von U(t). Der nachfolgende Spannungs-Frequenz-Wandler wandelt die Spannung in eine Folge von Rechteckimpulsen der Frequenz

$$f(t) = k \cdot |U(t)|, \qquad (2)$$

wobei k der sogenannte Wandlungsfaktor ist. Der Wert von k sollte mindestens 1000 /Vs betragen.

Vom Wandler gelangt das Signal zum Zähler, der das Ergebnis der Integration in Form einer Zahl anzeigt:

$$n = k \cdot \int_{t_1}^{t_2} |U(t)| dt - k \cdot \int_{t_2}^{t_3} |U(t)| dt \quad . \tag{3}$$

Die Ausgabe des Zählers erfolgt im BCD-Code und muß passend zum jeweils benutzten Display dekodiert werden. Neben der Zahl wird auch die Polarität des integrierten Signals angezeigt.
Das als Blockschaltbild in Abb. 2 gezeigte Gerät kann aus Operationsverstärkern und TTL-Logikbausteinen zusammenbaut werden [4].
Das Gerät zeichnet sich durch eine große Empfindlichkeit, eine große zeitliche Stabilität und vernachlässigbarem Offset aus. Der Meßwert bleibt angezeigt bis ein neuer Spannungsstoß auf den Eingang gegeben wird.
Zur Demonstration der Brauchbarkeit des Gerätes wird die Messung der magnetischen Fußdichte B längs der Achse eines Stabmagneten vorgestellt. Dazu verwenden wir einen zylinderförmigen Magnet aus einer Alnico-Legierung mit dem Durchmesser 2a = 2,2 cm und einer Länge von 2L = 12,3 cm. Das Verhältnis p =L/a beträgt 5,59, ξ steht für x/L. Der Magnet steckt in einer Induktionsspule (siehe Abb. 3). Zur Messung von B(x) wird von der Stelle x aus die Spule abgezogen und der entstehende Spannungsstoß zum elektronischen Fluxmeter geleitet, das den Wert für B(x) anzeigt.

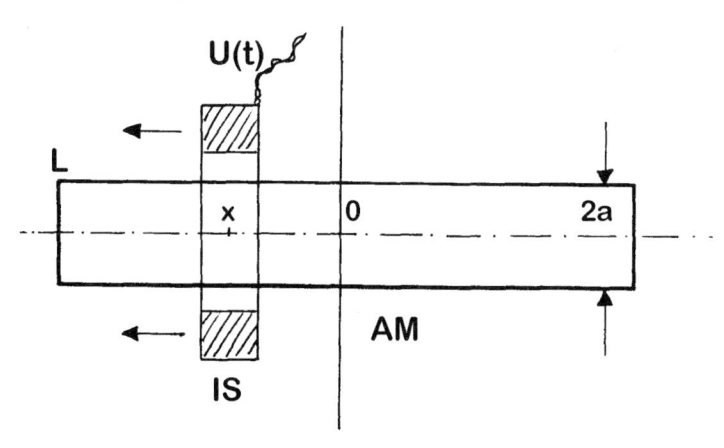

Abb.3: Schematische Darstellung der Messung von B(x) bei einem Alnico-Magneten (AM) mit Hilfe einer Induktionsspule (IS) und anschließender Auswertung des Spannungsstoßes Q_U mit Hilfe des elektronischen Fluxmeters. Der Ort x wird von der Mitte des Magneten aus gezählt (2a=2cm, 2L=12,3cm)

x/mm :	0	5	10	15	20	25	30	35	40	45	50	55
B(x)/B(0):	1	1	0,99	0,97	0,94	0,90	0,87	0,82	0,74	0,67	0,57	0,47

Tabelle 1: Messung von B längs der Achse eine Stabmagneten

Mit Hilfe eines Computerprogrammes wurden die gemessenen Ergebnisse mit den theoretisch erwarteten Werten verglichen (s. Abb. 4). Die theoretischen Berechnungen wurden für zwei Näherungen (Kurve a) und b)) für die Magnetisierung M längs der Achse des Stabmagneten (nach [3], S. 74) durchgeführt, wobei M(0) die Magnetisierung in der Stabmitte bedeutet:

$$M(\xi) = \text{konst.} \quad \text{(Kurve a))}$$

$$M(\xi) = M(0)\left[1 - \left(\frac{\xi}{p}\right)^2\right] \quad \text{(Kurve b))}$$

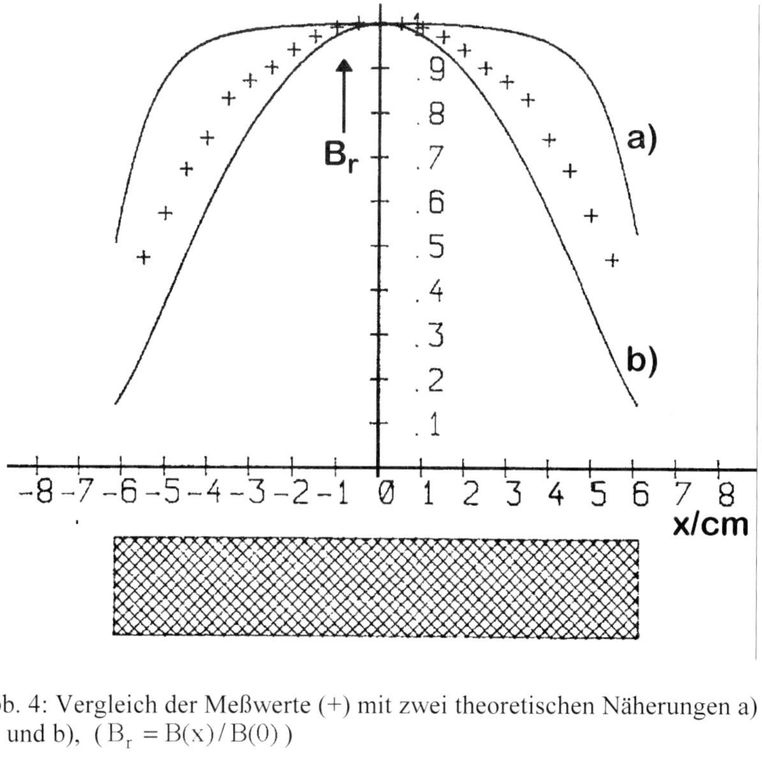

Abb. 4: Vergleich der Meßwerte (+) mit zwei theoretischen Näherungen a) und b), ($B_r = B(x)/B(0)$)

Die gemessenen Werte, die durch Kreuze dargestellt werden, liegen zwischen diesen Kurven. Im unteren Teil des Bildes ist ein Schnitt durch den Magneten in demselben Maßstab wie auf der horizontalen Achse des Graphen dargestellt (Abb.4).

Abschließend kann bemerkt werden, daß nach unserer Erfahrung das vorgeschlagene elektronische Fluxmeter im Unterricht gut geeignet ist, Meßaufgaben im Bereich des Magnetismus durchzuführen. Außerdem kann es eine wertvolle Anregung für den Selbstbau z.b. im Rahmen von Facharbeiten sein [4].

3 Literatur

[1] Broz, J.: Základy magnetických mìøení, NÈSAV, Praha 1953
[2] Dufek, M., Hrabák, J., Trnka, Z.: Magnetická mìøení, SNTL, Praha 1964
[3] Sommerfeld, A.: Elektrodynamik, z.b. Harri Deutsch Verlag Frankfurt, Nachdruck 1977
[4] Hinweis: Die an einem Nachbau Interessierten können weitere Informationen wie Schaltpläne, Typenauswahl und Tips zum Aufbau vom Autor beziehen.

M. Rojko
Mechanisch erzeugte Lissajous-Figuren mit Zeitmarkierung

Die Überlagerung von zwei zueinander senkrecht verlaufenden Schwingungen führt bei einem rationalen Frequenzverhältnis wieder zu einer periodischen Bewegung. Als Trajektorien (Ortskurven) entstehen die sogenannten Lissajous-Figuren. Üblicherweise werden Experimente hierzu mit Wechselspannungen bei passend eingestelltem Frequenzverhältnis auf dem Oszilloskop durchgeführt und ausgewertet. Für Ausbildungszwecke ist es von Interesse, diese Experimente auch im Fall von mechanischen Schwingungen durchzuführen. Im Folgenden wird hierzu eine von uns entwickelte Meßanordnung vorgestellt, mit der mechanische Schwingungen überlagert und deren Überlagerung geeignet aufgezeichnet werden können.

1 Registriermethode

Die Registrierung von Pendelbewegungen läßt sich auf unterschiedliche Weise durchführen: mit auslaufendem Sand, mit einem Bleistift, der im Pendelkörper befestigt ist und der die Spuren auf Papier aufzeichnet, mit Photopapier, das von einer im Pendelkörper befestigten Lampe belichtet wird, mit einem Lichtzeiger und Spiegeln oder einem Oszilloskop, für das die Wandlung der Pendelbewegung in eine elektrische Spannung über einen geeigneten Wandler (wie z.B. Wasserpotentiometer, Drehpotentiometer, Tachogenerator) erforderlich ist. All diese Aufzeichnungsverfahren registrieren nur den Ort des Gegenstands bei der Bewegung, aber nicht den Zeitpunkt, zu dem der Gegenstand sich an dem jeweiligen Ort befunden hat. Die so erhaltene Trajektorie gibt daher keine Auskunft über den zeitlichen Verlauf der Bewegung.

In der Literatur findet man nur wenige Beschreibungen von Aufzeichnungsverfahren, die neben der Ortsinformation auch noch die Zeitinformation liefern. Als Beispiel sei das von H. Brockmeyer beschriebene Verfahren erwähnt [1]. Wir verwenden ein Wasserpotentiometer als Weg-Spannungs-Wandler und anschließend ein Computermeßsystem, das mit einer zeitlich konstanten Rate die anliegende Spannung abtastet. Bei uns kommen die in Tschechien weit verbreiteten Systeme ISES oder FAMULUS [2], [3] zur Anwendung; auch andere Systeme sind einsetzbar, sie müssen nur zwei getrennte Eingänge zur Spannungsmessung besitzen und über eine frei einstellbare Abtastrate (Samplingrate) beim Wandeln verfügen.

2 Kreuzpendel zur Überlagerung von Pendelschwingungen

Die Überlagerung zweier Pendelbewegungen läßt sich mit der in Abb. 1 dargestellten Anordnung einfach erreichen. Sie ist nicht kompliziert und kann gegebenenfalls - auch durch einen geschickten Schüler z.B. im Rahmen einer Facharbeit - selber gebaut werden.

Anhand der Abbildung 1 erkennt man das Prinzip des Kreuzpendels. Der untere Pendelkörper ist über ein breites, dünnes Federblech aus Bronze an einem Rahmen befestigt, der wiederum über ein breites Federblech an einem Halter fixiert ist. Beide Federbleche stehen senkrecht zueinander. Sie dienen als Gelenk und bestimmen die Schwingungsrichtung des jeweiligen Pendels. Der obere Rahmen dient als erstes Pendel, die untere Stange mit der verschiebbaren Masse als zweites Pendel. Die effektive Pendellänge des ersten Pendels ist über die Drehachsenbefestigung, die des zweiten durch die Stellung der Masse veränderbar.

Zur Registrierung der Bewegung ist am unteren Ende des zweiten Pendels ein Halter mit zwei Meßspitzen angebracht, die in zwei voneinander getrennte elektrolytische Tröge eintauchen. Die Elektroden der Tröge sind so angebracht, daß die Feldrichtung in dem einen Trog parallel zu dem einen Federblech und die im zweiten Trog parallel zu dem anderen Federblech stehen. Die Meßspitzen stellen dann die "Schleifer" je eines Wasserpotentiometers dar. Schwingt die Spitze senkrecht zur Feldrichtung, so erhält man eine konstante Spannung, schwingt sie in der Feldrichtung, so hängt die Spannung vom Ort ab. Die Potentiometerspannung am einen Trog ist damit ein Maß für die Auslenkung des ersten Pendels (x-Richtung), die am anderen Trog für die Auslenkung des zweiten Pendels (y-Richtung). Als Spannungsquelle für die beiden Wasserpotentiometer dient eine 4,5-Volt-Batterie.

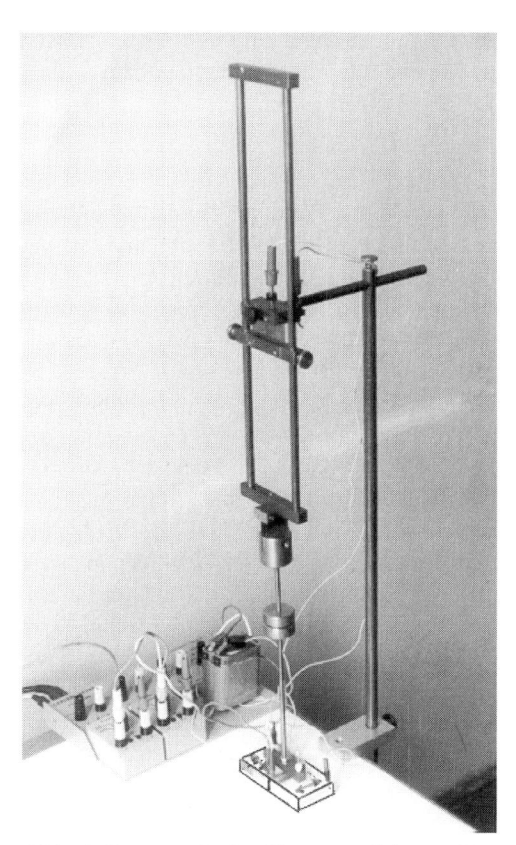

Abb. 1: Fotografie des Kreuzpendels zur Registrierung von mechanischen Lissajou-Figuren. Die Pfeile in den beiden elektrolytischen Trögen zeigen die Feldrichtung an.

Die den beiden Pendelbewegungen zugeordneten Spannungen U(x(t)) bzw. U(y(t)) werden über das Meßwerterfassungssystem in digitale Werte gewandelt, mit dem Computer aufgezeichnet, digital gespeichert und weiterverarbeitet, so daß der Verlauf der Spannungen U(x(t)) und U(y(t)) für verschiedene Abtastraten auf dem Bildschirm dargestellt werden kann. Durch eine entsprechende Kalibrierung ist jedem Spannungswert ein entsprechender Ortswert zugeordnet.

3 Auswertung

Als ein Beispiel für eine Registrierung ist in Abb. 2 der zeitliche Verlauf der Pendelbewegungen x(t) und y(t) dargestellt. Hieraus läßt sich die Ortskurve (Lissajou-Figur) berechnen. Sie ist in Abb. 3 für die Abtastrate 10Hz dargestellt, wobei der zeitliche Verlauf der Bewegung über den Abstand der Punkte noch erkennbar ist. Weiterhin gestattet der Computer den Vergleich mit den jeweils theoretisch erwarteten Werten. In Abb. 2 ist dazu die Anpassung einer Sinuskurve an die Meßwerte gezeigt.

Schließlich lassen sich aus den x(t)- und y(t)-Werten noch andere interessante

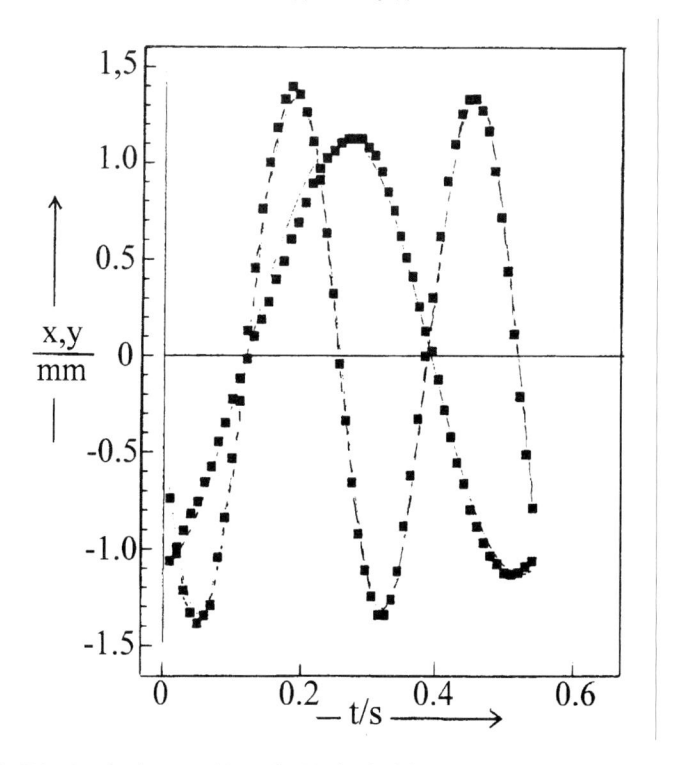

Abb. 2: Die Auslenkung x(t) und y(t) der beiden Pendelbewegungen als Funktion der Zeit

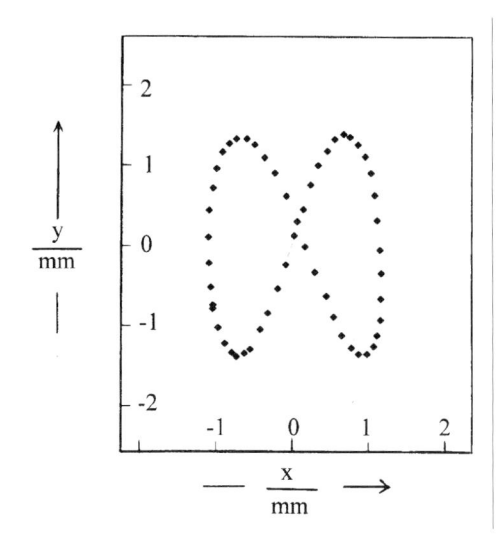

Abb. 3: Aus den Daten in Abb. 2 berechnete Lissajou-Figur (die Punkte zeigen die Zeitmarkierungen an)

Größen für die Bewegung des Pendels berechnen und wie in einem Film auf dem Bildschirm darstellen. Es sind dies der Geschwindigkeitsvektor v, die Tangential- und Normalbeschleunigung a_n und a_t, die Änderungen der Trajektorienkrümmung R und die Lage der Mittelpunkte des Berührungskreises, die in Abb. 4 zusammengestellt sind. In Abb. 5 ist ferner der zeitliche Verlauf der beiden Beschleunigungskomponenten dargestellt. Insgesamt gestattet die Vielfalt der Auswertungsmöglichkeiten einen vertieften Einblick in die Kinematik der Überlagerung von Pendelbewegungen.

Die vorgestellte Pendelanordnung ist, zusammen mit einem Computermeßwerterfassungssystem, gut geeignet, die Überlagerung der Bewegung zweier senkrecht zueinander schwingenden Pendel experimentell zu erarbeiten und mit theoretischen Modellen zu vergleichen. Man kann sowohl die Ortskurve (Lissajou-Figur) als auch den zeitlichen Verlauf der Überlagerung darstellen und für verschiedene Bedingungen untersuchen.

Wir verwenden diese Anordnung sowohl im Rahmen der Lehrerausbildung als auch im Oberstufenphysikunterricht. Sie könnte auch ein Thema für eine Facharbeit sein.

4 Literatur:

[1] H. Brockmeyer: "Zeitbelegung bei Bahnkurven durch Helligkeitssteuerung", Praxis der Naturwissenschaften - Physik 17 (1968) S. 23-24
[2] Lustig, F., Lustigová, Z., Vlásek, P.: "ISES Inteligent School Experimental System manual", Praha 1992
[3] Dvořák, L., et all. : "FAMULUS 3.5 (manual)", Praha, Comp. Equipment, Famulus Etc. 1992
[4] Rogers, C.R., Eliot-Kemp : "The effektive teacher: A person centred development Guide",Pavic Publications, Sheffield 1982

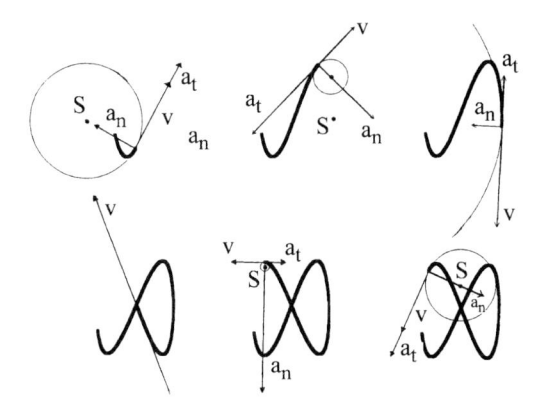

Abb. 4: Berechneter Verlauf für den Geschwindigkeitsvektor v, die Tangential- und Normalbeschleunigung a_t und a_n, die Bahnkrümmung und die Lage des Krümmungsmittelpunktes S für sechs Punkte einer Lissajou-Figur (die zugehörigen Werte sind in Tab. 1 angegeben).

t in s	0,069	0,163	0,261	0,375	0,441	0,466
v in m/s	0,214	0,148	0,292	0,344	0,101	0,191
a_t in m/s²	5,596	5,548	2,879	0,052	1,733	5,333
a_n in m/s²	2,808	4,573	1,735	0,108	7,399	3,523
R in m	0,016	0,005	0,049	1,093	0,001	0,011

Tabelle 1: Numerische Werte für die Darstellung der relevanten Bewegungsgrößen in Abb. 4

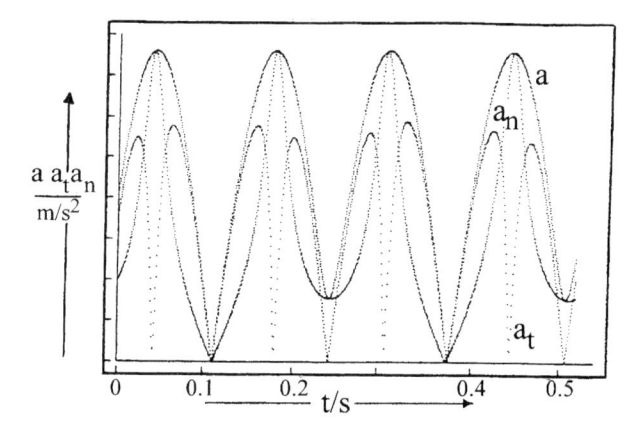

Abb. 5: Zeitlicher Verlauf der Gesamtbeschleunigung a, der Beschleunigung in normaler und tangentialer Richtung a_n und a_t.

G. Hacker

Ein elektrisches Thermometer mit projizierbarem LCD-Display

1 Einleitung

Im Elektronikversandhandel werden elektrische Thermometer mit meistens zwei Sensoren, einem integrierten A/D-Wandler und der LCD-Anzeige für den Hausgebrauch sehr preisgünstig (ca. 25DM) angeboten. Diese Geräte eignen sich für Schülerübungen, für den Einsatz im Lehrerexperiment ist die Anzeige allerdings zu klein. Hier wären Thermometer mit projizierbarer Anzeige wünschenswert. Um diesem Wunsch nachzugehen, haben wir, ausgehend von der bereits beim Aufbau eines projizierbaren Digitalvoltmeters gemachten Erfahrungen [1], einen Umbau für ein preiswertes Digitalthermometer vorgenommen, der leicht nachzuvollziehen ist. Die für den Umbau notwendigen Teile sind in einem Bausatz enthalten [2]. Die folgenden Hinweise zum Umbau stellen eine auf den Bausatz bezogene Hilfe dar. Sie können jedoch auch eine Anregung für eigene Umbaulösungen darstellen.

2 Hinweise zum Umbau eines Digitalthermometers mit LCD-Anzeige

LCD-Displays sind aus fünf Schichten aufgebaut. Zwischen zwei Glasscheiben befindet sich die Schicht mit Flüssigkristallen (Liquid-Crystal-Display, LCD). Auf einer der Glasscheiben sind dünne Leiterbahnen aufgedampft, um die einzelnen Flüssigkristall-Segmente ansteuern zu können. Auf der Rückseite eines LCD-Displays befindet sich eine Polarisationsfolie, die zusätzlich noch, um einfallendes Licht zu reflektieren, mit einer Aluminiumfolie beklebt ist.

Um das Display projizierbar bzw. durchleuchtbar zu machen, müssen zwei Umbauten vorgenommen werden. Zum einen muß die reflektierende Aluminiumfolie auf der Rückseite des Displays abgezogen werden und zum anderen muß das Display so montiert werden, daß es nicht von Teilen des Gehäuses oder der Platine verdeckt wird.

In dem hier verwendeten sogenannten IN/OUT-Digitalthermometer mit LCD-Anzeige [2] sind die Platine für die Ansteuerung des LCD-Displays und das Display *übereinander* in einem Gehäuse eingebaut. Störende Teile des Gehäuses könnten zwar entfernt werden, aber auch aus der Platine müßte ein Teil herausgesägt werden, was sie zerstören würde. Um dennoch die Projektion bei nur geringen Umbaumaßnahmen zu ermöglichen, empfiehlt es sich, Platine und Display *nebeneinander* anzuordnen, wobei die notwendigen leitenden Verbindungen zwischen Display und Platine neu geschaffen werden müssen.

Üblicherweise wird die Verbindung zwischen LCD-Anzeige und Schaltung mit einem sogenannten Leitgummi [3] hergestellt. Leitgummi ist ein aus abwechselnd hochohmig-leitenden und nichtleitenden Schichten aufgebauter weicher

Gummistreifen (Querschnitt: ca. 2x2mm^2). Er findet dort Anwendung, wo viele eng nebeneinander sitzende, schmale Metallkontakte einer Platine mit einer gleichen Anordnung von Kontakten, z.b. denen eines LCD-Displays, elektrisch verbunden werden sollen.

Zur Lösung des Verbindungsproblems wurde eine Platine [2] (im folgenden Grundplatine genannt) entwickelt, auf der Display und Originalplatine des Thermometers (im folgenden Originalplatine genannt) nebeneinander angeordnet werden können (s. Abb. 3). Die Grundplatine besitzt ein Fenster für die Durchleuchtung der LCD-Anzeige bei der Projektion. Weiterhin befinden sich auf der Grundplatine 19 Leiterbahnen, an die die Kontakte des LCD-Displays und die der Originalplatine mit Leitgummi angeschlossen werden (s. Abb. 4). Da das verwendete Digitalthermometer nur einen Leitgummi enthält, liegt dem Bausatz noch ein zweiter bei. Der Umbau ist bei Beachtung der folgenden Schritte ohne größere Schwierigkeiten durchführbar:

a) Zerlegen des Thermometers und Modifikationen an der Originalplatine;
b) Bearbeitung des Kunststoffgehäuses und des LCD-Displays;
c) Bearbeitung der Grundplatine;
d) Zusammenbau der Einzelteile.

An Werkzeug benötigt man eine Laub- oder Feinsäge, eine flache Feile, Uhrmacherschraubendreher, Lötkolben mit feiner Spitze, Bohrmaschine (Feinbohrer) und eine Heißklebepistole.

Zu a): Alle Kreuzschlitzschräubchen am Gehäuse und im Inneren des Thermometers werden herausgedreht und zur Seite gelegt. Sowohl die Druckknöpfe und Schiebebrücken als auch die Rückseite des Gehäuses werden nicht mehr benötigt. Die Glühlampe und der Temperatursensor (blau-weißer NTC für Innentemperatur, links oben in Abb. 1), die sich auf der Originalplatine befinden, werden abgelötet. Auch die beiden Blechkontakte der Batterieanschlußlitzen werden abgelötet. Auf der Seite der Glühlampe wird auf der Originalplatine eine kleine Drahtbrücke zwischen dem Kontakt OUT (Nr. 1 in Abb. 1) und dem davon am weitesten entfernten Kontakt aus der darunterliegenden "Dreiergruppe" (Nr. 1b in Abb. 1) gelötet. Vorher konnte hier mit einer verschiebbaren Blechbrücke der Anzeige-Modus IN, OUT oder CLOCK gewählt werden. Mit der Drahtbrücke wird er auf OUT festgelegt ("Erweiterungsmöglichkeit" unter 2.1).

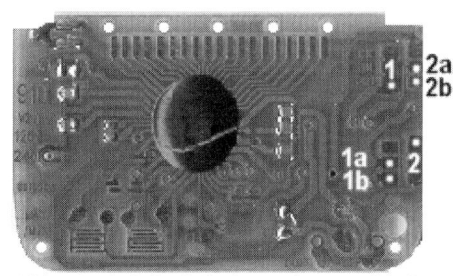

Abb. 1: Originalplatine mit Anschlußkontakten für die IN/OUT/CLOCK-Umschaltung

Zu b): Das Gehäusevorderteil wird entlang der in Abb. 2 weiß gestrichelten Linie abgesägt. Anschließend wird der Rand auf der Innenseite mit einer Feile eben, bis auf die Höhe der fünf Hülsen für die Befestigungsschrauben des LCD-Displays abgeflacht (siehe fünf helle, in einer Reihe stehende Markierungen in Abb. 2). Das Gehäusevorderteil soll flach auf der Grundplatine aufliegen.

Das LCD-Display fällt nach dem Zerlegen des Thermometers zusammen mit dem Leitgummi, der die Kontakte zwischen Display und Platine herstellt, aus seiner Halterung, so daß die Aluminiumfolie auf der Rückseite des Displays zugänglich wird und abgezogen werden kann.

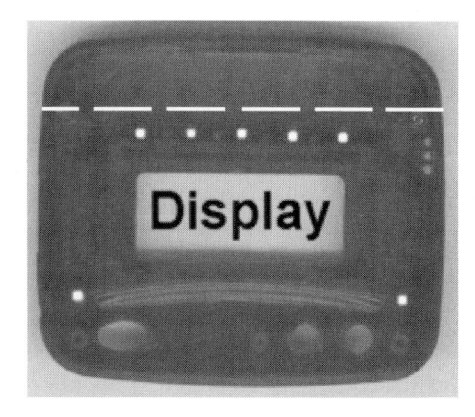

Abb. 2: Innenansicht des Gehäusevorderteils mit der Sägekante (gestrichelte Linie)

Dazu hebt man sie am besten mit einem kleinen scharfen Messer an einer Ecke etwas an und zieht sie dann gleichmäßig ab. Man muß aufpassen, daß die Polarisationfolie nicht mit abgezogen wird. Nach dem Abziehen wird die noch stark klebende Seite des Displays mit transparentem Tesafilm luftblasenfrei beklebt, damit keine die Projektion störenden Schmutzteilchen hängen bleiben.

Zu c): In die Grundplatine müssen an den neun, mit "a" (siehe Abb. 3) markierten Stellen, an denen die Displayhalterung angeschraubt wird, Löcher (1,5 mm Durchmesser) gebohrt werden.

In die fünf, mit "b" (siehe Abb. 3) markierten Stellen, an denen die Originalplatine befestigt wird, werden Löcher mit einem Durchmesser von 1 mm, also kleiner als der Schraubendurchmesser, gebohrt. Die Schrauben sollen hier direkt in die Grundplatine gedreht werden. Die kleinen Bohrungen ("b") müssen mit einer dünnen konischen Spitze (z.B. Reibahle, kleiner Nagel oder kleine Schere) etwas geweitet werden (auf ca. 1,2), damit sich die kleinen Schräubchen beim Eindrehen in die Bohrungen ihr eigenes Gewinde in den Kunststoff schneiden können. Sollte das Eindrehen zu schwer gehen, muß die Bohrung noch mehr erweitert werden. Auf keinen Fall darf mit Gewalt eingeschraubt werden, da die Schraubenköpfe sehr leicht abbrechen. In die beiden linken mit "a" gekennzeichneten Bohrungen (Abb. 3) werden zwei der vier größeren Schräubchen gedreht. Die Schräubchen (zwei kleine und zwei große), die in die Grundplatine gedreht werden, sollte man vorher zum Test einmal ohne Originalplatine eindrehen, um sicherzugehen, daß die Bohrungen die richtige Weite besitzen.

Zu d): Das vorbereitete LCD-Display wird zusammen mit dem Leitgummi wieder in seine alte Halterung im Gehäusevorderteil gesetzt, auf die Grundplatine gelegt und dann mit vier kleinen Schräubchen befestigt. Es genügt, das 2. und 4. der fünf in Reihe stehenden Plastikgewinde des Gehäusevorderteils anzuschrauben. Der Kontakt des Leitgummis ist damit bereits ausreichend gewährleistet. Mit den anderen beiden Schräubchen werden die beiden Ecken der Gehäusevorderseite befestigt.

Der zweite Streifen Leitgummi stellt die Kontakte zwischen Original- und Grundplatine her. Sollte er zu lang oder zu hoch sein, kann er sowohl in der Länge als auch in der Höhe leicht mit einer Rasierklinge oder einer anderen sehr scharfen und geraden Klinge abgeschnitten werden. Seine Leitfähigkeit wird dadurch nicht beeinträchtigt.

Man legt den Leitgummi quer zu den 19 Leiterbahnen, drückt die Originalplatine auf und dreht vier Schräubchen, zwei kleine und zwei große, die durch die Originalplatine gehen, in die Grundplatine (geweitete Bohrungen "b" und die beiden linken Bohrungen "a" in Abb. 3). Damit ist auch hier ausreichender Kontakt hergestellt. Überstehende Schraubengewinde können, wenn nötig, abgefeilt oder mit einem Seitenschneider abgezwickt werden.

Zum Schluß werden noch die beiden Pole der Batterie direkt an die entsprechenden Anschlusslitzen, die zur Originalplatine führen, gelötet (die Batterie hält jahrelang!). Die Batterie kann mit Heißkleber oder Tesafilm auf der Grundplatine befestigt werden (siehe Abb. 4).

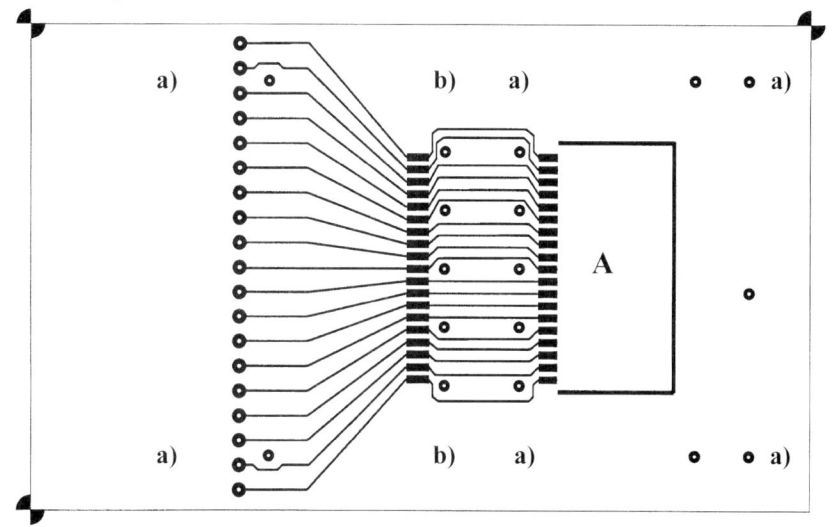

Abb. 3: Grundplatine mit rechteckigem Ausschnitt A für die zur Projektion notwendigen Beleuchtung der LCD-Anzeige; Platinenlayout zur Selbsherstellung. Die Platine hat im Original eine Größe von 102,6mm x 62,4mm; gegebenenfalls muß man die Vorlage entsprechend veröäern (verkleinern), um das richtige Rastermaß zu treffen (Bezugsquelle unter [2])

2.1 Erweiterungsmöglichkeit

Durch eine kleine Modifikation, die vor dem endgültigen Zusammenbau durchzuführen ist, können gleichzeitig zwei Temperaturen (IN/OUT) gemessen und ihre Werte im Display nacheinander durch Umlegen eines entsprechenden Schalters angezeigt werden. Dazu wird der zweite Temperatursensor, der ursprünglich direkt auf der Originalplatine angelötete NTC für die Innentemperatur, mit einem dünnen, zweiadrigen Kabel (z.B. der Hälfte des langen Kabels für den OUT-Temperatursensor) auch nach außen verlegt. Zum Umschalten der Anzeige zwischen IN- und OUT-Temperatur (sie wurde in a) auf OUT festgelegt), muß der im ursprünglichen Thermometer vorhandene Schiebeschalter durch einen externen Zweifach-Wechselschalter ersetzt werden. Die 6 Kontakte des Wechselschalters müssen so angeschlossen werden, daß in der einen Schalterstellung (siehe Beschriftung in Abb. 1) die Kontakte 1 mit 1a und 2 mit 2a und in der anderen Schalterstellung 1 mit 1b und 2 mit 2b verbunden sind.

Abb. 4: Thermometer nach dem Umbau, jetzt mit projizierbarer LCD-Anzeige

3 Schlußbemerkung

Der Umbau wurde verschiedentlich mit Schülern im Rahmen von Schülerübungen und mit Lehrern bei Fortbildungsveranstaltungen durchgeführt. Dabei traten keine besonderen Schwierigkeiten auf. Wir setzen das Gerät so ein, daß wir die Ziffern direkt auf die Tafel z.B. in eine vorbereitete Tabelle oder in die Versuchskizze projizieren. Die Tafel wird an dieser Stelle mit Kreide geweißt, um einen größeren Kontrast bei der Projektion zu erhalten.

4 Literatur und Bezugsquellen

[1] H. Dittmann, J. Kretschmann, W.B. Schneider, "Ein projizierbares Digitalmeßgerät für vielerlei Zwecke". In: Physik in der Schule 33 (1995) 9
[2] Digital-Thermometer: Conrad-Electronic (Best.Nr. 106100),
 92240 Hirschau
 Bausatz oder Grundplatine allein:
 Physikalisches Institut der Universität Erlangen, Didaktik der Physik
 Staudtstr. 7; 91058 Erlangen, Tel. und Fax: 09131/91058Erlangen
[3] Leitgummi: MH&W, Idustriestr. 10; 82110 Germering

mler-Benz Aerospace AG
tärflugzeuge
tfach 50 11 60
63 München
://www.dasa.com

gibt einen Arbeitsplatz, an dem die doppelte Schallgeschwindigkeit und Beschleunigen bis zum Neunfachen der
lbeschleunigung zum Alltag gehören. Eine Arbeitsstelle, die Verantwortung und Konzentration bei der Erfüllung von
ftraumüberwachungs- und Luftverteidigungsaufgaben abverlangt. Wer seine volle Leistung für unsere Sicherheit ein-
zt, muß sich auf ein besonders leistungsfähiges Flugzeug verlassen können: den Eurofighter. Das moderne europäi-
ne Jagdflugzeug bietet hervorragende Flugeigenschaften und Manövrierbarkeit sowie Entlastung des Piloten von
ckpit-Routinearbeit. Und damit das Beste für die Besten.

Daimler-Benz Aerospace

Militärflugzeuge

Von 50 schafft einer die Prüfung. Er hat das Beste verdient.

MEKRUPHY GMBH

Experimentiersätze

✗ durchdacht
✗ erprobt
✗ einfach
✗ genau
✗ gut

Physikunterricht mit

✗ mehr Spaß
✗ mehr Erfolg
✗ für den Schüler
✗ für den Lehrer

Jetzt auch Chemie

MEKRUPHY GmbH
Naturwissenschaftliche Experimentiergeräte
Schlehenhag 19 · D-85276 Pfaffenhofen
Telefon (0 84 41) 8 44 49 · Fax (0 84 41) 7 14 94

S. Hartmann, R. Müller, H. Wiesner

Bose-Einstein-Kondensation ultrakalter Atome

1 Einleitung

Am 14. Juli 1995 berichteten die angesehene Wissenschaftszeitschrift *Science* sowie die berühmte amerikanische Tageszeitung New York Times - auf dem Titelblatt - gleichzeitig über die erstmalige experimentelle Erzeugung eines Bose-Einstein-Kondensates aus einem Gas schwach wechselwirkender Alkaliatome am Joint Institute for Laboratory Astrophysics (JILA) in Boulder/Colorado (USA). Was war an dieser Leistung so bedeutsam, daß man sich entschloß, sie auf jene Weise bekannt zu geben?
Einer der Gründe für die enorme Publizität des Ereignisses ist sicher, daß der Name Albert Einsteins damit in Verbindung gebracht wird. Tatsächlich hat Einstein den Effekt in einer bemerkenswerten Arbeit im Jahr 1924 (anknüpfend an frühere Überlegungen des indischen Physikers S. N. Bose) vorausgesagt. Bei seiner Untersuchung der Quantentheorie idealer Gase wies er darauf hin, daß unter bestimmten Umständen ein Teil der Atome auskondensiert und gemeinsam den Grundzustand des Systems besetzen. Diese Atome bilden eine Kondensat-Phase, die ein makroskopisches Quantensystem darstellt.
Mehr als 70 Jahre vergingen zwischen der theoretischen Vorhersage dieses quantenstatistischen Phänomens und seiner eindeutigen Realisierung im Labor. Wegen der außerordentlichen experimentellen Schwierigkeiten, die dabei zu überwinden waren, bedurfte es verschiedener neuer Techniken und Methoden, bis sich nach einem Wettrennen (dessen heiße Phase etwa 15 Jahre dauerte) mehrerer Gruppen der Erfolg einstellte.
In zahlreichen Zeitungs- und Zeitschriftenartikeln wurde auch hierzulande über das Ereignis berichtet [1-4]. Interessierte Schülerinnen und Schüler allerdings, die in der Schule Näheres über dieses neue Phänomen erfahren wollen, werden vermutlich meistens enttäuscht. Ähnlich ergeht es wohl auch den Lehrerinnen und Lehrern, die ihren Unterricht mit aktuellen Informationen aus der Wissenschaft anreichern wollen und zu diesem Zweck die Fachliteratur zu Rate ziehen: Ihnen wird die Verbindung zwischen den hochtechnischen Abhandlungen der Fachbücher über Statistische Physik und den bunten Bildern von in Fallen gefangenen Atomen nicht unbedingt besonders einsichtig erscheinen.
Gerade bei einem Fach wie der Physik, das häufig als schwierig angesehen wird, ist es besonders bedauerlich, wenn ein bestehendes Interesse an physikalischen Inhalten aus Mangel an Information nicht befriedigt werden kann. Eine Aufgabe der Fachdidaktik besteht unseres Erachtens darin, solchen Informationsdefiziten abzuhelfen und einen die vordergründige Berichterstattung der Tageszeitungen vertiefenden Überblick zu liefern, damit Fragen interessierter Schülerinnen

und Schüler kompetent beantwortet werden können. Aus diesem Grund möchten wir im vorliegenden Aufsatz einen Überblick über das Phänomen der Bose-Einstein-Kondensation geben. In Abschnitt 2 wird eine Abschätzung vorgestellt, unter welchen Bedingungen sich quantenstatistische Effekte bemerkbar machen. Abschnitt 3 vermittelt anschließend einige Grundlageninformationen über Bose-Einstein-Kondensation und in Abschnitt 4 werden die neuen Experimente, die zur Erzeugung der Bose-Einstein-Kondensation geführt haben, vorgestellt. Schließlich gibt Abschnitt 5 einen Ausblick auf die zukünftigen Anwendungen und Entwicklungsmöglichkeiten.

2 Fermionen, Bosonen und die Quantenstatistik

In der Quantenmechanik kennt man zwei Teilchenklassen, die sich grundlegend unterscheiden: Sie werden Fermionen und Bosonen genannt. Am offensichtlichsten ist der Unterschied zwischen beiden Klassen im Bereich der Teilchenphysik ausgeprägt. Dort sind die "Bausteine der Materie" Fermionen, wie z. B. Elektronen, Protonen, Neutronen und Quarks. Sie sind generell dadurch gekennzeichnet, daß ihr Spin ein halbzahliges Vielfaches der Planckschen Konstante $\hbar$ ist. Für Fermionen gilt das Paulische Ausschließungsprinzip, das zwei Objekte im gleichen Quantenzustand verbietet und letztendlich die Stabilität der Materie garantiert. Beispiele für Bosonen sind dagegen Teilchen, welche die elementaren Wechselwirkungen vermitteln, also etwa Photonen oder Gluonen. Während Fermionen die gleichzeitige Besetzung von Quantenzuständen vermeiden, ist es bei Bosonen gerade umgekehrt: es besteht eine Tendenz zur "Anhäufung" im gleichen Zustand. Ein gutes Beispiel dafür bietet der Laser, bei dem eine sehr große Anzahl von Bosonen (nämlich Photonen) den gleichen Zustand bevölkert. Die Einteilung in Fermionen und Bosonen ist die Grundlage der Quantenstatistik, die sich mit der Untersuchung der quantenmechanischen Eigenschaften von Vielteilchensystemen beschäftigt.

Eine weitere Novität im Bereich der Quantenstatistik stellt das Prinzip von der Ununterscheidbarkeit identischer Teilchen dar. Es besagt unter anderem, daß zwei identische Quantenobjekte, die sich im gleichen Zustand befinden (also in allen ihren Quantenzahlen übereinstimmen), ununterscheidbar sind. Es läßt sich prinzipiell keine weitere Auszeichnungsmöglichkeit angeben, mit deren Hilfe man die einzelnen Teilchen voneinander unterscheiden kann. Quantenobjekte verlieren gewissermaßen ihre Identität zugunsten eines kollektiven Ganzen. Dieser Zug ist der klassischen Physik völlig fremd, in der alle Teilchen als unterscheidbar angenommen werden (sie können also immer mit einem Kennzeichen versehen werden, das sie voneinander unterscheidet).

Der Unterschied zwischen Fermionen und Bosonen ist nicht nur in der Teilchenphysik von Bedeutung, sondern im Prinzip für alle Quantenobjekte, also auch für ganze Atome. So ist etwa ein Barium-137-Atom ein Fermion, da es 56 Protonen, 56 Elektronen und 81 Neutronen enthält, deren Spins von jeweils

$\hbar/2$ sich nur zu einem halbzahligen Vielfachen von $\hbar$ kombinieren können. Dagegen ist Natrium-23 ein Boson, weil es 11 Protonen und Elektronen sowie 12 Neutronen besitzt, die zusammen nur einen Spin ergeben können, der ein ganzzahliges Vielfaches von $\hbar$ ist.

Nachdem der Unterschied zwischen Bosonen und Fermionen im Elementarteilchenbereich so offensichtlich ist, stellt sich die Frage, warum sich die Eigenschaften der beiden Atomsorten oftmals so wenig unterscheiden. So beobachtet man zum Beispiel in einer Dampflampe keine Effekte, die auf eine bosonische oder fermionische Natur der Konstituenten schließen lassen. Im Gegenteil: Die Thermodynamik normaler Gase wird gut von den Gesetzen der klassischen Boltzmann-Statistik beschrieben. In der Tat ist die wesentliche Bedingung für das Einsetzen quantenstatistischer Effekte unter normalen Bedingungen nicht erfüllt: Die quantenmechanischen Wellenfunktionen der einzelnen Atome überlappen sich nicht, sondern sind räumlich wohlgetrennt und weisen keine quantenmechanische Kohärenz auf. Dann gibt es aber ein Kriterium, nach dem man die Atome voneinander unterscheiden kann (nämlich ihren Aufenthaltsbereich, um den die Wellenfunktion konzentriert ist), so daß die Bedingung der Ununterscheidbarkeit nicht erfüllt ist. Man wird deshalb keine quantenstatistischen Effekte erwarten.

Ein Kriterium für das Auftreten quantenstatistischer Effekte ist also, daß die Wellenfunktionen der einzelnen Atome quantenmechanische Kohärenz, also Interferenzfähigkeit, zeigen müssen. Um quantitative Abschätzungen für die Ausdehnung der Kohärenz eines Gasatoms im thermischen Gleichgewicht zu gewinnen, erweist es sich als nützlich, das Konzept der "thermischen de-Broglie-Wellenlänge" einzuführen. Damit ist folgendes gemeint: Aus der Maxwellschen Geschwindigkeitsverteilung für das klassische ideale Gas läßt sich ableiten, daß ein Gasteilchen am wahrscheinlichsten den Impulsbetrag $p = \sqrt{2mk_B T}$ besitzt (und entsprechend eine kinetische Energie der Größenordnung $k_B T$). In der Quantenmechanik wird jedem Atom eine de-Broglie-Wellenlänge $\lambda = h/p$ zugeordnet. Setzt man jetzt formal die beiden Gleichungen ineinander ein, erhält man (bis auf einen Faktor $1/\sqrt{\pi}$ die Definition der thermischen de-Broglie-Wellenlänge [5]:

$$\lambda_{dB} = \frac{h}{\sqrt{2\pi m k_B T}} \qquad (1)$$

Dabei ist h das Plancksche Wirkungsquantum, k_B die Boltzmannkonstante, m die Masse eines Atoms und T die Temperatur des Gases.

Die Bedeutung von λ_{dB} sollte nicht mißverstanden werden. Sie gibt weder die "Ausdehnung" eines Gasatoms noch die tatsächliche Wellenlänge eines Teilchens an, wie die hier gegebene heuristische Ableitung vermuten lassen könnte.

Die thermische de-Broglie-Wellenlänge ist vielmehr ein Maß dafür, auf welcher Längenskala quantenmechanische Kohärenz zwischen zwei Gasatomen bei einer Temperatur T erhalten und ihre Ununterscheidbarkeit gewahrt bleibt [6,7]. Unter normalen Bedingungen ist die thermische de-Broglie-Wellenlänge sehr viel kleiner als der mittlere Abstand zweier Gasatome. Quantenstatistische Effekte sind dann nicht zu erwarten. Um die thermische de-Broglie-Wellenlänge in die Größenordnung des mittleren Atomabstandes zu bringen, hat man offenbar zwei Möglichkeiten: Man kann die Temperatur erniedrigen (dann wird λ_{dB} größer), oder man kann die Dichte des Gases erhöhen (dann wird der mittlere Abstand zwischen den Atomen kleiner). Eine einfache Abschätzung für die erforderlichen Parameterbereiche erhält man folgendermaßen: Bei regelmäßiger Anordnung von N Atomen in einem Würfel sitzen auf jeder Kante $N^{1/3}$ Teilchen. Die Kantenlänge des Würfels ist $V^{1/3}$. Also ist der Abstand zwischen zwei benachbarten Teilchen:

$$d = \frac{V^{1/3}}{N^{1/3}} = \left(\frac{N}{V}\right)^{-1/3} = n^{-1/3} \tag{2}$$

wobei n die Teilchenzahldichte des Gases repräsentiert. Bedingung für das Auftreten quantenstatistischer Effekte ist also $\lambda_{db} \geq d$ oder

$$n\lambda_{dB}^3 \geq 1. \tag{3}$$

Die exakte Theorie der Bose-Einstein-Kondensation führt auf der rechten Seite zur Zahl 2,61. Sieht man diese Gleichung bei vorgegebener Teilchenzahldichte als eine Bedingung an die Temperatur an und löst nach dieser auf, so erhält man einen Ausdruck für die kritische Temperatur T_c:

$$T_c = n^{2/3} \frac{h^2}{2\pi k_B m (2,61)^{2/3}} \tag{4}$$

unterhalb der quantenstatistische Phänomene bedeutsam werden. Mißt man n in Einheiten von 10^{18} m^{-3} und m in atomaren Masseneinheiten (u), so vereinfacht sich die letzte Gleichung wie folgt:

$$T_c = 1{,}61 \frac{n^{2/3}}{m} \mu K \tag{5}$$

Anhand dieses Kriteriums kann man die enormen experimentellen Anstrengungen verstehen, die nötig waren, um Bose-Einstein-Kondensation zu erreichen. In einem typischen Experiment muß das atomare Gas bei einer Teilchenzahldichte von etwa 10^{11} cm^{-3} bis auf 100 nK abgekühlt werden (bei Natrium entspricht das einer thermischen de-Broglie-Wellenlänge von 1 µm). Bei solchen Temperaturen kondensiert aber ein Gas schon aufgrund der interatomaren (van-der-Waals-Wechselwirkung) zu einer gewöhnlichen Flüssigkeit bzw. zu einem Festkörper. Dies war auch der Grund, warum Einstein nicht daran glaubte, daß die quantenstatistische Kondensation jemals erreicht werden könnte. In den Experimenten, die letztlich zur Erzeugung eines Bose-Einstein-Kondensates führten, konnte diese Einschränkung nur umgangen werden, indem man sich in den Bereich des thermodynamischen Nichtgleichgewichts begab.

Um Mißverständnissen vorzubeugen, muß noch ein weiterer Punkt erwähnt werden. Quantenstatistische Effekte spielen auch bei den schon lange bekannten Phänomenen der Supraleitung und der Suprafluidität eine Rolle (unter Suprafluidität versteht man das praktisch reibungsfreie Fließen von flüssigem Helium bei tiefen Temperaturen). Für das Verständnis beider Effekte ist die Bose-Einstein-Statistik unerläßlich. Man könnte sich also fragen: Warum die ganze Aufregung um die jüngsten Experimente? Der wesentliche Unterschied besteht darin, daß bei der Supraleitung und Suprafluidität Wechselwirkungen eine dominante Rolle spielen, wodurch der rein quantenstatistische Kondensationseffekt, der auch in Abwesenheit von jeglicher Wechselwirkung auftritt, modifiziert wird. Bei den neuen Experimenten dagegen konnte die Bose-Einstein-Kondensation praktisch in Reinkultur beobachtet werden.

3 Bose-Einstein-Kondensation

Nachdem wir die Bedingungen abgeschätzt haben, unter denen quantenstatistische Effekte erwartet werden können, wollen wir nun konkret die Bose-Einstein-Kondensation in einem Gas von bosonischen Atomen diskutieren. Wir nehmen an, daß die Atome in einem Kasten mit dem Volumen V eingeschlossen sind, so daß die quantenmechanisch möglichen Zustände der Atome ein diskretes (wenn auch sehr dichtes) Spektrum bilden. Wir nehmen an, daß die Atome ein ideales Gas bilden, also nicht miteinander wechselwirken. Das ist zwar bei realen Systemen nur näherungsweise erfüllt, erlaubt es aber, die Bose-Einstein-Kondensation in ihrer reinen Form zu studieren.

In einem idealen bosonischen Gas verteilen sich die Atome folgendermaßen über die Energieniveaus:

$$N(E_k) = \frac{1}{\exp[(E_k - \mu)/(k_B T)] - 1}. \tag{6}$$

Dabei bezeichnet $N(E_k)$ die Anzahl der Atome in einem Zustand mit der Energie $E_k = \hbar^2 k^2 / 2m$ und dem Impuls $\hbar k$. μ repräsentiert das sogenannte chemische Potential ($\mu \leq 0$). Es gibt die Energie an, die man aufwenden muß, um dem System ein zusätzliches Teilchen hinzuzufügen (bei Fermionen in einem Festkörper spricht man auch von der Fermi-Energie). Die Tatsache, daß m hier negativ ist, zeigt an, daß das Hinzufügen von weiteren Bosonen zum System energetisch günstig ist.[1] Wir interessieren uns nun für die Anzahl N_0 der Atome im Grundzustand. Man muß dabei zwei Fälle unterscheiden: Ist die Bedingung (4) für das Auftreten quantenstatistischer Effekte nicht erfüllt, so verteilt sich die Anregungsenergie, die dem System zur Verfügung steht, auf alle Teilchen. Ist dabei die Gesamtzahl der Teilchen im System sehr groß ($N \to \infty$), so ist der relative Anteil der Atome im Grundzustand verschwindend gering, das heißt: ($N_0 / N \to 0$).

Ist jedoch die thermische de-Broglie-Wellenlänge in der Größenordnung des mittleren Teilchenabstands (d. h. die Bedingung (4) ist erfüllt), so wird der Grundzustand *makroskopisch* besetzt. Somit besetzt ein beträchtlicher Anteil der Atome gemeinsam einen einzelnen Quantenzustand und bildet das Kondensat. Die gesamte Anregungsenergie des Systems wird dann nur noch auf die anderen Atome verteilt. Das gesamte Gas besteht dann aus zwei verschiedenen Phasen: Die eine Phase wird von den Atomen im angeregten Zustand gebildet, während die andere Phase vom Kondensat dargestellt wird.

Für die Zahl der Kondensatatome ergibt sich aus der Theorie [8,9]:

$$N_0 = N \left[1 - \left(\frac{T}{T_c} \right)^{3/2} \right] \quad \text{für } T < T_c \tag{7}$$

Der Verlauf der entsprechenden Kurve ist in Abbildung 1 dargestellt. Man sieht, daß die relative Grundzustands-Teilchenzahl oberhalb von T_c verschwindet, während sie für Temperaturen kleiner als T_c immer weiter ansteigt, bis schließlich bei T = 0 alle Teilchen im Grundzustand sind.[2] Dieses markante Verhalten der Kurve bei T = T_c welches sich auch in einem Knick der spezifischen Wärme zeigt, ist typisch für einen Phasenübergang.

Nachdem wir nun die Entstehungsbedingungen für ein Kondensat geklärt haben, würden wir gerne Näheres über seine Eigenschaften erfahren. Dazu muß

---

[1] Das chemische Potential kann für Bosonen nicht positiv sein, da es dann ein k_0 gäbe, für das die Teilchenzahl in Gleichung (6) divergierte ($E_{k_0} = \mu$).

[2] Auch bei einem gewöhnlichen Boltzmann-Gas sind freilich bei T=0 alle Teilchen im Grundzustand, sofern kein Übergang zur Flüssigkeit oder zum Festkörper stattgefunden hat. Die Besonderheit der Bose-Einstein-Kondensation besteht darin, daß sich bereits bei *endlichen* Temperaturen ein beträchtlicher Teil der Atome im Grundzustand befindet.

zuerst festgehalten werden, daß die Kondensation nicht im Ortsraum stattfindet. Es handelt sich um eine Kondensation in einen bestimmten Energiezustand (nämlich den Grundzustand des Systems, der makroskopisch besetzt wird).[3] Der Abstand der Kondensat-Atome kann also durchaus beträchtlich sein (etwa 10000 Bohrsche Radien).

Wie schon erwähnt, besetzen alle Atome im Kondensat den gleichen Zustand. Sie sind damit trotz ihres großen mittleren Abstandes ununterscheidbar und haben ihre Einzelidentität verloren. Das Bose-Einstein-Kondensat ist ein Beispiel für einen makroskopischen Quantenzustand, der nur als Ganzes, d.h. ohne explizite Bezugnahme auf die Konstituenten, beschrieben werden kann.

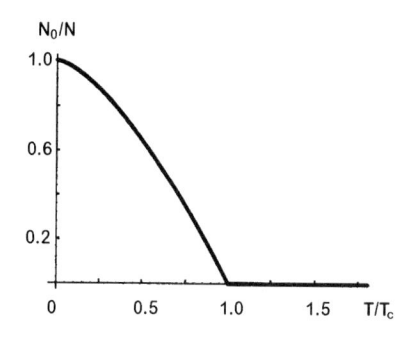

Abb. 1: Zahl der Kondensatatome N_0 im Verhältnis zur Gesamtzahl der N Atome als Funktion der Temperatur T in Einheiten der kritischen Temperatur T_c.

Die damit einhergehende langreichweitige Ordnung hat zur Folge, daß sich das Verhalten des Bose-Einstein-Kondensates gegenüber äußeren Störungen beträchtlich von dem eines normalen Gases unterscheidet. So regen etwa Stöße mit anderen Atomen oder eingestrahltes Laserlicht immer das Kondensat als Ganzes an [10,11]. Folgende Eigenschwingungen des Kondensats sind in einer harmonischen Atomfalle möglich: (1) Ein Hin- und Herpendeln des Kondensat-Tropfens um den Mittelpunkt der Falle, (2) eine "Atembewegung", bei der das Kondensat entweder abwechselnd expandiert und kontrahiert oder seine Gestalt zwischen diskus- und zigarrenförmig oszilliert, und schließlich (3) das Rotieren einer Dichtefluktuation um das Zentrum des Tropfens. Die experimentelle und theoretische Untersuchung dieser Fragen stellt gegenwärtig ein intensiv untersuchtes Forschungsgebiet dar.

Es ist bekannt, daß sich auch die thermodynamischen Eigenschaften eines Gases in Gegenwart eines kondensierten Anteils zum Teil dramatisch ändern [8], [9], [12]. So tragen etwa die Kondensat-Atome beim freien Gas nicht zum Gesamtdruck bei, da für sie der Erwartungswert der kinetischen Energie verschwin-

---

[3] Trotzdem wird in den unten vorgestellten Experimenten die Kondensation durch eine schmalerwerdende Ortsverteilung sichtbar. Dies hängt mit den verwendeten Atomfallen zusammen, deren Grundzustand auch gleichzeitig eine kleine räumliche Ausdehnung besitzt.

det. Unterhalb der kritischen Temperatur ist der Druck unabhängig von der Teilchenzahl und ist allein eine Funktion der Temperatur. Das liegt daran, daß alle weiteren dem System zugeführten Teilchen sofort in die kondensierte Phase übergehen und deshalb den Gesamtdruck nicht verändern. Ein analoges Verhalten tritt bei gesättigtem Dampf auf: Drückt man in einen Behälter mit gesättigtem Wasserdampf zusätzlichen Dampf hinein, so wird dieser sofort bei unverändertem Druck ("Sättigungsdampfdruck") zu flüssigem Wasser kondensieren.

4 Die Experimente

Der anfängliche Durchbruch bei der Erzeugung eines Bose-Einstein-Kondensats aus den Atomen eines schwach wechselwirkenden Gases gelang drei Forschergruppen aus den Vereinigten Staaten (JILA, MIT und Rice-University). Die beiden ersten Gruppen verwenden Rubidium-87 bzw. Natrium-23 Atome, während die dritte Gruppe mit Lithium-7 Atomen arbeitete. Seitdem ist es drei weiteren Gruppen in den USA (Rowland Institute, University of Texas und Stanford University) sowie zwei deutsczhen (Konsatntz und München) gelungen, ein Bose-Einstein-Kondensat zu erzeugen. Die ersten drei Experimente werden im folgenden etwas detaillierter dargestellt. Zuvor sollen jedoch die Methoden erläutert werden, die von allen Gruppen angewandt werden, um die jweiligen Atome in einer Atomfalle einzufangen und anschließend abzukühlen

Zu Beginn des Experiments verlassen die Atome einen Ofen mit einer sehr hohen Temperatur ($T \gg 600$ K) und gelangen in eine sogenannte magneto-optische Falle (magneto-optical trap, MOT), die dazu dient, die Atome zu speichern. Eine magneto-optische Falle besteht aus einer Vakuumkammer, in der durch stromdurchflossene Spulen ein inhomogenes Magnetfeld erzeugt wird, das eine ortsabhängige Zeeman-Aufspaltung der atomaren Energieniveaus bewirkt. Darüber hinaus wird aus sechs orthogonalen Raumrichtungen Laserlicht eingestrahlt. Die Polarisation der einzelnen Strahlen ist dabei so gewählt, daß sich jeder Strahl nur dann mit einem atomaren Übergang in Resonanz befindet, wenn sich das Atom entgegen dem Strahl aus der Falle zu bewegen droht. Der Strahlungsdruck, den der Laserstrahl im Resonanzfall auf das Atom ausübt, treibt dieses zurück in die Falle. Da aus allen Raumrichtungen Laserlicht eingestrahlt wird, kann keines der Gasatome die Falle verlassen.

Die vom Laserlicht auf ein Atom ausgeübte abbremsende Kraft erweist sich als proportional zur Geschwindigkeit. Deshalb spricht man in diesem Zusammenhang manchmal auch von einer Reibungskraft. Der Schwerpunkt eines atomaren Wellenpakets bewegt sich in der Falle wie ein stark gedämpfter harmonischer Oszillator. Ein eingefangenes Atom wird also sehr schnell abgebremst und kommt im Mittelpunkt der Falle fast zur Ruhe.

Sind genügend Atome in der magneto-optischen Falle gefangen, besteht das experimentelle Problem nun darin, die oben geschilderte Bedingung für das Einsetzen quantenstatistischer Effekte zu realisieren. Dazu müssen, wie bereits erwähnt, möglichst hohe Teilchenzahldichten und geringe Temperaturen angestrebt werden. Der Erhöhung der Teilchenzahldichte sind dabei allerdings Grenzen gesetzt, da die Gasatome bei zu geringen Abständen aufgrund der nun nicht mehr zu vernachlässigenden interatomaren Wechselwirkung zu einer gewöhnlichen Flüssigkeit bzw. einem Festkörper kondensieren. Um diesen unerwünschten Effekt zu vermeiden, hält man die Teilchenzahldichte auf einem moderaten Wert und kühlt stattdessen die gesamte Atomwolke sehr stark ab. Allerdings ist bei den notwendigen niedrigen Temperaturen der thermodynamische Gleichgewichtszustand ebenfalls ein Festkörper. Es zeigt sich aber, daß der gasförmige Zustand bei geringen Dichten metastabil ist und so erlaubt es dieser Trick, Bose-Einstein-Kondensation vor Ausbildung einer festen Phase zu beobachten [13]. Um die Gasatome ausreichend abzukühlen, reicht ein einziges Kühlverfahren nicht aus. Die Atome müssen in mehreren Schritten auf die nötige Temperatur von ca. 100 nK gebracht werden. In der ersten Kühlungsphase findet die sogenannte Laserkühlung Verwendung. Dabei wird die oben bereits erwähnte Reibungskraft des eingestrahlten Laserlichts auf die Atome dazu benutzt, um die mittlere kinetische Energie der Atome (und damit die Temperatur des Gases) zu verringern. Selbst mit den effektivsten einschlägigen Verfahren ("Dopplerkühlung", "Sisyphus-Kühlung" [14,15]) gelingt es jedoch nicht, die für den Kondensationsprozeß notwendigen Temperaturen zu erreichen. Das liegt an der unvermeidbaren Wechselwirkung der Atome mit den Photonen des Laserlichts, die bei einer Absorption oder Emission zu einem (wenn auch geringen) unvermeidbaren atomaren Rückstoß führt. Die niedrigsten durch Laserkühlung erreichbaren Temperaturen liegen im mK-Bereich

Da zur Erreichung der Bose-Einstein-Kondensation Temperaturen im nK-Bereich (für die Entwicklung effektiver Kühlverfahren wurde der Nobelpreis an Claude Cohen-Tannoudji, Steven Chiu und William D. Phillips vergeben) notwendig sind, muß sich eine zweite Kühlphase anschließen, die auf einer anderen Technik beruht. Das leistet die Verdampfungskühlung. Dieses Verfahren funktioniert nach einem sehr einfachen Prinzip: Den energiereichsten der in der Falle gefangenen Atome wird das Entkommen ermöglicht. Zurück bleiben die niederenergetischen Atome mit einer im Mittel geringeren kinetischen Energie. Durch den Verlust einiger Atome hat man also eine Verminderung der mittleren kinetischen Energie erkauft, was - nach der Wiederherstellung einer thermischen Energieverteilung durch Stöße - einer geringeren Temperatur entspricht. (Ganz ähnliche Vorgänge laufen beim Abkühlen einer Tasse Kaffee ab: Die energiereichsten Wassermoleküle schaffen es, die intermolekularen Kräfte zu überwinden und in die Dampfphase überzugehen. Dadurch sinkt in der flüssigen Phase die mittlere Energie - der Kaffee kühlt ab).

In den bisher durchgeführten Experimenten wird nach dem Ende der Laserkühlungs-Phase die magneto-optische Falle ausgeschaltet. Zur Verdampfungskühlung wird eine rein magnetische Falle benutzt, die auf der Kraftwirkung eines inhomogenen Magnetfeldes auf einen magnetischen Dipol beruht. Die Kühlung wird dadurch erreicht, daß in die Atomfalle Radiowellen einer bestimmten Frequenz eingestrahlt werden. Dadurch wird selektiv bei Atomen mit einer bestimmten Energie das magnetische Moment "umgeklappt", so daß sie von der magnetischen Falle nicht mehr festgehalten werden und entweichen können. Indem man die Radiofrequenz verringert, kann man nach und nach die jeweils energiereichsten Atome entweichen lassen, so daß die Temperatur der in der Falle verbleibenden Atome immer geringer wird. Das Verfahren findet offensichtlich seine Grenze darin, daß noch eine genügend große Anzahl von Atomen in der Falle verbleiben muß, um Bose-Einstein-Kondensation beobachten zu können.

Es muß noch auf eine Besonderheit der am JILA und am MIT verwendeten magnetischen Fallen eingegangen werden.

Bei beiden ist der Fallenmittelpunkt feldfrei, was eine besonders starke Magnetfeld-Inhomogenität und damit eine bessere Fallenwirkung garantiert. Allerdings können an der feldfreien Stelle die magnetischen Momente der Atome spontan umklappen, so daß aus der einschließenden eine abstoßende magnetische Kraft wird. Dort können die Atome entkommen; der Fallenmittelpunkt wirkt wie ein kleines Loch in der Falle. Beiden Gruppen gelang es, dieses Loch mit einfallsreichen Tricks zu "stopfen", was im folgenden noch ausführlicher besprochen werden soll.

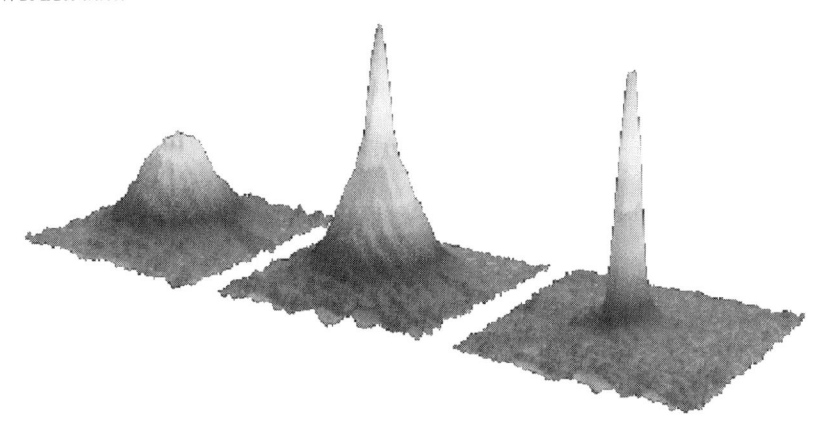

Abb. 2: Geschwindigkeitsverteilung der Atome beim MIT-Experiment. Links: für $T > T_c$ entspricht die Geschwindigkeitsverteilung weitgehend der klassischen Maxwell-Boltzmann-Verteilung. Mitte: für $T < T_c$ bildet sich eine zusätzliche Komponente mit einer sehr schmalen Geschwindigkeitsverteilung. Sie wird als Bose-Einstein-Kondensat interpretiert. Rechts: für $T \ll T_c$ sind schließlich fast alle Atome in die kondensierte Phase übergegangen. (Abbildung mit freundlicher Genehmigung von W. Ketterle, MIT).

4.1 Das Experiment am JILA

Kurz nach Bekanntwerden der Ergebnisse der Experimente der Gruppe vom Joint Institute for Laboratory Astrophysics (JILA) [16] bemerkte der bekannte amerikanische Physiker D. Kleppner, selbst ein Pionier auf dem Gebiet der Bose-Einstein-Kondensation, folgendes:
"Often the first data of a new phenomenon is ambiguous and hard to interpret. But these results are so beautiful they could go into a textbook." ([17], S. 17).
Diese enthusiastische Äußerung eines Konkurrenten im Wettrennen um tiefe Temperaturen zeigt, wie klar und eindeutig die Forscher um E. Cornell und C. Wieman aus Boulder/Colorado Bose-Einstein-Kondensation in ihrem Experiment nachgewiesen haben.
Im einzelnen verläuft das Experiment wie folgt. Zunächst werden Rubidium-87-Atome mit Hilfe der oben beschriebenen Kühlverfahren auf eine Temperatur von ca. 100 nK gebracht. Um zu verhindern, daß Atome aus dem "Loch" im feldfreien Zentrum der Falle entkommen, wird dem Feld der Falle ein schnell rotierendes Magnetfeld überlagert, das die feldfreie Stelle verlagert und um den Fallen-Mittelpunkt kreisen läßt. Durch geschickte Wahl der entsprechenden Frequenzen kann das Entkommen der Atome so weitgehend verhindert werden (natürlich findet das beabsichtigte und kontrollierte Entweichen bei der Verdampfungskühlung noch statt). Eine solche Falle wird als TOP-Falle (vom Englischen Time-averaged Orbiting Potential) bezeichnet.
Um nachzuweisen, daß die verbleibenden ca. 2000 Atome ein Bose-Einstein-Kondensat bilden, schalten die Forscher die Falle zunächst ab. Das Kondensat kann jetzt ungehindert expandieren, gemäß der Geschwindigkeitsverteilung seiner Atome. Diese Expansion ist erwünscht, da auf diese Weise die stark vergrößerte Atomwolke der Untersuchung mit laseroptischen Methoden zugänglich ist. Durch Messen der Absorption des Lichtes eines Laserstrahls läßt sich die räumliche Form des expandierten Kondensats bestimmen. Es stellt sich heraus, daß es die (leicht unsymmetrische) Gestalt des Fallenpotentials aufweist, was für ein gewöhnliches Gas nicht der Fall wäre und als ein klarer Hinweis für das Vorliegen des Kondensates gewertet wird. Da es sich um eine harmonische Falle handelt (mit unterschiedlichen Frequenzen längs der drei Raumrichtungen), kann aus der Ortsverteilung die Impulsverteilung der Atome rekonstruiert werden. Abb. 2 zeigt eine nach dieser Methode gemessene Geschwindigkeitsverteilung (in der Abbildung sind die Ergebnisse des MIT-Experiments gezeigt, die den am JILA erzielten Resultaten sehr ähnlich sind). Für Temperaturen oberhalb von T_c (links in der Abbildung) ergibt sich näherungsweise die klassische Maxwell-Boltzmann-Verteilung. Unterhalb der kritischen Temperatur (Mitte) erkennt man, wie der breiten Maxwell-Boltzmann-Verteilung eine zweite Komponente mit einer wesentlich schmaleren Geschwindigkeitsverteilung überlagert ist. Dieser zweite Anteil wird als Bose-Einstein-Kondensat gedeutet. Bei

sehr viel kleineren Temperaturen als T_c (rechts) sind schließlich fast alle Atome in der Kondensat-Phase zu finden. Die Geschwindigkeitsverteilung ist sehr schmal und entspricht derjenigen des Fallen-Grundzustandes.

Der Nachweis der Kondensation wurde also bei diesem Experiment anhand dreier verschiedener Kriterien erbracht: (1) das Auftreten einer Komponente mit einer sehr schmalen Impulsverteilung, (2) die leicht unsymmetrische räumliche Gestalt dieser Komponente, die die Unsymmetrie des Fallenpotentials wiedergibt, (3) das bei der Kondensation erwartete rasche Anwachsen der Atomzahl in dieser Komponente, wenn die Temperatur erniedrigt wird.

4.2 Das Experiment am MIT

Das am Massachusetts Institute of Technology (MIT) in Cambridge bei Boston von einer Gruppe um den Deutschen W. Ketterle durchgeführte Experiment [18] ist in vielerlei Hinsicht bemerkenswert. So ist etwa die Anzahl der kondensierten Atome überaus groß ($N_0 \gg 10^6$). Außerdem können die Kondensate sehr schnell hintereinander hergestellt werden (etwa alle 9 Sekunden), was ein systematisches Studium weiter Parameterbereiche (Temperatur etc.) erlaubt.

Anders als die Gruppe am JILA stopfen die Physiker vom MIT das Loch im Fallenzentrum mit einem sogenannten "optischen Stöpsel". Dazu wird ein Laserstrahl senkrecht zur (Dark SPOT genannten) Falle durch deren Zentrum geführt. Dieser Laserstrahl übt eine abstoßende Kraft auf die Natrium-23-Atome aus und verhindert so deren Entkommen. Das ursprünglich näherungsweise harmonische Potential der magnetischen Falle wird dabei so stark deformiert, daß zwei getrennte Minima entstehen, die durch den "Stöpsel" voneinander getrennt werden. In jedem Durchgang des Experiments werden in diesen beiden Fallenminima zwei unabhängige Kondensate erzeugt. Dadurch ergibt sich die interessante Perspektive, die Interferenz zweier Kondensate zu untersuchen.

In einer verbesserten Version seiner magnetischen Falle (die nun die Form eines doppelten Kleeblatts besitzt) gelang es Ketterle und seinen Mitarbeitern, Kondensate zu erzeugen, die bis zu 20 Sekunden existierten. Die zigarrenförmigen Objekte wiesen eine Länge von einem Drittel Millimeter auf. Verglichen mit den mikroskopischen Größenordnungen, auf denen sich üblicherweise quantenmechanische Effekte abspielen, müssen beide Werte als geradezu gigantisch bezeichnet werden.

Da das verwendete Nachweisverfahren des Kondensates dem der Gruppe vom JILA sehr ähnlich ist, wenden wir uns gleich dem dritten (und letzten hier beschriebenen) Experiment zu.

4.3 Das Experiment an der Rice-Universität

Das Experiment an der Rice-Universität in Houston (Texas) ist aus mehreren Gründen besonders interessant. Hier werden Lithium-7-Atome benutzt. Wie sich erst im Verlauf der Forschungsarbeiten herausstellte, ist die sogenannte "Streulänge" von dieser Atomsorte negativ. Das bedeutet, daß sich selbst bei den hier maßgeblichen geringen Energien und kleinen Teilchenzahldichten zwei ^{7}Li-Atome gegenseitig anziehen. Nach einem alten Dogma der Statistischen Physik dürfte es deshalb bei negativer Streulänge keine Bose-Einstein-Kondensation geben. Bevor das Gas überhaupt Bose-Einstein kondensieren kann, ist es schon aufgrund der "normalen" anziehenden Wechselwirkung zu einer Flüssigkeit geworden. Gelänge nun der Nachweis von Bose-Einstein-Kondensation in diesem System, so hätte dies bedeutende Konsequenzen für die theoretische Forschung. Leider besteht keine Einigkeit unter den Physikern, ob der Gruppe aus Texas dieser Nachweis gelungen ist. Folgte man dem erwähnten Zitat von D. Kleppner, so hätte das nun vorzustellende Experiment sicher das erste sein müssen. Der eigentliche Nachweis der kondensierten Lithium-7-Atome ist äußerst indirekt und zweifelhaft. Das hat folgenden Grund: Anders als die beiden anderen Experimente verwenden die Forscher um R. Hulet eine Falle mit sechs Permanentmagneten [19]. Das hat zunächst den großen Vorteil, daß es im Fallenzentrum keinen feldfreien Bereich gibt und insofern auch kein Loch "gestopft" werden muß, was immer zu einem Verlust an Atomen führt.

Die Verwendung von Permanentmagneten hat allerdings den entscheidenden Nachteil, daß das atomare Gas nach Vorliegen der nötigen Temperaturen nicht im feldfreien Raum expandieren kann, um es dann genau zu beobachten und zu vermessen. Deshalb gestaltet sich hier der Nachweis des Bose-Einstein-Kondensates äußerst schwierig.

Er wird folgendermaßen durchgeführt: Nachdem das Gas eine Temperatur von ca. 1 nK erreicht hat (die weit unter der berechneten kritischen Temperatur liegt), wird die Probe mit einem breiten Laserstrahl (Durchmesser 1.5 mm) beleuchtet. Die auftretende Absorption wird mit einer schnellen CCD-Kamera vermessen [13]. Es zeigt sich, daß sich in der Nähe der kritischen Teilchenzahl ein ringförmiger Halo um das zentrale Absorptionsmaximum bildet. Wie kann dieser erklärt werden? Ist er ein Hinweis auf das Kondensat? Um diese Fragen zu klären, analysieren die Forscher eine (leider auch in der Originalpublikation nicht näher erläuterte) eindimensionale Computersimulation der Geschehnisse. Nach ihren Angaben ergibt sich dabei, daß der experimentell gefundene Halo "konsistent" mit der Annahme eines Kondensates ist. Die genaue Form des Halos konnte allerdings, wie eingeräumt wird, nicht reproduziert werden. Die experimentellen Hinweise auf die Existenz einer kondensierten Phase stehen also auf recht wackligen Beinen, gerade im Hinblick auf die theoretische Diskussion im Zusammenhang mit der negativen Streulänge.

Seit der Veröffentlichung der ersten Resultate wurde allerdings an der Verbesserung der Nachweisverfahren kontinuierlich gearbeitet und inzwischen scheint festzustehen, daß die Gruppe von der Rice-Universität tatsächlich ein Bose-Einstein-Kondensat erzeugt hat.

5 Perspektiven

Welche Perspektiven eröffnen sich nun nach der erfolgreichen Erzeugung von Bose-Einstein-Kondensaten im Labor? Welche wissenschaftlichen und technischen Anwendungsmöglichkeiten gibt es für ein solches makroskopisches Quantenobjekt? Eine erste für die wissenschaftliche Forschung relevante Fragestellung wurde bereits angedeutet: Im MIT-Experiment werden offenbar zwei räumlich voneinander getrennte Kondensate hergestellt. Gelingt es nun, beide Kondensate zu überlagern, so ist es interessant zu untersuchen, ob es ein quantenmechanisches Interferenzmuster gibt. Die Untersuchung der Struktur eines derartigen Interferenzmusters wird es erlauben, viele Eigenschaften des Kondensates zu rekonstruieren. Spannend ist diese Fragestellung vor allem deshalb, weil es sich bei einem Bose-Einstein-Kondensat um ein quantenmechanisches System von makroskopischer Ausdehnung handelt. Die Frage, inwiefern derartige Systeme durch eine Wellenfunktion beschrieben werden können, beschäftigt die Physiker seit vielen Jahren. Besonders plastisch ist diese Problematik im bekannten Gedankenexperiment von Schrödingers Katze dargestellt.

Eine weitere Anwendung eines Bose-Einstein-Kondensates, die zu ihrer endgültigen Realisierung jedoch noch einiger Anstrengung bedarf, ist die Konstruktion eines *Atomlasers*. Dabei handelt es sich um das atomoptische Gegenstück zum Lichtlaser, der bekanntlich einen intensiven, monochromatischen und kohärenten Photonenstrahl produziert. Die gleichen Eigenschaften kennzeichnen den Atomstrahl aus einem Atomlaser. Dazu muß es gelingen, die bei der Bose-Einstein-Kondensation im Grundzustand gesammelten Atome kohärent aus der Falle auszukoppeln und das Kondensat dabei durch einen Pumpprozeß kontinuierlich wiederaufzufüllen. Um das zu verwirklichen, haben einige Forscher bereits eine Reihe von (theoretisch) möglichen Schemata vorgeschlagen. Für eine erfolgreiche experimentelle Realisation gilt es jedoch noch zahlreiche technische und konzeptionelle Schwierigkeiten zu überwinden.

Viele Physiker geraten ins Schwärmen, wenn sie über die Anwendungsmöglichkeiten eines solchen kohärenten Atomstrahls reden. Das liegt vor allem daran, daß die betreffenden Atome im Gegensatz zu denen eines gewöhnlichen Atomstrahls alle den gleichen Impuls und damit auch die gleiche (kinetische) Energie besitzen; der Atomstrahl ist sozusagen monochromatisch[4] Deshalb gibt es auch - wie schon beim Lichtlaser - keine störenden Effekte, wie etwa die chromatische Aberration, die erst mühsam (und vor allem verlustreich) kompensiert werden müssen. Das läßt vermuten, daß das relativ neue Arbeitsgebiet der Atomoptik, in dem schon heute Bauteile wie Linsen und Spiegel für Atome hergestellt

---

[4] Aus der de-Broglie-Beziehung $p = \hbar/\lambda$ folgt, daß Atome mit gleichem Impuls auch die gleiche Wellenlänge haben. Bei einem gewöhnlichen Atomstrahl weisen die Impulse eine thermische Geschwindigkeitsverteilung auf. Damit treten dann auch viele verschiedene Wellenlängen auf

werden können, durch den Atomlaser in Zukunft viele neue Impulse erhalten wird. Ebenso folgenreich ist die Entwicklung eines intensiven und kohärenten Atomstrahls nach Meinung der Experten für die Atominterferometrie. Diese beschäftigt sich vornehmlich mit den physikalischen Konsequenzen der (quantenmechanischen) Wellennatur der Atome. Die Erwartungen beruhen im wesentlichen auf einem Vergleich mit der optischen Interferometrie. Auch in diesem Gebiet erwies sich die Einführung des Lichtlasers als ein bedeutender Fortschritt gegenüber den früher benutzten Spektrallampen.

Eine interessante technische Anwendung des Atomlasers erhofft man sich weiterhin in der Atom-Lithographie. Es ist das Ziel der Lithographie, sehr kleine Strukturen (etwa Mikrochips) herzustellen. Verwendet man dazu optische Verfahren, so stößt man schnell an prinzipielle Grenzen, sobald die Wellenlänge des verwendeten (UV- oder Röntgen-) Lichts die Abmessungen der herzustellenden Strukturen übersteigt. Deshalb ist es nicht möglich, auf rein optischem Weg Strukturen im Nanometerbereich herzustellen. Mit Hilfe von atom-lithographischen Methoden wird es jedoch voraussichtlich möglich sein, Atome direkt auf ein Substrat zu bringen. Man erwartet, daß sich auf diese Weise die Größe der betreffenden Schaltkreise um einen Faktor 1000 verringern läßt. In diesem Zusammenhang können gegenwärtig allein thermische Atomstrahlen benutzt werden. Leider werden diese Arbeiten jedoch durch die oben schon erwähnten chromatischen Atomlinsen-Fehler ernsthaft beeinträchtigt. Auch hier liegt die Hoffnung also auf dem Atomlaser.

6 Literatur

[1] W. Ketterle und M.-O. Mewes, Bose-Einstein-Kondensation in einem Gas von Natrium Atomen, Physikalische Blätter **52** (6), 573 (1996)
[2] W. Petrich, Bose-Einstein-Kondensation eines nahezu idealen Teilchengases, Physikalische Blätter **52** (4), 345 (1996)
[3] M. Springer, Das Bose-Einstein-Kondensat— ein makroskopisches Quantenobjekt im Labor, Spektrum der Wissenschaft, Sept. 1995, 32; M. Rauner, Vom Bose-Einstein-Kondensat zum Atomlaser, Spektrum der Wissenschaft, Nov. 1996, 16
[4] A. Lambrecht, G.-L. Ingold, Identitätsverlust mit Folgen: vom Quantengas zur Bose-Einstein-Kondensation, Physik in unserer Zeit **27** (5), 200 (1996)
[5] G. Adam und O. Hittmair, Wärmetheorie. Vieweg: Braunschweig ^{4}1992.
[6] W. G. Unruh and W. H. Zurek, Reduction of a Wave Packet in Quantum Brownian Motion, Physical Review D 40, 1071 (1989)
[7] W. H. Zurek, Decoherence and the Transition from Quantum to Classical, Physics Today 44 (10), 36 (1991)
[8] W. Greiner, L. Neise und H. Stöcker, Thermodynamik und Statistische Mechanik. Harri Deutsch: Thun (1987)
[9] K. Huang, Statistical Mechanics. Wiley: New York 1987
[10] K. Burnett, Bose-Einstein Condensation with Evaporatively Cooled Atoms, Contemporary Physics **37** (1), 1 (1996)
[11] A. Griffin, Bose-Einstein Condensation. Cambridge University Press: Cambridge 1995
[12] R. Becker, Theorie der Wärme. Springer: Heidelberg 1985
[13] C. Wieman, The Richmyer Memorial Lecture: Bose-Einstein Condensation in an Ultracold Gas, American Journal of Physics 64 (7), 847 (1996)
[14] C. Foot, Laser Cooling and Trapping of Atoms, Contemporary Physics 32 (6), 369 (1991)
[15] H. Wallis und W. Ertmer, Fortschritte in der Laserkühlung von Atomen, Physikalische Blätter 48 (6), 447 (1992)
[16] M. Anderson et al., Observation of Bose-Einstein Condensation in a Dilute Atomic Vapor, Science 269, 198 (1995)
[17] G. Collins, Gaseous Bose-Einstein Condensate Finally Observed, Physics Today, August 1995, 17
[18] K. Davis et al., Bose-Einstein Condensation in a Gas of Sodium Atoms, Physical Review Letters 75, 3969 (1995)
[19] C. Bradley et al., Evidence of Bose-Einstein Condensation in an Atomic Gas With Attractive Interactions, Physical Review Letters 75, 1687 (1995)

W. Klinger
Kerschensteiner und seine Bedeutung für den Physikunterricht

1 Einleitung

Läßt man die Klassiker der Geschichte der Pädagogik Revue passieren, dann darf neben Namen wie Comenius, Pestalozzi, Herbart, Schleiermacher, Dewey etc. sicherlich der Name Georg Kerschensteiner nicht fehlen. Von seinen Zeitgenossen wurde Georg Kerschensteiners Pädagogik höchst unterschiedlich beurteilt. Es gab feurige Verfechter und Verehrer seiner Anschauungen, Leute, die in ihm den Pestalozzi des 20. Jahrhunderts oder zumindest einen Vollender Pestalozzis sahen. Andere wiederum, wie z.B. der Pädagoge Peter Zillig, der aus dem Lager der Herbartianer stammte, bekämpften Kerschensteiners pädagogische Ansichten und Theorien wutentbrannt, teilweise sogar unter persönlicher Verunglimpfung. So urteilt z.b. Peter Zillig über Kerschensteiners Schrift „Lehrplantheorie" folgendermaßen [1]:
„Die Schrift ist nach ihren hervorstechendsten Merkmalen, Mangel an Kenntnis der Sache und Mangel an Durchdringung ihrer Grundlagen, Häufung von Anführungen und Berufungen, Nebeneinanderhegen der schreiendsten Widersprüche, rasches unbegründetes Aburteilen, Richten nach bloßen Einbildungen, Hervorwenden des Neuen und Neuesten, Selbstempfehlen der eigenen trefflichen Kunst, die flüchtig hingeworfene Arbeit eines Dilettanten im Gebiet der Pädagogik. Daß der Verfasser, trotz der großen Unerfahrenheit im Kinderlehren, trotz der großen Verstöße gegen die pädagogischen Forderungen, trotz der großen Oberflächlichkeit im pädagogischen Wissen, welche festgestellt worden, die Lehrenden in ihrem Beruf unterweisen und führen will, ist für die letzteren tief beschämend. Die Schrift bedeutet eine tatsächliche Herabsetzung der Pädagogik." Und in diesem Stil geht es noch einhalb Seiten weiter!
Aus heutiger Sicht wird man keiner dieser extremen Beurteilungen zustimmen können, weder den positiven noch den negativen. Vieles, was Kerschensteiner damals in die Pädagogik eingebracht hat, war zeitgebunden; vieles jedoch hat - teilweise abgewandelt - seinen bleibenden Wert, und so ist es auch nach fast 100 Jahren noch sinnvoll, sich mit Kerschensteiners Ideen auseinanderzusetzen.
Der Name Kerschensteiner ruft meist Assoziationen hervor, die mit „Arbeitsschule", „Berufsschule", „Zeichenunterricht" oder auch - etwas vordergründig - nur mit dem „Kerschensteiner Kolleg" im Deutschen Museum in München zu tun haben. Darüber hinaus nimmt Kerschensteiner auch in der Entwicklungsgeschichte des naturwissenschaftlichen Unterrichts einen bedeutenden Platz ein. Er gehört zu den wichtigsten Bahnbrechern, die den Naturwissenschaften - und damit dem Physikunterricht - einen bis dahin von den Geisteswissenschaften

abgesprochenen Bildungswert zubilligten. Dabei ist Georg Kerschensteiner aber kein Physikdidaktiker im heutigen Sinne, wie etwa Martin Wagenschein, der sich ja ausschließlich dem Physikunterricht und der physikalischen Bildung widmete. Kerschensteiners Pädagogik zielte vielmehr auf eine Reform des gesamten Unterrichtswesens ab, und zwar auf eine Reform sämtlicher Schultypen, und zu dieser Reform gehörte eben auch eine umfassende Reformierung des naturwissenschaftlichen Unterrichts. Bei Kerschensteiner stand die wahre Menschen- und Charakterbildung sowie die Erziehung der Jugend zum „brauchbaren Staatsbürger" im Zentrum seiner Überlegungen, und in diesem Rahmen wurde auch die Frage behandelt, welchen Beitrag der naturwissenschaftliche Unterricht zur wahren Menschenbildung leisten könne.

Um Kerschensteiners Bedeutung für den Physikunterricht richtig einschätzen zu können, ist es erforderlich, sich mit Kerschensteiners Werdegang, seinem Gesamtwerk sowie mit der Zeit, in der es entstand, auseinanderzusetzen. Deshalb soll zunächst ein kurzer Abriß der wichtigsten Daten und Ereignisse in Kerschensteiners Lebenslauf erfolgen, bevor dann ein Überblick über seine pädagogischen Intentionen, besonders in Hinblick auf den Physikunterricht, gegeben wird.

2 Lebenslauf von Georg Kerschensteiner

Georg Kerschensteiner (Abb. 1) wurde am 29. Juli im Jahre 1854 in München geboren [2].

Seine Vorfahren stammen aus der Oberpfalz. Sie waren in dem kleinen Dorf Deusmauer über dreihundert Jahre lang Bauern. Sein Großvater Georg Michael wanderte 1800 von dort nach Giesing bei München aus, wo er als Ökonomiebaumeister tätig war. Kerschensteiners Vater Anton betrieb zunächst ein gut gehendes Geschäft, verlor aber durch unglückliche Umstände sein ganzes Vermögen, so daß er als Käskäufler ein äußerst bescheidenes, kleinbürgerliches Dasein fristen mußte. Nach dem Tode seiner ersten Frau, die ihm vier unmündige Kinder hinterließ, heiratete Anton Kerschensteiner mit 51 Jahren ein zweites Mal, um den Halbwaisen wieder eine Mutter zu geben. Aus dieser Ehe gehen die beiden Söhne Georg Kerschensteiner und Anton Kerschensteiner hervor.

Georg Kerschensteiner wird als aufgeweckter, ja wilder Junge geschildert. In der Schule, die er mit 12 Jahren beendet, lernt er gut, haßt aber das damals vorherrschende stupide Auswendiglernen. Zunächst eröffnet sich ihm die Möglichkeit, katholischer Priester zu werden. Als er aber erfährt, daß die Ausbildung dazu noch 12 Jahre Schule bedeuten würde, lehnt er entschieden ab. Auch die Ausbildung zum Kaufmann erschien ihm viel zu lange, und so entschloß er sich, die Laufbahn eines Schulmeisters einzuschlagen, denn da mußte er nur noch 5 Jahre lang die Schulbank drücken. Kerschensteiner kam also durch höchst profane, utilitaristische Überlegungen zum Lehrerberuf und keineswegs durch innere Berufung.

Er besucht das Königliche Lehrerseminar in Freising. Die Ausbildung zum Volksschullehrer bestand damals in einer 3-jährigen vorbereitenden Präparantenschule und zwei Jahren Seminarzeit. Um 1866 lag diese Ausbildung noch ziemlich im Argen. Es wurden Leitfäden stur auswendig gelernt. Auf ein tieferes Verständnis des Gelernten kam es dabei nicht an. Wer über ein gutes Gedächtnis verfügte, hatte keine Schwierigkeiten, gute Noten zu erzielen. Mit 17 Jahren besteht er 1871 sein Examen und wird als Schulgehilfe in dem Ort Forstinning eingestellt.

Seine anfängliche Euphorie, endlich Kinder bilden zu dürfen, schlägt angesichts der „lernunwilligen, aufsässigen Bauernlümmel" [2] ziemlich rasch in Frustration um. Außerdem spürt er, daß er für seine Lehrertätigkeit nicht hinreichend gut genug ausgebildet war. Er versucht sich fortzubilden. Doch all seine Bemühungen, in Forstinning an Bücher heranzukommen, schlagen fehl. Deshalb läßt er sich nach Lechhausen bei Augsburg versetzen, kam aber auch hier nur vom Regen in die Traufe: Hatte er in Forstinning schwerfällige Bauernkinder zu unterrichten, so mußte er sich hier mit „entwurzelten, sozial verwahrlosten, aufmüpfigen Kindern einer Fabrikbevölkerung" herumschlagen.

Auf sein Betreiben hin wird er endlich direkt nach Augsburg versetzt. Dort gründet er mit Gleichgesinnten ein „wissenschaftliches Kränzchen", in dessen Rahmen er sich vor allem mit Chemie befaßt. Je mehr er sich mit verschiedenen Wissenschaften beschäftigt, desto stärker fühlt er die Halbbildung der damaligen Volksschullehrer auf sich lasten. Da beschließt er, das Gymnasium nachzuholen; zunächst versucht er dies neben seiner Schultätigkeit, dann aber - als die Belastung zu groß wird - kündigt er kurz entschlossen seine Schulgehilfenstelle und besucht ein Gymnasium in Augsburg. Seinen Lebensunterhalt verdient er sich mit Unterricht im Klavierspielen, das er im Lehrerseminar gelernt hat.

Nach Bestehen des Abiturs studiert er an der Technischen Hochschule München Mathematik und Physik für das Lehramt an höheren Schulen. Seine Lehrer dort waren unter anderen Felix Klein und Max Planck. Unter dem Mathematiker A. Brill beginnt er in München eine Doktorarbeit mit dem Thema „Die Kritik der rationalen Kurven 4. Ordnung in Hinsicht auf Doppelpunkte, Doppeltangenten und Wendepunkte."

Noch vor seiner Promotion, die er erst im Jahre 1884 abschließt, erhält Kerschensteiner im Herbst 1883 eine Stelle als Assistent für Mathematik und Physik am Melanchthon-Gymnasium in Nürnberg. Bei seiner Arbeit mit den Schülern stellt er fest, daß er sich während seines Studiums in keiner Weise um Pädagogik und Psychologie gekümmert hatte. Mit Befremden sieht er auch, daß sich Lehrerschaft und Schüler am Melanchthon-Gymnasium wie auf zwei Inseln ohne jegliche menschliche Verbindung gegenüberstanden. Um diese, in seinen Augen unhaltbare Situation abzuschaffen und um besseren Kontakt zu seinen Schülern herzustellen, treibt er außerhalb der Schulzeit mit seinen Schülern Sport, geht mit ihnen wandern und Schlittschuh laufen und erfährt dadurch, daß sich gute menschliche Beziehungen zwischen Schülern und Lehrern auch auf die Leistungen im Mathematik- und Physikunterricht positiv auswirken.

Eine anschauliche Charakterisierung des Verhältnisses zwischen Kerschensteiner und seinen Schülern ist der Nachwelt durch einen Bericht des ebenfalls am Melanchthon-Gymnasium lehrenden Karl Tobias Fischer überliefert [3]:
„Zu den Lieblingslehrern des Humanistischen Gymnasiums zu Nürnberg gehörte im Jahre 1883 der als junger Assistent für Mathematik dort wirkende Georg Kerschensteiner mit seinen dunklen, steif hochgebürsteten Haaren und seinen gemütvollen, klar blickenden Augen. Es war zwar ein langatmiges Lehrbuch von Schröder über Planimetrie und ein Algebrabuch von Hauck an der Anstalt vorgeschrieben. Aber Kerschensteiner zog es vor, mit seinen Schülern der dritten Lateinklasse, ohne jedes Lehrbuch, vom unmittelbar Anschaulichen zum mathematisch Abstrakten zu führen und die Ergebnisse in ein Heft zu diktieren. Der von Humor gewürzte Unterricht fesselte die Schüler dermaßen, daß zu Hause außer den zu lösenden „Hausaufgaben" nicht viel zu studieren übrig blieb. Bei ihm fühlten sie sich wie zu Hause. Da im Klassenzimmer jederlei Beleuchtung fehlte, erlaubte der junge Assistent, daß für das „Anschauungsfach" durch mitgebrachte Kerzen für Beleuchtung gesorgt würde. Auch neben der Schultafel waren an seitlich angebrachten Holzstäben ein paar Lichter von den Schülern anzubringen. Eine so vernünftige, wenn auch ungewöhnliche Erleichterung des Unterrichtes, brachte Lehrer und Schüler einander näher als manches freundliche Wort. Bei den damals üblichen, nur einmal im Jahre vom Klassenleiter veranstalteten Klassenausflügen, genannt Maispaziergänge, die einen ganzen Tag dauern durften, war Kerschensteiner von den Schülern immer gebeten, sich zu beteiligen, und er tollte und spielte dann mit, als ob er nicht der Vertreter eines als „trocken" verrufenen Faches, sondern wirklicher Kamerad wäre."
Kerschensteiner setzt neben seiner Schultätigkeit seine Mathematikstudien in Erlangen bei Professor Gordon fort und erhält von ihm den Auftrag, die Vorlesung über Invariantentheorie zu bearbeiten und als Buch herauszugeben [4]. Im Jahre 1885 verläßt Kerschensteiner das Melanchthon-Gymnasium und nimmt die Stelle eines Mathematiklehrers an der städtischen Handelsschule in Nürnberg an. Dies tut er wegen des höheren Gehaltes, das er dort erhält. Denn nun kann er endlich seine Jugendliebe Sophie Müller heiraten, mit der er seit seinem 17. Lebensjahr, d. h. seit 14 Jahren, verlobt ist. Die Handelsschule bringt ihm jedoch nur Enttäuschungen, einmal wegen der geistig trägen, gleichgültigen, begriffsstutzigen Schüler und zum anderen wegen der ständigen Querelen und Reibereien in der Lehrerschaft. Eine gewisse Befriedigung erfährt er in dieser Zeit nur durch die Expeditionen unter Professor Finsterwalder, welche die trigonometrische Ausmessung von Gletschern in den Zentralalpen (Vernagtferner, Hochferner, Depatschgletscher, Obersulzbachferner) zum Ziel hatten.

Im Jahre 1890 wechselt er an das Gymnasium in Schweinfurt. Dort wird er aufgefordert, neben Mathematik und Physik auch Biologieunterricht zu geben. Dieser Forderung aber entspricht er nur unter der Bedingung, daß er zuvor ein Jahr lang dieses Fach an der Universität Würzburg studieren kann.
Der Biologieunterricht stellte für Kerschensteiners späteres pädagogisches Schaffen ein Schlüsselerlebnis dar: In Bayern gab es für das Fach Biologie damals nämlich noch keinen Lehrplan. Er hatte also völlig freie Hand, diesen Unterricht sowohl inhaltlich als auch methodisch nach seinen Vorstellungen zu gestalten. Schon lange hatte er die Sinnlosigkeit des reinen Wortunterrichts in den Naturwissenschaften erkannt. Er will seinen Schülern die Natur und ihre Geheimnisse durch handelndes, forschendes Selbstentdecken näher bringen. Wann immer möglich geht er daher mit seiner Klasse hinaus ins Freie und sucht Pflanzen und Tiere, die er im Unterricht behandeln will, dort auf, wo sie heimisch sind. Er stellt fest, daß seine Schüler dadurch höchst motiviert sind und mit Feuereifer mitmachen. Er erkennt, daß allein auf diese Weise der Unterricht für eine wahre Menschenbildung wirksam werden kann. Die Erfahrungen, die Kerschensteiner während seiner Schweinfurter Lehrtätigkeit im Biologieunterricht gemacht hat, sind maßgeblich für die von ihm später entwickelte Pädagogik.
Im Jahre 1893 übersiedelt Kerschensteiner nach München und wird dort am Ludwig-Gymnasium Lehrer für Mathematik, Physik und Naturkunde. Durch Zufall trifft er 1895 seinen Bekannten Dr. Nicklas auf der Straße, der kurz zuvor zum Münchner Stadtschulrat ernannt worden war. Als Kerschensteiner ihm dazu gratulieren will, erfährt er, daß Dr. Nicklas bereits wieder zurückgetreten war. Denn München wollte auf diesem Posten unbedingt einen Katholiken sehen, Dr. Nicklas aber war protestantisch. Von Dr. Nicklas ermuntert bewirbt sich Kerschensteiner, der katholisch war, um diesen Posten, und tatsächlich wurde er zum Stadtschulrat und Schulkommissar ernannt. Diesem Zufall also ist es zu verdanken, daß die deutsche Pädagogik damals völlig neue Wege einschlug. In den 25 Jahren, in denen Kerschensteiner als Stadtschulrat in München tätig war, entstand sein umfangreiches pädagogisches Werk.
Neben seiner engagierten pädagogischen Arbeit betätigt sich Kerschensteiner aber auch politisch. Von 1912 bis 1918 ist er Reichstagsabgeordneter der Freisinnigen Volkspartei in Berlin. Der 1. Weltkrieg (1914 bis 1918) bringt für ihn - wie für alle Deutschen - Hunger, Not, Entbehrung und Enttäuschungen. In dieser Zeit stirbt auch seine Frau Sophie. Er verheiratet sich erneut im Jahre 1917. Ebenfalls 1917 erhält er einen Ruf als Honorarprofessor für Pädagogik an die Universität München. Im Jahre 1921 wird er in den Vorstand des Deutschen Museums in München gewählt und 1922 zum Senator der Deutschen Akademie ernannt.
Durch seine Pädagogik ist er nun im In- und Ausland ein berühmter und gefeierter Mann. Er erhält viele Ehrungen, Ehrendoktorate und Auszeichnungen sowie

Rufe an Universitäten im In- und Ausland. Seines hohen Alters und seines Gesundheitszustandes wegen muß er diese aber ablehnen. Am 15. Januar 1932 stirbt Georg Kerschensteiner im Alter von 76 Jahren. Er liegt in München begraben.

Abb. 1: Dr. Georg Kerschensteiner im Jahre 1919 (Bild aus [2])
(geb. 29.07.1854, gest. 15.01.1932)

3 Das Werk Georg Kerschensteiners

Georg Kerschensteiners Persönlichkeit besticht vor allem durch seine Vielseitigkeit, seine Tatkraft, Geradlinigkeit und sein Durchsetzungsvermögen. Er war nicht nur mathematisch-naturwissenschaftlich interessiert, sondern auch auf musischem Gebiet äußerst vielseitig begabt. Zeit seines Lebens hat er musiziert, hat gezeichnet und Gedichte geschrieben [5]:

Es ist die Sonne, die das Leben spendet.
Kaum spült ihr goldnes Licht um harten Stein,
Da hüllt schon zartes Grün den Felsen ein,
Durch das er lautlos sich zum Leben wendet.

Es ist die Liebe, die das Leben segnet,
Die es mit überirdschem Glanz erfüllt,
Die alles Leid in das Vergessen hüllt
Und Himmelsbögen spannt, wo's Tränen regnet.

Doch dieses Leben ist ein Sichverzehren,
Ein ewig Ringen aus der Nacht zum Licht.
Hat man erschaut des Lebens Urgesicht,
Was läßt uns dann das Leben noch begehren?

Aus Liebe wird die Seele erst geboren
Das bloße Leben, das ist seelenlos;
Die Liebe erst macht dieses Leben groß.
Der ist gestorben, der sie hat verloren.

Sein wissenschaftliches Werk ist äußerst umfangreich. Insgesamt umfaßt es 15 Monographien und über 188 Aufsätze [6]. Daneben existieren eine umfangreiche Korrespondenz. Außerdem übt Kerschensteiner eine sehr rege Vortragstätigkeit im In- und Ausland aus. Kerschensteiners Hauptwerke wurden in 13 Sprachen übersetzt!
Die wichtigsten Reformen, die er während seiner Schulratszeit in München in Angriff nahm und kraftvoll voran trieb, betrafen die Reorganisation des Berufsschulwesens, den Zeichenunterricht, die staatsbürgerliche Erziehung und vor allem die Reform des naturwissenschaftlichen Unterrichts. Letztere soll im folgenden hauptsächlich betrachtet werden.
Um Kerschensteiners Verdienste heute richtig einschätzen zu können, muß an einige Tatsachen der damaligen Zeit erinnert werden. Sowohl gesellschaftlich als auch politisch waren die letzten Jahrzehnte des 19. Jahrhunderts und die ersten Jahre des 20. Jahrhunderts eine Zeit des Umbruchs: Naturwissenschaften und Technik machten Hand in Hand mit der Industrialisierung spektakuläre Fortschritte. Politisch kriselte es in Europa an allen Ecken und Enden. Seit Ker-

schensteiners Geburt 1854 gab es allein in Europa bis zum Jahre 1900 über 6 Kriege, darunter insbesondere den „Siebziger Krieg" zwischen Deutschland und Frankreich, an dessen Ende am 18.1.1871 die Gründung des Deutschen Reiches in Versailles stand. Nicht zuletzt dieses Ereignis machte eine Reform der staatsbürgerlichen Erziehung notwendig. Denn die Jugend mußte auf die neuen Aufgaben im neuen Staatswesen, dem Gesamtdeutschen Reich, vorbereitet werden. Was die damalige Schule anbetrifft, so war diese einerseits noch weitgehend Buch- bzw. Lernschule, d.h. den Schülern wurde der fachsystematisch-lexikalisch angeordnete Lernstoff aus sogenannten „Leitfäden" eingepaukt. Als Unterrichtsverfahren hatte sich das Herbartsche Formalstufensystem eingebürgert. Obwohl Herbarts ursprüngliche pädagogische Intentionen gar nicht so stark von denen Kerschensteiners abwichen, hatten Herbarts Epigonen daraus eine starre Unterrichtsartikulation geschaffen, die jede Lebendigkeit des Unterrichts abwürgte. Der Unterrichtsstoff wurde in sogenannten „Konzentrischen Kreisen" im Sinne Kehrs [7] behandelt, d.h. ein und derselbe Unterrichtsgegenstand wurde von Jahr zu Jahr wiederholt, zunächst in einem ganz engen „Kreis", dessen Durchmesser sich dann von Jahr zu Jahr vergrößerte. Diese Vorgehensweise tötete - ähnlich wie die Spiralcurricula unserer Zeit - jegliches Interesse der Schüler am Unterrichtsgegenstand ab. Auch der sogenannte „Gesinnungsunterricht" und die „Kulturstufenlehre" der Herbartianer, auf die hier nicht weiter eingegangen werden soll, lehnte Kerschensteiner kategorisch ab, und daraus ergaben sich heftige Fehden, wie das eingangs vorgetragene Zitat des Herbartianers Zillig drastisch zeigt. Neben Kerschensteiners Reformbestrebung gab es zur damaligen Zeit auch zahlreiche andere Reformbewegungen. Man erinnere sich nur an die Reformpädagogik, die ausschließlich das „Kindsein" in den Mittelpunkt der Unterrichtslehre stellte, oder an die Meraner Beschlüsse, wo unter der Federführung von Felix Klein 1905 Richtlinien für den naturwissenschaftlichen Unterricht herausgegeben wurden, die ganz im Sinne Kerschensteiners waren. Kerschensteiners pädagogisches Kredo (Abb. 2) läßt sich mit seinen eigenen Worten folgendermaßen ganz kurz zusammenfassen [8]:

„*Zwei Gesichtspunkte sind es, nach denen ich seit 12 Jahren die mir von Amts wegen zufallenden Organisationen der Schulen zu gestalten versuchte. Erstens: Jede öffentliche Schule im modernen Staat, mag sie eine allgemeine oder eine Fachschule sein, muß ihre Hauptaufgabe darin erblicken, brauchbare Staatsbürger heranzubilden. Zweitens: Nur durch produktive Arbeit auf wohlumgrenztem Gebiete, die den Fähigkeiten entspricht, gelangt der Mensch zur wirklichen Bildung. Beide Gesichtspunkte sind nicht neu. Daß des Staates Hauptsorge die Erziehung des Staatsbürgers sein soll, hat schon Plato ausgeführt. Nie aber ist diese Forderung so brennend geworden als in der Gegenwart, die gleichwohl so sorglos an ihr vorübergeht, als lebten wir noch in den kindlichen Zeiten der ersten Staatenbildung mit ihren anerkannten Autoritäten auf der einen und dem*

willenlosen Gehorsam auf der anderen Seite. Daß weiter die Mast mit überliefertem Buchwissen, die viele neuere Schulen betreiben, keine Bildung gibt, nicht einmal Geistes- geschweige denn Charakterbildung, das hat keiner öfters betont als Göthe."
Kerschensteiners erste Aufgabe als Schulrat in München war eine gründliche

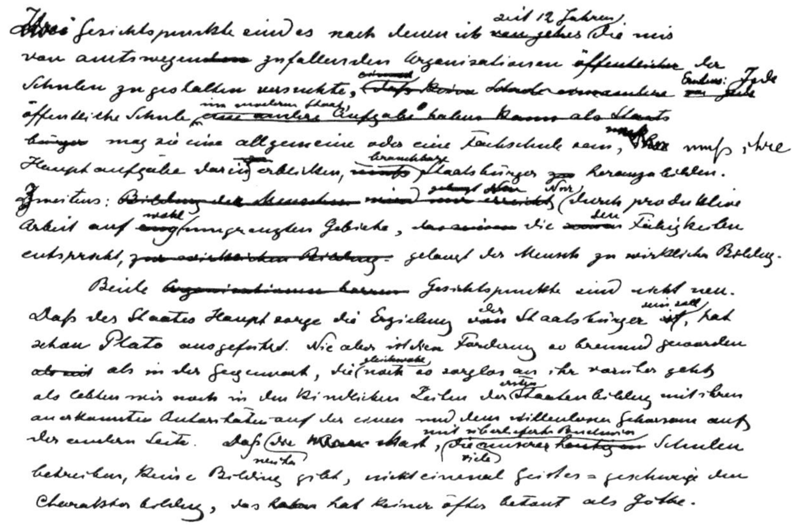

Abb. 2: Vorhergehender Text in der Handschrift Kerschensteiners [2]

Reform des Volksschullehrplans für die sogenannte Weltkunde, worunter man damals Heimat- und Naturkunde, Erdkunde und Geschichte verstand. Dabei ließ er sich außer durch seine eigene Schulerfahrung auch durch Gedanken von Pestalozzi (Anschauung), Mach (exemplarischer Unterricht) und Avenarius leiten. Kerschensteiners vordringlichstes Ziel war, den Stoff des bisherigen Lehrplans drastisch zu reduzieren. Den Lehrern sollte dadurch ermöglicht werden, die Realien - das sind die Fächer Physik, Chemie und Biologie - mit Hilfe derjenigen Methoden zu unterrichten, die diesen Wissenschaften zu eigen sind. Mit beißender Ironie geißelte er den „Fleckerlteppich" der überladenen Lehrpläne, die Lexikonpädagogik, das Expreßzugverfahren der „Überblicke", die schillernden Seifenblasen der Vielwisserei, die Patinierung der Kinderköpfe mit Allerweltsbildung und die blankpolierten Kupferkessel, die am Ende davon übrig bleiben. Ein Unterrichtsbetrieb in diesen Wissenschaften ohne weitgehende manuelle und geistige Mitarbeit der Schüler übt weder eine geistige, noch eine moralische Zucht auf die Schüler aus. Kerschensteiner formuliert:
„Der Weg der Schule kann kein anderer sein als der Weg der Wissenschaft selbst, oder da ja die Wissenschaft mit der Volksschule nichts zu tun hat, der Weg, den die Psychologie der einzelnen Wissenschaftsgebiete kennzeichnet; nur auf die-

sem Wege kann der Bildungswert „jedes Faches" und das für dasselbe geltende Gesetz des Fortschritts zur Geltung kommen." [9]
Derartige Ansichten lösten wütende Angriffe aus dem Lager der damaligen Pädagogen aus. Es wurde ihm vorgeworfen, daß er von der Volksschule nichts verstünde und daß das Patent als Mathematiker und Physiker zu haben nicht genüge. Aber auch die Lehrerschaft war über den neuen Lehrplan zutiefst enttäuscht, weil er die versprochene Reduzierung des Stoffes nicht brachte [10]. Solche Ideen, nicht zuletzt aber auch seine Ausführungen und Untersuchungen zum Zeichenunterricht [11], auf die hier nicht eingegangen werden kann, haben zum sogenannten „Münchner Schulstreit" geführt, der um das Jahr 1910 die deutsche Öffentlichkeit beschäftigte und aus dem Kerschensteiner letztendlich als Sieger hervorgegangen ist.
Kerschensteiners entscheidende Tat auf dem Gebiet der Lehrplanreform war die Hervorhebung der Bedeutung des naturwissenschaftlichen und mathematischen Unterrichts. Die erste Gelegenheit, seiner Überzeugung von der grundlegenden Bildungsbedeutung der naturwissenschaftlichen Fächer Ausdruck zu verleihen, ergab sich bei der Neukonzipierung von Lehrplänen. Das betraf die Volksschule, aber weitaus mehr die höhere Schule. War es in der Volksschule vornehmlich die Methode des Unterrichtens, die ihm erneuerungsbedürftig schien, so betraf sein Vorstoß im Bereich der weiterführenden Schulen auch die Gewichtsverteilung der Lehrfächer selbst.
In den Volksschulen zielte Kerschensteiners Reform darauf ab, den naturkundlichen Unterricht auf die anschauliche Erfahrung zu gründen und ihn mit praktischen Versuchen in Laboratorien, Werkstätten, Schulgärten, an Terrarien, am Sandkasten und mit Lehrwanderungen und Sammlungsbesuchen zu verknüpfen. Damit sollte ein Gegengewicht zur überlieferten Form des sprachlich-literarisch-geschichtlichen Unterrichts geschaffen werden. Zur Frage, was die Forderung bedeutet, der Unterricht solle wissenschaftlich verfahren, schreibt er [12]: „Die Antwort ist sehr einfach; es heißt nichts anderes als: a) Man soll mit Überlegung beobachten; b) die gewonnenen Beobachtungen vergleichen und sichten; c) aus dem gesichteten Beobachtungsmaterial gültige Begriffe und Erkenntnisse gewinnen, d) diese unter ordnenden Gesichtspunkten zusammenfassen." und „Ich meine aber, das ist der Weg, den aller Unterricht gehen soll."
Im Grunde genommen ist diese Unterrichtskonzeption mit dem heute üblichen „problemlösenden Unterrichtsverfahren" identisch. Die Aufforderung, das Beobachten zu üben, ist der rote Faden des ganzen Weltkunde-Lehrplans. Kerschensteiners Grundüberzeugung ist:
„Der naturkundliche Unterricht hat in erster Linie die Beobachtungsgabe zu fördern." und „Das allererste, was wir von den Schulbehörden fordern müssen, ist, die Volksschullehrpläne so zu gestalten, daß es den Lehrern möglich wird, die Schülerinnen und Schüler auf dem Wege persönlicher Erfahrung in die Gesetze

der Natur einzuführen durch beständige Anleitung zum Beobachten. Naturwissenschaftlicher Unterricht hat einen ganz spezifischen Erziehungswert, sobald er dem Wesen der Naturwissenschaft entsprechend betrieben wird, d.h. sobald er die Schüler gewöhnt, durch Experimente und Untersuchungen, die von ihnen selbst auszuführen sind, alles was sie umgibt, denkend zu beobachten, in allem was sie erleben, vorsichtig zu schließen, alle Erscheinungen ohne Voreingenommenheit zu beurteilen, den Quellen der Beobachtungsfehler nachzugehen und nicht leichtgläubig hinzunehmen, was die eigene Bequemlichkeit oder die Bequemlichkeit anderer als sicher hinstellt" [13].

Eine Grundwahrheit allen naturwissenschaftlichen Lernens ist - so Kerschensteiner -, daß sich Beobachtungsschulung und Denkschulung gegenseitig bedingen. „Praktisches Denken" ist dabei auf das beobachtende Auge angewiesen, „bildende Beobachtung" hingegen auf „denkendes Beobachten", wobei „denkendes Beobachten" eine Tautologie ist; denn nach Kerschensteiner gibt es kein Beobachten, das nicht zugleich Denken wäre. „Naturwissenschaftlicher Unterricht ist ganz auf Beobachtung angewiesen, oder er ist überhaupt kein naturwissenschaftlicher Unterricht" und damit ist „die Steigerung der Beobachtungsfähigkeit ein Erziehungswert, der nur den Erfahrungswissenschaften und den aus ihnen entspringenden oder zu ihnen führenden praktischen Tätigkeiten anhaftet" [14].

Neben dem Beobachten nimmt bei Kerschensteiner das selbständige Experimentieren der Schüler eine Schlüsselstellung im naturwissenschaftlichen Unterricht ein. Denn „Experimentieren ist aktives Beobachten". Die Verbindung der Beobachtung mit dem Experimentieren ist das eigentlich Neue, das er der Schule empfiehlt. Auszunutzen sind beim Lernen der jugendliche Forschungstrieb und die Lust zum praktischen Hantieren. So wird denn auch im physikalischen und chemischen Laboratoriumsunterricht der Münchner Versuchs- und Fortbildungsschulen gemessen, gewogen, werden Siede- und Schmelzpunkte bestimmt, Leuchterscheinungen und magnetische Wirkungen des elektrischen Stroms beobachtet, Bestandteile der Luft festgestellt, Kalk gebrannt und gelöscht [15]. Daß die Schüler dies selbst tun und nicht der Lehrer in Demonstrationsexperimenten, ist Teil der Therapie, mit der Kerschensteiner den Unterricht von der Kreidephysik und Kreidechemie zu erlösen versucht. Er sagt: „Von jeher erschien mir der bloße Wissensbesitz geringwertig gegenüber der erzieherischen Wirkung des rechten Wissenserwerbs; ich hatte an mir selbst erlebt, wie wenig rein gedächtnismäßig Erworbenes ... die nach Erkenntnis und Steigerung der geistigen und seelischen Kräfte dürstende Seele befriedigte und wie rasch es trotz einem guten Gedächtnis spurlos verschwinden kann." [16] Aber „die Aufgabe, den Schüler denkend beobachten zu lehren, gestattet im allgemeinen nicht, das Experiment an den Beginn des Unterrichts zu stellen. Überall da, wo der Lehrer genügend viele und genügend reiche Anschauungen, Vorstellungen und

Erfahrungen im Schüler voraussetzen kann, ..., wird er zunächst den induktiven Weg beibehalten und den Schüler zur Frage zu veranlassen suchen, die das Experiment beantworten muß" [17]. „Erfahrungswissen" ist denn auch lange Zeit die Brandfackel, die Kerschensteiner dem „Buchwissen" und dem „Belehrungswissen" entgegen hält. Erfahrungswissen ist das zusammenfassende Symbol der kerschensteinerschen Pädagogik geworden. [16] Aussprüche wie: „Im naturwissenschaftlichen Unterricht ist die Art, wie man zum Wissen gelangt, fast wertvoller als das Wissen selbst" könnten ebenso gut von Martin Wagenschein stammen. Auch dem Gedankenexperiment mißt Kerschensteiner große Bedeutung bei. Darunter versteht er das, was wir heute als Meinungs- und Hypothesenbildung im Erkenntnisprozeß bezeichnen. Der „schöpferische Irrtum" - das ist in heutiger Terminologie der „kognitive Konflikt" - spielt in diesem Zusammenhang bei ihm eine bedeutsame Rolle. Im Lichte der Meinungsbildung und der nachfolgenden Verifikation bzw. Falsifikation durch das Experiment sieht Kerschensteiner das klassische Übungsgelände der Selbsterziehung im naturwissenschaftlichen Unterricht. Dabei versäumt er bei keiner Gelegenheit, darauf hinzuweisen, wie viel schwerer es doch geisteswissenschaftliche Fächer wie Deutsch, Geschichte, Latein und Griechisch haben, erziehend und bildend zu wirken, weil sie die Entscheidungsinstanz des „Experimentes" nicht kennen.

Solche Überlegungen und Einsichten waren es denn auch, die das höhere Schulwesen in Kerschensteiners Augen höchst reformbedürftig erscheinen ließen. Im Bereich der weiterführenden Schulen war sein Ziel, ein Gegenstück zur überlieferten Form des sprachlich-literarisch-geschichtlichen Gymnasiums zu schaffen, in dem die mathematisch-naturwissenschaftlichen Fächer in gleicher Weise Zentrum und Schwerpunkt der Gesamtausbildung darstellen.

Kerschensteiners reformerische Ideen in bezug auf den naturwissenschaftlichen Unterricht entstanden ursprünglich aus rein pragmatischen Überlegungen, aus seiner eigenen Schulerfahrung und seinen Beobachtungen während seiner Schulratstätigkeit. Er war Praktiker und kein Theoretiker. Seine Reform der Erziehung hatte zum Ziel „den Schüler lebenstüchtig zu machen, ihn so in die Natur einzuführen, daß er die einfachsten Vorgänge und Gesetze in den Erscheinungen der Natur beobachten, verstehen und schließlich auf seine sittliche Lebensführung anwenden lerne". Wenn dies das Ziel der Schule ist, dann - so Kerschensteiner - besteht keine Veranlassung, Literatur, Geschichte oder Sprachlehre in den Mittelpunkt des Schulbetriebes zu stellen, sondern „eher die Naturkunde mit ihrer alle Lebensverhältnisse beherrschenden Bedeutung". Das Anliegen Kerschensteiners, dem naturwissenschaftlichen Unterricht mehr Gewicht einzuräumen, muß auf dem Hintergrund gesehen werden, daß zu Kerschensteiners Zeit der Wochenstundenanteil der naturwissenschaftlichen Fächer in den humanistischen Gymnasien nur ca. 6% betrug [18].

Nicht zuletzt durch die ständigen Angriffe, denen er von Seiten der Pädagogik und auch der Praxis ausgesetzt war, fühlte sich Kerschensteiner mehr und mehr dazu gedrängt, seine reformerischen Ideen, die zunächst nur Mißstände beseitigen sollten und aus der Praxis entstanden waren, auch theoretisch zu untermauern und ein System der Bildungswerte sowie eine Theorie der wahren Menschenbildung zu entwickeln. Was die Naturwissenschaften anbetrifft, so hat er seine Ansichten dazu in der 1914 erschienenen Monographie „Wesen und Wert der naturwissenschaftlichen Bildung" niedergelegt [14].

In dieser Monographie versucht Kerschensteiner den naturwissenschaftlichen Unterricht am Maßstab des Bildungswertes der philologischen Fächer zu rechtfertigen und zu begründen. Das wurde von vielen als „peinigendes Schauspiel" empfunden. Um dieses Vorgehen Kerschensteiners verstehen zu können, muß man einen Blick auf die Entwicklungsgeschichte des naturwissenschaftlichen Unterrichts werfen [19].

Im Zeitalter der Aufklärung gab es eine Reihe von Schulreformen, Gründungen von Realschulen und viele Fürsprecher und Förderer des naturwissenschaftlichen Unterrichts. Stellvertretend für viele seien die Namen Leibniz, Francke, Salzmann, Tschirnhaus und nicht zuletzt auch Friedrich der Große genannt, der die Unterrichtung in Mathematik und Physik wegen ihrer allgemeinen Nützlichkeit, z.B. bei der Fortifikation und im militärischen Bereich hoch einschätzte. Semmler z.B. forderte in seinem 1708 in Halle erschienenen Lehrplan: „Die Jugend soll an die wahre Realität gewöhnt werden. Denn hier sind keine leeren speculationes oder unnütze Subtilitäten, sondern es sind ipsissimae res, es sind Dei opera und solche Maschinen, die in der Welt täglichen Nutzen bringen" [20]. Das Bildungsargument der Naturwissenschaften ist hier also die „Nützlichkeit", die bereits auf die Berufswelt und die Bewährung des Menschen in seiner Umwelt zugeschnitten ist.

Diese positive Entwicklung des Realienunterrichts wurde jäh unterbrochen im Zuge der Gegenaufklärung. Rousseau (1712 - 1778), der auf dem Gebiet der Pädagogik großen Einfluß hatte, war ein leidenschaftlicher Gegner der Naturwissenschaften neuer Prägung. In seiner preisgekrönten Schrift zu dem Thema „Ob die Wiederherstellung der Künste und Wissenschaften - gemeint waren damit die Disziplinen Mathematik, Mechanik, Astronomie, Physiologie - zur Veredlung der Sitten beigetragen haben", verneinte er dies nicht nur, sondern formte aus dem Pathos seine Anklage heraus das Bild eines Menschen, in dem die moderne Naturwissenschaft keinen Platz mehr hatte. Von den Ansätzen Rousseaus bis zur Naturphilosophie der Romantik, ja sogar bis zur Kulturkritik unseres Jahrhunderts geht eine durchgehende Linie der Abneigung gegen die mathematisch ausgerichtete Naturforschung. Verstärkt wurden diese Tendenzen durch die Rückwendung zur griechischen Antike in der Epoche des klassischen deutschen Idealismus. Trotz der rasanten Fortschritte in den Naturwissenschaften und der Technik wendet sich die in Deutschland geistig führende Schicht radikal von der Art der Newtonschen Naturbetrachtung ab, hin zu einer Phänomenologie, zu einer meditativen Betrachtungsweise der Natur, die eine Mathematisierung strikt ablehnt. Es galt das humanistische Bildungsideal Humboldtscher Prägung. Diesem Bildungsideal lag ein Wissenschaftsverständnis zugrunde, das die Naturwissenschaften, d.h. die Realien nur als Medium, d.h. als Vorstufe der Philosophie ansah [21]. Man wandte sich ab von der mathematischen Naturforschung Newtonscher Prägung hin zu einem sinnlich erfaßbaren Naturverständnis. Goethe, einer der prominentesten Vertreter dieser Richtung (man vergleiche z. B. seine Farbenlehre), wandte sich leidenschaftlich gegen die mathematische und operative Zurichtung der Natur: „... das ist eben das größte Unheil der neuen Physik, daß man die Experimente gleichsam vom Menschen abgesondert hat und bloß in dem, was künstliche Instrumente zeigen, die Natur ... erkennen will" [22].

Naturwissenschaften hatten an den damaligen Gymnasien nur insofern eine gewisse Daseinsberechtigung, als sie zum Verständnis der Philosophie und der Antike notwendig waren. Humanistische Bildung und Nützlichkeitsdenken schlossen sich gegenseitig aus, und weil die Notwendigkeit des naturwissenschaftlichen Unterrichts bis dahin immer nur durch utilitaristische Gesichtspunkte begründet wurde, hatte dieser im Kanon der Bildungsfächer des humanistischen Gymnasiums keine Daseinsberechtigung. Wie sehr gymnasiale Bildung im 19. Jahrhundert gegen die modernen Naturwissenschaften eingenommen war und von der Antike und den alten Sprachen beherrscht wurde, mögen Zitate von Nietzsche und Hegel eindrucksvoll veranschaulichen. In seiner Schrift „Über die Zukunft unserer Bildungsanstalten" schreibt Nietzsche [23]:

„Ich will euch, meine Freunde, ein Beispiel geben. Wollt ihr einen jungen Menschen auf den rechten Bildungspfad geleiten, so hütet euch wohl, das naive zutrauensvolle, gleichsam persönlich-unmittelbare Verhältnis desselben zur Natur zu zerstören: Zu ihm müssen der Wald und der Fels, der Sturm, der Geier, die einzelne Blume, der Schmetterling, die Wiese, die Bergeshalde in ihren eigenen Zungen reden, in ihnen muß er gleichsam sich wie in zahllosen auseinandergeworfenen Reflexen und Spiegelungen, in einem bunten Strudel wechselnder Erscheinungen wiedererkennen; so wird er unbewußt das metaphysische Einssein aller Dinge an dem großen Gleichnis der Natur nachempfinden und zugleich an ihrer ewigen Beharrlichkeit und Notwendigkeit sich selbst beruhigen.

Aber wie vielen jungen Menschen darf es gestattet sein, so nahe und fast persönlich zur Natur gestellt heranzuwachsen! Die andern müssen frühzeitig eine andere Wahrheit lernen: Wie man die Natur sich unterjocht. Hier ist es mit einer naiven Metaphysik zu Ende: und die Psychologie der Pflanzen und Tiere, die Geologie, die unorganische Chemie zwingt ihre Jünger zu einer ganz veränderten Betrachtung der Natur. Was durch diese neue angezwungene Betrachtungsart verlorengegangen ist, ist nicht etwa eine poetische Phantasmagorie, sondern das instinktive wahre und einzige Verständnis der Natur: an dessen Stelle jetzt ein kluges Berechnen und Überlisten der Natur getreten ist. So ist dem wahrhaft Gebildeten das unschätzbare Gut verliehen, ohne jeden Bruch den beschaulichen Instinkten seiner Kindheit treu bleiben zu können und dadurch zu einer Ruhe, Einheit, zu einem Zusammenhang und Einklang zu kommen, die von einem zum Lebenskampfe Herangezogenen nicht einmal geahnt werden können."

Ein weiteres, die damalige Situation treffend beleuchtendes Zitat stammt von Hegel, dem Gründer des Nürnberger Melanchthon-Gymnasiums. In seinen „Nürnberger Gymnasialreden" schreibt er [24]:

„Die Vollendung und Herrlichkeit dieser Meisterwerke (der griechischen Literatur) muß das geistige Bad, die profane Taufe seyn, welche der Seele den ersten und unverlierbaren Ton und Tinctur für Geschmack und Wissenschaft gebe. Und zu dieser Einweihung ist nicht eine allgemeine äußere Bekanntschaft mit den Alten hinreichend, sondern wir müssen uns mit ihnen in Kost und Wohnung geben, um ihre Luft, ihre Vorstellungen, ihre Sitten, selbst wenn man will, ihre Irrtümer und Vorurtheile einzusaugen, und in dieser Welt einheimisch zu werden, -der schönsten, die je gewesen ist. Wenn das erste Paradies das Paradies der Menschennatur war so ist dies das zweite, das höhere Paradies des Menschengeistes, der in seiner schönen Natürlichkeit, Freiheit, Tiefe und Heiterkeit, wie die Braut aus ihrer Kammer, hervortritt."

Die rasante Entwicklung der Technik, des Handels und der Industrie erforderte aber Menschen, die in den sogenannten Realien unterrichtet und ausgebildet wurden. Es fanden deshalb auch im großen Stil Neugründungen von Realschulen und Oberrealschulen statt, in denen die Naturwissenschaften sowie lebende Sprachen stark im Vordergrund standen. Diese Realschulen aber wurden als „Nützlichkeitskramschulen" diffamiert. Naturwissenschaften konnten keine Bildung vermitteln, sie waren utilitaristisch ausgerichtet; sie konnten allenfalls Voraussetzung für die höhere Bildung der Geisteswissenschaften sein. Wie man damals über die Realschulen dachte, soll ein Zitat des Pädagogen Thiersch (1838) verdeutlichen. Er schreibt [25]:

„Ein gebildeter Mensch, der diesen Namen verdient, wird nie aus ihnen (d.h. den Realschulen) hervorgehen; keiner, der eine höhere, ideale Geistesrichtung nimmt und über das Nützlichkeitsprinzip hinausdenkt; sondern wahre Kinder der Zeit, Umwälzungsmenschen, die alles bessern wollen, nur sich selbst nicht. Ich würde kein Kind in die Realschule schicken, und wenn es weiter nichts als ein Nagelschmied werden wollte."

Es entspann sich ein Kampf der Realschulen um Gleichstellung und Gleichberechtigung mit den humanistischen Gymnasien, der teilweise heute noch andauert. Es sei daran erinnert, daß das Abitur der sogenannten Oberrealschulen erst ab 1900 dem Abitur des humanistischen Gymnasiums als uneingeschränkte Zulassungsvoraussetzung für ein Hochschulstudium gleichgestellt wurde [21].

Die Kenntnis dieser Vorgeschichte ist notwendig, um verstehen zu können, weshalb Kerschensteiner in seinem Buch „Wesen und Wert des naturwissenschaftlichen Unterrichts" zunächst einmal darlegt, daß naturwissenschaftlicher Unterricht in der Art und Weise, wie er ihn betrieben wissen will, mindestens den gleichen Bildungswert für die Jugend besitzt, wie Unterricht in den alten Sprachen Griechisch und Latein. Darüber hinaus zeigt er aber, daß der naturwissenschaftliche Unterricht dem Sprachunterricht in vielfacher Weise überlegen ist. Ein altsprachlicher, im Zuge der Übersetzung hermeneutisch gedeuteter Text muß nach wie vor unverbindlich bleiben, wohingegen Hypothesen im naturwissenschaftlichen Unterricht durch das Experiment falsifiziert bzw. verifiziert werden können.

Kerschensteiner versucht mit diesem Vorgehen, den Anspruch des humanistischen Bildungsideals auf dessen eigenem Gebiet zu schlagen, und zwar indem er beweist, daß sich die Ziele des humanistischen Bildungsideals in den naturwissenschaftlichen Fächern vielfach wesentlich besser verwirklichen lassen als in den altsprachlichen. Kerschensteiner postuliert noch eine ganze Reihe weiterer „Bildungswerte" des mathematisch-naturwissenschaftlichen Unterrichts (übergeordnete Bildungsziele in heutiger Diktion), welche die pädagogische Diskussion der Gegenwart immer noch beeinflussen und hier kurz zusammengestellt werden sollen [26]:

1. Kerschensteiner sieht in den Naturwissenschaften „die Wissenschaft" schlechthin. Sie sind es deshalb, weil die ihnen zugrunde liegende Wirklichkeit auf mathematisch faßbare Gesetzlichkeiten zurückgeführt werden kann. „Wer naturwissenschaftlich Denken gelernt hat, hat überhaupt Denken gelernt!"
2. Die Naturwissenschaften geben wie kein anderes Forschungs- bzw. Lerngebiet Gelegenheit für die Erziehung zur „Objektivität". Die Dinge selbst nötigen zu gewissenhafter Beobachtung und Prüfung, zu vorsichtigem Urteilen und zu zurückhaltender Schlußfolgerung. Die „Verantwortung" erhält ihre Anweisungen von den Sachen her, nicht umgekehrt. Nicht der Mensch denkt, sondern es denkt in ihm. Das eben ist wahre „Objektivität": die subjektive Unruhe so lange aufrecht zu erhalten, bis eine Vermutung kommt, die allen Prüfungen standhält und den Frieden mit dem Objekt wieder herstellt.
3. Der hauptsächliche Bildungswert der Naturwissenschaften liegt in ihrer Methode. Die spezifische naturwissenschaftliche Methode ist die Induktion. Das exakte induktive Verfahren geht von den einzelnen, uns durch die Sinne vermittelten Wahrnehmungen bzw. Beobachtungen aus und sucht diese mit Hilfe des logischen und kategorialen Denkens in einen gesetzmäßigen Zusammenhang zu bringen. „Das wesentliche des Induktionsschlusses ist, die einzelnen gleichartigen Erscheinungen von allen störenden Einflüssen, von allen Ungenauigkeiten, von allem Nebensächlichen loszulösen, die konstitutiven Merkmale der Erscheinung in aller Reinlichkeit hervortreten zu lassen, den

einzelnen Fall zu einem wahrhaft typischen zu machen." Dies allerdings ist nur dann möglich, wenn der Unterricht auf die übliche „Mausefallen-Induktion" [27] der Physik- und Chemiebücher verzichtet, deren Aufgabenstellungen dem Schüler die Entdeckung, die er machen soll, immer schon im voraus verraten. Das induktive Verfahren leitet Schüler zu „realistischem" Denken an, während das reine Deduzieren dazu verleitet, die Fühlung mit dem realen Leben in „idealistischem" Überschwang zu verlieren [28].

4. Die Strenge des Verfahrens bringt es mit sich, daß die Naturwissenschaften sich besonders gut dazu eignen, im Weltbild des Schülers Ordnung herzustellen[1]. Ordnung wird durch die Erkenntnis des gesetzmäßigen Zusammenhangs bewirkt. Insofern sind Mathematik und Naturwissenschaften geradezu der „Weihnachtsmann" für das geistige Ordnungsbedürfnis der Jugendlichen. Wer bei Zeiten dazu angehalten worden ist, nach funktionellen Zusammenhängen zu suchen, dem wird es zur Gewohnheit, in Zusammenhängen zu denken. Das aber ist ein Kernstück der Seelenverfassung, die wir Bildung nennen.

5. Es ist Aufgabe der Naturwissenschaften, wie eines jeden wissenschaftlichen Unterrichts überhaupt, die Jugend an funktionales Denken zu gewöhnen. Eng damit verbunden ist das - nach heutigem Sprachgebrauch - korrelative Denken. Kerschensteiner warnt vor der Versuchung, die abgeschlossenen Systeme, die sich der theoretische Geist errichtet, um die Welt gleichsam im „Stillgestanden" zu untersuchen, zu eng zu konzipieren und zu lange stillstehen zu lassen. Der funktionale Gedanke kann insgesamt dazu dienen, den „dynamischen" Charakter des Weltgeschehens vor Auge zu führen [29]. „Das funktionale Denken ist nur eine besondere Form des logischen Denkens. Es sucht die Gesetzlichkeit der gegenseitigen Abhängigkeit mehrerer Größen oder Ereignisse festzulegen und gewöhnt an die Setzung solcher Abhängigkeiten; das Wichtigere, wie mir scheint, bleibt aber immer jene Gewohnheit des logischen Denkprozesses, gerade die gesetzte Abhängigkeit a) auf ihre Bündigkeit, b) auf ihre sonstigen Folgerungen hin zu prüfen" [30].

6. Einen weiteren Bildungswert der Naturwissenschaften sieht Kerschensteiner in der Bildung exakter Begriffe. Alles, was Physik und Chemie an Exaktheit aufzuweisen vermögen, verdanken sie der Tatsache, daß sie sich der mathematischen Begriffe bedienen.

7. Kerschensteiner ist der pädagogische Erfinder des moralischen Begriffs der „Sachlichkeit". In seinem System ist Sittlichkeit die sittliche Selbsterziehung durch die Unterordnung unter das „Gesetz der Sache". „Letzten Endes" - so Kerschensteiner - „ist alle Sachlichkeit auch Sittlichkeit. Denn was heißt Sittlichkeit anderes, als den unbedingt geltenden Wert immer über den bedingt geltenden Wert setzen, und was meint Sachlichkeit anderes, als einen Zweck

---

[1] Besonders wegen solcher Ansichten wurde Kerschensteiner von seinen Zeitgenossen und der Nachwelt heftig angegriffen

ohne Rücksicht auf positive Neigung, Begierden, Wünsche im Endinteresse eines unbedingt geltenden Wertes zur vollendeten Verwirklichung bringen"[31].

8. Eng damit verbunden ist die Erziehung zur Pünktlichkeit. Sachliche Einstellung ist die Grundlage aller guten Arbeit. Niemand vermag eine brauchbare Leistung zu vollbringen, der nicht gewillt ist, die Bedingungen, die ihm seine Sache auferlegt, zu respektieren und sich eigen zu machen. Wer die Berufsarbeit zur Grundlage der Gesamterziehung des Menschen macht, muß naturgemäß größten Wert darauf legen, daß der Schüler frühzeitig lernt, pünktlich zu arbeiten, materialgerecht zu verfahren und das Angefangene auch wirklich fertig zu machen. Die Vollendung der Arbeit bis hin zur Verwendbarkeit ist oberster Gesichtspunkt der Kerschensteinerschen Arbeitsschultheorie.

In dieser letzten Bemerkung Kerschensteiners taucht der Begriff „Berufsarbeit" auf, ein Begriff, der bisher allenfalls nur am Rande berührt wurde, ohne den aber Kerschensteiners Pädagogik - auch in Hinblick auf den naturwissenschaftlichen Unterricht - nicht verstanden werden kann. Neben seiner Aufgabe, den Lehrplan zu reformieren, war Kerschensteiners zweite wichtige Aufgabe zu Beginn seiner Münchner Schulratstätigkeit, das Berufsschulwesen zu reorganisieren.

Es gab neben der Lehrlingsausbildung damals zwar bereits begleitenden Schulunterricht. Dieser „Fortbildungsunterricht" aber wiederholte lediglich den Stoff der Volksschule, nahm also im Unterricht auf die berufliche Ausbildung und auf das Gewerbe, dem der Schüler angehörte, keinerlei Rücksicht. Kerschensteiners Reform des Fortbildungsunterrichts bestand nun darin, daß er eine Berufsschule schuf, welche die praktische berufliche Ausbildung sowohl theoretisch als auch praktisch begleitete und ergänzte. Im Laufe seiner Münchner Schulratstätigkeit entstanden so unter seiner Regie insgesamt zweiundfünfzig fachlich organisierte Fortbildungsschulen. In diesen Berufsschulen wurden für die verschiedenen Handwerksberufe komplette Lehrwerkstätten eingerichtet, so daß die Lehrlinge auch mit Arbeiten vertraut gemacht werden konnten, die in ihren Betrieben nicht durchgeführt wurden. Denn die Schulwerkstatt vermag selbst unter günstigen Bedingungen mehr als die Meisterlehre: „Sie begleitet die Einführung jedes neuen Werkzeugs, jeder neuen Maschine, jedes neuen Rohstoffs mit mannigfachen Überlegungen, sie läßt den Schüler beständig prüfen, beständig beobachten, beständig sich korrigieren; sie schilt ihn nicht, wenn er ein Stück Holz oder Eisen oder Leder in ehrlichen Versuchen aufgebraucht hat, ohne daß er sein Ziel erreichen konnte; sie gibt ihm den Mut, selbständig zu werden, selbständig zu prüfen, selbständig zu denken" [32]. Die geistige Durchdringung der in der Meisterwerkstatt verrichteten Arbeiten war dabei oberstes Ziel. Praktische Arbeit, wirkliches Handeln wird hier von Kerschensteiner als wichtiges Erziehungsprinzip erkannt. Auf dem Hintergrund seiner Schweinfurter Schulerfahrung bildet sich im Zusammenhang mit der Arbeitsschule das Unterrichtsprinzip der Schüleraktivität heraus. Dieses Unterrichtsprinzip überträgt Kerschensteiner auch auf den naturwissenschaftlichen Unterricht: Schüler müssen selbst experimentieren. Die Klasse ist dabei in kleine Arbeitsgruppen von 2 bis 6 Schülern einzuteilen, die jeweils als ein Untersuchungsteam mit eigenem Auftrag arbeiten. In der Idee der Arbeitsgemeinschaft wirkt der „Weg der Wissenschaft" auch zurück auf andere Fächer. Wenn gemeinsam an einer Aufgabe gearbeitet wird, erhöht sich die Qualität der Leistung jedes einzelnen. Denn jeder Mitarbeiter in der Gruppe ist von dem Bewußtsein durchdrungen, „daß die Güte der gemeinsamen Arbeit von der Sorgfalt, der Aufmerksamkeit und dem Fleiße des einzelnen abhängt, ja daß ein einziger den Wert des Ergebnisses langer und anstrengender Mühen vieler dutzender von Mitmenschen in Frage stellen kann" [33]. Durch Teamarbeit erwächst so jenes Bewußtsein der „persönlichen Verantwortlichkeit am Resultat". Indem die Schüler in Arbeitsgemeinschaften lernen, haben sie auch ein Gleichnis der arbeitsteiligen Leistung im öffentlichen Leben vor Augen. Sie erkennen die Notwendigkeit, sich, wo die Kraft und das Wissen des einzelnen zur Lösung einer Aufgabe nicht ausreichen, zusammenzuschließen und zusammenzuarbeiten [34].

4 Schlußbemerkung

Die wichtigsten Gedanken und Vorstellungen Kerschensteiners in Hinblick auf den naturwissenschaftlichen Unterricht wurden skizziert. Dabei war es nicht Absicht, Kerschensteiners didaktische Ansichten und Theorien aus heutiger Sicht zu kommentieren und kritisch zu hinterfragen. Soviel sei aber gesagt: Kerschensteiners Kritiker haben sich stets an Positionen festgebissen und Dinge kritisiert, die eindeutig durch den damaligen Zeitgeist bedingt waren. Läutert man Kerschensteiners Reformideen zum naturwissenschaftlichen Unterricht von der Patina des damaligen Zeitgeistes, dann findet man, daß viele seiner Ideen zum naturwissenschaftlichen Unterricht auch im 20. Jahrhundert bis zur Gegenwart weitergewirkt haben und noch immer weiterwirken. Sie finden sich z.B. in Martin Wagenscheins Werk wieder, und nicht zuletzt begegnen sie uns heute überall in den übergeordneten Richtzielen für den naturwissenschaftlichen Unterricht.

5 Literatur

[1] Zillig, Peter: Wahre Bildung des Kindes und Kerschensteiners Schullehrpläne, Lehranweisungen und Lehrplantheorieen, Sonderabdruck aus der „Zeitschrift für Philosophie und Pädagogik", Hermann Beyer und Söhne, Langensalza, 1901, p. 57
[2] Kerschensteiner, Marie:Georg Kerschensteiner - Der Lebensweg eines Schulreformers, Oldenbourg, München-Berlin, 1939
[3] aao .p. 91
[4] aao. p. 100
[5] aao. vgl. z. B. p. 99 ff
[6] Weber, Leo: Schichtung und Vermittlung im pädagogischen Denken Georg Kerschensteiners, Leipzig 1936 (Gesamtbiographie von W. Frömmig im Anhang); s. a. [2], 3. Aufl., hrsg. von Josef Dolch, München-Düsseldorf 1954
[7] Kerschensteiner, Georg: Betrachtungen zur Theorie des Lehrplans, 1. Aufl., München 1899, p. 77
[8] Kerschensteiner, Marie: Georg Kerschensteiner - Der Lebensweg eines Schulreformers, Oldenbourg, München-Berlin, 1939, p.128
[9] Kerschensteiner, Georg: Betrachtungen zur Theorie des Lehrplans, 1. Aufl., München 1899, p. 97
[10] Wehle, Gerhard: Praxis und Theorie im Lebenswerk Georg Kerschensteiners, J. Beltz, Weinheim-Berlin, 1956, p. 68
[11] Kerschensteiner, Georg: Die Entwicklung der zeichnerischen Begabung, München, 1905
[12] Kerschensteiner, Georg: Der erste naturkundliche Unterricht, 1901, p. 6
[13] Kerschensteiner, Georg: Ausbau und Organisation der hauswirtschaftlichen Unterweisung, in: Schriften der Zentralstelle für Volkswohlfahrt, N. H. Heft 2, p. 272
[14] Kerschensteiner, Georg: Wesen und Wert des naturwissenschaftlichen Unterrichts, 5. Aufl., Hrsg. J. Dolch, 1959, Oldenbourg, München, p. 111 ff, p. 121
[15] Wilhelm, Theodor: Die Pädagogik Kerschensteiners - Vermächtnis und Verhängnis, J. B. Metzlersche Verlagsbuchhandlung, Stuttgart, 1957, p. 7
[16] Kerschensteiner, Georg: Selbstdarstellung: in „Die Pädagogik der Gegenwart in Selbstdarstellungen", Band I, p. 61
[17] Kerschensteiner, Georg: Betrachtungen zur Theorie des Lehrplans, 1. Aufl., München 1899, p. 164 ff.
[18] Kroebel, Werner: Die Vernachlässigung der Naturwissenschaften als Folge des neuhumanistischen Bildungsideals. In: Wilhelm, Theodor (Hrsg.), Die Herausforderung der Schule durch die Wissenschaft - Beiträge zur Lehrplangestaltung, Weinheim, 1966
[19] vgl. z. B. Klinger, Walter: Maßgebliche Faktoren für den Wandel des Physikunterrichts in Vergangenheit und Gegenwart: Erziehung und Schule zwischen Tradition und Innovation, Hrsg. Liedtke, Max, Klinkhardt, 1992, 27

[20] Paulsen, Friedrich: Geschichte des gelehrten Unterrichts auf den deutschen Schulen und Universitäten vom Ausgang des Mittelalters bis zur Gegenwart, 3. Aufl. Bd. II, Berlin, 1921, p. 64
[21] Brüggemann, Otto: Naturwissenschaft und Bildung, Quelle & Maier, Heidelberg, 1967, p. 21 ff.
[22] vgl. Litt, Theodor: Das Bildungsideal der deutschen Klassik und die moderne Arbeitswelt, Schriftenreihe der Bundeszentrale für Heimatdienst, Kamps Pädagogische Taschenbücher, 6. Aufl., 1959, p. 48
[23] Nietzsche, Friedrich: Über die Zukunft unserer Bildungsanstalten, Gesammelte Werke, Hrsg. K. Schlechta, Bd. III., München 1956, p. 232
[24] Hegel, G. W. Friedrich: Nürnberger Gymnasialreden. In: Hegels Ansichten über Erziehung und Unterricht von G. Thaulow, III. Teil, p. 189, Kiel 1854
[25] Paulsen, Friedrich: a.a.o. p. 440
[26] Wilhelm, Theodor: a.a.o. p. 82 ff.
[27] Kerschensteiner, Georg: Wesen und Wert des naturwissenschaftlichen Unterrichts, 5. Aufl., Hrsg. J. Dolch, 1959, Oldenbourg, München, p. 76 und Betrachtungen zur Theorie des Lehrplans, 1. Aufl., München 1899, p. 176
[28] Kerschensteiner, Georg: Das Grundaxiom des Bildungsprozesses, 8. Aufl., Oldenbourg, München, 1953, p. 129 ff.
[29] Wilhelm, Theodor: a.a.o. p. 108 ff.
[30] Kerschensteiner, Georg: Theorie der Bildung, 1. Aufl., Leipzig, 1926, p. 99
[31] Kerschensteiner, Georg: Begriff der Arbeitsschule, Leipzig, 1912, 11. Aufl., p. 48
[32] Kerschensteiner, Georg: Die Schulwerkstatt als Grundlage der Organisation der Fortbildungsschule, in: Süddeutsche Monatshefte, 5. Jg. II. Bd., München, 1908, p. 327 ff.
[33] Kerschensteiner, Georg: Landwirtschaftlicher Beruf und staatsbürgerliche Erziehung, 1910, Grundfragen, 7. Aufl., p. 177
[34] Wilhelm, Theodor: a.a.o. p. 145 ff.

R. Fichtner

Physik verstehen - was ist das?

Verstehen von Physik ist ein vielschichtiges Phänomen. Wenn wir von Physik reden, denken wir in der Regel nur an die Theorien, die Experimente, an die Labors, wissenschaftlichen Institutionen, Universitäten oder Forschungseinrichtungen der Industrie. Hier haben wir allein explizite Elemente der Physik vor uns. Die geistigen (mentalen) Prozesse, die im Bewußtsein eines Menschen Physik „erzeugen", weiterentwickeln oder auch nur „vergegenwärtigen" und zu denen >Physik verstehen< gehört, sind dabei ausgeklammert, weil sie nicht alle und dauernd explizit sind, sondern nur oder doch wenigstens meist implizit wirken.

Allzuoft wird Verstehen einfach mit >Erklären< gleichgesetzt oder verwechselt. Erklären setzt immer schon ein (gewisses) Verstehen voraus; umgekehrt kann (tieferes) Verstehen die Folge einer Erklärung sein. Eine Erklärung - etwa die des Tunneleffektes - kann man in einem Buch finden, Verstehen dagegen nicht. Diesen Unterschied macht schon unsere Sprache deutlich: Man spricht zwar von >Erklär-ung<, aber nicht von >Versteh-ung<. Verstehen ist etwas Personales, also keine von einer Person abgetrennte „Eigenschaft", kein von einer solchen losgelöster „Zustand" oder „Prozeß"; Erklärungen sind dagegen etwas Intersubjektives, Aussagbares und daher Kommunizierbares. >Physik verstehen< ist eine Art geistiger Zustand eines Menschen (Disposition) und ein Physiker ist ein Mensch, der darüber besonders umfassend und ausgeprägt verfügt („Er versteht sich auf die Physik").[1] Notizen, Papers, Zeitschriften, Bücher etc. könnte man allein als „Stützen" bzw. intersubjektive „Äußerungen" dieses Zustandes ansehen, auf die man intersubjektive Kriterien anwenden kann, ob oder wie gut Physik verstanden worden ist.

---

[1] Ich bleibe hier bei dieser Ausdrucksweise, weil sie ausreicht, um einen Gegensatz zu formulieren, obwohl sie ihre Tücken hat. *L. Wittgenstein* bestreitet in den >*Philosophischen Untersuchungen*< (PU), daß das Bild vom >inneren Vorgang< uns die richtige Idee von der Verwendung des Wortes >Verstehen< gibt. Es verhindere geradezu, die „Verwendung des Wortes zu sehen, wie sie ist" (PU, 305). Er argumentiert, daß die unaufgedeckte „Strategie", daß wir von „Vorgängen" und „Zuständen" reden, deren Natur wir einfach unentschieden lassen, in der Hoffnung, daß wir sie einmal kennen werden (PU, 308), die gesamte weitere Behandlung des Problems schon festschreibe. Die eigentlich unverstandene Verwendung des Wortes >Verstehen< wird also „als Ausdruck eines seltsamen *Vorganges* gedeutet (wie man sich die Zeit als ein seltsames Medium, die Seele als seltsames Wesen denkt)" (PU, 196), als Ausdruck eines (eventuell neuronalen) „Mechanismus". Damit sei aber nichts gewonnen: „Ein >innerer Vorgang< bedarf äußerer Kriterien." (PU, 580). Seiner These: „Die Bedeutung eines Wortes ist sein Gebrauch in der Sprache" (PU, 43) für eine große Klasse von Fällen des Gebrauchs des Wortes >Bedeutung< werden wir in dieser Untersuchung in gewisser Weise folgen, indem wir den *falschen Gebrauch von Wörtern* studieren.

Wird damit die Physik zu einem Teilgebiet der Psychologie? Natürlich nicht - der fragliche geistige Zustand ist vielmehr (je nach weltanschaulichem oder philosophischem Standpunkt) dadurch charakterisiert, daß er auf Realität gerichtet ist bzw. daß er Realität repräsentiert oder wenigstens versucht, zu einem bestimmten Zweck (etwa technisches Handeln oder Erkenntnis) Realität zu konstruieren bzw. zu rekonstruieren.

Entgegen weitverbreiteter Meinung arbeiten Physiker weniger nach abstrakten Regeln - obwohl man solche durchaus abstrahieren kann - als vielmehr „nach Vorbildern, die sie sich durch die Ausbildung und die spätere Beeinflussung durch die Literatur angeeignet haben"[2]. Sie erlernen ihr „Handwerk" im wesentlichen informell und wenden es auch meist so an. Dieses >Physik machen< oder >Physik können< bedeutet gleichzeitig ein >Physik verstehen< (>internes Verstehen<), das nicht unbedingt ein ausgesprochenes und reflektiertes Verstehen in dem Sinne ist, daß es leicht artikuliert werden könnte. Es schlägt sich vielmehr nieder in der Fähigkeit oder der Kompetenz (dem sog. „know how"), ein gestelltes Problem fachmännisch anzugehen bzw. über eine vorgeschlagene Lösung angemessen zu urteilen, und das ist eben ein individuell-persönliches „implizites Wissen", das dann zu einer expliziten Begründung (Erklären) benützt wird. Das >Verstehen von Physik< bei Laien muß dagegen aus dem Verstehen durch Kommunikation, d.h. aus der darlegenden oder reflektierenden Rede von Physikern (im weitesten Sinne des Wortes) resultieren (>externes Verstehen<). Mit Laien meine ich die Gebildeten, die Intellektuellen und Philosophen, aber auch die Schüler und Studenten, soweit sie nicht weit in die Physik eingedrungen sind, aber Physik als Kulturgut verstehen wollen. Meine These ist:
>Verstehen von Physik< hängt nicht nur von dem expliziten, sondern wesentlich auch von implizitem Wissen über Physik ab. Wenn dem so ist, dann hätte das nicht unbeträchtliche Konsequenzen für die Didaktik der Physik. Drei Begriffskomplexe stehen zur Debatte:
a)   >Verstehen von Physik<
b)   >explizites Wissen<
c)   >implizites Wissen<.

a) Hinter >Physik verstehen< verbergen sich zwei verschiedene Interessen: Der Fachmann muß und will die Physik von „innen" - als Pragmatiker - verstehen, der Laie von „außen" - als Interpret. Der Fachmann bezieht sein >Verstehen von Physik< aus dem Physik-Machen, während der interessierte physikalische Laie sein >Verstehen von Physik< letztlich aus der Reflexion über Physik herleitet - sei es, daß er selbst reflektiert oder daß er sich die Reflexionen anderer (Physiker, Naturphilosophen, Lehrer) aneignet.

b) Es ist wohl selbstverständlich, daß alles >explizite Wissen< in der Physik, also die in Büchern oder Zeitschriften dargelegten und diskutierten Theorien, Experi-

---

[2] Th. S. Kuhn, Die Struktur wissenschaftlicher Revolutionen, Frankfurt/M., 1978, S. 60

mente etc., die offensichtlichen Voraussetzungen von Verstehen der Physik sind.
c) >Implizites Wissen< tut sich, wie schon gesagt, z.B. im sog. „know how" eines Wissenschaftlers kund; es tritt nicht explizit in Erscheinung, sondern dokumentiert sich nur indirekt im Erfolg seiner Arbeit und der Art und Weise seiner Argumentation. >Implizit< ist nicht gleichbedeutend damit, daß man sich dieses Wissens generell nicht versichern könnte, schon gar nicht, daß man sich darüber keine Gedanken machen sollte. Leider hat eine zu einseitig ausgelegte rationalistische Tradition bei uns dazu geführt, daß die impliziten Prozesse wenig beachtet werden oder schlicht als unwesentlich abgetan, also letztlich verdrängt werden - verdrängt in dem Glauben, daß sie - weil irrational - nicht eigentlich zur Wissenschaft gehören: man befaßt sich ja explizit nur mit der objektiven, rational und klar erkennbaren Realität!

Wie kann man die Behauptung überprüfen, daß die impliziten oder informellen Komponenten auf das >Verstehen von Physik< wesentlichen Einfluß nehmen können? Dazu bietet sich an, die konkret dokumentierte Kommunikation von Physikern untereinander und mit interessierten Laien in der Form von Veröffentlichungen, Vorträgen, Briefen, Aufsätzen, Büchern etc. daraufhin zu untersuchen, wie Kommunikation bzw. Verstehen einerseits gelingt, andererseits erschwert ist oder sogar mißlingt - ja u. U. geradezu mißlingen muß, wenn man die impliziten Komponenten im Verstehensprozeß übersieht oder ignoriert.

Unter dieser Voraussetzung hängt >Verstehen von Physik< an der Kunst der Interpretation in dem ursprünglichen hermeneutischen Sinn, wie sie bei Aristoteles definiert worden ist, nämlich als die Kunst, einen Text sinngerecht zu deuten (siehe Fußnote 15). In der Tat haben wir die Botschaften der Physiker heute fast ausschließlich in Form von Texten gegeben (und das nicht nur für den Laien!). Mit dem Etablieren der Geisteswissenschaften im 19. Jahrhundert wurde die Kunst der Interpretation genuin für diese reklamiert und eine Abgrenzung gegenüber den Naturwissenschaften in der Weise konstruiert, daß man diese als „erklärend" charakterisierte im Gegensatz zu den „verstehenden" Geisteswissenschaften. Eine solche Abgrenzung ist aber künstlich: Die Texte von Physikern müssen gleichermaßen interpretiert werden wie Texte in den Geisteswissenschaften, wenn auch unter unterschiedlichen Voraussetzungen. Das mag überraschen, geht man doch gemeinhin davon aus, daß sich die Texte aus der Physik auf etwas beziehen, das sozusagen >objektiv< ist, und sie daher nicht einer verstehenden Interpretation bedürften, da sie eher einer bloßen Protokollierung von sogenannte „Fakten" gleichkommen.

Um einen Sachverhalt zu verstehen, bedarf es mehr als nur eines den Sachverhalt darstellenden >Textes<. Dieses „Mehr" nennen wir den >Kontext<. Der Terminus entstammt ursprünglich der Sprachphilosophie und Linguistik und bezeichnet die Umgebung (lat. contextus, Zusammenhang), in die sprachliche Äußerungen eingebettet sind. >Text< und >Kontext< werden hier in einem verallgemeinerten

Sinn gebraucht: Alles, was in der Physik explizit in Form von (schriftlichen) Aussagen, sei es in natürlichsprachlicher (umgangsprachlicher) Form oder in formalsprachlicher (mathematischer) Form vorliegt, wollen wir als >Text< bezeichnen (z. B. die anerkannten Theorien in Lehrbüchern, die Beschreibungen und Interpretationen von Experimenten, aber auch die Hypothesen, Mutmaßungen und Spekulationen, die ausdrücklich formulierbar oder formuliert sind). Das explizit dargelegte Wissen, das im >Text< steht, ist eingebettet in einen umfassenderen >Kontext<. Dazu gehören z B. die Motive, Hintergrundannahmen, Konzeptionen, Methoden und Normen des wissenschaftlichen Arbeitens und Urteilens, und ebenso die philosophischen, erkenntnistheoretischen, konzeptionellen, historischen und gesellschaftlichen Implikationen der Physik, desgleichen das geistige Klima oder Milieu, das in den wissenschaftlichen Institutionen und Gesellschaften herrscht. Der Kontext enthält das „Selbstverständliche" bzw. das bereits durch die Praxis selbstverständlich Gewordene der Gemeinschaft der Wissenschaftler (Physiker). Erst >Text< und >Kontext< zusammen machen Physik aus.

Daß dem Kontext eine Funktion zukommt, hat offenbar bereits T. S. Kuhn mit seinem Paradigmabegriff - in der weiten Fassung - zum Ausdruck bringen wollen. I. Lakatos spricht ebenfalls nicht von Theorien, sondern von Forschungsprogrammen[3], die eben Text (Theorie) und Kontext (je nach Auslegung mehr oder weniger) umfassen[4]:

Ein Paradigma umfaßt eine Theorie, Modellfälle ihrer erfolgreichen Anwendung metaphysische Hintergrundannahmen über den Gegenstandsbereich der Theorie und methodologische Normen für Begründungen und experimentelle Untersuchungen. Hintergrundannahmen und Normen sind dabei, wie Kuhn betont, nicht explizit formuliert und die intendierten Anwendungen der Theorie sind nicht explizit abgegrenzt, sondern nur paradigmatisch bestimmt durch die Modellfälle erfolgreicher Anwendung.

In der weiteren Fassung des Paradigmabegriffes sind also Hintergrundannahmen, die nicht Teil der Theorie sind, aber in ihren Anwendungen verwendet werden, Auswahlkriterien für die Theorie, die weder empirisch noch logisch sind, Wissenschaftskonzeption und Normen des wissenschaftlichen Experimentierens und Begründens mit eingeschlossen. Daraus wird bereits deutlich, daß der >Kontext< in der Physik offenbar nicht einfach als eine (nur nicht aufgeschriebene und nicht immer gegenwärtige) „Fortsetzung" des Textes angesehen werden kann. Er hat einen qualitativ anderen Status als der >Text<; er ist auf informelle Weise gegenwärtig, indem der „Zugriff" auf den Kontext und die „Einflußnahme" des Kontextes auf die Interpretation des Textes in der Regel informell erfolgt. Man

---

[3] I. Lakatos, Die Geschichte der Wissenschaften und ihre rationale Rekonstruktion, in: I. Lakatos, A.Musgrave, Kritik und Erkenntnisfortschritt, Braunschweig, 1974, S. 280

[4] F. v. Kutschera, Grundfragen der Erkenntnistheorie, Berlin, Heidelberg, New York, 1982, S. 504

kann daher auch von >informellem Kontext< sprechen. Ein informeller Kontext ist z.b. „das, was stillschweigend als vernünftig angesehen wird".

Das explizite Wissen, insbesondere wissenschaftliche Theorien (also auch physikalische Theorien) als >Text< aufzufassen, ist nicht ganz neu. W. V. 0. Quine spricht dies indirekt folgendermaßen aus[5] :

Was ist das: eine wissenschaftliche Theorie? Eine naheliegende Antwort wäre: Ein Gedanke oder ein komplexes Gedankengebilde. Doch die praktischste - und gewöhnlich die einzige - Weise, sich mit Gedanken auseinanderzusetzen, setzt bei den Worten an, durch die sie zum Ausdruck gebracht werden. Wonach man im Hinblick auf Theorien Ausschau halten muß, sind demnach die Sätze, die sie zum Ausdruck bringen.

Wenn wir also von Physik reden, dann können wir uns nur auf die Sätze beziehen, in denen von Physikern Physik zum Ausdruck gebracht worden ist. Aber auch das Kontextproblem ist bei ihm angesprochen, indem er darauf insistiert, daß es keine kontextfreie Bedeutungen gibt (Duhem-Quine-These)[6] :

Allmählich erkennen wir, daß in einer wissenschaftlichen Theorie sogar ein ganzer Satz gewöhnlich zu wenig Text abgibt, um als unabhängiges Vehikel der empirischen Bedeutung zu dienen. Er wird kein eigenes, abtrennbares Bündel beobachtbarer oder überprüfbarer Konsequenzen haben. Ein einigermaßen umfassendes wissenschaftliches Theoriekorpus wird, als ganzes genommen, tatsächlich solche Konsequenzen haben. ... Doch die Beobachtungskonditionale [i. e. >wenn f, dann y<-Sätze] werden, wie Duhem betont, nur von der Theorie als ganzer impliziert.

Er fragt nun zu Recht, wie umfassend wir ein solches Satzsystem wählen sollen, wenn wir ein ganzes Satzsystem als Vehikel der empirischen Bedeutung wählen müssen? Die gesamte Wissenschaft? Das Ganze einer Einzelwissenschaft? Einen Zweig einer Einzelwissenschaft? Er resümiert[7] :

Zu denken, unser wissenschaftliches Weltsystem spiele en bloc in jede Prognose hinein, ist jedoch langweilige Prinzipienreiterei. Bescheidenere Stücke tun es auch und können ihre unabhängige empirische Bedeutung zugeschrieben bekommen, zumindest mit ausreichender Näherung, denn ein gewisse Vagheit der Bedeutungen muß man in jedem Fall in Anschlag bringen.

Die Frage nach dem „Schnitt" im >wissenschaftlichen Weltsystemen bloc< einfach als „langweilige Prinzipienreiterei" abzutun, scheint allerdings eher vom Problem abzulenken als daß es beseitigt wäre. „Bescheidenere Stücke" können „ihre unabhängige empirische Bedeutung" genau deshalb zugeschrieben bekommen, weil wir in >Text< und >Kontext< zerlegen können (ohne das in den seltensten Fällen bewußt zu tun) und Text und Kontext qualitativ verschiedenen Status

---

[5] W. V. 0. Quine, Theorien und Dinge, Frankfurt/M., 1985, S. 39
[6] W. V. 0. Quine, op. cit., S. 92
[7] W. V. 0. Quine, op. cit., S. 93

haben. Wir brauchen dadurch nicht bei jedem Term nach seiner expliziten Bedeutung fragen - die meisten sind schon „irgendwie" durch den Kontext gedeutet: nur einzelne Terme sind vage oder vage geworden, so daß sie unsere bewußte Aufmerksamkeit auf sich lenken, problematisiert und überprüft werden. Wissenschaftliche Entwicklung bedeutet eben unter anderem auch, immer wieder Teile des Kontextes in die bewußte Analyse hereinzunehmen, also zu >Text< umzugestalten. So umgeht bekanntlich I. Newton die prinzipielle Frage nach >Raum< und >Zeit<, obwohl dies grundlegende Begriffe seiner Physik sind. In seinen >Principia mathematica< finden wir einfach die Feststellung[8]:
Nam Tempus, Spatium, Locum & Motum, ut omnibus notissima, non definio.
(Zeit, Raum, Ort und Bewegung, als allen wohlbekannt, erkläre ich nicht.).
Er definiert nur ausdrücklich seinen >absoluten Raum< und seine >absolute Zeit<, die sich dann auch als äußerst problematisch herausgestellt haben. Sind >Raum< und >Zeit< wirklich evidente und unproblematische Begriffe, „allen wohlbekannt"? Er kann sich auf ein „wohlbekannt" zurückziehen, weil sie im Umkreis der Physik zu seiner Zeit und letztlich bis zu A. Einstein dem informellen Kontext angehören, der sie uns als „schon verstanden" ausgibt. Dieses „schon verstanden" reichte aus, um damit die Newtonsche Mechanik zu formulieren. Einsteins Leistung wurde wohl auch deshalb so revolutionär eingestuft, weil der bis dahin selbstverständliche Kontext in Grundstrukturen in Frage gestellt wurde.
Mit dem begrifflichen Instrumentarium >Text< und >Kontext< läßt sich präzisieren, worum es bei tiefergreifenden Verstehensproblemen geht: Sie haben - natürlich abgesehen von dem möglicherweise vorhandenen Defizit an faktischem Wissen - ihre Ursache hauptsächlich in der ungenügenden Präsenz des spezifischen physikalischen Kontextes, nicht (allein) in einem Defizit an noch mehr nur explizitem Wissen - anders gesagt: beim Nicht-Verstehen fehlt dem „Interpreten" der zugehörige Kontext; beim Miß-Verstehen interpretiert er eine physikalische Aussage im unzureichenden oder gar falschen Kontext. Dies wird besonders offensichtlich, wenn Physiker selbst die Physik zu interpretieren versuchen und dabei allzu leichtsinnig mit Interpretationskontexten umgehen. Die Interpretation der Physik kann ja nicht im Rahmen (Kontext) der Physik selbst geschehen: Sie muß im Rahmen eines Verstehenshorizontes vorgenommen werden, der über die Physik hinausreicht und das ist Verstehen in einem ganz anderen - umfassenderen, aber auch unklareren - Kontext.
Hier sehen sich Physiker vor einem ähnlichen Problem, wie es sich ständig für den Laien stellt. Der Physiker steht nämlich hier sozusagen vor der „Wahl" des Kontextes, in dem er Physik „von außen" interpretieren will, und ihn ereilt u.U. das Laien-Schicksal - grob gesagt: Ein falscher Kontext könnte ihn zu einer falschen Interpretation verleiten. Die „Selbstinterpretationen" der Physik, wie sie von be-

---

[8] I. Newton, Philosophiae naturalis principia mathematica, Amsterdam, 1714, p. 6

deutenden Physikern für die Allgemeinheit vorgelegt wurden, sind daher ein hervorragendes Untersuchungsobjekt, um die Kontext-Abhängigkeit von Physikverstehen (im dem weiteren Sinne) zu verdeutlichen. Insbesondere die Debatte um die Quantentheorie zeigt eindringlich, wie physikexterne Kontexte z.T. massiv, z.T. subtil in die Interpretationen hereinspielen, ohne daß dies immer bewußt geworden ist, was nach dem Gesagten auch einleuchtet. Die kontroversen Interpretationen der Schrödinger-Gleichung bieten allein schon ein hervorragendes Beispiel für das Wechselspiel von >Text< und >Kontext<, das seit eh und je an die Grundfesten des (quanten)physikalischen Verständnisses rührt. R. Penrose beschreibt die Lage nach 80 Jahren Quantentheorie sehr pointiert so[9] :

The theory has indeed two powerfull bodies of fact in its favour and only one thing against it. First, in its favour are all the marvellous agreements that the theory has with every experimental result to data. Second, and to me almost as important, this theory is surely of astonishing and profound mathematical beauty. The one thing that can be said against it, is that it makes absolutely no sense.

Das >it makes absolutely no sense< bedeutet: Wir haben keine allseits akzeptierte Interpretation der Wellenfunktion Ψ. Eine Interpretation von Ψ ist ja keineswegs eine Deduktion aus experimentellen Fakten oder aus der Mathematik der Theorie selbst. Sie ist vielmehr eine These, was Ψ in einem physikalischen und intuitiv begreifbaren Sinne bedeuten könnte. Sie führt in die Theorie etwas ein, was weder in den Beobachtungen noch in den Gleichungen selbst vorhanden ist. Diese zusätzliche Interpretation wird letztlich aus einem >Kontext< gespeist, der über die Wissenschaft hinausreicht - sie reicht in Philosophie und Weltanschauung hinein.

Die heute - jedenfalls offiziell - wohl verbreitetste Interpretation ist die sog. >Kopenhagener Deutung<, die im wesentlichen auf Bohr zurückgeht. Eine erste Grundregel (Postulat) dieser Deutung besagt, daß die Wellenfunktion Ψ das physikalische Objekt (bzw. System) vollständig beschreibt: Alle Information, die man zu einem bestimmten Zeitpunkt über das Objekt (System) physikalisch gewinnen kann, ist allein durch die Wellenfunktion gegeben. Diese Regel mag zwar aus der Erfahrung im Umgang mit Quantenobjekten gut motiviert sein, aber es ist offensichtlich, daß diese Regel nicht aus der Schrödinger-Gleichung deduziert werden kann. Setzt man zunächst ein naives Verständnis von Vollständigkeit voraus, so muß die zweite Grundregel (Postulat) der >Kopenhagener Deutung<, der sog. >Kollaps der Wellenfunktion<, befremden: Sie ist eigentlich ein Widerspruch zu der Behauptung der Vollständigkeit von Ψ. Gemäß der Schrödinger-Gleichung kann sich nämlich die Wellenfunktion nur stetig und kontinuierlich verändern. Die Resultate einer jeden quantenmechanischen Messung machen jedoch nur

---

[9] R. Penrose, Gravity and state vector reduction, in: Ders., C. J. Isham (Hrsg.), Quantum Concepts in Space and Time, Oxford, 1986, S. 129

dann Sinn, wenn man die Wellenfunktion sich im Augenblick der Messung abrupt und diskontinuierlich auf einen zwar exakten, aber im „Prozeß der Reduktion" unkontrollierbar „ausgewählten" Wert (einen der Eigenwerte der Wellenfunktion) zusammenbrechen läßt. Betrachten wir z.b. die Ortsmessung eines Elektrons, dessen Zustand eine Überlagerung zweier in A und B lokalisierter Zustände ist. Aus der (linearen) Schrödinger-Gleichung läßt sich nicht folgern, daß ein Meßgerät das Elektron (wie bei der wirklichen Messung) entweder in A oder in B registrieren werde. Vielmehr besagt sie (allein genommen), daß sich im Meßgerät (im Sinne der klassischen Physik) nur eine Superposition aus den zwei Zuständen einstellt, die das Elektron in A beziehungsweise in B anzeigen. Das Meßgerät müßte sich somit selbst in einem physikalischen Zustand befinden, der sich nicht als Meßergebnis interpretieren läßt, d.h. solche Superpositionen - was immer sie bedeuten mögen - würden das Resultat wirklicher Meßvorgänge nicht richtig wiedergeben. Gemäß der >Kopenhagener Interpretation< wird daher die deterministische Schrödinger-Gleichung durch eine probabilistische Interpretation der Wellenfunktion Ψ ergänzt. Danach wird ein Elektron, dessen Zustand eine Superposition aus dem Aufenthalt in A und dem in B ist, durch die Messung mit jeweils 50% Wahrscheinlichkeit entweder nur im Gebiet A oder nur im Gebiet B angetroffen werden. Somit wird durch die (Orts-)Messung die Wellenfunktion des Elektrons spontan derart verändert, daß ihr Wert entweder nur in A oder nur in B von Null verschieden ist: Das ist der sog. >Kollaps der Wellenfunktion<. Dieser >Kollaps< bedarf selbst der Interpretation: Die „Kopenhagener" meinen, daß der in ihrer Interpretation notwendige Kollaps der Wellenfunktion darin begründet sei, daß prinzipiell zwischen einer Messung und einem normalen physikalischen Vorgang, zwischen Beobachter und beobachtetem Gegenstand, zwischen Subjekt und Objekt unterschieden werden müsse. Man kann vom Beobachter bzw. von der Messung nicht abstrahieren, wie das in der klassischen Physik getan wird, und daher ist Ψ nur eine ökonomische Beschreibung der Möglichkeiten, die bei einem Experiment eintreten können.

Das Vollständigkeitspostulat und der Kollaps der Wellenfunktion implizieren bzw. führen dann bekanntlich zu einer gegenüber der traditionellen Auffassung neuen Anschauung von (physikalischer) Realität: Es gibt keine >verborgenen Parameter< (Hidden variables); „Realität" (phänomenale Wirklichkeit) wird durch Beobachtung (Messung) - in extremen Interpretationsversuchen sogar erst durch das menschliche Bewußtsein - erzeugt; der Meßakt ist essentiell unkontrollierbar und daher kommen die Wahrscheinlichkeiten in der Quantenmechanik (unaufhebbar) im Meßprozeß beim „Zerlegen" in Beobachter und Beobachtetes zustande.

Würde man das alles als Pragmatiker im Rahmen der physikalischen Arbeit lesen, so könnte man das als Vorsicht vor übereilten metaphysischen Spekulationen im Sinne von Newtons „hypotheses non fingo" auslegen. Aber dem ist nicht so: Bohr meinte es ernst, d.h. diese Realitätsauffassung ist selbst Metaphysik: „Die

Hoffnung, daß neue Experimente uns auf objektive Ereignisse in Raum und Zeit zurückführen werden, ist ebenso unbegründet wie die Hoffnung, das Ende der Welt in den unerforschten Gebieten der Antarktis zu entdecken"[10].
Ist das Physik oder doch letztlich nur Weltanschauung? Einem solchen Argwohn scheint entgegenzustehen, daß der Standpunkt der „Kopenhagener" durch J. v. Neumann in seinem Buch >Die Mathematischen Grundlagen der Quantenmechanik< zunächst theoretisch abgesichert wurde[11] :
Das Ergebnis ist, daß der Formalismus der Quantenmechanik durch diese Axiome eindeutig festgelegt wird; speziell können keine verborgenen Parameter eingeführt werden, mit deren Hilfe man die indeterministische Naturbeschreibung in eine deterministische umformen könnte. Wenn eine zukünftige Theorie also deterministisch sein sollte, so kann sie nicht einfach eine Modifikation der heutigen Theorien sein, sondern muß sich wesentlich davon unterscheiden. Wie dies möglich sein könnte, ohne eine ganze Reihe wohletablierter Ergebnisse zu opfern, müssen die Vertreter des Determinismus erst herausfinden.
Der „Glaube" an das sog. >v. Neumannsche Theorem< macht aber gerade deutlich, wie versteckt konzeptionelle und damit kontextuelle Vorgaben sein können, um als informelle Komponenten in der Argumentation zu wirken. V. Neumann hatte gezeigt, daß kein System, in dem gewöhnliche Objekte - d.h. Objekte mit den Eigenschaften der klassischen Physik - „auf vernünftige Weise" verknüpft werden, die vielfach gesicherten Ergebnisse der Quantentheorie wiedergeben kann. Was heißt aber „vernünftig"? Genau dieser Begriff wird kontextuell festgelegt und nicht durch eine physikalische Theorie selbst, auch wenn er dann zum impliziten oder auch expliziten „Bestandteil" einer Theorie werden sollte, indem die Theorie durch ihren Erfolg diesen Begriff mit konkretem Leben erfüllt. „Von Neumann hätte vor allem niemals Elektronen als „vernünftig" empfunden, die ihre Attribute mit Hilfe eines unsichtbaren Feldes anpassen konnten, das selbst wieder empfindlich auf die jeweilige Beschaffenheit der Meßvorrichtung reagierte"[12]. Eine im Sinne des v. Neumannschen Beweises „unvernünftige" Verknüpfung von Objekten ist z.B. die Theorie von D. Bohm[13]. Gerade deshalb ist sie für uns interessant. Es geht hier nicht darum, sich für die eine oder andere Version zu entscheiden - auch das wäre letztlich eine kontextuelle Frage. Vielmehr zeigt sie uns, daß sie einem anderen Kontext angehört und daß dieser Kontext die Motive für die Schaffung der Theorie „erzeugt". Bohm wechselte bezeichnenderweise nach in-

---

[10] N. Bohr, zit. n. N. Herbert, Quantenrealität, München, 1990, S. 33

[11] M. Born, Natural Philosophy of Cause and Chance, Dover, New York, 1964; zit. n. F. Selleri, Die Debatte um die Quantentheorie, Braunschweig, 1984, S. 38

[12] N. Herbert, op. cit., S. 76

[13] D. Bohm, A suggested interpretation of the quantum theory of „hidden varibles", Part I", Physical Review 85, 1952, p.166 - 179. Und: D. Bohm, A suggested interpretation of the quantum theory of „hidden varibles", Part II", Physical Review 85, 1952, p.180 - 193

tensiverem Kontakt mit Einstein aus dem Lager der „Kopenhagener" in das Lager der sog. „Neorealisten". Er zeigt, daß eine Interpretation der Wellenfunktion möglich ist, die sich (mit gewissen Modifikationen) im Kontext der traditionellen Realitätsauffassung mit streng deterministisch-kausalem Geschehen hält und damit die für viele unbefriedigende Realitätskonzeption Bohrs zumindest im Rahmen des logisch Denkbaren in Frage stellt[14]:

Die Theorie geht in ihrer ursprünglichen Form von der Annahme aus, daß das Elektron, auch jedes andere Elementarteilchen, einer kausal determinierten Bahn folgt. (In der späteren, zweiten Form der Theorie wird dieses direkte Teilchenbild aufgegeben.) Anders als die bekannten Teilchen der Newtonschen Physik ist das Elektron niemals von einem bestimmten Quantenfeld getrennt, von dem es fundamental beeinflußt wird, und es weist ihnen gegenüber bestimmte neuartige Züge auf. Dieses Quantenfeld erfüllt die Schrödingersche Gleichung, genau wie das elektromagnetische Feld die Maxwellsche Gleichung erfüllt. Es ist daher ebenfalls kausal determiniert.

In der Newtonschen Physik bewegt sich ein klassisches Teilchen nach den Newtonschen Bewegungsgesetzen, und die Kräfte, die auf das Teilchen einwirken, werden von einem klassischen Potential V abgeleitet. Die grundlegende These [Bohms] ... lautet, daß zusätzlich zu diesem klassischen Potential auch ein neues Potential wirksam ist, das sogenannte Quantenpotential Q. Sämtliche neuen Aspekte der Quantenwelt sind in den besonderen Eigenschaften dieses Quantenpotentials enthalten. Der wesentliche Unterschied zwischen klassischem und Quantenverhalten ist somit das Wirken dieses Quantenpotentials. In der Tat ist der Bereich des klassischen Verhaltens genau dadurch bestimmt, daß in ihm die Wirkungen von Q vernachlässigbar werden.

Die Bohmsche Theorie besteht also darauf, daß jedes Teilchen sich prinzipiell und zu jeder Zeit an einem wohldefinierten Ort aufhalte und einen ebenso wohldefinierten Impuls besitze, genau so wie ein klassisches Newtonsches Teilchen. Allerdings ist jetzt jedes Teilchen untrennbar mit einem neuen Feld - der sogenannten „Führungswelle" - verbunden: die Wellenfunktionen sind nicht nur mathematische, sondern physikalisch reale Objekte, ähnlich wie die klassischen Gravitations- oder Magnetfelder. Die Wellenfunktionen führen wie klassische Kraftfelder die Teilchen auf ihren Bahnen. Sie sind jedoch unsichtbar und nur indirekt über die Wirkungen auf sein Elektron festzustellen.

Dies erscheint vielleicht lediglich als ein Streit um des Kaisers Bart innerhalb der Physik. Es geht aber um weit mehr, wenn man die weltbildprägende Kraft und Bedeutung der Physik näher ins Auge faßt. Das >physikalische Weltbild< ist eine Interpretation der Physik im Kontext der alltagssprachlichen Welt und es enthält physikexterne Elemente, die das Gesamtbild entscheidend prägen. Es zielt auf Kontexte außerhalb der Physik und wird daher auch durch den Kontext außerhalb

---
[14] N. Herbert, op. cit., S. 99

der Physik mitkonstruiert und konstituiert. Hier könnte ein Mißverständnis auftauchen: Wir müssen genau unterscheiden zwischen der Interpretation, die in der Physik immanent bei der Verknüpfung der mathematischen Theorie mit den experimentellen Daten vorgenommen wird (sog. >semantic rules<) und der Interpretation, die erkenntnistheoretischer und sozialer Natur ist, die über die Physik selbst also hinausgreift und damit einen hermeneutischen Akt beinhaltet (siehe die beiden Abbildungen)[15]. Solches hermeneutisches „Verstehen" müssen wir als einen Prozeß ansehen, mit dem der Mensch auf eine (tatsächliche oder vermeintliche) „Botschaft" reagiert, indem es ihr in irgendeiner Form einen Sinngehalt zuspricht: Es faßt ein Phänomen über die eigentlichen „Daten" hinaus als eine Botschaft auf, die es zu deuten und damit in einen Zusammenhang zu stellen hat. Es fragt dann nicht mehr primär nach kausalen Zusammenhängen in der Manifestation der Botschaft, sondern nach dem Sinn.

Genau das wird offen oder versteckt immer wieder von Physikern geleistet. Allerdings wird hier nur allzu oft philosophische Naivität an den Tag gelegt. Ein gera-

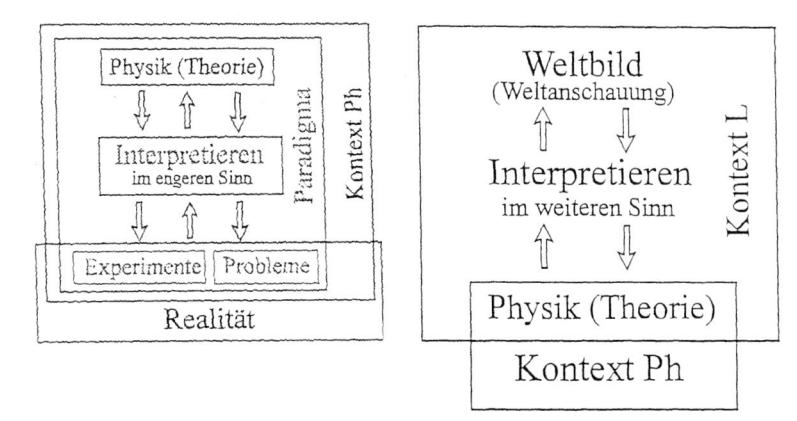

Abb. 1: Zum hermeneutischen Akt

---

[15]Hermeneutik ist die Lehre vom Verstehen, von der Interpretation. Das Wort leitet sich vom griechischen >hermeneúein< ab: aussagen, darstellen, auslegen, übersetzen. Das lateinische Wort dafür ist interpretari, dessen ursprüngliche Bedeutung „vermitteln" ist. Seit der Antike ist die Interpretation von Texten und die Reflexion über Regeln und Prinzipien Thema der Geistesgeschichte. Die moderne Hermeneutik beginnt mit *D. E. Schleiermacher* und *W. Dilthey*: *„Alle Auslegung von Schriftwerken ist nur die kunstgemäße Ausbildung des Vorgangs von Verstehen, welche sich über das ganze Leben erstreckt und auf jede Art von Rede und Schrift bezieht." (W. Dilthey)* Dieses ursprünglich nur für die Geisteswissenschaften reklamierte „kunstmäßige Verstehen" findet sich in der Physik sinngemäß ebenfalls: Verstehen ist ein universelles Problem.

dezu verheerendes Beispiel dafür ist die sog. >Komplementarität<. Der Begriff wurde von N. Bohr in die Physik eingeführt[16]:
Nach dem Wesen der Quantentheorie müssen wir uns also damit begnügen, die Raum-Zeit-Darstellung und die Forderung der Kausalität, deren Vereinigung für die klassische Physik kennzeichnend ist, als komplementäre, aber einander ausschließende Züge der Beschreibung des Inhalts der Erfahrung auffassen, die die Idealisation der Beobachtungs- bzw. Definitionsmöglichkeiten symbolisieren ... In der Tat stellt uns bei der Beschreibung der atomaren Phänomene das Quantenpostulat vor die Aufgabe der Ausbildung einer „Komplementaritätstheorie", deren Widerspruchsfreiheit nur durch das Abwägen der Definitions- und Beobachtungsmöglichkeiten beurteilt werden kann.
Daß es sich hier versteckt um Weltanschauung handelt, geht z.B. aus E.-P. Fischers Kommentierung hervor[17]:
Was zunächst nur als Interpretation der Quantentheorie vorgeschlagen worden war, erschien Bohr anschließend als ein >Grundzug in dem allgemeinen Erkenntnisproblem<. Mit dem Konzept Komplementarität glaubte er, einen tragfähigen Rahmen gefunden zu haben, um die Natur zu beschreiben. Für ihn lieferte es „eine Erweiterung des konzeptionellen Rahmens zur harmonischen Erfassung von Phänomenen, die sich offenbar widersprechen". Komplementarität ist nicht schlicht eine Neuigkeit aus der Physik. Sie soll vielmehr erklären, wie der konzeptionelle Rahmen der Naturwissenschaften die Beschreibung der Natur überhaupt ermöglicht. Folglich sollte sie über die Physik hinaus bedeutsam sein und etwa in den Bereichen von Chemie und Biologie Anwendung finden können. Bohr hat sich intensiv um solch eine Ausweitung bemüht und seine Idee den anderen Wissenschaften als Lektion der Atome angeboten. Seine Bemühungen haben aber nur wenig Erfolg gehabt.
Die (kontextuellen) Hintergründe für die Entstehung der Komplementaritätsidee hat N. Bohr bewußt oder unbewußt zu verschleiern gesucht und die Idee mehr oder weniger als seine ureigene Sache ausgegeben. Die Übertragung auf die Physik ist sicher sein Produkt, die Idee selbst aber nicht, obwohl immer wieder der Anschein erweckt wird, als sei >Komplementarität< quasi eine notwendige Folge der Entdeckung der Quantenphänomene gewesen.[18] Die externe Herkunft scheint denn auch eine Ursache dafür zu sein, daß selbst bei Bohr dieser Begriff nicht zu voller Klarheit - nicht einmal in der Physik - entwickelt werden konnte. Es geht an dieser Stelle nicht darum, ob dieser Begriff doch irgendwie sachlich aus der Physik begründet bzw. gerechtfertigt werden kann oder auch nicht, sondern - entsprechend unserem Ziel, dem >Verstehen von Physik< näher zu kommen - darum, wie Bohr und seine Kopenhagener Mitstreiter dieses „Prinzip" an andere Physi-

---

[16] N. Bohr, Atomtheorie und Naturbeschreibung, Berlin, 1931, S. 36

[17] E.-P. Fischer, Sowohl als auch - Denkerfahrungen der Naturwissenschaften, München, 1987, S. 14 und 13

ker und interessierte Laien vermittelt haben bzw. zu vermitteln suchten. Es geht um den Argumentationsstil, denn er steht im Dienste von Verstehen. Ähnlich kann man für andere heute im Munde geführte Schlagworte wie „Aufhebung der Descartes'schen Trennung von Subjekt und Objekt (Geist und Materie, Beobachter und Beobachtetes) durch die Quantentheorie" oder „Die Quantentheorie bedeutet eine Abkehr von der traditionellen westlichen Wissenschaft bzw. eine Annäherung an östliche Denktraditionen" zeigen, daß sie eher dem weltanschaulichen (ideologischen) Kontext von Physikern zuzurechnen sind als daß sie einem angeblichen „innerphysikalischen" Zwang entspringen, resultierend aus den Erfahrung mit der modernen Physik[19]. Nach der unverstandenen Übernahme und „Vermarktung" solcher Schlagworte in der New Age-Scene[20] - und nicht nur in dieser! - dürfte wohl der vorläufig letzte Höhepunkt in dieser Richtung das Buch >Die Physik der Unsterblichkeit< des auf seinem Spezialgebiet international anerkannten Kosmologen F. J. Tipler sein. Ihm geht offenbar jede Sensibilität dafür ab, daß Begriffe ihre Bedeutung aus ihrem je spezifischen Kontext herleiten, wenn er von seiner >Omegapunkt-Theorie< behauptet, sie sei[21] :

eine beweisbare physikalische Theorie, die besagt, daß ein allgegenwärtiger, allwissender, allmächtiger Gott eines Tages in der fernen Zukunft jeden einzelnen von uns zu einem ewigen Leben an einem Ort auferwecken wird, der in allen wesentlichen Zügen dem jüdisch-christlichen Himmel entspricht. Jeder einzelne Begriff, der in diese Theorie Eingang findet - beispielsweise >allgegenwärtig<, >allwissend<, >allmächtig<, >(geistlicher) Auferstehungsleib<, >Himmel< -, wird als rein physikalischer Begriff verwendet.

Wüßte man nicht, daß Tipler ein renommierter Physiker ist, so müßte man wohl unwillkürlich fragen: Versteht er überhaupt, was Physik ist, wenn er so redet? Er ist Opfer des heutigen Spezialistentums, das jede kritische Distanz zu sich selbst verloren hat. Wir haben es hier mit z.T. katastrophalen Kontextverwirrungen mit dem entsprechenden Interpretationschaos zu tun: Wissenschaftler sind hier of-

---

[18] *E. Plaum kommt zu dem Schluß: Es entsteht der Eindruck, daß Bohr hier bewußt die Wurzeln des Komplementaritätsprinzips in der Psychologie verschweigt. Über die möglichen Gründe hierfür kann man nur spekulieren. Zwei Erklärungsmöglichkeiten, die nicht voneinander unabhängig sind, kommen in Frage. Zum einen war sich Bohr wohl dessen bewußt, daß seine Idee von der Komplementarität revolutionär war und auf harte Kritik stoßen würde. Zum anderen kam das Verschweigen der psychologischen Wurzeln der Komplementaritätsidee vielleicht auch dem Bedürfnis des Wissenschaftlers entgegen, seine Eigenständigkeit besonders herauszustellen.* (E. Plaum, Bohrs quantentheoretische Naturbeschreibung und die Psychologie, Psychologie und Geschichte 3 (1992), S. 94 - 101, hier: S. 101)

[19] Siehe dazu z.B. R. Fichtner, Physik verstehen, Dissertation, Gießen, 1996

[20] Siehe dazu z.B. R. Fichtner, Komplementarität (Welle-Teilchen-Dualismus) in der Quantentheorie und im New Age, in: Wege in der Physikdidaktik, Bd. 2, Erlangen, 1991.

[21] F. J. Tipler, Die Physik der Unsterblichkeit, München, Zürich, 1994, S. 24

fenbar „wenig besser als Laien, wenn es um die Charakterisierung der feststehenden Grundlagen ihres Gebietes, seiner legitimen Probleme und Methoden geht"[22], so daß Physiker, die sich einerseits gerade der Notwendigkeit einer (philosophischen) Interpretation der Physik bewußt sind, leider andererseits allzu oft zu unbekümmert mit (philosophischen und religiösen) Begriffen hantieren. Die Interpretation der Physik und damit auch das Verstehen von Physik gerät dadurch in die Nähe von ideologischem Dogmatismus, sie wird zum Mythos.

Diese Beispiele, insbesondere die zuletzt angeführten negativen, lassen besonders drastisch in Erscheinung treten, daß Verstehen nicht einfach nur eine Frage des faktischen Wissens des Empfängers einer Botschaft ist. Nur wenn zu dem Text auch der Kontext stimmt, wird ein Verstehen möglich. Und das ist keineswegs eine triviale Sache, weil der Kontext nicht einfach da ist, sondern gesucht bzw. konstituiert werden muß. Ein Text in einem falschen Kontext interpretiert, kann in die Irre oder zur Selbsttäuschung führen. Herausragende Protagonisten der modernen Physik haben in dem klaren Bewußtsein gehandelt, daß wir als verstehende Wesen eine Interpretation genuin verlangen. Sie stellten sich dem elementaren Bedürfnis des Menschen nach Orientierung - ob (nach meiner Meinung) gelungen oder nicht, das soll für uns hier nicht im Zentrum stehen. Vielmehr kann man daran etwas über diesen Prozeß selbst und seine notwendigen Voraussetzungen erfahren. Ich verstehe solche Kritik als ein „Instrument", um an konkret vorliegenden und allen zugänglichen Interpretationen (in Form von >Texten<) herauszupräparieren, wodurch gewisse Aspekte von >Physik verstehen< determiniert sind und warum >Physik verstehen< so schwierig sein kann. Wir können das an diesen Aussagen tun, ohne Sorge haben zu müssen, daß das für einen Laien Mißverständliche daran nur eine Folge mangelnden physikalischen Wissens und Könnens seitens des Autors sei - womit sich die Sache selbst aufheben würde. Es ist nicht einfach immer nur subjektive „Dummheit", wenn man nicht versteht - es gibt auch objektive Gründe dafür.

Welche Konsequenzen wollen wir ziehen? Für ein Verstehen von Physik müssen wir uns nicht nur um das explizite, in einem „Lehrbuch" dargelegte instrumentale Wissen bemühen, sondern in gleicher Weise um den spezifischen Kontext. Wir können sogar noch einen Schritt weiter gehen: Das Interesse des Laien (im obigen Sinn) am >Verstehen von Physik< zielt letztlich nicht auf den >Text<, sondern auf den >Kontext <. Der Kontext - eigentlich müßte man sagen: das >Wissen aus dem Kontext< oder das >kontextuelle Wissen< - enthält nämlich letztlich in einer abstrakten Form die geistigen Strukturen, Motive und Bedingungen dafür, daß der >Text< formuliert und umgekehrt auch wieder erkannt und gedeutet werden kann.

Der physikalische Kontext ist eng verbunden mit dem, was man das >physikalische Weltbild< nennt in dem umfassenden Sinne, daß damit nicht nur eine inhalt-

---

[22]Th. S. Kuhn, op. cit., S. 61

liche Gestalt, sondern vor allem die zugrundeliegenden kognitiven Grundstrukturen bezeichnet werden. Erst wenn physikalische Erkenntnis bis in die Denkstrukturen eingedrungen und wirksam geworden ist, so daß diese sich - nicht nur bei sog. wissenschaftlichen Revolutionen (falls es solche überhaupt gibt) - umstrukturieren müssen, dann haben wir beim Verstehen die personale Dimension, von der wir am Anfang gesprochen haben, und dies bedeutet letztlich, daß die historischen, konzeptionellen und erkenntnistheoretischen Implikationen bzw. Konsequenzen genauso wie die praktischen Anwendungen zur gesellschaftlichen Relevanz der Physik gehören. Sie haben eine strukturelle, also qualitative didaktische Dimension, die verloren geht, wenn man sie additiv als Ergänzung, Auflockerung oder Schmuck ansieht.

Der Laie, den wir als Lehrer in erster Linie zum Verstehen von Physik führen wollen, ist der Schüler und für ihn müssen wir die Erkenntnisse aus der skizzierten Verstehensproblematik fruchtbar machen. Nach dem Vorgetragenen, kann ich es nur wiederholen: Wenn es um tiefergreifende Verstehensprobleme beim Schüler geht, dann sind sie - natürlich abgesehen von dem möglicherweise vorhandenen Defizit an faktischem Wissen - hauptsächlich in dem konstitutionellen Fehlen des spezifischen physikalischen Kontextes begründet, nicht in einem Defizit an noch mehr nur explizitem Wissen. Der Schüler steht vor der Aufgabe, die für ihn aus ihrem ursprünglichen Kontext isolierte Botschaft zu verstehen, d.h. einen gegebenen physikalischen >Text< - etwa ein Schulbuch oder einen Lehrervortrag - zu interpretieren. Welcher Kontext steht ihm für die Interpretation zur Verfügung? Es bedarf wohl keiner langen Erörterung, daß er den gegebenen Text in seinem aktuellen Kontext auszulegen versucht, und der ist eben in der Regel nicht schon der der Physiker. Der >Text< selbst bezieht sich zwar in jedem Fall auf die Physik, aber die >Kontexte< des Senders der Botschaft und des Empfängers sind verschieden: Beim Fachmann handelt es sich um den spezifischen physikalischen Kontext, beim Schüler bzw. Laien - cum grano salis - in der Regel um den durch rein faktisches Wissen angereicherten common sense-Kontext oder - auf einem reflektierteren Niveau - um einen philosophischen Kontext.

Wir haben also zwei Aufgaben: Sowohl den Kontext des Fachmanns ins Auge zu fassen als auch den des Schülers (Laien). Nur wenn wir uns dieser beiden verschiedenartigen Kontexte bewußt sind, werden wir über das Verstehen bzw. Mißverstehen von Physik bei einem Laien in neuer Weise nachdenken können. Der wissenschaftliche Kontext ist nicht einfach ein verfeinerter natürlicher Kontext: er ist qualitativ von ihm getrennt, aber deshalb nicht schlicht disjunkt. Am besten scheint mir das Verhältnis der beiden zueinander mit dem Verhältnis verschiedener Kulturen vergleichbar: man kann nicht einfach die Texte der einen Kultur lexikalisch-wörtlich in eine andere übersetzen, sondern man muß je die einzelnen Kulturen verstehen, d.h. sich in sie hineinleben und das bedeutet: man muß auch die informellen Teile mitlernen. Das ist etwas anderes als wenn man nur wie ein

„Tourist" in der Kultur der Physik einige spektakuläre Souvenirs sammelt, die man in seiner unveränderten Alltagskultur unverstanden zur Schau stellt. Gerade die dem Fachmann selbstverständlich gewordenen Voraussetzungen der Physik können für den Laien unsichtbare Barrieren für sein Verstehen sein. Es sind die informellen, stummen Teile, die meist mit „know how" umschrieben werden, und die nicht alle objektiviert werden können wie die „harten Tatsachen" der Wissenschaft, sondern in der Kompetenz des Fachmanns als ein implizites Wissen „gespeichert" sind. Nur wenn man auch über dieses Wissen - auf welchem Wege und in welchem Grade der Reife man auch immer dazu gelangt ist - verfügt, wird man den expliziten Wissensschatz der Physik in seiner ganzen Bedeutsamkeit verstehen. Die stumme Wirksamkeit dieses Wissens tritt im >Physik machen< hervor und kann auch nur auf diesem Wege gelernt werden - eine schon sehr alte Einsicht: Der Weg ist das Ziel.

Wie kann der „Kontext" zusammen mit dem „Text" vermittelt werden? Ich glaube, wir sollten uns an zwei Quellen erinnern, die das eindringlich demonstriert haben, und sie zum Vorbild nehmen, nämlich Platons Darstellung philosophischer Probleme und Galileis Auseinandersetzung mit der Aristotelischen Physik, die beide die Form des Dialogs gewählt haben. Platon war die fundamentale Rolle des impliziten Wissens für das richtige Verstehen des expliziten Wissens ein so zentrales Anliegen, daß man seine Darstellungsweise philosophischer Probleme als eine Konsequenz dieser Einsicht ansehen kann, die Dialogform.

Im Dialog entwickeln sich explizites Wissen und implizites Wissen gleichermaßen. In Platons Dialogen geht es nicht um eine Unterhaltung zwischen den Personen oder um bloße Mitteilungen zwischen diesen, auch nicht um literarische Form, nicht um Lehrgespräche, sondern darum, fragwürdig gewordene „Selbstverständlichkeiten" zu überdenken und nach neuen Begründungen zu suchen. Die Dialogsituationen sind nicht individuell-zufällig, sondern typisierte, fiktionale Situationen, in denen die philosophischen Probleme als >Text< (Rede) im >Kontext< des Dialogs auseinandergesetzt werden sollen. Der >Text< wird jeweils im persönlichen Verstehenshorizont der anderen Dialogpartner interpretiert und kritisiert. Deren Stellungnahmen wird nun wiederum von allen anderen zum Ausgangspunkt weiterer Interpretationen usw.. Hat diese für die Platonische Philosophieauffassung typische Dialogsituation etwas mit heutiger Physik zu tun? Ich meine, daß jede lebendige Physikergemeinschaft sich in einer solchen Situation durchaus wiedererkennt. In diesem Sinne äußert sich z. B. W. Heisenberg[23]:

Naturwissenschaft beruht auf Experimenten, sie gelangt zu ihren Ergebnissen durch die Gespräche der in ihr Tätigen, die miteinander über die Deutung der Experimente beraten.

Im Gegensatz zu der kontexthaltigen Kommunikationssituation zwischen Physikern wird die >Physik< selbst (allgemein Wissenschaft) jedoch in der Regel als

---

[23] W. Heisenberg, Der Teil und das Ganze, München, 1973, S. 7

eine Abstraktion vom dialogischen Kontext, also vom „pragmatischen Subjektbezug des argumentativen Diskurses zugunsten der Herausarbeitung der situationsunabhängigen Beziehung zwischen Sätzen in einem objektivierbaren Satzzusammenhang (formales System, Theorie)" angesehen[25].

Die Begründungen sind hier nicht mehr die Antwort auf eine Warum-Frage von Menschen, sondern sind Deduktionen von Sätzen aus Sätzen gemäß bestimmten Verfahrensregeln (der formalen Logik). Diese in der aristotelischen Tradition entwickelte Anschauung von Wissenschaft dürfte wohl die tiefere Ursache für das verzerrte Bild von Wissenschaft sein, das nicht erst in den allgemeinbildenden Schulen kreiert wird, wie das z.b. T. Mayer-Kuckuk vermutet[26]: *Eines der typischen Mißverständnisse besteht wahrscheinlich darin, daß die Physik als ein starres System von Regeln und Formeln angesehen wird, die es nur aufzufinden und anzuwenden gilt. Zu jedem Problem gibt es eine feste Lösung, ähnlich wie im Schulbuch zu jeder Aufgabe hinten eine Lösung steht. Es ist denn vermutlich auch der Schulunterricht, in dem diese Vorstellung geboren wird.*

Diese Vorstellung wird nicht erst im Schulunterricht geboren, aber offenbar nachhaltig sowohl als „Propagandamodell" als auch durch Darstellungsart verbreitet. Genau dieses Muster formt auf informelle Weise das weit verbreitete Bild von Wissenschaft in der Öffentlichkeit. Aufbau und Stil der Argumentation in fast allen Schulbüchern orientieren sich immer noch an jenem „traditionellen Selbstverständnis", das an dem (sicher einst ganz hilfreichen) Baconschen Propagandamodell ausgerichtet ist. Nur mühsam finden Darstellungen Anklang, die nicht nur den >Text< referieren und „elementarisieren", sondern bewußt im Inhalt und vor allem durch den Stil den >Kontext< mitleben lassen.

Im Dialog könnte die ursprüngliche Verfassung von Wissensschaft auch im Unterricht wiederhergestellt werden. Dabei sollten wir an die Vermittlung von Physik folgende Anforderung (Bildungsziele) stellen, die fast trivial erscheinen mögen, aber durch die Form des Dialogs neue Akzente setzen:

1) Der Unterricht sollte dazu anleiten, physikalisch (wissenschaftlich) denken und handeln zu können, im Gegensatz zu einer vordergründigen Vermittlung von physikalischem Wissen; die kognitiven Strukturen (Weltbild) sind das vorrangige Ziel.

2) Der Unterricht sollte befähigen, darüber reflektieren zu können, daß Wissenschaft ein (philosophisches bzw. gesellschaftliches) Programm und daher eine bestimmte Wissensform (mit Absichten und Zielen) unter anderen ist.

3) Intuition (ob im einzelnen zunächst falsch oder richtig) und andere informelle Strategien und Motive (Rationalität, Widerspruchsfreiheit, Harmonie, Schönheit etc.) müssen im Unterricht als bestimmende Elemente der wissenschaftlichen Problemstellung und Lösung zu ihrem Recht kommen.

---

[25] H. Seifert, G. Radnitzky, Handlexikon zur Wissenschaftstheorie, München, 1989, S.15
[26] T. Mayer-Kuckuk, Das Erscheinungsbild der Physik, Phys. Bl. 47 (1991), Nr. 4, S. 302

>Physikalisch denken< darf man nicht dahingehend mißverstehen, daß Schüler etwa die Wissenschaft produktiv vermehren sollten wie ein forschender Wissenschaftler in physikalischem Neuland. >Physikalisch denken< ist nicht dadurch charakterisiert, daß etwas Neues dem schon vorhandenen Gebäude hinzugefügt wird. >Physikalisch denken< ist gefordert, wenn nur überhaupt eine „physikalische Situation" als solche erkannt, verstanden und womöglich als Problem formuliert und gelöst werden soll. Dies verlangt - neben dem selbstverständlich vorausgesetzten faktischen Wissen („know that") - vor allem eine bestimmte Denkstruktur, ein bestimmtes „know how", also eine bestimmte Form des Wissens. Den Lernenden in dieses geistige Milieu einzuführen, muß das Ziel des Unterrichts sein. Dann haben wir eine Bildungsaufgabe eingelöst, die die Person erreicht.

„Lernen im Dialog" - eine weitere Utopie? Dialog in übergroßen Klassen? In überfüllten Hörsälen? Das Lernen im Dialog ist - im ersten Schritt - nicht eine Frage der Organisation oder der Maßnahmen zu seiner Durchführung, sondern zunächst einmal ein mentales Problem, eine Frage der Einstellung: Sieht man Physik nur als >Stoff<, den man monologisch an andere weitergeben kann, oder sieht man Wissenschaft als einen >Prozeß< an, für den man eine adäquate Darstellung und Entwicklungsmöglichkeit sucht. Es ist die Frage, ob man mit einem anderen Physik machen will, sei es Schüler oder Student, oder ob man Wissen in einer Art „Verwaltungsakt" verordnet.

Im Dialog stößt jede (physikalische) Aussage auf einen Kontext, nämlich auf den Kontext des oder der Gesprächspartner - jeder der Gesprächspartner „repräsentiert" sozusagen einen eigenen Kontext, in dem die Aussagen der anderen Gesprächspartner interpretiert werden und daher neue Facetten der Aussage erzeugen. Je nach dem Grad der bereits erreichten (physikalischen) Kompetenz der einzelnen Teilnehmer am Dialog werden sie mehr fragend oder mehr aufklärend zum Dialog beitragen.

Der Dialog ist kein Selbstzweck. Seine Führung dient objektiver Erkenntnis, die im Gespräch entwickelt wird, aber gerade nicht der Disposition der einzelnen Gesprächspartner anheimgestellt ist oder eine reine Konvention, über die man im wissenschaftlichen Dialog übereingekommen ist. Der Dialog ist an dem Ziel einer solchen Erkenntnis orientiert, nicht umgekehrt. Das war essentiell bei Platon so, in ähnlicher Weise bei Galilei. Der Dialog in diesem Sinne ist nicht einfach nur eine alternative Unterrichtsgestaltung, der der Auflockerung oder Psychohygiene dienen soll. Diese Form der Wissensvermittlung und -gewinnung ist in der Praxis der Wissenschaft begründet und dient dem besseren **>Verstehen von Physik<**.

E. Kircher

„Über Naturwissenschaften lernen" - ein Überblick[1]

Die Forderung nach einer philosophischen Reflexion der Naturwissenschaften im Unterricht wurde bereits um die Jahrhundertwende erhoben. Pietzker (1898 zit. Grimsehl 1911, 6) vertrat die Auffassung: „Der naturwissenschaftliche Unterricht unserer höheren Schulen muß in einem mit der Klassenstufe steigenden Grade von philosophischem Hauch durchweht sein, sonst hat er wenigstens teilweise seinen Beruf verfehlt." Dieses übergeordnete Ziel „philosophische Reflexion der Naturwissenschaften" wurde schließlich in Lehrplanrichtlinien festgehalten (Richert 1925). Litt (1959) begründete die Notwendigkeit dieses Ziels im Rahmen der Bildungstheorie. Zeitlich fast parallel zu dieser Diskussion in Deutschland liefen auch in den USA entsprechende Erörterungen auf der Grundlage von Deweys pädagogischen Auffassungen. Dort ist die Redeweise „learning about science" (s. z.B. Aikenhead 1973) üblich; sie bezieht sich ursprünglich auf „philosophische" Aspekte der Naturwissenschaften.

In den sechziger und siebziger Jahren wurde dieser Zielbereich „über Naturwissenschaften lernen" in Form von Unterrichtsmaterialien für den Physikunterricht der gymnasialen Oberstufe (z.B. Berger (1967); Hunger (1963); v. Oy (1977)) und für die Sekundarstufe I (Kircher u.a. 1975) konkretisiert. Derzeit finden sich allerdings nur Rudimente dieses thematischen Bereichs in den Lehrplänen der Sekundarstufe I und II, etwa den Modellbegriff oder die induktive Methode zu erörtern (s. z.B. den Lehrplan für Realschulen in Bayern, 1993).

Wie weit die mit diesen Unterrichtsmaterialien intendierten Zielvorstellungen auch realisiert wurden, ist unklar, weil über die Evaluation dieser Ziele wenig bekannt ist. Ansätze für eine solche Evaluation finden sich bei Kircher u.a. (1975), Baumgart u.a. (1982), Niedderer /Schecker (1982); insbesondere Meylings (1990) Untersuchungen verdienen Beachtung.

Im folgenden wird vor allem auf anglo-amerikanische Arbeiten zurückgegriffen; dort werden seit einigen Jahren die Ergebnisse und Probleme derartiger empirischer Untersuchungen lebhaft diskutiert (Gallagher 1991; Lederman 1992; Meichtry 1993).

In diesem Überblick wird skizziert, welche Ziele bisher zu dem thematischen Bereich „über Naturwissenschaften lernen" vorgeschlagen wurden. Dann werden Material- und Methodenfragen sowie Untersuchungen über diesbezügliche Schüler- und Lehrervorstellungen erörtert. Schließlich werden Vorschläge gemacht, um derzeitige Defizite in der Bundesrepublik zu verringern.

---

[1] Überarbeitete Fassung von Kircher (1995, 237 ff.)

1 Verschiedene Zielaspekte von „über Naturwissenschaften lernen"

1.1 Erkenntnis- und wissenschaftstheoretische Ziele

a) Im allgemeinen wird nicht zwischen erkenntnis- und wissenschaftstheoretischen Auffassungen unterschieden. Neuerdings wird die Auffassung vertreten, daß eine realistische Einstellung nicht grundsätzlich in Frage gestellt werden soll, - eine Auffassung, die auch bei Popper (1976, 76) zu finden ist: bestimmte erkenntnistheoretische Ziele (z.b. „Bedeutung der *Suche nach Wahrheit* für die Naturwissenschaften erkennen") und Auffassungen (z.b. „Es existiert eine Welt außerhalb und unabhängig von unserem Bewußtsein") stehen nicht zur Disposition.

Solchen erkenntnistheoretischen Zielen kommt eine größere Bedeutung zu als wissenschaftstheoretischen, wie z.B. „Was bedeutet eine *Erklärung* in der Physik?"; „Wie unterscheiden sich der *Theorie- und der Modellbegriff?*". Daher könnte es künftig sinnvoll sein, zwischen erkenntnis- und wissenschaftstheoretischen Zielen zu unterscheiden. Die implizite pädagogische Zielhaltigkeit - zumindest bestimmter Erkenntnistheorien - blieb bisher auch in neueren theoretischen Beiträgen der Physik- bzw. Naturwissenschaftsdidaktik unerörtert (Hodson 1988; Jung 1989).

b) Für wissenschaftstheoretische Ziele liegen vielfältige Begründungen, sowie Zielformulierungen auf verschiedenen Ebenen vor.

Hunger (1971, 34) schlägt fünf thematische Bereiche vor:
„physikalische Begriffe und Definitionen",
„physikalische Aussagen",
„physikalische Methoden",
„Theorien und Modelle",
„Naturwissenschaft und Wirklichkeit".

Rubba nennt einige Eigenschaften der Naturwissenschaften, die die Schüler verstehen sollen:
amoral, creative, developmental, parsimonious, testable, unified und entwickelte dazu einen vielfach verwendeten Test (s. Rubba/Andersen 1978, 456). Diese wissenschaftstheoretischen Inhalte besitzen auch heute noch Relevanz für den naturwissenschaftlichen Unterricht.

Allerdings dürfte sich deren heutige Interpretation von derjenigen Hungers bzw. Rubbas unterscheiden (z.B. der mögliche Lerninhalt „die Entwicklung naturwissenschaftlicher Theorien"). Die American Association for the Advancement of Science (AAAS) hat 1989 in einem Bericht drei prinzipielle Komponenten von „nature of science" formuliert:

scientific world view: the world is understandable, scientific ideas are subject to change, scientific knowledge is durable, and science cannot provide complete answers to all questions;

scientific methods of inquiry: science demands evidence, science is a blend of logic and imagination, science explains and predicts, scientists try to identify and avoid bias, and science is not authoritarian;
nature of scientific enterprise: science is a complex social activity, science is organized into content disciplines and is conducted in various institutions, there are generally accepted ethical principles in the conduct of science, and scientists participate in public affairs both as specialists and as citizens ; (zit. nach Meichtry 1993, 431 f.).

Meyling (1990, 170) faßt verschiedene Argumente zusammen:
- „Wissenschaftstheoretische Reflexion im Unterricht hat eine
- (allgemein)bildende
- weltanschaulich, ideologiekritische
- methodische, lernpsychologische
- exemplarische
- kritische Funktion."

Man kann diese „Funktionen" auch als allgemeine Kriterien für eine didaktische Analyse, d.h. auch zur Stoffauswahl auffassen.

c) Obwohl in der naturwissenschaftsdidaktischen Theorie unbestritten, spielen erkenntnis- und wissenschaftstheoretische Ziele in der Schulpraxis eine geringe, man kann sagen vernachlässigte Rolle, trotz engagierter Fürsprache etwa von W. Kuhn (u.a. Kuhn 1991). Vernachlässigt ist in der Bundesrepublik auch die diesbezügliche fachdidaktische empirische Forschung; Meylings (1990) sorgfältige Untersuchungen bilden die Ausnahme.

Aufgrund der zusammenfassenden Darstellungen von Lederman (1992) und Meichtry (1993) gewinnt man für den angelsächsischen Sprachraum einen etwas anderen Eindruck: es liegen umfassende Untersuchungen vor über die Vorstellungen der College-Studenten „about science", über die entsprechenden Vorstellungen von Lehrerstudenten und Lehrern . Die Schulpraxis scheint sich allerdings in den USA nicht wesentlich von der in Deutschland zu unterscheiden (s. Gallagher 1991). Durch die Untersuchungen ist man allerdings in der Lage, Defizite zuverlässiger zu benennen.

1.2 Weitere Zielaspekte

Der Ausdruck „über Naturwissenschaften lernen" umfaßt heutzutage zusätzliche „philosphische" Aspekte. Die von AAAS (1989) genannte Komponente „nature of scientific enterprise" betrifft das Beziehungsgefüge „Naturwissenschaft-Technologie-Gesellschaft" (s. Häußler/Lauterbach 1976; Baumgart u.a. 1982; Aikenhead et al. 1987). Zu den erkenntnis- und wissenschaftstheoretischen Zielen kommen wissenschaftssoziologische hinzu.

Nicht erst seit der Aufnahme des Natur- und Umweltschutzes in Länderverfassungen und Lehrpläne tangieren ethische Ziele den naturwissenschaftlichen Unterricht. Die andauernden Diskussionen um die Nutzung der Kernenergie enthalten physikalische, technische, ökonomische und ethische Argumente. Viel allgemeiner angelegt ist die Argumentation von Hans Jonas; für sein „Prinzip Verantwortung" (Jonas 1984) ist gegenwärtig und in Zukunft insbesondere naturwissenschaftliche Bildung nötig. Es schließt den Natur- und Umweltschutz ein, aber auch die Bedeutung der Naturwissenschaften für eine weiter wachsende Weltbevölkerung. Beide thematischen Bereiche führen zu ethischen Problemen. Schließlich kann „über Naturwissenschaften lernen" bedeuten, daß die wechselseitige Verflechtung von Naturwissenschaft und Politik thematisiert wird, etwa die „Deutsche Physik" in der Nazizeit, der Versuch renommierter Physiker, eine Ächtung der Kernwaffen zu erreichen (u.a. „Göttinger Erklärung" 1957), die weltweit kontroverse Diskussion des amerikanischen SDI-Projekts in den achziger Jahren, die notwendige Friedenspolitik unter den derzeitigen technischen Möglichkeiten von Krieg und Frieden (s. z.B. Westphal 1992).

2 Allgemeine unterrichtsmethodische Fragen

2.1 Spezielle Unterrichtseinheiten oder Jahreskurse?

a) Im Unterrichtseinheitenansatz wird darauf vertraut, daß spezielle Unterrichtseinheiten mit entsprechenden Zielen und dafür geeigneten Lerninhalten auch zu erkenntnis- und wissenschaftstheoretischem Wissen und damit zusammenhängend zu erwarteteten Haltungen und Einstellungen führen. Die für die gymnasiale Oberstufe entwickelten Lehr- und Lerntexte (Hunger 1963; Berger 1967; v.Oy 1977) können als Unterrichtseinheiten verstanden werden, auch wenn sie sich im wesentlichen auf Sachstrukturdarstellungen beschränken. Über Art und Umfang der Verwendung dieser Texte liegen keine Publikationen vor, auch nicht über Lernerfolge bzw. Mißerfolge. Es ist zu vermuten, daß diese Materialien insgesamt wenig verwendet wurden, nämlich von der vermutlich geringen Anzahl der an diesen Fragen interessierten Lehrern. Kircher u.a. (1975) versuchten, „über Physik lernen" durch eine Unterrichtseinheit exemplarisch in der Sekundarstufe I zu thematisieren. Einen strukturell gleichartigen Ansatz (mit Real- und Black-Box-Experimenten sowie Informationen „über Naturwissenschaften") verfolgte Carey et al. (1989) mit einem Beispiel aus der Chemie/Biologie (7. Jahrgangstufe). Carey et al. wiesen dabei nach, daß sich die Auffassungen der Schüler über die Natur bzw. über den Zweck der Naturwissenschaften änderten.

b) Meyling (1990) untersuchte in üblichen physikalischen Leistungskursen, wie sich explizite wissenschaftstheoretische Erläuterungen und Ergänzungen auf das Vorverständnis der Schüler auswirken. Er wendete dafür im Verlauf eines viersemestrigen Leistungskurses 24 Unterrichtsstunden auf; das entspricht etwa 7% der gesamten Unterrichtsstunden. Er kommt zu dem Ergebnis, daß durch einen derartigen Ansatz zum Teil erhebliche Veränderungen gegenüber dem Vorverständnis möglich sind (Meyling 1990, 326 f.).

c) In einer vergleichenden Untersuchung kommt Aikenhead (1973) zu dem Ergebnis, daß spezielle Unterrrichtseinheiten nur dann so erfolgreich sind wie Jahreskurse mit wissenschafttheoretischen Ergänzungen (wie z.B.Meyling 1990), wenn in den Unterrichtseinheiten dieses Wissen „about science and scientists" explizit dargestellt ist (Aikenhead 1973, 545). Meichtry (1993) stellte eine relative Materialunabhängigkeit der Schülervorstellungen „über" die Naturwissenschaften fest; aber inadäquate Materialien haben am wahrscheinlichsten negative Folgen (Meichtry 1993, 441). Dieses Ergebnis ist auf dem Hintergrund zu sehen, daß die meisten Schulphysikbücher ein wissenschaftstheoretisch uneinheitliches, eher unangemessenes Bild über Physik bzw. über Physiker vermitteln (Meyling 1990, 178 ff.; Hodson 1988, 20; Gallagher 1991, 121 ff.).

2.2. Das Bild der Naturwissenschaften

Wie soll ein angemessenes explizit oder implizit zu vermittelndes Bild aussehen? Meichtry (1993, 436) stellt fest, daß es für das Lernziel „adäquates Bild der Naturwissenschaften" keine standardisierte Definition gibt. Dieses Lernziel ist nur ungenau und heterogen festgelegt: Carey et al. (1989) versuchen durch ihre Unterrichtseinheit eine konstruktivistische Sichtweise einzuführen; für Lederman (1992) ist eine instrumentalistische Auffassung wünschenswert; Kircher (1995) hält ein realistisches Bild im naturwissenschaftlichen Unterricht für notwendig und damit zusammenhängend auch für adäquat.

Wegen dieser Heterogenität der Auffassungen lautet die allgemeine Antwort auf die obige Frage: Da das erkenntnis- und wissenschaftstheoretische Bild über die Naturwissenschaften mindestens genauso vorläufig ist wie die Naturwissenschaften selbst (Lederman 1992, 352), müßte es in gewissen zeitlichen Abständen von Fachleuten revidiert werden. Angesichts der unterschiedlichen philosophischen Schulen dürfte schon ein Minimalkonsens schwierig zu erreichen sein. Dieses inhaltliche Problem, das die Unterrichtsziele und -methoden wesentlich tangiert, wird auch in anderen Arbeiten gesehen (Hodson 1988; Lederman 1992; Meichtry 1993).

2.3 Forschender Unterricht und andere Methoden

Bisher ist unklar, ob stark experimentell ausgerichtete Methoden (z.B. forschender Unterricht) zu besseren Ergebnissen führen als sogenannte „traditionelle" Methoden (Aikenhead (1973) erläutert diesen Ausdruck nicht näher). Hodson (1988, 34 f.) betrachtet es geradezu als paradox, daß das Ziel „learning about the nature of experimentation in science" nicht notwendigerweise am besten über Laborarbeit erreicht werden kann. Überhaupt kann Laborarbeit im Rahmen des naturwissenschaftlichen Unterrichts schon deshalb unproduktiv sein, weil diese allzu vielen Zielen dienen soll (z.B. kognitiven, affektiven, psychomotorischen, sozialen Zielen). Man kann von einer „didaktischen Überfrachtung" der experimentellen Methode sprechen.

Nicht traditionell naturwissenschaftliche Methoden, nämlich Simulations- und Rollenspiele, haben u.a. Kircher (1978) und Solomon (1991) vorgeschlagen, um über Naturwissenschaften zu lernen. Martin/ Brouwer (1991) plädieren für eine stärkere Berücksichtigung narrativer Elemente im naturwissenschaftlichen Unterricht. Die im Zusammenhang mit „über Naturwissenschaften lernen" häufige Erwähnung der Geschichte der Naturwissenschaften (u.a. Lind 1982; Meyling 1990; Kuhn 1991) kann auch als narratives Element interpretiert werden. Diese Beispiele deuten an, daß eine notwendige unterrichtsmethodische Neuorientierung sich eher an pädagogischen und lernpsychologischen Argumenten orientieren muß als an neuen Interpretationen der Methoden der Naturwissenschaften.

3 Schülervorstellungen „über" Naturwissenschaften

a) Die Vorstellungen der Schüler „über" Naturwissenschaften werden allgemein als inadäquat charakterisiert (Lederman 1992, 335).
Verwirrend sind allerdings die Merkmale, die in Untersuchungen verwendet werden, um die Vorstellungen von Schülern und Lehrern bestimmten erkenntnis- und wissenschaftstheoretischen Richtungen zuzuordnen. Beispielsweise kann man aufgrund der Verwendung des Ausdrucks „beweisen" nicht auf einen „absolutistischen" Standpunkt schließen (Lederman/ O'Mally 1990). Insofern sind die Ergebnisse empirischer Untersuchungen von Vorstellungen „über" die Naturwissenschaften kritisch zu betrachten.
Trotzdem muß man Lederman/ O'Mallys (1990, 235) Auffassung nicht teilen, daß drei Dekaden empirischer Forschung in diesem thematischen Bereich „bestenfalls peinlich" sind. Denn die bei diesem thematischen Bereich auftauchenden Zuordnungsprobleme sind nicht nur eine Folge der verwendeten Untersuchungsinstrumente (Lederman/ O'Mally 1990), sondern sind ein Interpretationsproblem. Denn die von den Schülern verwendeten Ausdrücke mit erkenntnis- und wissenschaftstheoretischer Bedeutung werden vor allem im Rahmen der „Schülerphilosophie", das heißt ihres von Sprache und Lebenswelt (zu der auch die Schule gehört) geprägten Vorverständnisses interpretiert. Dieses Interpretationsproblem scheint in den zitierten Arbeiten des angelsächsischen Sprachraums insgesamt unterschätzt zu werden. Vor dem Hintergrund dieser methodologischen Probleme ist die folgende Charakterisierung der Schülervorstellungen „über die Naturwissenschaften" zu sehen.
b) Die erkenntnistheoretischen Auffassungen vieler Schüler wurden in früheren Untersuchungen als „absolutistisch" beschrieben (s. Lederman 1992, 334). Dies wurde als ein Merkmal einer realistischen Sichtweise betrachtet (Rubba/ Anderson 1978). Auch die Untersuchung von Carey et al. (1989) bei Schülern der 7. Jahrgangsstufe führt zu der Folgerung, daß diese Schüler vor dem Unterricht (Carey et al. (1989)) naive Realisten sind, denn sie betrachten das Bild, das die Naturwissenschaften zeichnen, als wahrheitsgetreue Kopie der Welt. Meyling

(1990, 164) ordnet den Schülern seiner Untersuchungspopulation mehrheitlich ebenfalls ein realistisches Vorverständnis zu.

Schließlich sei noch die Untersuchung von Zeidler/ Lederman (1989) erwähnt, in der explizit eine erkenntnistheoretische Zuordnung im Zusammenhang mit einer sehr interessanten These Munbys (1976) vorgenommen wird. Munby geht davon aus, daß eine wissenschaftliche Sprache des Lehrers (bzw. eines Schulbuchs) zu realistischen Auffassungen der Schüler führt, während eine umgangssprachliche Darstellung der Naturwissenschaften eine (pragmatisch-) instrumentalistische Sichtweise hervorruft. Zeidler/ Lederman (1989) schwächen diese Hypothese etwas ab. Sie folgerten aus ihren Ergebnissen, daß die Sprache des Lehrers einen Kontext liefert, in dem die Schüler ihre Auffassungen über die Naturwissenschaften bilden. Weitere empirische Untersuchungen werden für notwendig erachtet, um die aus meiner Sicht interessante empirische Feststellung zu fundieren, daß Schüler aller Schulstufen zu realistischen Auffassungen tendieren können, aus welchen Gründen auch immer.

c) „Über Naturwissenschaften lernen" wird in der Sek. I vor allem mit wissenschaftstheoretischen Fragen in einen Zusammenhang gebracht, d.h. mit Fragen über naturwissenschaftliche Methodologie im weiteren Sinne (z.B. Carey u.a. (1989): „Was ist ein Experiment?").

Meylings (1990) untersuchungsmethodischer Ansatz liefert einen aspektreichen Überblick über Vorverständnisse seiner SII-Schüler zu einigen wichtigen erkenntnis- und wissenschaftstheoretischen Begriffen. Er faßt die Untersuchungsergebnisse wie folgt zusammen:

1) Schüler sind sehr am Begreifen der Realität interessiert.
2) Die Realität ist (im Rahmen unserer physikalisch-technischen Möglichkeiten) erkennbar.
3)a) Das physikalische Wissen besteht überwiegend aus unzweifelhaft wahren Aussagen über diese Realität.
   b) Die Naturgesetze sind der sichere Kernbestandteil dieses Wissens.
   c) Physikalische Theorien sind dagegen nur hypothetische, d.h. (noch) nicht eindeutig bewiesene physikalische Aussagen, die überwiegend der Erklärung dienen.
   d) Modelle sind Abbilder der Realität, die vor allem der Veranschaulichung dienen.
   e) Häufig werden Modellvorstellungen als Realität aufgefaßt.
4) Erkenntnisse gewinnt man nicht durch Spekulation/ Intuition, sondern em pirisch (Beobachtung/Experiment) und/oder deduktiv durch Ableiten aus schon bekannten (Natur)gesetzen.
   a) Das hypothetisch-deduktive Verfahren stößt weitgehend auf Ablehnung.
   b) Das Schülervorverständnis spiegelt das unreflektierte Verfahren des physikalischen Normalunterrichts wider" (Meyling 1990, 154 f.).

Die durch expliziten erkenntnis- und wissenschaftstheoretischen Unterricht hervorgerufenen Änderungen des Vorverständnisses beziehen sich vor allem auf eine positivere Einstellung gegenüber Wissenschaftstheorie und Wissenschaftsgeschichte (s. Meyling 1990, 215 f.). Außerdem wird der Weg der Erkenntnisgewinnung nicht mehr „linear, sondern als ein komplexes Geschehen dargestellt" (Meyling 1990, 326).

d) Neben solchen traditionellen, erkenntnis- und wissenschaftstheoretischen Fragestellungen wurde in der hinsichtlich der Untersuchungspopulation sehr umfassenden Studie (n=10800) von Aikenhead et al. (1987) auch über das Verhältnis von Naturwissenschaft-Technik-Gesellschaft und über vermutete Einstellungen von Naturwissenschaftlern nachgefragt. Dies entspricht der in dem Bericht von AAAS (1989) erwähnten Tendenz, „learning about science" nicht nur auf wissenschaftstheoretische Aspekte zu beschränken, sondern auch die in Abschnitt 1.2. erwähnten wissenschaftssoziologischen Aspekte einzuschließen.

Fleming (1987, 185) faßt zusammen: Die Wechselwirkung zwischen Naturwissenschaft und Gesellschaft wird von den Schülern simplifizierend betrachtet: „Science (technoscience) should inform society in order to resolve socioscientific issues, issues which students perceived as technical problems; but society should inform in terms of science policy as it guides in research programs."

Die Merkmale von Naturwissenschaftlern aus der Sicht der Schüler stellte Ryan (1987) dar. Deren Auffassungen über die Verantwortung der Wissenschaftler für ihre Entdeckungen sind geteilt. Je etwa ein Drittel der Schüler hält die Naturwissenschaftler bzw. die Nutzer von Entdeckungen für verantwortlich. Bei den Fragen nach Objektivität und Ehrlichkeit von Naturwissenschaftlern unterscheiden die Schüler zwischen den Merkmalen, die von den Naturwissenschaftlern bei ihrer Arbeit gefordert werden und den Merkmalen von Naturwissenschaftlern als Mensch. Eine dritte Sichtweise geht davon aus, daß Naturwissenschaftler inhärent ehrlicher und objektiver sind als andere gesellschaftliche Gruppen (Ryan 1987, 505).

e) Zusammenfassend kann man sagen: Für die Sekundarstufe I fehlen empirische Untersuchungen über erkenntnis- und wissenschaftstheoretische Vorstellungen der Schüler weitgehend bzw. sind als recht vorläufig einzuschätzen (z.B. Carey et al. 1989). Für die Sekundarstufe II liegen aus neuerer Zeit zwei bemerkenswerte Untersuchungen vor: Meyling (1990) hat vielfältige Instrumente über einen langen Zeitraum eingesetzt, um das Vorverständnis der Schüler hinsichtlich einiger erkenntnis- und wissenschaftstheoretischer Aspekte zu erforschen. Er schlägt Langzeituntersuchungen vor, um mehr über die Stabilität des diesbezüglichen Schülervorverständnisses zu erfahren.

Aikenhead et al. (1987) haben in einer großangelegten Studie versucht, neben traditionellen wissenschaftstheoretischen Fragestellungen auch Probleme im Zusammenhang Naturwissenschaft-Technik-Gesellschaft zu erforschen. Sie empfehlen für den naturwissenschaftlichen Unterricht „authentic science" zu unterrichten mit einer Verbindung von Naturwissenschaft und Gesellschaft.

Ein weiterer Punkt erscheint bei diesen Untersuchungen bemerkenswert: die didaktische Frage i.e.s., wurde vernachlässigt: Welche Erkenntnistheorien, welche wissenschaftstheoretischen Positionen sollen erörtert oder vermittelt werden und warum?

Nach meiner Auffassung sollten im Unterricht die ursprünglich naiv-realistischen Auffassungen der Schüler weiterentwickelt werden in Richtung einer aktuellen Version des Realismus (z.b. Vollmer 1987; Putnam 1993).

4 Lehrervorstellungen „über Naturwissenschaften"

Im englischen Sprachraum wurden insbesondere in neuerer Zeit vielfältige Aspekte der Lehrervorstellungen „about the nature of science" untersucht. Denn nachdem Curriculummaterialien nicht den erhofften Einfluß auf inadäquate Schülervorstellungen hatten, wurden als eine wesentliche Ursache die ebenfalls inadäquaten Lehrervorstellungen vermutet (Lederman 1992, 338 ff.).

Wie bei der Untersuchung der Schülervorstellungen zeichnet sich auch in den neueren Untersuchungen über Lehrervorstellungen ein Trend zu qualitativen Methoden ab, d.h. (u.a.) zu Interviews mit kleinen Populationen und eher längeren Beobachtungszeiträumen.

a) Brickhouse (1989) konnte in Fallstudien (n = 3) zeigen, daß die Sichtweisen der Lehrer über Naturwissenschaften konsistent sind mit ihrem Verhalten im Klassenzimmer. Zuvor und danach haben Zeidler/ Lederman (1989), Lederman (1992) eine andere Auffassung vertreten. Deren Daten zeigen einen eher geringen Einfluß der entsprechenden Lehrervorstellungen auf das Klassenzimmerverhalten dieser Lehrer: " ... there appears to be some consensus among researchers concerned with the nature of science that the influence of teachers' conceptions on classroom practice is mediated by a complex set of factors..." (Lederman 1992, 353). Diese Untersuchungsergebnisse müssen nicht als direkt widersprüchlich aufgefaßt werden. Vielmehr zeigen die Ergebnisse die Möglichkeiten und die Komplexität dieses Forschungsfeldes auf.

b) Gallagher (1991) stellte in seiner Untersuchungspopulation einen deutlichen Unterschied zwischen den allgemeinen Auffassungen der Lehrer über die Schule und deren Verhalten im Klassenzimmer fest. Letzteres ist stark von dem verwendeten Schulbuch geprägt. Da in diesen Büchern „about science" ebenso beiläufig behandelt wird wie in Deutschland, beschränkt sich der entsprechende Unterricht „about science" auf wenige Unterrichtsstunden. Aber selbst dann, wenn die Curriculummaterialien die naturwissenschaftliche Methode in elaborierter Weise darstellten, betonten die Lehrer die sogenannten „Stufen der naturwissenschaftlichen Methode" (Gallagher 1991, 125), die aber in neuerer Sicht irrelevant sind (s. z.B. Feyerabend 1986).

Gallagher (1991) sieht die Ursache für dieses rigide Lehrerverhalten vor allem in der Ausbildung der Lehrer. An den Hochschulen gibt es wenig Gelegenheit sich „about science" zu informieren. Darüberhinaus ist auch in den USA ein ähnlicher Zeitdruck durch das Lernen der insgesamt schwierigen naturwissenschaftlichen Fachinhalte gegeben wie bei der Gymnasiallehrerausbildung in der Bundesrepublik. Ferner scheinen hier wie dort Naturwissenschaftsprofessoren nicht allzuviel von derartigen Studien „about science" zu halten. Dadurch entsteht bei den Hochschulabsolventen ein ungenaues und unangemessenes Bild der Naturwissenschaften (Gallagher 1991, 126). Dieses Bild geben Naturwissenschaftslehrer selbst dann nicht auf, wenn sie adäquates Curriculummaterial zur Verfügung haben[2]!

Durch Pomeroys (1993) Studie scheint sich das Bild über Lehrervorstellungen abzurunden. Pomeroy untersuchte die Vorstellungen „about science" von Naturwissenschaftlern, Sekundarstufen- und Primarstufenlehrern. Dabei fand sie, daß die Naturwissenschaftler und die Sekundarstufenlehrer zumindest öffentlich einen „traditionellen" Standpunkt einnehmen. Das bedeutet hier, daß die Naturwissenschaften „objektiv", „empirisch" sind und das Ziel verfolgen, „die Natur zu beherrschen" (Pomeroy 1993, 269).

Primarstufenlehrer dagegen weisen eine eher „nichttraditionelle" Sichtweise auf. Diese ist vor allem dadurch gekennzeichnet, daß sie gegen die „baconische"[3] und gegen die positivistische Sichtweise der Naturwissenschaften gerichtet ist. Pomeroy (1993, 269) erklärt dies durch die tiefe Einführung („deep initiation") der Naturwissenschaftler und Sekundarstufenlehrer in die Normen und Regeln der wissenschaftlichen Gemeinschaft.

Auch Munbys (1976) Hypothese über den Einfluß der Sprache paßt zu diesem Erklärungsmuster. Denn die oben aufgeführten Merkmale für die „traditionelle" Sichtweise kommen auch in (naiv-) realistischen Auffassungen vor. Der Einfluß der wissenschaftlichen Gemeinschaft auf die Studenten beschränkt sich nicht nur auf die naturwissenschaftliche Methodologie (z.B. über die Art der Tätigkeiten in Praktika), sondern erfolgt auch über die Fachsprache (u.a. in den Lehrveranstaltungen). Diese „Disziplinarität des Faches" bewirkt derzeit eher „traditionelle" Auffassungen bei den Sekundarstufenlehrern. Insofern reicht der Einfluß der wissenschaftlichen Gemeinschaft über die Studienzeit hinaus und wirkt also auch dann noch, wenn diese Lehrer den Ort ihrer Initiation verlassen haben.

---

[2] Gallagher (1991, 125) erwähnt noch eine weitere, man kann sagen psychologische Ursache für das Festhalten an einem unangemessenen Bild der Naturwissenschaften: Naturwissenschaftslehrer verwenden die „Objektivität" ihres Faches zur Unterscheidung von anderen Fächern wie Englisch und Sozialwissenschaften, die „subjektiver" sind. Dadurch sind Naturwissenschaften nach Meinung ihrer Lehrer irgendwie „besser" als andere Fächer. Diese Auffassung ist auch in deutschen Lehrerkollegien nicht unbekannt.

[3] Der Ausdruck bezieht sich auf Francis Bacon und sein Buch „Neues Organ der Wissenschaften" (1620), in dem die induktive Methode beschrieben und propagiert wird.

c) Die Untersuchungen ergeben ein differenziertes Bild der Lehrervorstellungen „about science" und deren Auswirkungen auf den Unterricht. In Koulaidis/ Ogborns (1989) Untersuchung wurde die Sichtweise der Lehrer und Lehrerstudenten (n = 94) bestimmten erkenntnis- und wissenschaftstheoretischen Richtungen zugeordnet. Koulaidis/ Ogborn nehmen an, daß neuerdings eine gewisse Verschiebung „induktivistischer" Sichtweisen hin zu eher „Kuhnschen" Sichtweisen aufgetreten ist. Sie weisen ferner auf Unterschiede zwischen Physik-, Chemie- und Biologielehrern hin. Von den Biologielehrern neigen z.B. ca. 26% zum „Induktivismus", von den Physiklehrern nur ca. 7%. Insbesondere bei Sekundarstufenlehrern kann man mit einer „traditionellen" Sichtweise rechnen. Diese kann sich auch auf die Auffassungen über Unterricht auswirken (Pomeroy 1993) und zu entsprechendem Verhalten im Klassenzimmer führen (Brickhouse 1989). Bei Primarstufenlehrern scheinen die Vorstellungen „über Naturwissenschaften" weniger stabil zu sein; sie sind eher „nichttraditionell". Der Unterricht in dieser Schulstufe wird weniger und eher implizit durch die Lehrersichtweisen „about science" beeinflußt (Lederman 1992; Pomeroy 1993).

d) Wenn der vermutete, oben skizzierte Zusammenhang über die Entstehung der Lehrervorstellungen „about science" zutrifft, müßte man an unterschiedlicher Stelle der Lehrerbildung ansetzen, um das auch bei deutschen Lehrern vermutete inadäquate Bild über die Naturwissenschaften zu ändern.

Bei Primarstufen- und Sekundarstufenlehrern mit naturwissenschaftlichem Schwerpunkt sollten erkenntnis- und wissenschaftstheoretische Aspekte an geeigneten Inhalten explizit gelehrt werden (z.B. „über physikalische Objekte", „über Hypothesen, Modelle, Theorien", „über die Komplexität von Experimenten"). Ein beträchtliches Problem entsteht bei der Ausbildung von Gymnasiallehrern dann, wenn obiger (von Munby, Gallagher, Pomeroy angenommene) Zusammenhang zutrifft: Aufgrund der intensiven fachlichen Ausbildung bleibt kaum Zeit, um ergänzende Kurse „über Naturwissenschaften" zu besuchen. Aber derartigen Kursen käme eine wichtige kompensatorische Funktion zu gegenüber „traditionellen" Prägungen der naturwissenschaftlichen Disziplinen, die natürlich nicht pauschal abgelehnt werden. Die Forderung nach Lehrveranstaltungen „über Physik" (bzw. „über Naturwissenschaften") muß insbesondere dann erhoben werden, wenn Pomeroys Hypothese zutrifft, daß die erkenntnis- und wissenschaftstheoretische Sicht dieser Lehrer auch deren Auffassungen über naturwissenschaftlichen Unterricht beeinflußt. Aufgrund der gründlichen Einführung der Gymnasiallehrer in naturwissenschaftliches Denken und Arbeiten können „traditionelle" Einstellungen und Sichtweisen über Naturwissenschaften das künftige Lehrerverhalten prägen; dieses ist inkompatibel zu egenwärtig pädagogischen Auffassungen über Schule. Für diesen Fall ist eine intensive Lehrerfortbildung nicht nur über diesen thematischen Bereich für die Lehrer zu fordern.

5 Zusammenfassende Bemerkungen

a) Die Vorstellungen von Schülern und Lehrern „über Naturwissenschaften" sind inadäquat. In der Bundesrepublik fehlen diesbezügliche Untersuchungen weitgehend. Derartige Untersuchungen sollten vor allem durchgeführt werden, um gezielt Materialien für den Unterricht und für die Lehrerfortbildung entwickeln zu können.

b) Als Ursachen für inadäquate Schüler- und Lehrervorstellungen werden verschiedene Hypothesen vertreten.
Lernpsychologische Hypothesen gehen davon aus, daß inadäquate Schüler- bzw. Lehrervorstellungen durch inadäquate Informationen verursacht werden, die zuvor explizit in Lehr-/Lernsituationen dargeboten und verarbeitet wurden. Bei soziologischen Hypothesen wird angenommen, daß insbesondere die „Disziplinarität des Faches", zu der auch die Verwendung einer Fachsprache zählt, zu inadäquaten Auffassungen „about the nature of science" führt.

c) Eine Festlegung auf bestimmte wissenschaftstheoretische Positionen (z.B. auf konstruktivistische oder „Kuhnsche" Sicht) erscheint nicht sinnvoll, denn diese Wissenschaftstheorien sind mindestens genauso vorläufig wie die Wissenschaft selbst. Einige relevante wissenschaftstheoretische Positionen des modernen Relativismus (s. z.B. Kircher 1995, 73 ff.) sollten diskutiert werden.
Die Einschränkung der erkenntnistheoretischen Erörterungen im Physikunterricht auf realistische Auffassungen ist nach meiner Auffassung für die Naturwissenschaftsdidaktiken angemessen und sinnvoll. Da in den Untersuchungen teilweise bestätigt wurde, daß Schüler naiv-realistische Vorstellungen aufweisen, sollten diese Vorstellungen gemäß aktuellen Versionen des Realismus differenziert werden (z.B. Vollmer 1987; Putnam 1993).

d) Da auf die oben erwähnten soziologischen Faktoren nur begrenzt Einfluß genommen werden kann, bieten sich vor allem folgende Maßnahmen an, um inadäquate Vorstellungen bei Lehrern und Schülern zu ändern:
- Analyse und Revision der vorliegenden Schul- und Hochschulbücher und Lehrpläne im Hinblick auf überholte Auffassungen „über die Natur der Naturwissenschaften".
- Aufnahme von erkenntnis- und wissenschaftstheoretischen Lehrveranstaltungen in die Physiklehrerausbildung. Diese Lehrveranstaltungen sollten interdisziplinär sein und von Fachwissenschaftlern, Philosophen und Fachdidaktikern gemeinsam veranstaltet werden.
- Entwicklung von Materialien für die Lehrerfortbildung. In diesen sollte zwischen erkenntnis- und wissenschaftstheoretischn Problemkreisen unterschieden werden, weil den involvierten Zielen eine unterschiedliche Bedeutung zukommt. Außerdem sollten diese Materialien wissenschaftssoziologische, wissenschaftsethische und wissenschaftspolitische Problemstellungen enthalten.

6 Literaturverzeichnis

Aikenhead, G.S.: The measurement of high school student's knowledge about science and scientists. Sc. Ed. 57(4), 1973, 539-549.

Aikenhead, G.S. et al.: High-school graduates' beliefs about science-technology-society. I Methods and issues in monitoring student views. Sc. Ed. 71(2), 1987, 145-161

Baumgart, U. u. a. : Übersicht über wichtige wissenschaftstheoretische Fragestellungen. PU 16, Heft 2, 1982, 5 - 18.

Berger, P.: Philosophische Vertiefung des Physikunterrichts. Braunschweig: Vieweg, 1967.

Brickhouse, N.W.: The teaching of the philosophy of science in secondary classrooms: case studies of teachers' personal theories. Int. J. Sci. Educ. 11, (4), 1989, 437-449.

Carey, S. et. al.: 'An experiment is when you try it and see if it works': a study of grade7 students' understanding of scientific knowledge. Int. J. Sci. Educ., 11, 1989, 514-529.

Feyerabend, P.K.: Wider den Methodenzwang. Frankfurt: Suhrkamp, 1986.

Fleming, R.W.: High school graduates' beliefs about science-technology-society. II. The Interaction among science, technologie and society. Sc. Ed. 71(2), 1987, 163-186.

Gallagher, J.J.: Prospective and practising secondary school science teachers' knowledge and beliefs about the philosophy of science. Sc. Ed. 75(1), 1991, 121-133.

Grimsehl, E.: Didaktik und Methodik der Physik. München,1911. Reprint: Bad Salzdethfurt, 1977.

Häußler, P./ Lauterbach, R.: Ziele naturwissenschaftlichen Unterrichts. Weinheim: Beltz, 1976.

Hodson, D.: Toward a philosophically more valid science curriculum. Sc. Ed. 72,(1), 1988, 19-40.

Hunger, E.: Die naturwissenschaftliche Erkenntnis. Bd. 1-3. Braunschweig: Vieweg, 1963

Hunger, E.: Wissenschaftstheorie im Physikunterricht. In: Aufgaben und Wege im Philosophieunterricht, Heft 3, 1971.

Jonas, H.: Das Prinzip Verantwortung. Frankfurt: Suhrkamp, 1984.

Jung, W.: Philosophy of science and education. Vortrag,Internationale Tagung: Problemi apperti di didattica della scienz. Universität Salerno (Italien), 1989.

Kircher, E. u. a.: Unterrichtseinheit 9.1: „Modelle des elektrischen Stromkreises". IPN Curriculum Physik für das 9. -10. Schuljahr. Stuttgart: Klett, 1975.

Kircher, E.: Studien zur Physikdidaktik - erkenntnis- und wissenschaftstheoretische Grundlagen. Kiel: IPN, 1995.

Koulaidis, V./ Ogborn, J.: Philosophy of Science: an Empirical Study of Teachers' Views. Int. J. Sci. Educ. 11(2), 1989, 173-184.

Kuhn, W.: Die wissenschaftstheoretische Dimension des Physikunterrichts. In: Wiesner, H. (Hrsg.): Aufsätze zur Didaktik der Physik II. Phys. did. Sonderausgabe: Franzbecker, 1991b, 125-144.

Lederman, N.G.: Students'and teachers' conceptions of the nature of science.: A Review of the Research. Journ. of the Res. of Science Teach., 29(4), 1992, 331- 359.

Lederman, N.G./ O'Malley, M.: Students' perceptions of tentativeness in science: Development, use, and sources of change. Sc. Ed. 74(2), 1990, 225- 239.

Lehrplan für die Bayerischen Realschulen KWMBI I So.Nr.1. München, 1993.

Lind, G.: Wissenschaftstheorie und Wissenschaftsgeschichte. PU 15 (2), 1982, 32-38

Litt, T.: Naturwissenschaft und Menschenbildung. Heidelberg: Quelle und Mayer, 1959.

Martin, B.E./ Brouwer, W.: The sharing of personal science and the narrative element in science education. Sc. Ed. 75 (6), 1991, 701-722.

Meichtry, Y.J.: The impact of science curricula on students' views about the nature of science. Journ. Res. Sc. Teach. 30 (5), 1993, 429-443.

Meyling, H.: Wissenschaftstheorie im Physikunterricht der gymnasialen Oberstufe. Dissertation Universität Bremen, 1990.

Munby, H.: Some implications of language in science education. Sc. Ed. 60 (1), 1976, 115-124.

Niedderer, H./ Schecker, H.: Ziele und Methodik eines wissenschaftstheoretische orientierten Physikunterrichts. PU. 15 (2), 1982, 58-71.

Putnam, H.: Von einem realistischen Standpunkt. Einbek: Rowohlt, 1993.

v. Oy, K.: Was ist Physik? Stuttgart: Klett, 1977.

Pomeroy, D.: Implications of teachers' beliefs about the nature of science: Comparison of the beliefs of scientists, secondary science teachers and elementary teachers. Sc. Ed. 77 (3), 1993, 261-278.

Popper, K.R.: Logik der Forschung. Tübingen, J.C.B. Mohr, 1976[6].

Richert, H.: Richtlinien für die Lehrpläne der höheren Schulen Preußens 1. u. 2. Teil. Berlin, 1925.

Ryan, A.G.: High-school graduates' beliefs about science-technology-society. IV The Characteristics of scientists. Sc. Ed. 71(4), 1987, 484-510.

Rubba, P.A./ Anderson, H.O.: Development of an instrument to access secondary school students' understanding of the nature of scientific knowledge. Sc. Ed. 62(4), 1978, 449-458.

Solomon, J.: Teaching about the nature of science in the british national curriculum. Sc. Ed. 75(1), 1991, 95-103.

Vollmer, G.: Evolutionäre Erkenntnistheorie. Stuttgart: Hirzel, 1987[4].

Westphal, W.: Kriegsgegnerischer Physikunterricht - ein fachspezifischer Beitrag zur Friedenserziehung in Schule- und Hochschule. In: Häußler, P.(Hrsg.): Physikunterricht und Menschenbildung. Kiel: IPN, 1992, 55 - 76.

Zeidler, D.L./Lederman, N.G.: The effects of teachers language on students' conceptions of the nature of science. Journal of Research in Science Teaching, 26(9), 1989, 771-783.

G. Höfer

Der Einfluß deutscher Physiklehrbücher auf die tschechischen im 19. Jahrhundert

1 Die Anfänge des Mittelschulwesens in Österreich

Als Beginn der Mittelschulen in der österreichischen Monarchie - und so auch in den böhmischen Ländern[1] - werden die Lateinschulen der Jesuiten angesehen. Ab 1599 übernahmen auch andere kirchliche Orden die Organisation der Schulen „Ratio et institutio studiorum societatis Jesu". Naturwissenschaften waren nicht Bestandteil des Unterrichts. Bis zum letzten Viertel des 18. Jahrhunderts war das österreichische Mittelschulwesen gänzlich in den Händen von kirchlichen Orden und unabhängig vom Staat.

Erst im Jahre 1764 wurde eine Schulreform entworfen, die der Wiener Professor J. B. de Gaspari auf Anordnung der Kaiserin Maria Theresia erarbeitete. In die Lehrpläne der Mittelschule sollten auch Naturgeschichte, Physik, Deutsch, Tschechisch und andere Fächer aufgenommen werden, doch die Reform wurde nicht in die Tat umgesetzt. Zur Reorganisierung des Mittelschulwesens kam es erst nach der Auflösung des Jesuitenordens und zwar durch die Dekrete und das Patent aus dem Jahre 1776. Gemäß der durch den Piaristen[2] G. Marx ausgearbeiteten Reform boten die unter staatliche Aufsicht gestellten fünfjährigen Gymnasien eine mittlere Ausbildung. An sie schlossen zweijährige philosophische Institute als Zwischenstufe zwischen Gymnasium und Universität an. Auf dem Gymnasium war das Hauptfach Latein. Im Lehrplan waren erstmals auch die Naturwissenschaften mit dem Fach „Kenntnis von den natürlichen Dingen" vertreten. Physik wurde nur im zweiten Halbjahr des ersten Schuljahrs durchgenommen.

Die Theresianische Reform vollendete Joseph II. im Jahre 1781[3]. Als Unterrichtssprache wurde Deutsch eingeführt, regelmäßige Lehrerkonferenzen und eine ganze Reihe anderer Maßnahmen wurden vorgeschrieben, die Prügelstrafe wurde abgeschafft. Viele der von Joseph II. eingeführten Maßnahmen wurden später modifiziert oder wieder aufgehoben. Mit Ausnahme des Religionsunterrichts wurden zu dieser Zeit alle Fächer in einer Klasse von einem einzigen Lehrer unterrichtet. Häufig unterrichteten ehemalige Priester, und es dauerte lange, bis genügend weltliche Lehrer zur Verfügung standen. Das Unterrichtsniveau in den naturwissenschaftlichen Fächern war sehr niedrig und die Schüler eigneten sich den Stoff durch Memorieren an. Eine der Maßnahmen dieser Reformen überdauerte fast ohne Veränderung 70 Jahre. Es handelt sich dabei um die Ein-

---

[1] Die Länder der böhmischen Krone, d.h. das Königreich Böhmen (Bohemia), die Markgrafschaft Mähren (Moravia) und das Herzogtum Schlesien (Silesia)

[2] 1617 von J. v. Calasanza in Rom gegründete Klostergenossenschaft für den Schulunterricht

führung des Deutschen als Unterrichtssprache an allen Hauptschulen und Gymnasien und zwar auch in Gebieten mit rein tschechischer Bevölkerung, die insgesamt 2/3 der Bewohner in den böhmischen Ländern darstellten. Tschechisch durfte nur an den Grundschulen und im Religionsunterricht gesprochen werden. Diese Maßnahme hatte eine bedeutende Germanisierung der Städte in den böhmischen Ländern, aber auch den Beginn der tschechischen Wiederstandsbewegung zur Folge.

Unter der Regierung Franz I. wurde 1808 die „Sammlung der Verordnungen und Vorschriften über die Verfassung und Einrichtung der Gymnasien" herausgegeben, die die nächsten 40 Jahre Grundlage des österreichischen Mittelschulwesens war. Autor dieses Werks war vor allem der Piarist F. I. Lang, der spätere Generaldirektor der Gymnasien. Die Gymnasien waren fünf- oder sechsjährig ausgerichtet, und es unterrichteten an ihnen erstmals Fachlehrer. Physik wurde lediglich im zweiten Halbjahr des zweiten oder dritten Jahrgangs unterrichtet. Unterrichtssprache war Deutsch, auf deutsch wurde auch die Aufnahmeprüfung abgelegt. Die philosophischen Studiengänge dauerten zwei oder drei Jahre. Physik wurde hier im zweiten Studienjahr unterrichtet. Unterrichtssprache in Philosophie, Physik und Mathematik war Latein, in den übrigen Fächern Deutsch.

Die gesamtstaatliche Situation Österreichs und die Befürchtungen, daß sich die revolutionären Gedanken aus Frankreich verbreiten könnten, riefen bald auch im Schulwesen Reaktionen hervor, die den Einfluß der Kirche wieder stärkten. Der Unterricht durch Fachlehrer wurde abgeschafft, der Lateinunterricht gewann wieder an Bedeutung, die Wichtigkeit des Religionsunterrichts wurde betont, während der naturwissenschaftliche Unterricht gänzlich abgeschafft wurde. Dieser Zustand des Schulwesens hat sich bis 1848 nur wenig geändert.

[3] Das Schulsystem war dreistufig: Volksschulen, Gymnasien und Universitäten. Es gab drei parallele Typen der Volksschule: in Dörfern und kleinen Städten ein- bis zweiklassige Grundschulen (außer dem Katechismus wurde hier Lesen, Schreiben und Rechnen unterrichtet; es wurden auch grundlegende landwirtschaftliche und handwerkliche Kenntnisse vermittelt; in den böhmischen Ländern wurde an diesen Schulen in der Regel auch Tschechisch unterrichtet); in größeren Städten und Verwaltungszentren wurden drei- bis vierklassige Hauptschulen (hier wurden - außer den bereits angeführten Fächern - Grundlagen der lateinischen und deutschen Sprache, Erdkunde, Geschichte, Naturgeschichte, Geometrie, Zeichnen und die Grundlagen des Bauhandwerks unterrichtet; der Unterricht wurde nur in der ersten und z.T. in der zweiten Klasse auf tschechisch danach nur noch auf deutsch gehalten) und in den Landeszentren vierklassige Normalschulen gegründet (hier wurde nach einer erweiterten Variante der Hauptschule unterrichtet; Unterrichtssprache war nur Deutsch). Die dritte Klasse der Haupt- und Normalschulen bot eine ausreichende Vorbereitung für den Übertritt auf das Gymnasium. Das fünfjährige Gymnasium hatte drei grammatische und zwei humanistische Klassen. Das Gymnasium hatte die Aufgabe auf die Beamtenlaufbahn vorzubereiten. Ein Gymnasiast, der die fünfte Klasse erfolgreich beendete, konnte die Prüfungen zu einem zweijährigen philosophischen Kurs ablegen.

Was die Sprache betraf, war die Situation in der ersten Hälfte des 19. Jahrhunderts derart, daß es dem Staat nicht gelang, alle Hauptschulen - besonders die ländlichen - zu germanisieren. Die wichtigste Rolle bei der Erhaltung des tschechischen Charakters dieser Schulen spielten die tschechischen, patriotischen Lehrer. 1816 wurde ein Sprachendekret erlassen. Dadurch wurde an Gymnasien der Unterricht der tschechischen Sprache als Wahlfach erlaubt. Später wurde ungefähr an einem Drittel der Gymnasien Tschechisch als fakultatives Fach erlaubt, Deutsch blieb jedoch die Sprache der staatlichen Behörden und die ausschließliche Unterrichtssprache an den Mittelschulen.

2 Die politische Situation in Österreich in der zweiten Hälfte des 19. Jahrhunderts und ihre Auswirkung auf das Schulwesen

Die österreichische Monarchie war ein Vielvölkerstaat, der sich über Jahrhunderte hinweg entwickelt hatte. In den Jahren 1848-49 wurde Österreich, ähnlich wie andere europäische Länder, von den revolutionären Unruhen ergriffen. Obwohl die revolutionären Tätigkeiten relativ bald unterdrückt wurden, brachten sie bedeutende Änderungen mit sich.

a) Die Leibeigenschaft wurde definitiv abgeschafft.

b) Nach der gewaltsamen Auflösung der verfassunggebenden Versammlung 1849 wurde eine Verfassung ausgearbeitet und angenommen, die eine allmähliche Demokratisierung des politischen und öffentlichen Lebens ermöglichte.

c) Die dritte Veränderung war der sog. österreichisch-ungarische staatsrechtliche Ausgleich von 1867, in dem Ungarn Gleichberechtigung zuerkannt wurde. Die Monarchie begann sich Österreich-Ungarn zu nennen. Letzteres hatte einen sehr starken Einfluß auf die Situation in den böhmischen Ländern, die auch einen ähnlichen Ausgleich erwarteten. Dies geschah nicht, obwohl die böhmischen Länder das einzige wirtschaftlich entwickelte Gebiet der Monarchie waren und sich an der Entwicklung des Handwerks und der Industrie auch die tschechische Bevölkerung in einem großen Maß beteiligte. Diese Tatsache beeinflußte in starkem Maße die nationalen Bemühungen der Tschechen, die durch das ganze 19. Jahrhundert dauerten. Das Jahr 1848 kann man auch als Jahr des Beginns des modernen Mittelschulsystems in Österreich ansehen. Das Unterrichtsministerium wurde gegründet und die Mittelschulen bekamen eine feste Grundlage durch die Erlasse, die in K. Exners und H. Bonitz' Denkschrift „Entwurf der Organisation der Gymnasien und Realschulen in Österreich" aus dem Jahre 1849 zusammengefaßt wurden. Das österreichische Schulwesen wurde vollkommen umgebaut. Das philosophische Studium wurde abgeschafft, und das achtjährige, mit der Abiturprüfung abschließende Gymnasium wurde gegründet. Latein wurde als Unterrichtssprache durch Deutsch bzw. durch eine andere Nationalsprache ersetzt. Ganz im Geiste des Neuhumanismus erfolgte die Trennung in zwei Stufen zu je vier Jahrgängen. Die erste der neugegründeten, sechsjährigen Realschulen wurde 1849 in Prag eröffnet.

Im Jahre 1848 wurde die Gleichberechtigung der tschechischen und der deutschen Sprache an den Haupt- und Mittelschulen eingeführt. Nach und nach wurde Tschechisch als Pflichtfach an einigen Gymnasien eingeführt. Es wurde auch erlaubt, einige Fächer in tschechischer Sprache zu unterrichten. Obwohl es zu reaktionären Vorgängen und Verordnungen kam, wurde bereits 1866 in der Hälfte aller Gymnasien in den böhmischen Ländern auf tschechisch unterrichtet. In den folgenden Jahren entstanden auf Initiative und aus Mitteln der böhmischen Gemeinden weitere tschechische Gymnasien und Realschulen ohne staatliche Unterstützung.

Gleichzeitig kam es auch zur Trennung in tschechische und deutsche Hochschulen. Die technische Hochschule wurde 1860 in Prag und 1899 in Brünn geteilt. Im Jahre 1882 trat das Gesetz zur Trennung der Prager Universität in eine tschechische und in eine deutsche Universität in Kraft.

Die Physik in den böhmischen Ländern wurde wesentlich durch die Physik in Österreich bestimmt, die bis ca. 1850 wesentlich durch die veralteten Strukturen und Denkweisen der österreichischen absolutistischen Monarchie geprägt war. Es wurde vor allem praktisch gearbeitet. Es fehlte das theoretische und kreative Element im Umgang mit der Physik. Die Prager Universität hatte lediglich provinzielles Ansehen. In der zweiten Hälfte des 19. Jahrhunderts wurde die Isolation der österreichischen Physik überwunden und die Wiener Universität wurde allmählich zu einem der wichtigsten physikalischen Zentren. An der Prager Universität verbesserte sich die Situation erheblich mit Ernst Mach, der dort 28 Jahre wirkte und eine bedeutende physikalische Schule gründete, die jedoch mehr österreichische oder deutsche Elemente beinhaltete als tschechische. Nach der Teilung der Universität kam es aufgrund der Überlastung durch die organisatorischen und pädagogischen Verpflichtungen an der tschechischen Universität zu einer Verlangsamung der eigentlichen wissenschaftlichen Arbeit in der Physik. Nach Erfüllung der organisatorischen und pädagogischen Verpflichtungen wuchs jedoch die Bedeutung der tschechischen Universität in breiten Kreisen der Naturwissenschaftler.

3 Die Entwicklung der ältesten tschechischen physikalischen Literatur bis 1849

Die Anfänge der tschechischen physikalischen Literatur lassen sich auf den Beginn des 19. Jahrhunderts datieren. In dieser Zeit hörte Latein auf, Wissenschaftssprache zu sein. In ganz Europa setzten sich in der Wissenschaft mehr und mehr die Nationalsprachen durch. Besonders auffällig ist dies im Bereich der Naturwissenschaften, die zu dieser Zeit in Folge des wirtschaftlichen Fortschritts einen großen Aufschwung erlebten.

In Böhmen wurde die Situation dadurch erschwert, daß die tschechische Sprache einige Jahrhunderte hindurch in ihrer Entwicklung gebremst wurde. Mit der Entwicklung der physikalischen Literatur hing die Entwicklung der physikalischen Terminologie eng zusammen. Man muß hier dreierlei Arten der Wortbildung in der tschechischen Fachterminologie unterscheiden. Zu Beginn wurde durchwegs die ausländische Terminologie benutzt - aus dem Lateinischen, dem Deutschen und anderen Sprachen. Nach einiger Zeit kam es zum anderen Extrem: es wurde die Reinheit und Genauigkeit der Sprache berücksichtigt. Alle Fachbegriffe wurden mit tschechischen Ausdrücken beschrieben. In der letzten Phase kam man endlich auf den goldenen Mittelweg. Die weltweit übliche Terminologie wurde zwar angenommen, doch auch die Bildung tschechischer Begriffe wurde nicht außer acht gelassen. Es wurde begonnen, physikalische Literatur wissenschaftlicher und populärwissenschaftlicher Art herauszugeben.

3.1 Karel Sádek - „Physik"

Zu den ersten physikalischen Texten in der Art eines Lehrbuchs gehört „Physik" von Karel Sádek[4]. Der Autor war Lehrer an der Hauptschule in Hradec Králové, und deshalb war sein Buch vor allem als Handbuch für Hauptschullehrer bestimmt und informierte über die einfachsten Grundlagen der Physik. Aufgrund dieser Zielrichtung mußte er auch auf die einfachsten mathematischen Formulierungen der physikalischen Beziehungen und Gesetze verzichten. Das Buch, das mit der Einleitung 174 Seiten kleinen Formats umfaßt, ist in 14 Kapitel unterteilt. Sádeks „Physik" bedeutete eine große Hilfe für die tschechische Lehrerschaft an den unteren Schulen und für den einfachen Leser, der sich für naturwissenschaftliche Erkenntnisse interessierte. Sádek bemühte sich, da er selber als Lehrer arbeitete, in jedem Kapitel die theoretischen Erkenntnisse praktisch darzustellen. Der Nachteil an diesem Buch ist die geringe Anzahl begleitender Abbildungen. In wissenschaftlicher Hinsicht ist es zufriedenstellend, auch wenn der Autor verständlicherweise keine neuen Erkenntnisse bringt und sich mit der Übersetzung der zu dieser Zeit allgemein bekannten Kenntnisse aus dem Deutschen ins Tschechische zufrieden gab.

3.2 Das Physiklehrbuch von Vojtech Sedlácek

Im gleichen Jahr in dem Sádeks Physikbuch erschien, kam auch der erste Teil eines umfangreicheren und auf höherem wissenschaftlichen Niveau stehenden Physikbuchs heraus, dessen Autor Vojtech Sedlácek war[5]. Er veröffentlichte dieses Buch nach dem Erfolg seiner „Geometrie" und widmete sich in seinem neuen Buch u.a. der damaligen tschechischen Fachsprache. Deshalb erregte diese Schrift in der damaligen Zeit auch große Aufmerksamkeit in den Reihen der „Bewahrer des tschechischen Schrifttums".
Sedláceks Physiklehrbuch ist in zwei Bände aufgeteilt, jeder Band hat drei Teile. Der erste Band läßt sich in die Bereiche der Festkörpermechanik, Hydromechanik und Aeromechanik untergliedern. 1828 erschien in Prag der zweite und

---

[4] Karel Šádek, *Fyzyk,* Hradci Králové, 1825.
[5] Wojtech Sedlácek: *Fyzyky a Matematiky*, Praze 1825.

auch letzte Band von Sedláceks Physiklehrbuch. Der zweite Teil stellt ein geschlossenes Ganzes vor und beschäftigt sich mit der traditionellen Optik. Obwohl Sádeks und Sedláceks Physiklehrbücher im selben Jahr (1825) erschienen, ist Sedláceks tschechische Terminologie moderner und elaborierter. Die Erklärung dafür ist wohl in der Tatsache zu sehen, daß Sedlácek neben Mathematik und Physik auch Tschechisch auf der Hochschule studiert hatte. Auf ihn gehen zahlreiche physikalische Begriffe zurück, von denen sich viele bis heute erhalten haben. Fachlich stützt sich Seláceks Physiklehrbuch auf bewährte Vorbilder deutscher Physik-Fachliteratur wie Poppe, Mayer, Funke, Gren und Apeltauer. Die Methodik beider Bände ist sehr einfach und übersichtlich. Sedlácek formuliert zuerst eine Regel oder einen Lehrsatz und liefert anschließend den Beweis dafür. Weitere Einsichten, die mit dem Lehrsatz in Verbindung stehen, werden in der „Anlage" beigefügt. Die Darlegung dieser weiteren Einsichten steht unter der Überschrift „Erklärungen". Zuweilen wird dem Leser ein Thema in Form einer Aufgabe dargestellt, die er zu lösen hat. Die Lösung wird als „Entscheidung" bezeichnet und die Ergebnisse der experimentellen Überprüfung als „Erfahrung". Die graphische Gestaltung des Buches befindet sich auf durchschnittlichem Niveau. Die Abbildungen sind auf graphischen Blättern am Ende des Buches zusammengefaßt, was die Orientierung für den Leser erschwert. Sedlácek beendete sein Physiklehrbuch leider nicht. Deshalb war es schließlich das Verdienst Josef Frantisek Smetanas 14 Jahre später das erste vollständige, wissenschaftlich verläßliche und für die damalige Zeit moderne Physiklehrbuch zu schreiben. Smetana hatte die Aufmerksamkeit des tschechischen Fachpublikums bereits mit einem Astronomielehrbuch auf sich gelenkt.

3.3 Josef Frantisek Smetana - Erforschung der Kräfte oder Physik

Die Bemühungen um ein vollständiges Physiklehrbuch fanden ihren Höhepunkt in der Publikation von Smetanas „Physik"[6], die 1842 in Prag vom Tschechischen Museum (Cesky muzeum) herausgegeben wurde. Es ist das erste, umfassende und fachlich fundierte Physiklehrbuch für die unteren Klassen des Gymnasiums. Als Quellen sind Baumgartners „Physik" und Ettinghausers und Poggendorffs „Annalen" angeführt.

Smetanas Werk teilt sich in drei Bände. Der erste widmet sich der Mechanik und der Wissenschaft von Schwingung und Akustik, der zweite beinhaltet die Lehre über das Licht, den Magnetismus und die Elektrizität. Diese Aufteilung der Wissensgebiete unterscheidet sich im Grunde genommen nur sehr wenig von der üblichen Unterteilung der neuzeitlichen Physik. Der letzte Band enthält eine detaillierte Untersuchung zur Meteorologie. (Der zweite Teil unterteile sich in vier Teile. Die Lehre über das Licht, die Wärme, den Magnetismus und die Elektrizität.)

---

[6] Smetana, F.J.: Fysika. Praha, 1842

Bei seinen Ausführungen geht Smetana in der Regel von einer Lehrmeinung oder einem Experiment aus. Im Falle deduktiver Vorgehensweise versäumt er es nie allgemeine Ableitungen mit einem Beispiel zu belegen. Der Stoff ist sehr übersichtlich angelegt und in kurze Paragraphen unterteilt, die sich einzelnen, klar abgegrenzten Phänomenen widmen. Zugleich sind die Paragraphen logisch miteinander verknüpft, Erkenntnisse und Ergebnisse folgen auf natürliche Weise aufeinander. Die graphische Gestaltung ist auf hohem Niveau. Der Text wird durch eine Reihe von Abbildungen ergänzt, die sich aber leider wieder als Anlage am Ende der Lehrbuches befinden.

Diesen Zeitabschnitt charakterisiert u.a. die intensive Suche und Herausbildung einer geeigneten Fachsprache im Bereich der Physik. Was in anderen Sprachen (u.a. im Deutschen) bereits geleistet worden war, mußte im Tschechischen erst erarbeitet werden. Dieses Bemühen findet seinen Höhepunkt bei Smetana. Seine Sprache ist geschmeidig, wohlklingend, verständlich und ausdrucksreich. Sedláček und Smetana waren bezeichnenderweise auch Tschechischlehrer und gingen bei der Bildung neuer Fachbegriffe von der Sprache des Volkes aus, des eigentlichen Herzens der tschechischen Sprache. Deshalb überrascht es eigentlich nicht, daß viele physikalischen Begriffe mit ihren tschechischen Bezeichnungen einen festen Platz in der tschechischen Terminologie haben.

3.4 A. Baumgartners Physiklehrbuch

Bereits 1854 erschien ein weiteres Physikbuch für die unteren Klassen der Mittelschule, die Übersetzung des bewährten Lehrbuchs von A.Baumgartner[7]. Im ungefähr gleichen Umfang wie in Smetanas Buch werden dem Schüler in Baumgartners Lehrbuch eine Reihe neuster physikalischer Erkenntnisse vermittelt, wie u.a. die Arbeiten von Oerstersted und Ampère oder von Ohm. Ein eigenes Kapitel ist dem Diamagnetismus gewidmet. Die Ausführungen zu Licht und Leuchtwärme (Strahlungswärme) beschränken sich auf die Ätherhypothese, berücksichtigen aber auch die Mitbewegung der Moleküle. Die methodischen Verfahren der einzelnen Kapitel sind sehr unausgewogen. Bei einigen vermißt man eingehendere physikalische Bearbeitung, bei anderen werden wieder im größeren Maßstab mathematische Ableitungen eingesetzt (Zentrifugalkraft, Schub, abbildende Gleichungen u.a.).

3.5 J. Krejcís Physiklehrbuch[8]

Am Ende der 50er Jahre des letzen Jahrhunderts versuchte der Übersetzer von Baumgartner ein eigenes Lehrbuch zu schreiben. Dieses Werk wurde so bearbeitet, daß es auf Real- und Gewerbeschulen einsetzbar war. Im Grunde ist es eine Zusammenfassung zweier Bücher und der Lehrer wählt nach Bedarf den Stoff für die Schüler aus. Teilweise begegnet man hier der deduktiven Darstel-

---

[7] Baumgartner, A.: Praha 1854.
[8] Krejcí, J.: Fysika, Brno 1859.

lungsweise, der mathematischen Formulierung von Gesetzen und zahlreichen Übungsaufgaben. Insgesamt wird großer Wert auf Anwendbarkeit und technische Nutzbarkeit gelegt. Positiv ist die Andeutung des Energieerhaltungsgesetzes in der Form „Erhaltung der Kraft", „Erhaltung der Bewegung" und „Erhaltung der Wärme" zu werten. Der Autor behandelt elektrische, magnetische, Licht- und Wärmephänomene als Erscheinungen des Äthers. Das Niveau der Lehre über Elektrizität und Magnetismus ist nicht höher als bei Baumgartner. Krejcí bemüht sich zwar um eine genaue Darlegung, doch dies auf Kosten der Allgemeinverständlichkeit. Auf diese Weise entstand ein anspruchsvolles Lehrbuch, das zwar später viel Lob erhielt, zu seiner Zeit aber keine größere Anerkennung fand.

3.6 A. Majers Physiklehrbuch

Den Ursachen von Krejcís Mißerfolg versuchte A.Majer in seinem „Physiklehrbuch für niedrigere Schulen"[9] von 1862 vorzubeugen. Mit dem Stoffumfang und der Stoffaufteilung verhält es sich in diesem Buch ähnlich wie bei den vorangegangen. Die Bearbeitung geschieht aber überwiegend unter didaktischen Gesichtspunkten. Der Autor selbst spricht im Vorwort davon, daß er keinen Wert auf „künstlich abgeleitete Phänomene" legt, sondern auf Dinge, die für den Alltag nützlich sind. Daraus ergibt sich eine starke Betonung der Anwendung und eine verhältnismäßig moderne Darstellung der Elektrizität. Es fehlen allerdings z.B. Erklärungen zur Elektrolyse oder zum Ohmschen Gesetz. Außerdem wird die Energieerhaltung in dem Buch nicht angesprochen, dafür tritt der Autor für die Existenz des perpetuum mobile (Zambonis Säule) ein. Trotz des Bemühens um eine möglichst einfache Darstellung sind wenigstens einige der wichtigsten Gesetze mathematisch formuliert und bei einigen wurden auch ihre Ableitungen ausgeführt. Das Lehrbuch bewährte sich und erlebte vier weitere Auflagen (1863, 1870, 1873 und 1880). Der Autor betont in diesen, daß die Änderungen u.a. vorgenommen wurden, weil die Erstausgabe als übertrieben kritisiert wurde. Deshalb wurden die mathematischen Beweise auf ein Minimum reduziert, ansonsten änderte sich aber am Inhalt des Buches im Verlauf von 20 Jahren, die von stürmischer Entwicklung im Bereich der Physik gekennzeichnet waren, nur wenig.

3.7 Frantisek Josef Piskos Physiklehrbuch

Vergleicht man die tschechischen Lehrbücher für die niedrigeren Klassen der Mittelschulen mit den deutsch verfaßten, kommt man zu dem Schluß, daß die tschechisch geschriebenen Lehrbücher zu dieser Zeit in fachlicher Hinsicht wesentlich schwächer als die deutschen waren, was sich dann später ausglich. Ein anderes Bild bietet sich in den höheren Klassen der Mittelschulen. Bis 1870 erschien für diese Klassen kein einziges tschechisches Physiklehrbuch. Die Lehrer

---

[9] Majer, A.: Fysika. Praha 1862.

waren gezwungen deutsche Bücher zu benutzen. 1870 erschien dann die Übersetzung von Piskos Physiklehrbuch, aus dem Deutschen ins Tschechische von Josef Klika übertragen[10].

Es handelt sich um ein sehr umfangreiches Lehrbuch, in dem sich der Autor bemüht, moderne Physiktheorien einfließen zu lassen. So begegnet man hier dem Kräfteerhaltungsgesetz mit einer Analyse seiner Folgen, der kinetischen Wärmetheorie, wobei auch erstmals die nur drei Jahre alte Arbeit von Clausius und König dargelegt wird. Das wertvollste dieser Bemühungen ist, daß der Autor versucht, den Studenten diese neuen Theorien als noch unvollendet, sich im Entwicklungsstadium befindlich und widersprüchlich darzustellen. Er reflektiert z.B. die erwiesenermaßen nicht haltbare Fluidtheorie der Elektrizität und des Magnetismus, gleichzeitig macht er aber auf die Unklarheiten der „Undulationstheorie" bei diesen Phänomenen aufmerksam.

4 Zusammenfassung

Die Zeit vor 1848 zeichnet sich u.a. durch die Suche nach einer geeigneten Terminologie und ihrer Bildung im Bereich der Physik aus. Was in einigen Sprachen zu diesem Zeitpunkt schon geleistet worden war, gipfelte im Tschechischen mit den Bemühungen Sedláceks und Smetanas. Beide waren bezeichnenderweise auch Tschechischlehrer und gingen bei der Bildung neuer Fachbegriffe von der Sprache des Volks aus. Deshalb ist es auch nicht überraschend, daß zahlreiche Begriffe aus dem Gebiet der Physik mit ihren tschechischen Bezeichnungen fester Bestandteil der tschechischen Fachsprache wurden. In der Zeit von 1849-1884 bildet sich eine eigenständige tschechische Literatur im Bereich der Physik heraus. Die ersten Lehrbücher fußten dabei auf deutschen Vorbildern, schöpften u.a. aus den Physiklehrbüchern von Baumgartner und Pisko. Für die niedrigeren Klassen läßt sich konstatieren, daß die tschechisch verfaßten Lehrbücher in den 50er und 60er Jahren fachlich wesentlich schwächer waren als die deutschen, allerdings glich sich dieser Unterschied später aus. In den höheren Klassen der Gymnasien und der Realschulen bot sich ein anderes Bild. Bis 1870 gab es für die Schüler dieser Klassen kein tschechisches Lehrbuch. Die Unterrichtenden sahen sich deshalb gezwungen entweder Lehrbücher der Fachschulen zu benutzen, deren Inhalt aber weit hinter den Anforderungen zurückblieb, oder deutsche Bücher. Erst 1870 erschien Klikas Übersetzung des Deutschen Physiklehrbuchs von Pisko. In Anschluß daran erschienen nach und nach weitere, nun bereits originär tschechisch verfaßte Lehrbücher für höhere Klassen der Mittelschulen. Um einen Einblick in das Buch von Pisko[11] zu geben, wird zum Schluß in Abb. 1 ein Experiment zur Reibung als Beispiel für die Art der Darstellung in diesem Buch vorgestellt:

---

[10] Pisko F. J., Klika J.: Fysika, Praha 1870.
[11] Pisko, F. J.: Lehrbuch der Physik für Ober-Gymnasien, Carl Winiker Verlag Brünn, 1860

„In Fig. 122 liegt der Körper *A* mit seiner glatten Fläche auf *B*. Bestände zwischen beiden keine Reibung, so müsste die geringste, wagrecht auf *A* wirkende Kraft, ein Hingleiten dieses Körpers über *B* bewirken. Weil aber die Reibung vorhanden ist, so wird man bei *a* nach und nach so lange Gewichte auflegen müssen, bis das Hingleiten des Körpers auf *A* anfängt. Diese aufgelegten Gewichte vermehrt um jenes der Wagschale, geben die Grösse der gleitenden Reibung, für den Uebergang aus dem Zustande der Ruhe in jenen der Bewegung. Legt man bei diesem Apparate so lange Gewichte auf, bis die Bewegung des Körpers gleichförmig wird, so sind die aufgelegten Gewichte das Mass für die Grösse der gleitenden Reibung während der Bewegung. Eine jede Vorrichtung, welche dazu dient, die Grösse der Reibung zu ermitteln, heisst Reibungsmesser oder Tribometer".

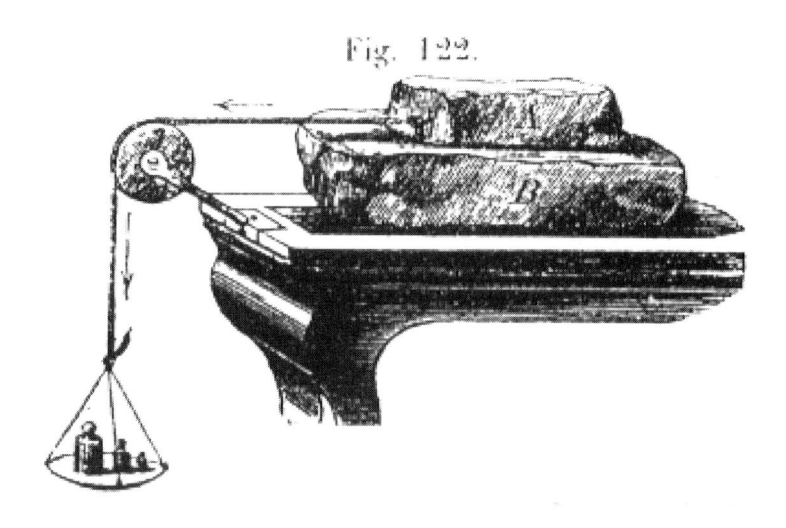

Abb. 1 Reibungsmesser oder Tribometer

R. Hengel, D. Schmid, K. Grob und Chr. v. Rhöneck

Interaktive Lernsoftware zur einfachen Elektrizitätslehre und erste Ergebnisse der Erprobung

Das Ludwigsburger Lehr-Lern-Computerprogramm „Elektrizitätslehre spielerisch erlernen" wendet sich an Lehrer, Schülerinnen und Schüler der Sekundarstufe I. Es kann sowohl unterrichtsbegleitend eingesetzt werden als auch den Unterricht ergänzen. Eine vollständige Bearbeitung des Programms erfordert einen Zeitaufwand von ca. vier Doppelstunden. Im folgenden werden die Intentionen des Programms besprochen und die Software vorgestellt. Dabei wird insbesondere auf die in ihr enthaltenen spielerischen Elemente eingegangen und anschließend über erste Erfahrungen mit dem Lernprogramm berichtet.

1 Didaktische Leitlinien und Forschungsziele

Wenn Schüler ein physikalisches Problem lösen oder ein Experiment deuten sollen, so müssen sie versuchen, es zu interpretieren. Dieser Verstehensprozeß kann nur mit Hilfe der Begriffe und Vorstellungen ablaufen, über die sie bereits verfügen. Die Vorstellungen haben die Schüler in der Alltagswelt längst vor dem Unterricht entwickelt. Sie überdauern häufig selbst den Physikunterricht, der Schülervorstellungen berücksichtigt, und wirken dann bis in das Studium der Physik hinein. Wegen der Vernetzung der Vorstellungen ist beim Lernen im Physikunterricht oft eine ganze Sichtweise zu ändern, was Zeit und Einsatz erfordert. Auch sind die Vorstellungen - vor allem im Prozeß des Lernens der physikalischen Deutungsmodelle - inkohärent in dem Sinne, daß die Schüler schon bei leicht veränderten physikalischen Problemstellungen unterschiedliche Sichtweisen aktivieren. Eine besonders wichtige Aufgabe ist es daher, die vom Schüler entwickelten physikalischen Begriffe und Vorstellungen zu stabilisieren. Dazu können unterschiedliche Lehrstrategien beitragen.

Eine wichtige Möglichkeit, auf eine stabilere Wissensstruktur hinzuarbeiten, bietet der Computer. Wegen der komplexen Verstehensstruktur der Physik reicht es nicht, für eine Situation die richtige Lösung finden und begründen zu können. Es müssen vielmehr Beispiele für eine ganze Klasse von Aufgaben richtig gelöst werden, bevor man sagen kann, daß der Schüler eine bestimmte physikalisch richtige Vorstellung übernommen hat. Bei diesen Problemen liefert der Computer die Möglichkeit, dem Schüler Lernsequenzen zur Übung anzubieten und Rückmeldungen entsprechend der gewählten Antwort zu geben.

Einen spezifischen Vorteil des Lernens am Computerbildschirm sehen wir darin, daß im Vergleich zum Langzeitlernen im Klassenverband die Arbeit am Computerbildschirm nicht als Lernsituation unter Leistungsdruck wahrgenommen wird und die sozialen Wechselwirkungen mit dem Lehrer und den Klassenkameraden zurücktreten. Hier liegen Möglichkeiten, individuelles Lernen zu fördern, bei dem auch die Sorge um den Lernerfolg nicht mehr dominiert.

Unter Berücksichtigung dieser Gesichtspunkte wurde von unserer Arbeitsgruppe ein interaktives Lehr- und Übungsprogramm entwickelt und erprobt, mit dem Lern- und Informationsverarbeitungsprozesse untersucht und die physikalischen Vorstellungen der Schüler nach dem Elektrizitätslehre-Unterricht oder parallel dazu stabilisiert werden sollen [1]. Gleichrangiges Ziel ist es, die beim Einsatz dieses tutoriellen Angebots im Medienverbund gegebenen vielfältigen Wirkungszusammenhänge zu untersuchen und sie speziell für die individuelle Förderung von Schülern nutzbar zu machen. Zu diesem Zweck werden zusätzlich zu den Lerndaten psychologische Konstrukte (Interesse, Motivation, Selbstkonzept, Lernstrategien, Sozialklima ...) erhoben und ihr Zusammenhang mit Leistungsdaten vor und nach dem Computereinsatz analysiert.

Konkret wird im Lernprogramm schwerpunktmäßig versucht
- verbale Informationen mit Illustrationen der Objekte und Prozesse zu verbinden,
- unanschauliche Vorgänge, Begriffe und Definitionen mit Beispielen aus der Erfahrungswelt der Schüler zu veranschaulichen,
- den Schülern Lernanreize zu geben (statt Lernziele vorzugeben) und dabei möglichst oft spielerische Elemente zu benutzen,
- Phasen selbstbestimmten Agierens mit Phasen gelenkter Aktivitäten zu verbinden.

Ein wichtiger didaktischer Schritt scheint uns die Einbindung von Videosequenzen in das Lernprogramm zu sein. Zwar ziehen die derzeitigen schulischen EDV-Ressourcen enge Grenzen für die zur Entwicklung des Programms in Frage kommende Hardware und Software, doch kann schon auf dieser Ebene die Öffnung zur interaktiven multimedialen Vielfalt wichtige didaktische Möglichkeiten bieten, die ausgelotet werden müssen. So wurden zur Hinführung zu neuen Fragestellungen, zur Demonstration einzelner Phänomene, zur Veranschaulichung oder zur Wiederholung, Festigung und Vertiefung Videoclips in das Programm eingebaut, in den meisten Fällen als Option für die Schüler. Wie eine erste Erprobung dieser Programmteile zeigt, erreichen gerade sie die Schüler besonders leicht.

2 Spielerisches Lernen am Computer

Bei dem entwickelten Lernprogramm wurde auch besonders auf die Einbindung „spielerischer" Elemente geachtet. Eine Vielzahl von Veröffentlichungen schlägt vor, Arbeit mit Spiel, Belehrung mit Belustigung zu verbinden. Schon der Philosoph Michel de Montaigne setzte sich mit der Bedeutung von Spiel und Spielzeug für die Entwicklung eines Kindes auseinander. Im 19. Jahrhundert waren es Jean Paul und Friedrich Fröbel, die Abhandlungen über Spielzeug verfaßten. Der Fachterminus „Spielsystem" - das Kind bestimmt und steuert Ziel und Ablauf seines Tuns selbst - geht auf die grundlegende Arbeit von Helanko aus dem Jahr 1958 zurück [2].

Spielerisches Lernen und Lernen mit Spielzeug sprechen Körper, Seele und Geist gleichermaßen an: Malt ein Kind ein Bild, so werden Farben nach der Gemütslage gewählt (Seele), Formen gestaltet (Geist) und der Pinsel entsprechend geführt (Körper). Das Kind bestimmt und steuert hierbei Ziel und Ablauf seines Tuns selbst. Die von Helanko aufgestellte Forderung ist somit erfüllt.

Spiele und Spielzeug - auch physikalisches Spielzeug - sind keineswegs Erfindungen der heutigen westlichen Überflußgesellschaft, vielmehr stehen sie in einer langen Tradition. Spielzeug kannte man im klassischen Griechenland, im antiken Rom und auch im Mittelalter. Auch die Entwicklung von Physik und Technik beeinflußte das Spielzeug. Bereits im Bestelmeier-Spielzeugkatalog [3] von 1803 kann man nachlesen: „... *Eine Sammlung einfacher Maschinen, die zur Lehre der Mechanik nöthig sind, zum Gebrauch für Liebhaber, Hofmeister, Erziehungsinstitute* ..."

Bei älteren Schülerinnen und Schülern glaubt man, im Unterricht auf spielerische Elemente verzichten zu können. Die seit ein paar Jahren von Verlagen und Lehrmittelfirmen wieder für den Physikunterricht vielfach angebotenen speziellen Spielsachen, werden in der Regel nur als Demonstrations- oder Anwendungsbeispiel vorgeführt. Gespielt wird nicht damit, obwohl Kinder in der Klasse 8 oder 9 immer noch gerne spielen würden, was nicht zuletzt die große Beliebtheit der allgegenwärtigen Computerspiele beweist.

In fast allen Phasen des Ludwigsburger Lernprogramms werden daher „spielerische" Elemente angeboten, etwa eigenes Führen von Kugeln in der Kugelbahn oder von Elektronen im Stromkreis und entlang der Höhenlinien nach bestimmten vorgegebenen Kriterien, Fehlersuche im mikroskopischen Widerstandsmodell oder Konstruktion von Schaltkreisen aus vorgegebenen Teilen. Spielphasen dienen dabei nicht nur der Motivation der Schüler, sondern sollen die Vorstellungen von den ablaufenden Prozessen und den sie bestimmenden Gesetzmäßigkeiten übend vertiefen und festigen.

3 Gliederung der Software

Das Programm ist in die Module Stromstärke, Spannung, Elektrischer Widerstand, Ohmsches Gesetz, Reihen- und Parallelschaltungen sowie Arbeit und Energie gegliedert, die über das Inhaltsverzeichnis angewählt werden können. Die Reihenfolge orientiert sich an sachlogischen Gesichtspunkten, doch ist der Schüler nicht gezwungen, die Reihenfolge einzuhalten. Auch innerhalb der Module besteht für den Nutzer eine Vielzahl von optionalen Möglichkeiten, eigene Interessen zu verfolgen. Außerdem sind in allen Modulen mehrfach Hilfen in Form von vertiefenden Erläuterungen eingebaut, die über speziell markierte Aktionsworte abgerufen werden können.

Elektrischer Strom wird im Programm entsprechend dem halbklassischen Modell von Drude als Driftbewegung von Elektronen im Kristallgitter des Leiters verstanden und dargestellt, die Stromstärke demnach über die Zahl der den Leiterquerschnitt in der Zeiteinheit passierenden Elektronen eingeführt. Das Programm simuliert die thermische Elektronenbewegung und die Bewegung der Atomrümpfe, bei Anlegen einer Spannung auch die Driftbewegung der Elektronen. Abb. 1 zeigt ein Beispiel.

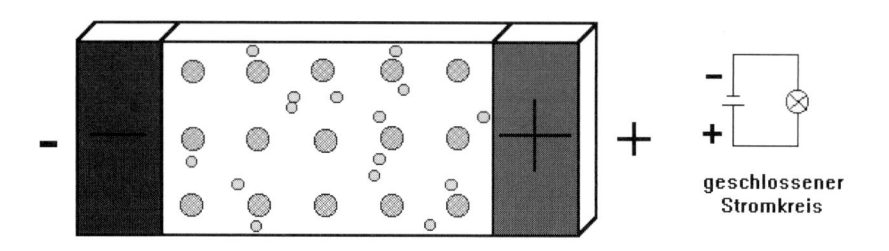

Abb. 1: Modell eines Leitungsdrahtes mit Elektronen und Atomrümpfen nach Drude (Bildschirmkopie eines Farbbildes)

Bei der Quantifizierung des Begriffs Strom wird auf die Stärke des Autoverkehrs (Zahl der Autos pro Zeit) zurückgegriffen (Abb. 2). Die elektrische Stromstärke wird so anhand der sehr anschaulichen und der Erfahrungswelt des Schülers entnommenen Verkehrsstärke entwickelt. Eine optional einspielbare Filmsequenz, die ein Autorennen zeigt, soll den Schüler hauptsächlich motivieren. Auch die Autos in Abb. 2 lassen sich bewegen; eine Uhr zeigt die Zeit an. Bei der Eingabe der Antworten bekommt der Schüler eine kurze Rückmeldung. Falsche und richtige Antworten werden - im gesamten Programm durchgängig - akustisch unterschiedlich unterlegt.

Die Sequenz zum elektrischen Strom folgt in ihrem Aufbau genau der Sequenz zum Autoverkehr. Beim Übergang zur elektrischen Stromstärke wird die Ladung als Eigenschaft der Elektronen in das Begriffsnetz einbezogen. Diese Erweiterung bereitet den Schülern keine großen Schwierigkeiten.

Wir meinen, daß die sogenannte Gravitationsanalogie ein einfacher, anschaulicher und recht weittragender Zugang zur elektrischen Spannung ist und veranschaulichen daher den Spannungsbegriff als elektrischen Höhenunterschied der Elektronen [4]. Bei dieser Analogie werden den wichtigsten elektrischen Größen mechanischen Größen zugeordneten. Diese Zuordnung ist in Abb. 3 zusammengefaßt.

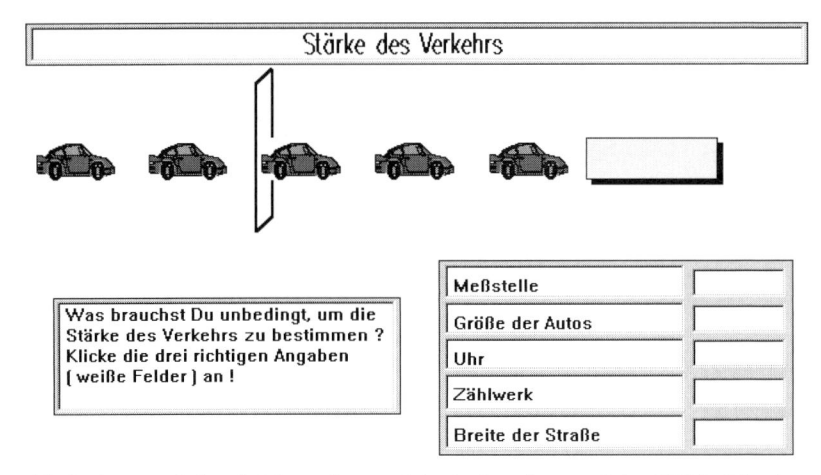

Abb. 2: Autoverkehr als Vorstufe zur elektrischen Stromstärke (Bildschirmkopie)

Der einfache Stromkreis mit Batterie, bewegten Elektronen und Widerstand wird innerhalb dieser Analogie durch eine Kugelbahn mit Förderband, Murmeln und Nagelbrett veranschaulicht. Zunächst erarbeiten die Schüler die Einzelheiten des Förderbandmodells als Kugelbahn. Der Übergang zur Bewegung der Elektronen in unterschiedlichen elektrischen Höhen erfolgt in mehreren Stufen. Eine Zwischenstation zeigt Abb. 4.

Elektrische Größen	Darstellung in der Gravitationsanalogie
elektr. Feldstärke	Gravitationsfeldstärke
Spannung in der Quelle (EMK)	Höhenunterschied an der Batterie
Spannung am Widerstand	Höhenunterschied am „Widerstand" (Nägel in der Leitung)
Potential des Elektrons	Lage des Elektrons (Kugel)

Abb. 3: Grundbeziehungen der Gravitationsanalogie

Die Verbindung von Drude-Modell und Gravitationsanalogie erlaubt ohne große Schwierigkeiten den Zusammenhang von Spannung (elektrische Höhendifferenz) und Stromstärke zu illustrieren, also das Ohmsche Gesetz im Modell vorzubereiten. Der Widerstand wird dabei als Behinderung der Elektronenwanderung durch Stöße an Atomrümpfen verstanden. Ein stärkerer Stoß ist an der größeren Bahnabweichung des Elektrons sichtbar und wird zusätzlich farbig hervorgehoben;

Schaltbild und elektrische Höhenlinien

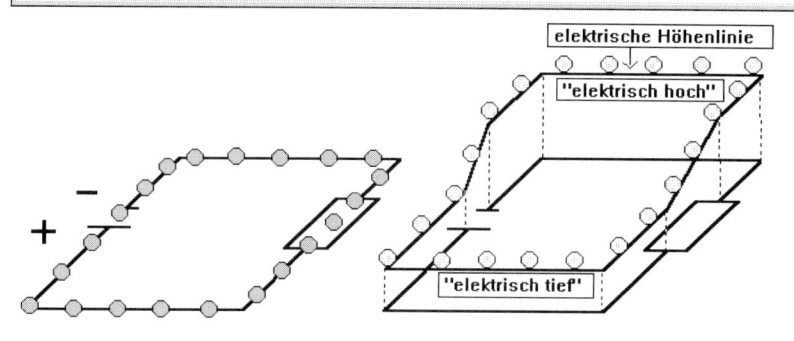

Direkt über dem Schaltbild werden nun Höhenlinien eingezeichnet. Sie geben an, ob Elektronen "elektrisch hoch" oder "elektrisch tief" liegen.

Abb. 4: Schaltbild und elektrische Höhenlinien mit Modellelektronen (Bildschirmkopie)

die Häufigkeit der Stoßvorgänge wird dabei über die Sound-Karte akustisch verdeutlicht. Die Erarbeitung des Ohmschen Gesetzes erfolgt in mehreren Bildern, in denen die Abhängigkeit der Stromstärke von der elektrischen Höhendifferenz gezeigt, in Tabellen zusammengestellt und in I-U-Kennlinien veranschaulicht wird. Am Ende dieses Lernabschnitts wird der Widerstand als neue physikalische Größe definiert. In einem weiteren Abschnitt wird dann der spezifische Widerstand eingeführt, wiederum veranschaulicht mittels des Drude-Modells.
Nach einem Modul zu Reihen- und Parallelschaltungen, in dem eine große Zahl von Lern- und Übungsbeispielen angeboten wird (einschließlich der Möglichkeit, Stromkreise aus Bauteilen selbst zu konstruieren), folgt abschließend eine Auseinandersetzung mit den energetischen Aspekten der Stromkreise. Diese sind in der Gravitationsanalogie und im Förderbandmodell immer schon latent vorhanden und der Begriff der elektrischen Arbeit bzw. der elektrischen Energie muß eigentlich nur noch nachgeschoben werden. Ein letzter Schritt führt schließlich zur elektrischen Leistung.

4 Spielerische interaktive Elemente: Beispiele

Weil Lernen nicht nach dem Modell des Nürnberger Trichters funktioniert, sollte Lernsoftware möglichst viele interaktive Elemente enthalten, also zahlreiche Kommunikationsmöglichkeiten zwischen Lerner und Programm bieten. Neben der reinen Stoffdarbietung eröffnen solche Programme den Lernenden vielfältige Möglichkeiten, ihr Wissen in verschiedenen Übungsaufgaben zu festigen und Lernfortschritte zu überprüfen. In der Ludwigsburger Lernsoftware erhielten im

Sinne Helankos wichtige interaktive Elemente einen spielerischen Charakter. Einzelne Wissenselemente lassen sich im Spiel einüben, nach Ende des Spiels kann im Programm weitergearbeitet werden.

Zu den mikroskopischen Modellen der Stromstärke gibt es mehrere Fehlersuchspiele, in denen ein anfangs kaum sichtbarer, dann zunehmend deutlicher werdender Fehler gefunden werden soll. In einem Fehlersuchspiel wandert etwa ein Atomrumpf von dem durch die Gitterstruktur festgelegten Ort weg (Abb. 5). Im zweiten verhält sich ein Elektron regelwidrig und verläßt den Leiter. Im dritten Spiel bewegt sich ein Elektron in die entgegengesetzte Richtung wie alle anderen Elektronen, und im vierten verläuft der Weg des Elektrons mitten durch die Atomrümpfe. Auch dieses Elektron verläßt nach seinem Irrweg den Leiter. Wie bei herkömmlichen Computerspielen erreicht man das zweite Spiel erst nach der Lösung des ersten Spiels, das dritte nach erfolgreicher Bewältigung des zweiten usw.; auch der Schwierigkeitsgrad steigt von Spiel zu Spiel.

Im Modul Reihen- und Parallelschaltungen können mit verschiedenen Bauteilesätzen jeweils mehrere einfache Stromkreise zusammengebaut werden (Abb. 6). Das Leuchten des Birnchens zeigt die richtige Lösung an. Macht die Lösung Schwierigkeiten, so kann zur Unterstützung auch ein Video, das die Konstruktion eines realen Stromkreises zeigt, eingespielt werden.

Bei einer weiteren Spielserie müssen nach einem „Blitzeinschlag" beschädigte Leitungen in verschiedenen Schaltungen von einem Männchen repariert werden.

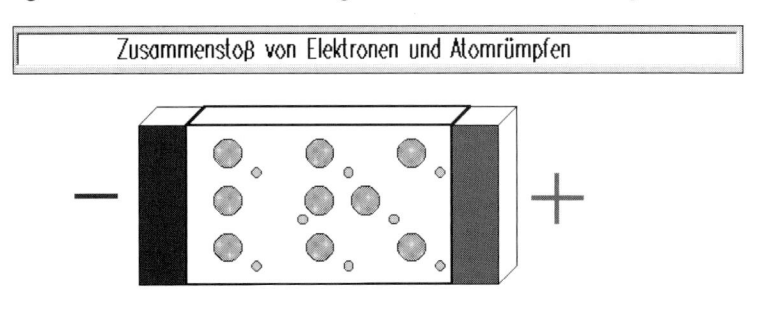

Abb. 5: Ein Atomrumpf wandert (Bildschirmkopie)

Ein Beispiel zeigt Abb. 7a, eine Parallelschaltung mit vier Birnchen. Das Leuchten der Birnchen ist durch einen Grauton veranschaulicht (auf dem Bildschirm leuchtet das Lämpchen in kräftigem Gelb). Der „Blitz" - durch Mausklick ausgelöst - hat hier einen Teil des Leitungssystems zerstört. Ist der Computer mit einer Sound-

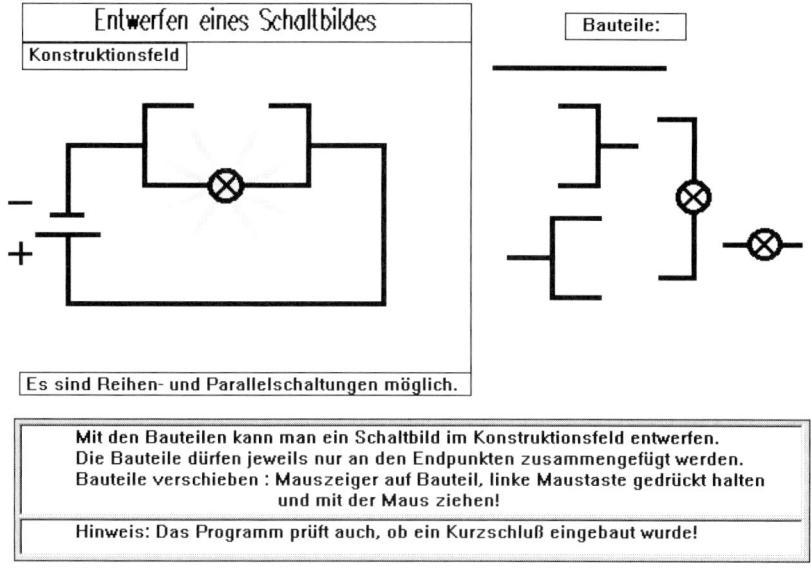

Abb. 6: Konstruktion funktionsfähiger Stromkreise (Bildschirmkopie)

karte ausgerüstet, wird der „Blitz" noch von „Donner" begleitet. Gleichzeitig erscheint auf dem Bildschirm ein von der Maus steuerbares Reparaturmännchen, das in der Hand ein kleines Leitungsstück hält. Stellt man mit dem Verbindungsstück einen Kurzschluß her (Abb. 7b), meldet dies der Computer optisch und es erlöschen alle zu diesem Zeitpunkt brennenden Lämpchen. Bei richtigen Reparaturversuchen meldet der Computer den Erfolg optisch und akustisch. Vollständig gelöst ist die Aufgabe, wenn wieder alle Lämpchen leuchten.

Bei Spielen im Rahmen der Gravitationsanalogie soll der Weg der Murmeln bzw. Elektronen mit der Maus nachgefahren werden. Ein Beispiel ist in Abb. 8 dargestellt. Wesentliche Fehler (etwa: den Stromkreis in falscher Richtung durchfahren) werden sofort gemeldet. In einem anderen Übungsspiel sollen die „elektrischen Höhen" in verschiedenen Stromkreisen erkannt werden (Abb. 9). Viele richtige Antworten in der vorgegebenen Zeit ergeben viele Punkte. Die Erfahrungen gerade mit diesem Beispiel zeigen, daß das Konzept der elektrischen Höhen der Elektronen auch bei der Analyse der Vorgänge in schwierigen Schaltkreisen trägt.

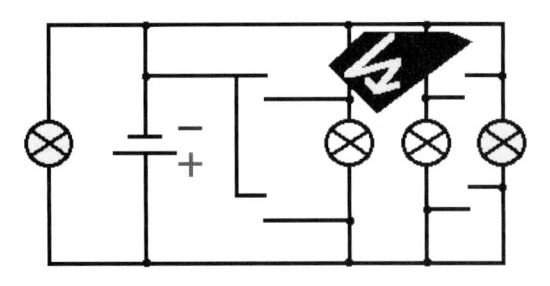

Abb. 7a: Schaltbild nach Blitzeinschlag: Zwei Lämpchen sind erloschen (Bildschirmkopie)

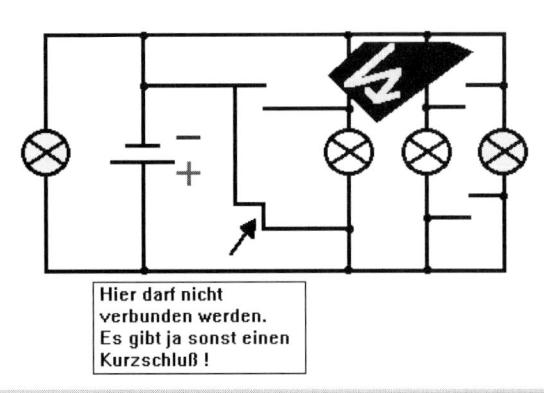

Abb. 7b: Schaltbild mit Kurzschluß (Bildschirmkopie)

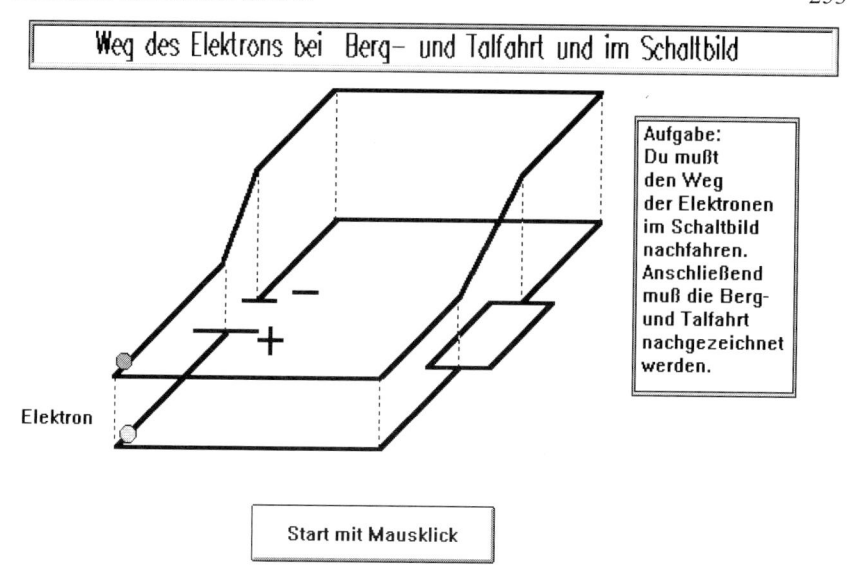

Abb. 8: Spielerische Aufgabe zum Weg der Elektronen (Bildschirmkopie)

5 Erprobung

Das gesamte Lernprogramm, einschließlich der Spiele, wurde mit Schülerinnen und Schülern verschiedener Schultypen und Altersstufen erprobt. Stand zunächst die technische Optimierung im Vordergrund, waren es bei einer zweiten Erprobung Aspekte der Akzeptanz. Erste Erfahrungen zu Lernergebnissen wurden mit Vor- und Nachtests für jedes einzelne Modul gesammelt. Eine aktuelle Programmfortentwicklung wird zusätzlich den Lernweg der Schüler verfolgen, ihn aufzeichnen und auswerten.

Aus den bisherigen Untersuchungen zur Evaluation des Programms sei ein Element herausgegriffen und ausführlicher diskutiert. Dabei handelt es sich um den Versuch, die Unterrichtsinhalte der einfachen Elektrizitätslehre aus Klasse 8 der Realschule in Klasse 10 wieder aufzufrischen und zu vertiefen. In Klasse 8 wurde die Lerngeschichte der Schüler mit Übungs- und Leistungstests möglichst genau nachgezeichnet und gleichzeitig der psychologische Hintergrund der Schüler ausgeleuchtet [5]. In Klasse 10 wurde zunächst das nach zwei Jahren noch vorhandene Wissen der Schüler im Bereich Strom/Spannung/Ohmsches Gesetz mit einem Vortest erfaßt, anschließend die Lernsoftware in einer Doppelstunde eingesetzt und schließlich deren Wirkungen direkt anschließend mit einem Nachtest kontrolliert. Obwohl ein Nachtest eingesetzt wurde, betrachten wir die Situation am Computer als frei von Leistungsdruck, da Softwareeinsatz und Tests nicht der Benotung dienten. Deshalb erwarten wir auch, daß sich ein Einfluß von Physikinteresse und intrinsischer Motivation auf das Nachtestergebnis nachweisen läßt.

"elektrisch hoch" oder "elektrisch tief"?

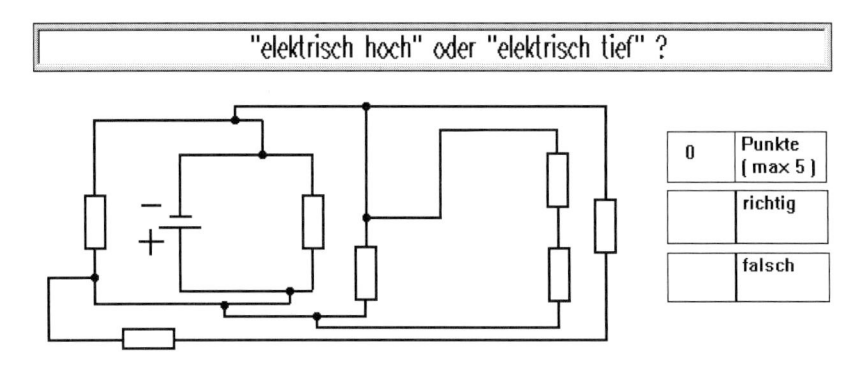

0	Punkte (max 5)
	richtig
	falsch

Wo liegen die Elektronen "elektrisch hoch", wo liegen sie "elektrisch tief?"
Aufgabe: Auf dem Bildschirm erscheint ein gelbes Feld. Liegt es auf einer Leitung mit "elektrisch hoch liegenden" Elektronen, muß die Taste " h " gedrückt werden. Liegt das gelbe Feld auf einer Leitung mit "elektrisch tief liegenden" Elektronen, muß die Taste " t " gedrückt werden! Erscheint das gelbe Feld an Stellen, die dazwischen liegen - also weder "hoch" noch "tief" - muß die Taste " d " gedrückt werden.

Abb. 9: „Elektrische Höhen" der Elektronen (Bildschirmkopie)

(Bei einer Lernsituation unter Leistungsdruck würden wir weniger Einflüsse von Interesse und intrinsischer Motivation erwarten, dafür stärkere Auswirkungen von Lernstrategien und extrinsischer Motivation.)

Fragen der Art, wie sich Lernleistungen aus verschiedenen Faktoren zusammensetzen und aus diesen Faktoren erklären lassen, können mit LISREL-Analysen beantwortet werden [5]. In Abb. 10 ist das entsprechende Ergebnis für 129 Realschüler dargestellt. Zunächst berechnet die LISREL-Analyse aus den direkt gemessenen Variablen verschiedene Konstrukte, die nicht direkt zugänglich sind: So wird aus den Ergebnissen des Vortests (Klasse 10) und des Behaltenstests (Klasse 8) sowie den Kennwerten für den kognitiven Entwicklungsstand (Piagettest) und verschiedener Schulnoten (Klasse 7) ein Konstrukt *Vorwissen und Fähigkeiten* gebildet. In gleicher Weise wird aus Physikinteresse an der Elektrizitätslehre und dem fachspezifischen Selbstkonzept ein motivational-kognitives Konstrukt berechnet, das *inhaltsspezifische Intention* genannt wird. Als drittes Konstrukt wird aus den Variablen (intrinsische) Lernmotiviertheit, (geringer extrinsischer) Erfolgsmotivation und (eher niedriger) Mißerfolgsmotivation ein zur intrinsischen Seite neigendes Konstrukt *allgemeine Motiviertheit* gebildet. In einem zweiten Schritt werden nun in der LISREL-Rechnung die Physikleistungen mit diesen Konstrukten verbunden. Als wichtigster Faktor ergibt sich erwartungsgemäß *Vorwissen und Fähigkeiten*, aber auch die *inhaltsspezifische Intention* ist wichtig und signifikant; am unwichtigsten und dennoch signifikant ist die *allgemeine Motiviertheit*.

Die LISREL-Rechnung bestätigt, daß mit dem kognitiven Konstrukt *Vorwissen und Fähigkeiten* zwar der wichtigste, aber nicht der alleinig bestimmende Faktor zum Erklären der Nachtestergebnisse gefunden ist. Auch die inhaltsabhängigen wie die inhaltsunabhängigen motivationalen Konstrukte, bei denen jeweils äußere Anreize zum Lernen unwichtig sind, tragen zur Erklärung der Leistungen im Nachtest bei. Insgesamt ergeben sich erwünschte kognitive und motivationale Einflüsse auf die Lernleistung bei der Benutzung der Lernsoftware.

Die Autoren danken Herrn Dipl. Psych. M. Bleicher für die Diskussionen und die Durchführung der LISREL-Rechnungen.

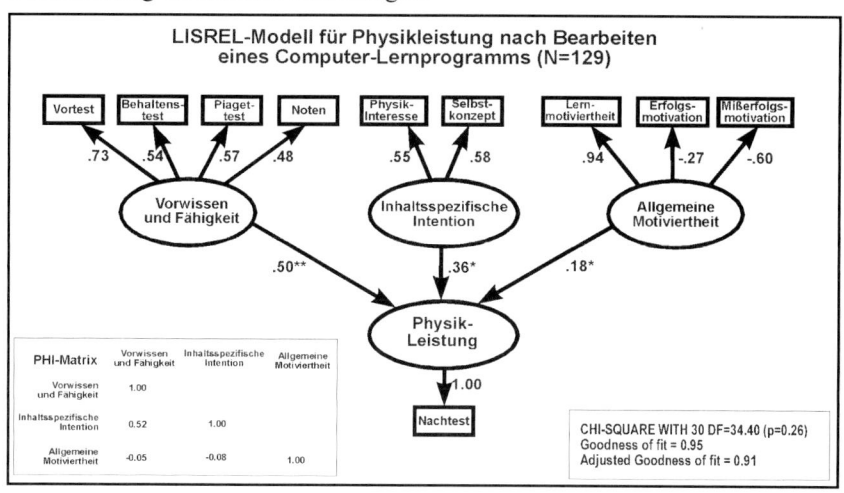

Abb. 10: Zusammenhänge zwischen *Vorwissen und Fähigkeiten, inhaltsspezifischer Intention* und *allgemeiner Motiviertheit* einerseits und Nachtestergebnissen nach der Bearbeitung der Lernsoftware andererseits (Signifikanzen *: $p<0{,}05$; **: $p<0{,}01$)

6 Literatur

[1] Grob, K., Hengel, R., Rhöneck, Chr. v. & Schmid, D.: Zur Veranschaulichung der Prozesse im Stromkreis mit dem Computer. In: Behrendt, H. (Hrsg.): Zur Didaktik der Physik und Chemie. Alsbach: Leuchtturm, 1994, S. 184.

[2] Helanko, R.: Theoretical aspects of play and socialization. In: Annales Universitatis Turkuensis, Ser. B, 70 (1958).

[3] Becker, J.: Physikalisches Spielzeug. In: Physik in der Schule 31 (1993), S. 163.

[4] Grob, K., Rhöneck, Chr. v., Völker, B. & Wettern, K.: Die Gravitationsanalogie zur Einführung des Spannungsbegriffs. In: NiU-PC36 (1988), S. 14

[5] Rhöneck, Ch. v., Grob, K., Schnaitmann, G. & Völker, B.: Lernen in der Elektrizitätslehre: Wie wirken sich motivationaler Zustand und kognitive Aktion auf das Lernergebnis aus? In: ZfDN2 (1996), S. 71

M. Hund

VideoCom - eine einzeilige CCD-Kamera zur hochauflösenden Bewegungsaufnahme und zur Messung von Intensitätsverteilungen

Die Aufnahme und Auswertung von Bewegungsvorgängen ist eine grundlegende Aufgabe des Physikunterrichts. Dabei spielen besonders eindimensionale Bewegungen eine große Rolle. Zur Registrierung solcher Bewegungen gibt es unterschiedliche Möglichkeiten (z. B. Staubmarkenmethode, Lichtschranken, Ultraschall). Der vorliegende Beitrag stellt eine neue, einfache Methode zur Erfassung eindimensionaler Bewegungen vor. Es handelt sich um eine von der Firma LEYBOLD DIDACTIC GMBH entwickelte Kamera, mit dem Namen VideoCom, deren Möglichkeiten an einigen charakteristischen Beispielen vorgestellt werden.

Abb. 1 Beispiel für den Einsatz von VideoCom zur Aufnahme der Bewegung zweier gekoppelter Pendel. Die beiden Pendelkörper sind mit retroreflektierender Folie beklebt, so daß sie sich besser vor dem Hintergrund abheben. Sie werden durch das in VideoCom eingebaute „Blitzlicht" (Leuchtdiodenarray) beleuchtet.

1 Prinzip der Kamera

Das Herzstück der Kamera ist ein Einstreifen - CCD-Chip (CCD: Charge Coupled Device), der als eindimensionaler Fotodetektor dient. Der Streifen besteht aus 2048 Pixeln. Jedes Pixel ist 14 µm breit und 200 µm hoch. Insgesamt ergibt sich dadurch eine lichtempfindliche Fläche von etwa 28 mm x 200 µm. Mit 28 mm ist sie also etwas kleiner als die Breite des in der Fotografie üblichen Kleinbildformats. Daher kann ein handelübliches Fotoobjektiv der Brennweite f = 50 mm mit manuell einstellbarer Entfernung und Blende als Abbildungsobjektiv verwendet werden.

Die an jedem Pixel anstehenden Daten, Ort und der zur Beleuchtung proportionale Ladungszustand, werden über eine besondere Ausleseeinheit an einen PC übermittelt und stehen dann der Auswertung zur Verfügung.

Bei der Registrierung von Bewegungsvorgängen ist eine passende Beleuchtung notwendig. Diese wird von einem zusätzlich entwickelten „Leuchtdiodenblitz", der um die Schlitzblende (s. Abb. 1) vor dem Objektivs angeordnet ist, gewährleistet. Die Schlitzblende ist parallel zur CCD-Zeile orientiert und läßt nur das für die Messung relevante Licht durch. Die Leuchtdioden brauchen nur solange eingeschaltet werden, wie für das Aussteuern der Pixel notwendig ist. Die „Blitzdauer" wird im Bereich 1/800 s bis 1/4000 s über den Computer automatisch passend zu den jeweiligen Beleuchtungsverhältnissen so eingestellt, daß die für die Pixel erforderliche Belichtung gewährleistet ist. Eine kurze Belichtungszeit ist notwendig, damit die Bewegungsunschärfe möglichst klein ist. Zur Erhöhung des Kontrastes empfielt es sich, den bewegten Körper mit einer reflektierenden Folie zu bekleben. Hierfür eignet sich am besten eine auch für Sicherheitsmaßnahmen im Straßenverkehr vorgesehen retroreflektierende Folie. Die Kamera kann auch ohne Blitz verwendet werden.

Zur Abschätzung der Ortsauflösung sind in Abb. 2 die für Anwendungen typischen Abbildungsverhältnisse angegeben. Die CCD-Zeile hat eine Auflösung von 0,0137 mm/Pixel. Aus der Geometrie der Anordnung folgt, daß die Auflösung in diesem Fall 0,55 mm beträgt. Bei einem sich bewegenden Körper kommt noch die Bewegungsunschärfe dazu, die sich bei einer typischen Geschwindigkeit von 1 m/s und einer Belichtungszeit von 1/800 s zu 1,25 mm ergibt.

Mit dem VideoCom-System können bis zu 80 Bilder pro Sekunde aufgenommen werden.

2 Anwendungsbeispiele

Zur Steuerung der Kamera, des Experiments und der Datenaufnahme und zur Auswertung sind zur Zeit zwei Computer-Programme vorgesehen. Zu beiden Programmen werden im Folgenden einige repräsentative Beispiele vorgestellt. Das erste Programm dient zur Untersuchung unterschiedlicher Bewegungsvorgänge, das zweite Programm zur Erfassung von Intensitätsverteilungen in Lichtbündeln, wie sie z.B. bei der Untersuchung von optischen Spektren notwendig ist. Die Programme sind sowohl unter Windows 95 als auch unter Windows NT lauffähig.

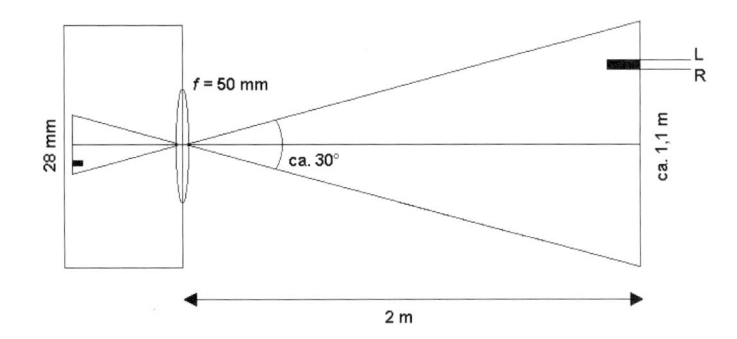

Abb.2: Skizze zur Abschätzung der Ortsauflösung durch VideoCom. Die CCD-Zeile hat eine Auflösung von 0,0137mm/Pixel. Damit ist die Orstauflösung bei dem gewählten Abstand von 2m und der Objektivbrennweite von f = 50mm ca. 0,55mm. Bei einer Messung wird die Ortskoordinate der linken und der rechten Kante eines Reflexes gemessen und daraus die Koordianten des Mittelpunktes des Streifens berechnet.

2.1 Gekoppelte Pendel

Zur Untersuchung der Schwingung gekoppelter Pendel wird der in Abb. 1 dargestellte Versuchsaufbau verwendet. Die Pendel sind mit retroreflektierender Folie beklebt. Vor der Messung müssen die Entfernung eingestellt, die Belichtungsbedingungen angepaßt und der Abstand der beiden Pendel dem Programm über die Tastatur mitgeteilt werden. Das Ergebnis einer Messung mit anschließender Auswertung durch das Computerprogramm ist in Abb. 3 dargestellt. Im Bild sind drei verschiedene Darstellungsmöglichkeiten zu erkennen: die direkte Bewegung der Pendel bei der Aufnahme, die Meßwerttabelle und das zugehörige Diagramm. Die Ortsauflösung ist so gut, daß noch interessierende Teilbereiche der Kurve vergrößert (Zoomfunktion) im Diagramm dargestellt werden können. Das Programm erlaubt auch die Fourieranalyse der gemessenen Weg-Zeit-Abhängigkeit z.B. von $s_1(t)$. Das Ergebnis ist in Abb. 4 dargestellt. Aufgetragen ist die relative Amplitude als Funktion der Frequenz - links in Tabellenform und rechts als Grafik. Man kann hieraus sofort die Frequenz der beiden Grundschwingungen der Pendel ablesen.

2.2 Bewegungen bei konstanter Beschleunigung

Bei diesem Standardexperiment des Physikunterrichts wird auf einer Luftkissenfahrbahn ein Gleiter durch unterschiedliche Kräfte F beschleunigt. Der Gleiter wird über einen Magneten gehalten. Mit Hilfe von VideoCom wird zum Start der Messung der Strom durch den Haltemagnet abgeschaltet, so daß der Gleiter zum Zeitpunkt $t = 0$ s startet. Anschließend wird das entsprechende $s(t)$-Diagramm

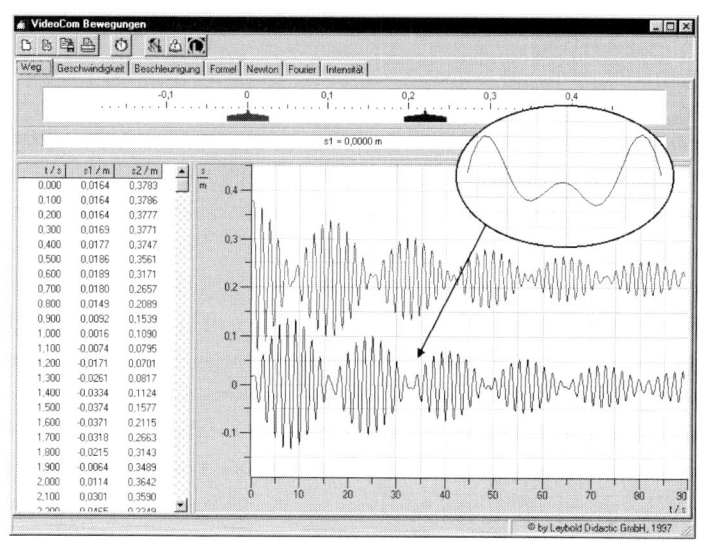

Abb. 3: Pendelauslenkung als Funktion der Zeit für die gekoppeltelte Schwingung. Die Auflösung der Ortsmessung ist so groß, daß eine vergrößerte Darstellung (Zoomfunktion im Programms) interessanter Teilbereiche noch möglich ist - hier der Bereich des Phasensprungs.

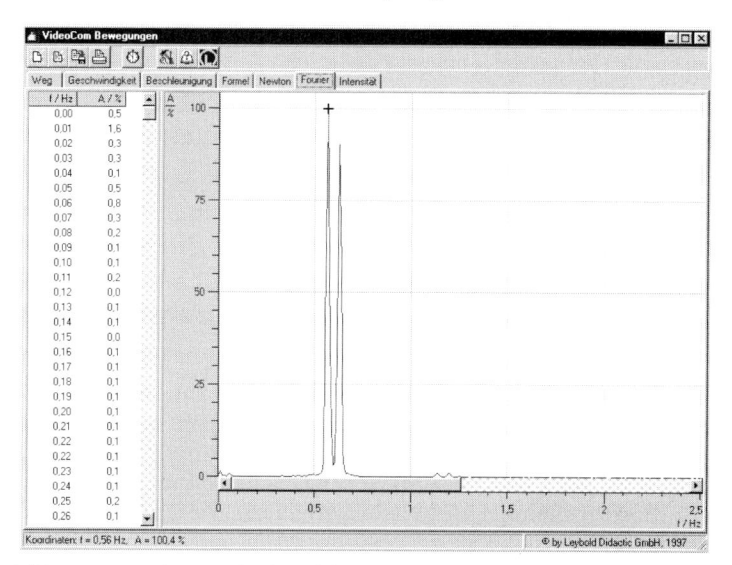

Abb. 4: Freqenzspektrum der in Abb. 3 gezeigten Schwingung. Es zeigt, daß die beiden Grundschwingungen nicht gleich waren. Die niedrigere Frequenz wird über die Mausposition (+) in der Fußzeile angezeigt (f = 0,56 Hz).

aufgenommen. Abb. 5 zeigt für vier unterschiedliche Messungen die aus den Meßwerten mit dem Programm berechneten *s(t)*-, *v(t)*- und *a(t)*-Kurven. In einem vierten Diagramm wird die jeweilige beschleunigende Kraft gegen die aus den vier Messungen bestimmten Beschleunigungen aufgetragen. Man erkennt insgesamt, daß die erwarteten Gesetzmäßigkeiten gut bestätigt werden, was eine direkte Abschätzung der Güte des neuen Meß- und Auswerteverfahrens erlaubt.

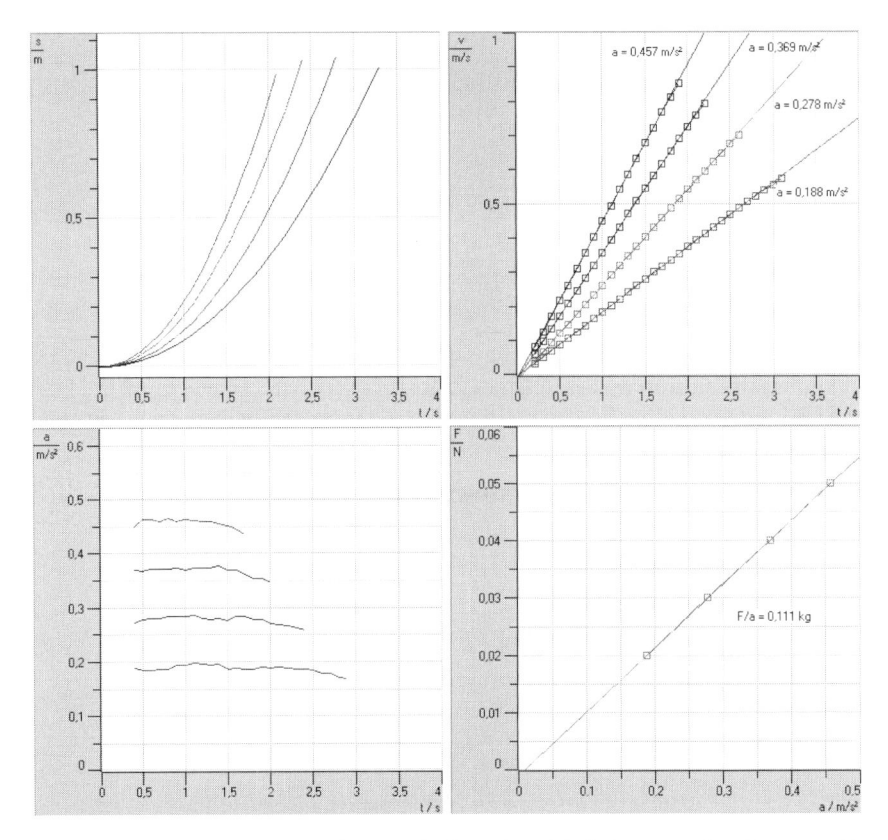

Abb. 5: Zusammenstellung der Ergebnisse der Fahrbahnversuche: Dargestellt sind für vier beschleunigende Kräfte die zugehörigen *s(t)*- *v(t)*- *a(t)*- Diagramme. Im *v(t)*-Diagramm sind zusätzlich die vom Programm gelieferten Ausgleichsgeraden eingezeichnet. Im vierten Diagramm sind die beschleunigenden Kräfte gegen die aus der Messung ermittelten Beschleunigungen aufgetragen. Die gute Bestätigung der erwarteten Abhängigkeiten gibt einen direkten Hinweis auf die Güte des neuen Meß- und Auswerteverfahrens.

2.3 Stoß zweier Gleiter

Die große Zahl der pro Sekunde aufnehmbaren Bilder (80 Bilder/s) macht es möglich, auch schnell ablaufende Stoßvorgänge zwischen Gleitern (Stauchen und Dehnen einer Feder) einer Luftkissenfahrbahn zeitlich aufzulösen und zu untersuchen. Wichtig ist nur, daß die Stoßdauer so gewählt wird, daß während des Stoßes noch einige Aufnahmen (Positionsbestimmungen) gemacht werden können. Bei den von uns gewählten Bedingungen beträgt die Stoßdauer ca. 90 ms, bei der der Stoßvorgang noch mit VideoCom registriert (8 Aufnahmen) und ausgewertet werden kann. In Abb. 6 ist die entsprechende Auswertung dargestellt. Aus den Meßwerten können praktisch in Echtzeit die Geschwindigkeiten und

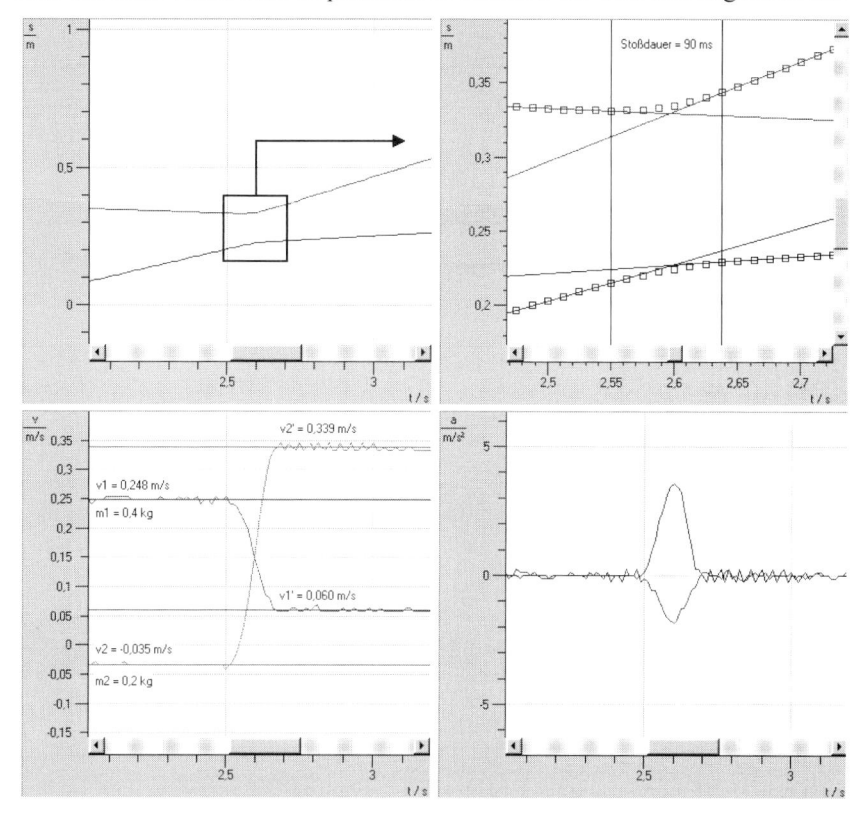

Abb. 6: Zusammenstellung der mit VideoCom erreichten Ergebnisse für den Fall der Untersuchung eines Stoßvorgangs auf einer Luftkissenfahrbahn (zwei Gleiter (m_1=0,2 kg und m_2=0,4 kg), an einem Gleiter ist eine Feder befestigt). Für den Stoßvorgang sind das $s(t)$- (mit vergrößert dargestelltem Ausschnitt), das $v(t)$- und $a(t)$-Diagramm für die beiden Gleiter dargestellt.

Beschleunigungen *während* des Stoßes berechnet werden. Im in Abb. 6 gezeigten Beispiel wurden die Geschwindigkeiten und Beschleunigungen nach

$$v_i = (s_{i+2} - s_{i-2})/(t_{i+2} - t_{i-2}) \qquad a_i = (v_{i+2} - v_{i-2})/(t_{i+2} - t_{i-2}) \qquad (1)$$

berechnet, um den statistischen Fehler, verursacht durch die begrenzte Auflösung in der Wegmessung von etwa 0,25 mm, zu verkleinern (übrig bleiben die „Zacken" in Abb. 6 und 7). Dadurch erscheint vor allem der Peak in den $a(t)$-Kurven etwas breiter als 90 ms. Es bleiben aber noch für die Auswertung genügend Werte übrig, um eine physikalisch sinnvolle Aussage treffen zu können.

Für die Bestätigung der Impulserhaltung gibt es zwei Möglichkeiten. Die Impulse können z. B. aus dem $v(t)$-Diagramm in Abb. 6 berechnet und miteinander verglichen werden. Die andere Möglichkeit ist in Abb. 7 dargestellt. Zusätzlich zu $a(t)$ kann auch $F = ma(t)$ berechnet werden. Man erkennt, daß zu jedem Zeitpunkt die beiden so erhaltenen Kräfte gegengleich sind. Die Fläche unter jeder Kurve beschreibt den Kraftstoß und damit den Impulsübertrag. Die Gleichheit der Flächen zu jedem Zeitpunkt ist ein Hinweis auf die Impulserhaltung.

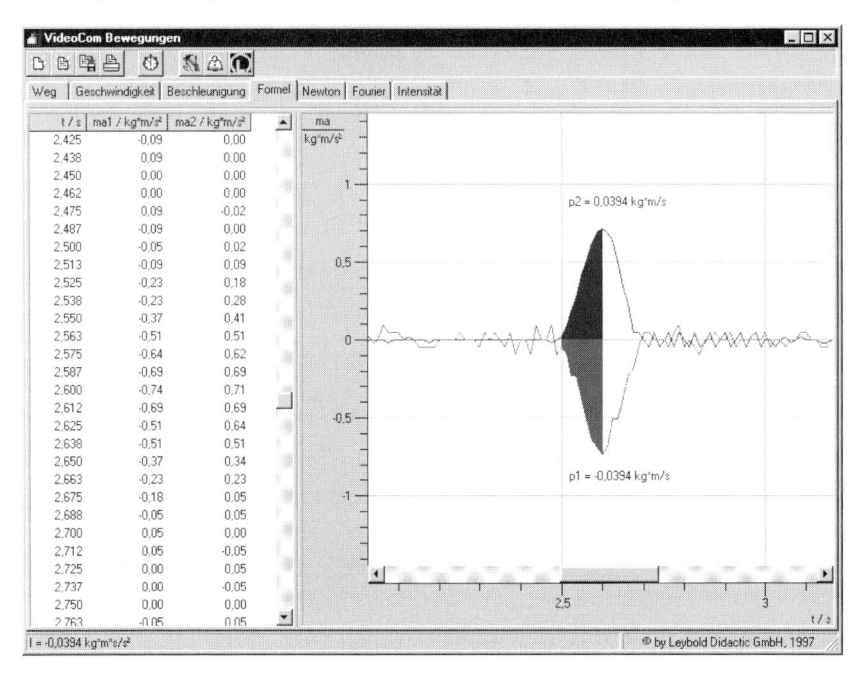

Abb. 7: Zeitlicher Verlauf der Kräfte während des Stoßes; berechnet mit den Daten aus Abb. 6. Diese Darstellung erlaubt den direkten Nachweis des 3. Newtonschen Axioms und der Impulserhaltung. Der nach der halben Stoßzeit übertragene Impuls beträgt 0,04 kgm/s.

2.4 Freier Fall

Ein weiteres Anwendungsbeispiel, durch das die hohe Aufnahmegeschwindigkeit und Auflösung von VideoCom dokumentiert wird, ist die Untersuchung des freien Falls eines Körpers. Hierbei geht man ähnlich vor, wie bei den Fahrbahnversuchen. Der Körper wird mit einem Streifen retroreflektierender Folie beklebt. Er wird bis zum Start der Messung durch einen Magneten gehalten. Der Start, die Aufzeichnung und die Auswertung werden wieder von VideoCom mit dem Computerprogramm gesteuert. Abb. 8 zeigt das so erhaltene $s(t)$- und $a(t)$-Diagramm für den Fall einer Kunststoffplatte.

Der im $a(t)$-Diagramm angegebene Fehler ist rein statistisch und wurde aus der Streuung der einzelnen Meßpunkte berechnet.

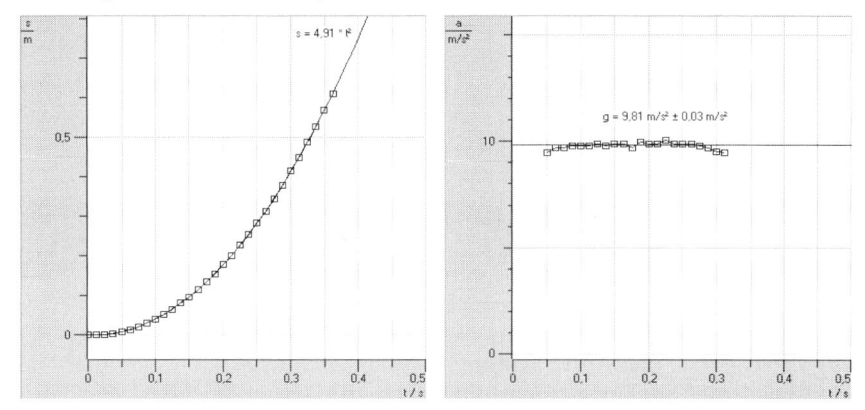

Abb. 8: Beispiel einer Messung für den freien Fall eines Körpers. Auch hiermit wird die hohe Aufnahmegeschwindigkeit mit bis zu 80 Bildern pro Sekunde dokumentiert. Die durchgezogenen Linien stellen die an die Meßwerte angepaßten Kurven dar. Aus dem $a(t)$-Diagramm kann direkt die Erdbeschleunigung abgelesen werden.

2.5 Transmissionskurven für optische Filter

Die Erfassung des Ortes eines Reflexpunktes erfolgt dadurch, daß für ein Pixel abgefragt wird, ob Licht auffällt oder nicht. Als digitale Kamera kann VideoCom auch die Intensität des auf ein Pixel fallenden Lichts erfassen und als Zahlenwert verschlüsselt zum Computer übertragen. Diese Option eignet sich insbesondere für Meßaufgaben in der Optik, z.B. zum Ausmessen eines Spektrums, bei dem der sichtbare Bereich gerade den Pixelstreifen ausfüllt. Will man die Intensitätsinformation für alle 2048 Pixel übertragen, so dauert dies wegen des hohen Datenaufkommens etwa 2 s. Das ist jedoch für viele optische Versuche nicht weiter störend.

Eine Anwendung der Untersuchung eines Spektrum ist die Ausmessung der Transmissionskurve für ein Filter. Dazu wird ein einfacher Gitterspektralapparat aus

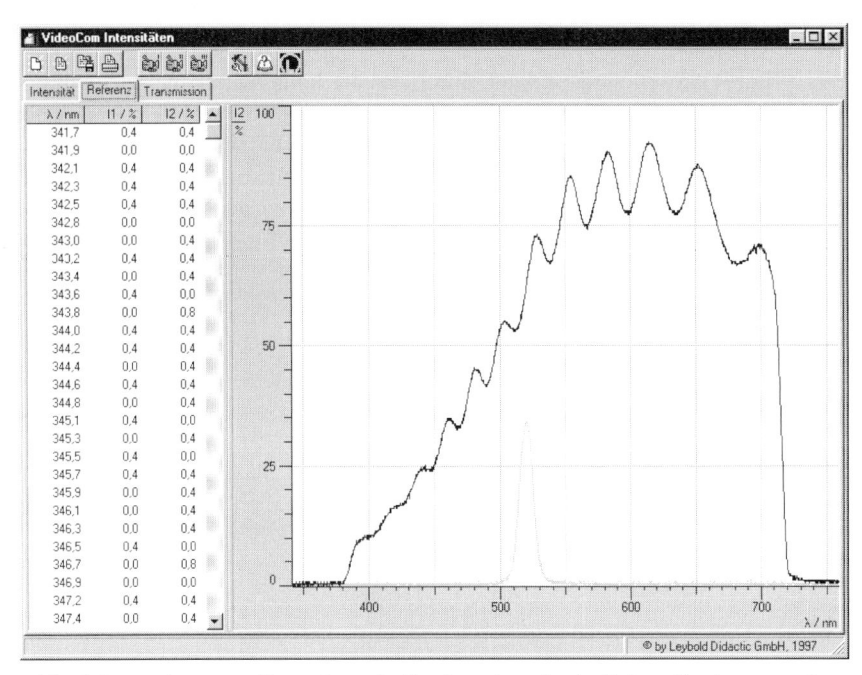

Abb. 9 Intensitätsverteilung innerhalb eines kontinuierlichen Spektrums einer Glühlichtquelle gemessen in in der ersten Beugungsordnung. Die linke und rechte „Kante" der Kurve sind auf die Strahlbgrenzung zurückzuführen. Die wellenartige Struktur des Spektrums läßt sich durch Interferenz an der dünnen Schutzschicht, mit der die Pixel versehen sind, erklären. Die zweite Kurve mit dem Maximum bei 520nm ergibt sich bei einem zusätzlich in den Strahlengang gebrachten, grünen Interferenzfilter (Halbwertsbreite: $\Delta\lambda=11,5$ nm). Die Kalibrierung kann mit Filtern unterschiedlicher Zentralwellenlängen oder mit den bekannten Linien z.B. einer Hg-Dampflampe durchgeführt werden..

Aufbauteilen der Sammlung in bekannter Weise zusammengebaut. Das Spektrum wird mit der Digitalkamera betrachtet (Entfernungseinstellung am Objektiv auf Unendlich). Das Ergebnis einer Messung ist in Abb. 9 zu sehen. Zunächst ist das kontinuierliche Spektrum einer Glühlichtlampe aufgezeichnet. Zusätzlich ist noch das Spektrum eines schmalbandigen Filters gezeigt, das bei 520 nm sein Maximum hat. Letzteres dient zur Kalibrierung der Anordnung, d.h. zur Zuordnung der Pixelnummer zur jeweiligen Wellenlänge. Die wellenförmige Struktur der Intensitätsverteilung wird durch einen Interferenzeffekt verursacht, der durch eine dünne Schutzschicht (Dicke d, Brechzahl n) über den Pixeln verursacht wird. Beim Durchgang des Lichts durch diese Schicht tritt eine Strahlteilung auf. Das eine Bündel ist das direkt die Schicht durchlaufende Licht, das andere ist dasjenige Licht, das innerhalb der Schicht zunächst an der unteren, dann an der oberen

Grenzschicht reflektiert wird, um dann die untere Grenzschicht zu durchdringen. Beide Bündel verlaufen parallel und haben für kleine Einfallswinkel annähernd die Phasenverschiebung 2dn. Die Intensität des zweiten Bündels ist allerdings - bedingt durch die Verluste bei den zwei Reflexionen - wesentlich kleiner, so daß die zusätzliche Modulation durch die Interferenz nur im Prozentbereich liegt.

Zur Bestimmung der Transmissionskurve für ein Filter bringt man dieses in den Strahlengang, zeichnet die Intensitätsverteilung für das ungefilterte und das gefilterte Licht mit VideoCom auf und berechnet daraus die relative Verteilung. Durch die Quotientenbildung verschwinden die Modulationen. In Abb. 10 sind für einige Filter die gemessenen Transmissionskurven angegeben.

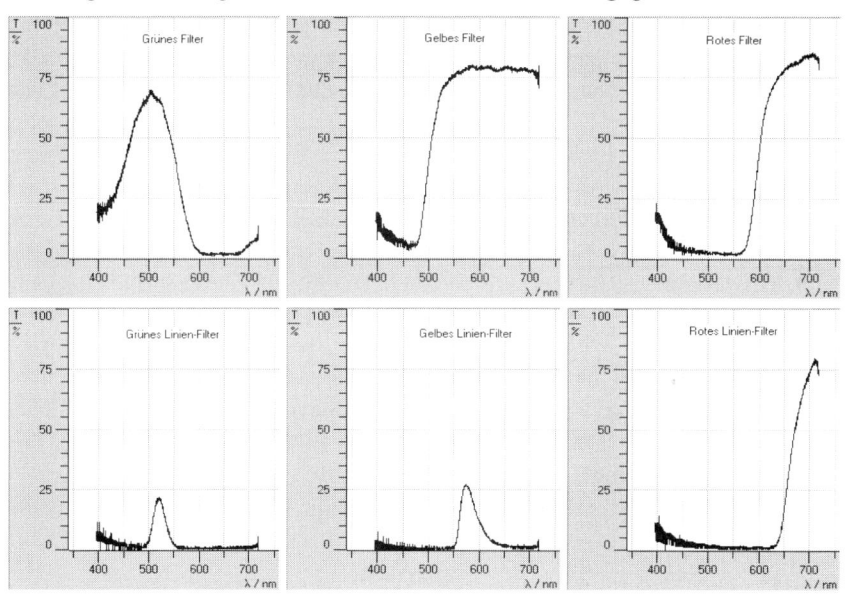

Abb. 10: Gemessene Transmissionskurven für verschiedene Filter.

3 Schlußbemerkung

VideoCom stellt ein leistungsfähiges, modernes Meßverfahren dar, das für den Physikunterricht geeignet ist. Neben den Vorzügen einer schnellen und einfachen Erfassung und Auswertung von Meßwerten kann VideoCom zusätzlich für den Unterricht interessant sein, weil es moderne elektronische Komponenten miteinander verbindet und zugänglich macht. Für viele Schülerinnen und Schüler mag es besonders motivierend sein, wenn man im Unterricht näher auf die Funktionsweise und die Grenzen von VideoCom eingeht. Die angeführten Beispiele sollten exemplarisch die Möglichkeiten des Meßsystems erläutern. Für den Anwender besteht natürlich die Freiheit, nach weiteren, für seinen Unterricht passende Anwendungen zu suchen.

H. Hilscher

Physik und Alltag: Computergestützte Videoanalyse von Bewegungen

1 Einführung

Diagramme zur zeitlichen Entwicklung oder zum Zeitverhalten von Größen begegnen uns auf Schritt und Tritt: in Lehrbüchern, in Lexika und Datenbüchern, in Zeitschriften und Illustrierten, in der Tageszeitung, in Börsennachrichten, in Werbeprospekten und im Fernsehen. Sie bringen in anschaulicher und kompakter Form, qualitativ oder quantitativ den Wert einer Größe in Abhängigkeit von der Zeit und damit auch die Änderungsrate der Größe zum Ausdruck. Anders als entsprechende Tabellen mit langen Zahlenkolonnen erlauben Diagramme, sich in kurzer Zeit einen Überblick über die Abhängigkeit einer Größe von anderen Größen zu verschaffen.

Leider wird der Umgang mit Diagrammen im Unterricht nicht hinreichend geübt. Kinematische Betrachtungen sind ohne Zeitdiagramme der Bewegungsgrößen kaum vorstellbar. Jedoch führt die alleinige Verwendung von Zeitdiagrammen der Bewegungsgrößen als intendierte Lernhilfe nicht automatisch zu einem tieferen Verständnis von Bewegungsabläufen. Wie Untersuchungen zeigen (siehe z. B. [1,2]), bereitet Schülern der Umgang und das Interpretieren von Bewegungsgraphen erhebliche Schwierigkeiten. Es lassen sich danach bei der Interpretation von Graphen in der Kinematik die folgenden hauptsächlichen Fehlvorstellungen unterscheiden, die sich allerdings nicht scharf gegeneinander abgrenzen lassen und in der Regel vermischt auftreten.

- Schüler haben Schwierigkeiten, die Bedeutung der Größen Ort, Geschwindigkeit und Beschleunigung zu unterscheiden. Verbreitet ist die Vorstellung, die Zeitdiagramme der drei Bewegungsgrößen müßten tendenziell gleich aussehen. Bei der Aufgabe, zu einem Weg-Zeit-Diagramm einer linearen Bewegung, das sich aus drei Geradenabschnitten zusammensetzt, das zugehörige Geschwindigkeits-Zeitdiagramm anzugeben, entschieden sich etwa ebensoviele Schüler für einen Graphen, der dem Weg-Zeit-Diagramm ähnlich sieht, wie für das korrekte Diagramm.
- Schüler sehen in einem Bewegungsgraphen so etwas wie ein Abbild des Profils eines Geländes, in dem die Bewegung stattfindet. Wird z. B. die Bewegung eines Radfahrers wie folgt beschrieben: „Ein Radfahrer fährt (mit konstanter Leistung) zunächst in der Ebene, dann bergauf und oben auf dem Berg eben weiter" und läßt man den zugehörigen Geschwindigkeitsgraphen skizzieren, so zeichnen viele Schüler Kurven, die dem Profil der beschriebenen Radstrecke ähneln.
- Schüler haben Probleme, die Steigung einer Kurve mit der zeitlichen Ände-

rung der aufgetragenen Größe zu identifizieren. Sie verwechseln die Änderung mit der Größe selbst. Fordert man sie z.b. auf, in einem Geschwindigkeits-Zeit-Diagramm das Zeitintervall herauszusuchen, in dem die Beschleunigung am größten ist, geben viele den Zeitpunkt an, bei dem die Geschwindigkeit maximal ist.
- Schüler haben Schwierigkeiten, die Fläche zwischen Kurve und Zeitachse eines Bewegungsdiagramms physikalisch zu deuten. Nur sehr wenige Schüler sind in der Lage, anhand von Beschleunigungs-Zeit-Diagrammen verschiedener Bewegungen während des gleichen Zeitintervalls diejenige Bewegung mit der größten Geschwindigkeitsänderung herauszufinden.

Nach den Testergebnissen zu urteilen, können höchstens nur die Hälfte der Schüler am Ende einer Unterrichtseinheit zur Kinematik Zeitdiagramme von Bewegungsgrößen richtig interpretieren. Bereits das Erstellen eines Weg-Zeit-Diagramms zu einer realen Bewegung bereitet große Probleme.

Die Antwort auf die Frage, wie man der Schülerin und dem Schüler beim Erlernen des sinnvollen Verwendens und richtigen Interpretierens von Diagrammen zur Kinematik helfen kann, nimmt sich fast wie eine didaktische Binsenweisheit aus und wird durch jüngste Forschungsarbeiten zum modellhaften Verständnis von Lernprozessen im Bereich neuronaler Netze untermauert [3]: durch Bereitstellen geeigneter Übungsbeispiele und Zeitlassen zum Üben. "Regeln werden nicht durch Predigten, sondern anhand von Beispielen gelernt" schreibt *Manfred Spitzer* in dem oben angeführten Buch [3, S. 68]. Als schülergerechte und motivierende Übungsbeispiele zur kinematischen Untersuchung von Bewegungen mit gezielter Unterstützung von Zeitdiagrammen eignen sich weniger die relativ künstlich anmutenden, mit Lehrmittelgeräten dargestellten Unterrichtsexperimente (auf die natürlich grundsätzlich zur Einführung in die Kinematik nicht verzichtet werden kann und darf) als vielmehr wohlvertraute alltägliche Bewegungsabläufe, Sportübungen oder besonders faszinierende Bewegungsereignisse. Im multimedialen Zeitalter bietet es sich an, mit einer Videokamera passende Szenen als Videoclips aufzunehmen, ausgewählte Filmausschnitte zu digitalisieren und mit einem PC unter Verwendung eines speziell dafür entwickelten Programms nach kinematischen Aspekten auszuwerten. Natürlich können auch verfügbare Videofilme, sofern sie auswertbare Bewegungsabläufe enthalten, für die Analyse herangezogen werden.

Dieser Beitrag stellt ein Videoanalyse-Programm vor, das von einem der Autoren (C. D.) im Rahmen einer Staatsexamensarbeit [4] entwickelt und getestet wurde und das primär als Übungsplattform für den Kinematik-Unterricht im o. g. Sinne gedacht ist, darüber hinaus aber auch in der Sportwissenschaft und in anderen Disziplinen, in denen die Analyse von Bewegungen von Interesse sein könnte, sinnvoll eingesetzt werden kann. Das Programm wird ergänzt durch eine Bibliothek von fünfzig digitalisierten Videoclips, die alle mit dem Programm ausgewertet werden können. Die Themen reichen vom Anfahren eines ICE-Zuges über den Kopfschlag eines Boxers, Auto-Crashtests, den Sprung eines Bungee-Jumpers und zahlreiche andere sporttypsicehn Bewegungsarten bis hin zur hüpfenden Fortbewegung eines Astronauten auf dem Mond. Sie decken damit ein breites Spektrum von Bewegungen aus der modernen Lebenswelt ab. Programm, Videobibliothek und die Ergebnisse der Auswertung sind auf einer CD-ROM - Bezugsquelle am Ende des Artikels - erhältlich. Ausführliche technische Details zur Bedienung des Programms und zur Auswertung von Videoclips sind in einer ausführlichen Online-Hilfe auf der CD zu finden.

Im folgenden werden zunächst die charakteristischen Eigenschaften und die prinzipielle Funktionsweise des Analyseprogramms (DIVA: Digitale Video Analyse) beschrieben und danach wird auf die Erstellung von Bewegungsdiagrammen und die Anpassung theoretischer Funktionen eingegangen und an Beispielen illustriert.

2 Digitales Video

Um Videofilme auf dem Computer bearbeiten zu können, müssen sie in digitaler Form vorliegen, Camcorder und Video-Abspielgeräte liefern derzeit aber noch analoge Signale. Spezielle Video-Einsteckkarten zusammen mit passender Software erledigen das Digitalisieren, das Komprimieren der Bilddaten und das Speichern der Daten auf der Festplatte des Computers. Beim Abspielen des digitalen Filmes werden die Daten wieder dekomprimiert. Beide Prozesse laufen nach speziellen, eigens dafür entwickelten Algorithmen ab. Die Kompressionsverhältnisse reichen von 1:10 bis 1:100. Die Digitalisierung und Kompression der im Anhang aufgelisteten Videofilme wurden mit der Videokarte "Movie Machine II" der Firma FAST [5] ausgeführt. Die durch die Komprimierung auftretenden Informationsverluste äußern sich in mehr oder weniger starken Einbußen hinsichtlich Auflösung und Schärfe des Bildes. Bei der verwendeten Videokarte von FAST sind die Qualitätsverluste bei dem kleinstmöglichen Kompressionsverhältnis von 1:13 erfreulich gering und führen zu keiner Beeinträchtigung von Darstellung und Auswertung der Filme. Erreicht wird die relativ hohe Qualität dadurch, daß der angewandte Kompressionsalgorithmus spezielle Eigenschaften des menschlichen Auges berücksichtigt. So nimmt das Auge beispielsweise Helligkeitsunterschiede weit weniger differenziert wahr als Farbunterschiede, wodurch eine relativ große Reduktion der Helligkeitsinformation möglich ist.

Zur Dekomprimierung und Wiedergabe von digitalen Filmen ist nicht unbedingt eine spezielle Hardware erforderlich. Die Dekomprimierung von Filmdateien passenden Formats kann auf moderneren PCs von gewissen leistungsfähigen Standardalgorithmen erledigt werden. Die WINDOWS-Ergänzung "Video für WINDOWS" und das System WINDOWS 95 enthalten diese Standards als Treiber. Vor dem Abspielen eines digitalen Videos stellt das Betriebssystem anhand einer Kennung im Datei-Header fest, um welches Format es sich handelt und lädt den entsprechenden Treiber, um den Film darstellen zu können. Ähnlich wie bei der Benutzung eines Druckertreibers merkt der Anwender nichts von diesem Vorgang. Die Endung der Namen der Filmdateien ist für alle diese Standardformate dieselbe (*.AVI).

3 Videoanalyse

Die Videoanalyse wird mit dem Programm DIVA durchgeführt. Nach dem Aufruf des Programms erscheint die in Abb.1 wiedergegebene Startseite der Videoanalyse. Sie enthält neben einem Vorschaumonitor zur Darstellung eines geladenen Films verschiedene Menüs, Felder und Steuertasten, die zum größten Teil selbsterklärend sind bzw. ähnlich wie bei einem Videoabspielgerät gestaltet sind. Der zu analysierende Film wird auf dem Vorschaumonitor betrachtet. Zur Auswertung werden die folgenden Steuertasten benötigt: Einzelbildschaltung (Vor und Zurück), Schieberegler, mit dem auf jedes beliebige Bild des Films zugegriffen werden kann und der Regler für die Abspielgeschwindigkeit, die in gewissen Grenzen frei gewählt werden kann, so daß Zeitlupe- und Zeitraffer-Wiedergabe möglich sind.

Zur Erstellung von Bewegungsdiagrammen müssen zunächst die Orts- und

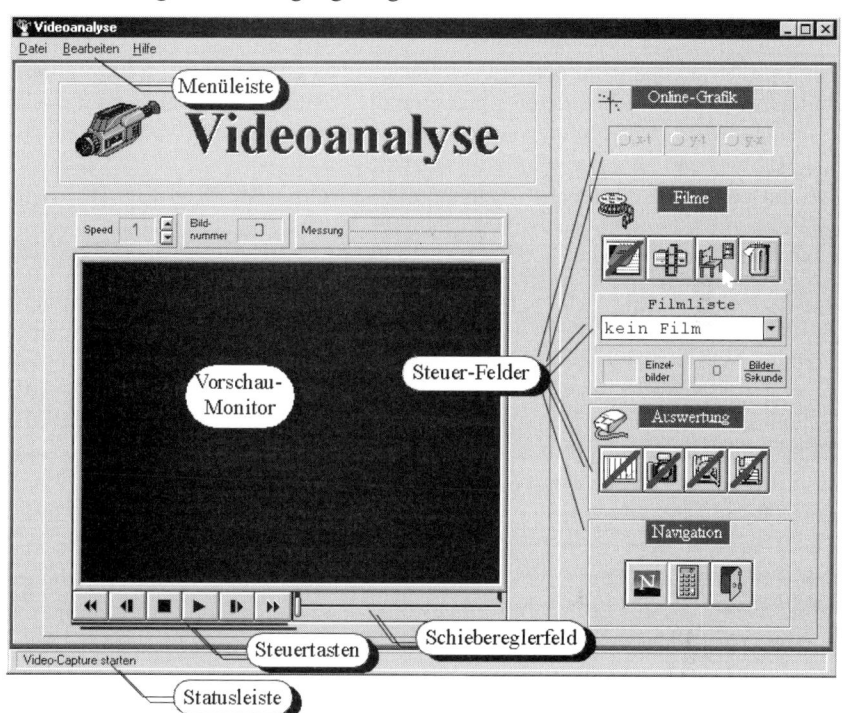

Abb. 1: Startseite des Videoanalyseprogramm mit Erläuterungen

Zeitkoordinaten eines ausgewählten Punktes des bewegten Objekts bildweise erfaßt werden, wobei „bildweise" nicht das Abarbeiten jedes Bildes des Films bedeutet. Vielmehr sind Anfangs- und Endbild und die Bild-Schrittweite (jedes wievielte Bild soll analysiert werden) einstellbar. Zum Erfassen der Meßwerte bewegt man den Cursor an eine gewünschte Bildposition und speichert die zugeordneten Ortskoordinaten (in Bildschirmeinheiten (Pixel), nach Kalibrierung in metrischen Einheiten) zusammen mit der Zeitkoordinate, die das Programm aus der Nummer des Bildes unter Berücksichtigung der Bildrate berechnet, durch Drücken der linken Maustaste. Die so erfaßte Position kann jederzeit durch erneutes Markieren korrigiert werden. Die Ortskoordinaten in Bildschirmeinheiten des markierten Punktes und die Zeitkoordinate jedes ausgewerteten Bildes relativ zu Bild 1 (Zeit-Nullpunkt) können während der Messung in zwei eigenen Fenstern angezeigt werden. Die gespeicherten Meßwerte stehen zur weiteren Verwertung in einer Datei zur Verfügung.

Wenn zum aktuellen Film Meßwerte vorhanden sind, sei es nach einer soeben durchgeführten Meßwerterfassung oder nach dem Laden einer Meßwertedatei einer früheren Analyse, kann das Eintragen der Meßwerte in x-t-, y-t- und x-y-Diagramme während des Abspielens des Films (bildweise oder kontinuierlich) in separaten frei zu positionierenden Fenstern online verfolgt werden. Dadurch, daß sich beim Abspielen des Films einerseits das Objekt im Film bewegt und andererseits im eingeblendeten Diagramm die Positionen des markierten Punktes zeitgeordnet eingetragen werden, wird der Zusammenhang zwischen Bewegungsablauf und Diagrammaufbau visualisiert.

Bei der soeben beschriebenen Darstellung von Orts- und Weg-Zeit-Diagrammen werden lediglich die erfaßten Meßwerte in Koordinatensysteme eingetragen. Eine Weiterverarbeitung der Daten wie Anpassen von Fitfunktionen, Erstellen von Geschwindigkeits-Zeit- und Beschleunigungs-Zeit-Diagrammen ist in dem der hier beschriebenen Videoanalyse zugrundegelegten Entwicklungssystem "Multimedia-TOOLBOOK 3.0" der Firma Asymetrix schlecht möglich. Das Programm übermittelt deshalb die Meßdaten an das Tabellenkalkulationsprogramm EXCEL, dessen Berechnungen und erstellten Graphiken in die TOOL-BOOK-Oberfläche eingebunden werden können. Der Anwender des Videoanalyse-Programms merkt, wenn er sich nicht ausdrücklich darum kümmert, kaum etwas von dieser Arbeitsteilung. Mit Hilfe von EXCEL können neben der Ortskurve und den Weg-Zeit-Diagrammen auch Geschwindigkeits-Zeit- und Beschleunigungs-Zeit-Diagramme dargestellt werden. Darüber hinaus besteht die Möglichkeit, die aus den Meßdaten gewonnenen Graphen mit selbstdefinierten Funktionsgraphen zu vergleichen und so physikalische Modelle und theoretische Vorstellungen zu überprüfen. Was bei der Weiterverarbeitung der Meßdaten besonders zu beachten ist und wie unter EXCEL Graphen aussehen, wird im nächsten Kapitel ausgeführt.

4 Erstellen von Bewegungsdiagrammen und Funktionsgraphen

Bei der Auswertung eines Bewegungsablaufs können als Meßwerte nur Orts- und Zeit-Koordinaten eines markierten Punktes erfaßt werden, Geschwindigkeiten und Beschleunigungen müssen daraus berechnet werden. Die Meßwerte bilden Zahlentripel $\{t_i, x_i, y_i\}$, der Quotient aus der Differenz zweier aufeinander folgender Ortskoordinaten und der Differenz der zugeordneten Zeitkoordinaten liefert die entsprechende Geschwindigkeitskoordinate zum Zeitpunkt, der sich aus dem arithmetischen Mittel der beiden Zeitkoordinaten berechnet. Die so ermittelte Geschwindigkeit stellt die mittlere Geschwindigkeit im betrachteten Zeitintervall dar und wird als Näherungswert für die Momentangeschwindigkeit zur Zeit der Mitte des betrachteten Zeitintervalls geplottet. Die auf diese Weise erhaltenen Zahlentripel $\{t_i', v_{x_i}, v_{y_i}\}$ werden tabelliert und dazu verwendet, um nach dem gleichen Verfahren wie oben durch Bilden von Differenzenquotienten Beschleunigungen zu berechnen und die Zahlentripel $\{t_i'', a_{x_i}, a_{y_i}\}$ zu tabellieren, wonach die Beschleunigungs-Diagramme erstellt werden. Die Methode der Approximation von Differentialquotienten durch Differenzenquotienten ist nur unter zwei Voraussetzungen sinnvoll:

- Die Meßwerte müssen im gesamten Zeitraum der betrachteten Bewegung überall hinreichend dicht liegen, d. h. der Zeitabstand zweier Bilder des Videofilms muß klein sein gegenüber der Zeitdauer des Filmstreifens, und es dürfen keine Geschwindigkeitsänderungen, die zeitlich nicht aufgelöst werden, auftreten.
- Die Meßwerte dürfen statistisch nicht sehr streuen. Ursache unerwünschter Streuungen sind unscharfe Objekte, deren präzise Markierung bei der Einzelbildauswertung schwierig ist.

Bei den meisten Filmaufnahmen ist die Auswertung der Meßwerte nach der Methode der Differenzenquotienten problematisch, weil mindestens eine der o.g. Voraussetzungen nicht über die gesamte Länge des Streifens hinweg erfüllt ist. In diesen Fällen empfiehlt es sich, anders zu verfahren. Das Videoanalyse-Programm sieht vor, in die Diagramme für die gemessenen oder berechneten Wertepaare den Graphen einer Funktion (siehe unten) zu legen. Die frei definierbare Funktion wird dazu in EXCEL tabelliert. Dadurch ist es einerseits möglich, theoretische Modelle zur Beschreibung der aufgezeichneten Bewegung zu überprüfen, andererseits kann eine an den Meßwerteverlauf gut angepaßte Funktion durch numerische Differentiation zur Darstellung von Geschwindigkeits- und Beschleunigungs-Zeit-Diagrammen herangezogen werden. EXCEL bietet die Möglichkeit, den Meßwertpaaren eines Diagramms ein Ausgleichspolynom anzupassen und die Funktionsgleichung auszugeben. Diese Anpassungsfunktion wird aber leider nicht tabelliert. Will man sie zur Erzeugung des Geschwindigkeit-Zeit-Graphen differenzieren, muß die ausgegebene Funktionsgleichung als definierte Funktion eingegeben werden. Zweimaliges numerisches Ableiten führt zum Beschleunigungs-Zeit-Diagramm. Nach Eingabe einer selbst definierten Funktion wird ihr Graph in das entsprechende Diagramm eingezeichnet und die Funktionsgleichung links oben im Diagramm unter "definierte Funktion" ausgegeben. Die Gleichung eines automatisch angepaßten Polynoms wird rechts oben unter "angepaßte Funktion" auf das Diagramm gedruckt (s. Abb. 2).

Am Beispiel der Videoaufzeichnung einer frei fallenden Kugel werden die beiden oben diskutierten Methoden zur Erzeugung von Geschwindigkeits- und Beschleunigungs-Zeit-Diagrammen illustriert. Dabei kann zugleich ein besonderes Verfahren der Bilddarstellung von Bewegungen vorgestellt werden: die „digitale Strobographie" (DSG). Bei kontrastreichen Aufnahmen ist es möglich, die Einzelbilder eines Films am Computer zu überblenden und so nachträglich eine Stroboskopaufnahme zu erhalten. Dazu wird ein Pixelgrafik-Programm benötigt, das in der Lage ist, zwei Bitmaps so übereinanderzulegen, daß im daraus resultierenden Bild an jedem Einzelpunkt die jeweils hellere Bildinformation der beiden Ausgangsbilder zu sehen ist. Abb. 2 (a) zeigt das mit „ADOBE-Photoshop" erzeugte digitale Stroboskopbild einer frei fallenden Kugel. Das zugehörige Ortsdiagramm ist daneben abgebildet (Abb. 2 (b)).

Abb. 3 zeigt die Meßpunkte und den Graphen eines Ausgleichspolynoms 2-ten Grades im y-t-Diagramm der Fallbewegung, auf dem auch die Funktionsgleichung angegeben ist. Aus ihr liest man den Wert der Erdbeschleunigung zu $g = 9{,}82 \text{ m/s}^2$ ab.

Die nach der Methode der Differenzenquotienten erzeugten Geschwindigkeits- und Beschleunigungs-Zeit-Diagramme sind in Abb. 4(a) und 4(b) dargestellt. Im v_y-t-Diagramm ist der lineare Zusammenhang zwischen v und t zwar deutlich erkennbar, dennoch fällt die Streuung der berechneten Punkte um eine gedachte Ausgleichsgerade ins Auge, die auf prinzipiell nicht vermeidbare Ungenauigkeiten bei der Meßwerterfassung mit Hilfe des Cursors zurückzuführen ist. Auf der nächsten Ebene der Berechnung von Differenzenquotienten machen sich die statistischen Schwankungen auf der nächsten Ableitungsstufe (Beschleunigung) bereits äußerst nachteilig bemerkbar, wie man aus Abbildung 4(b) entnehmen kann. Das gewählte Experiment wurde allerdings unter optimalen Bedingungen, die die oben geforderten Voraussetzungen für die Anwendung der Methode der Differenzenquotienten erfüllten, aufgezeichnet. Diese optimalen Bedingungen liegen in der Realität oft nicht vor, so daß in diesen Fällen die geschilderte Methode nur begrenzt anwendbar ist. Beschleunigungen lassen sich dann nicht mehr sinnvoll berechnen.

Im Unterschied zur Differenzenquotienten-Methode bereitet die Methode der Differentiation von Anpassungsfunktionen keinerlei Probleme und ist zur Analyse von Bewegungen universell anwendbar. Mit ihr wurden die Diagramme in Abb. 5 erstellt.

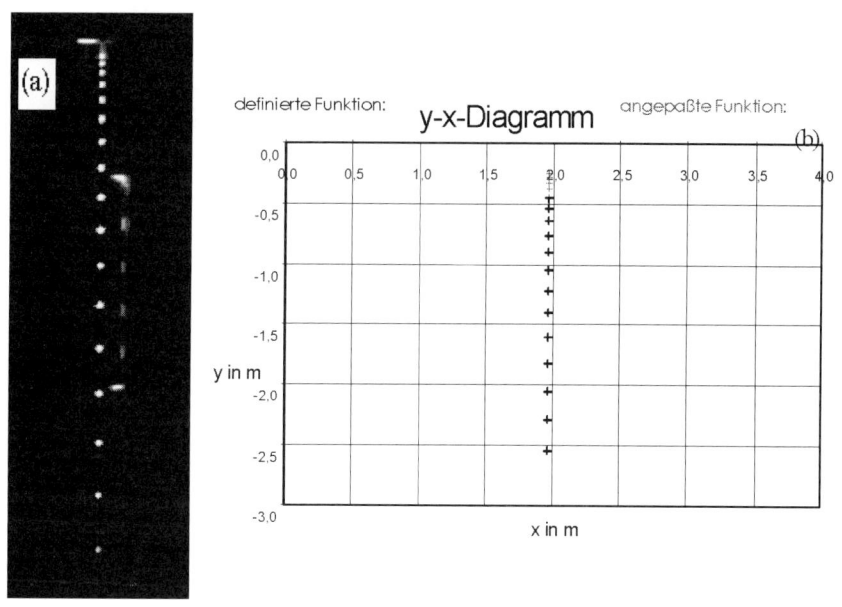

Abb. 2: (a) Stroboskopbild - erhalten mit der digitalen Stobographie (DSG) für eine frei fallende Metallkugel; (b) Ortsdiagramm zu (a)

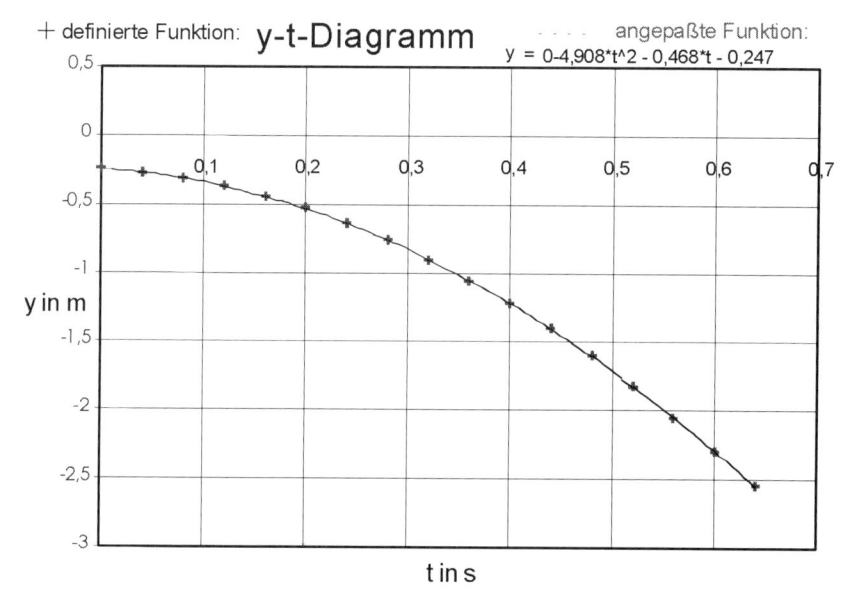

Abb. 3: Meßpunkte und Graph einer Fit-Funktion im y-t-Diagramm der Fallbewegung

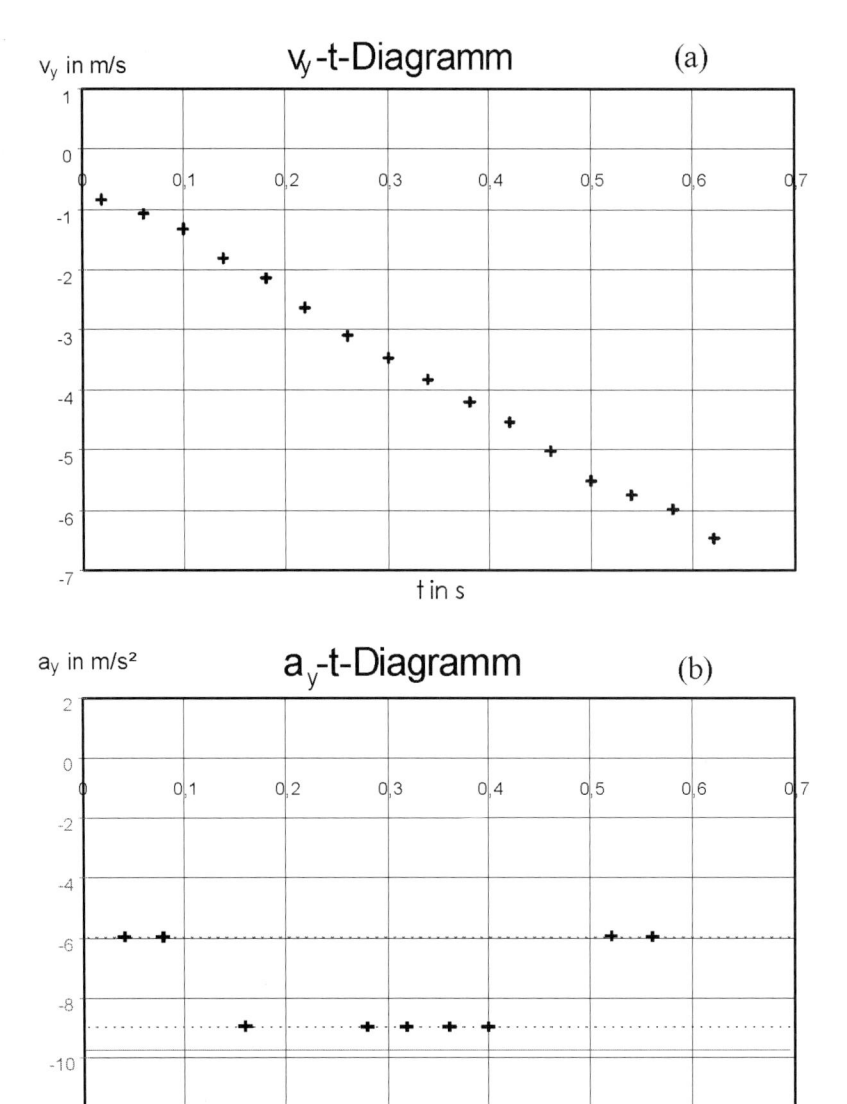

Abb. 4: Nach der Methode der Differenzenquotienten erzeugte Bewegungsdiagramme zum freien Fall, (a) Geschwindigkeits-, (b) Beschleunigungs-Zeit-Diagramm

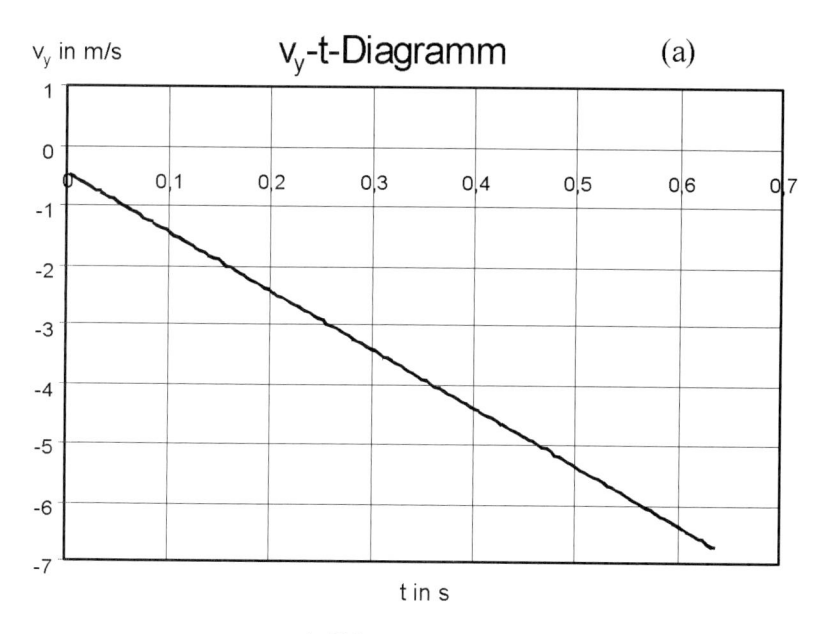

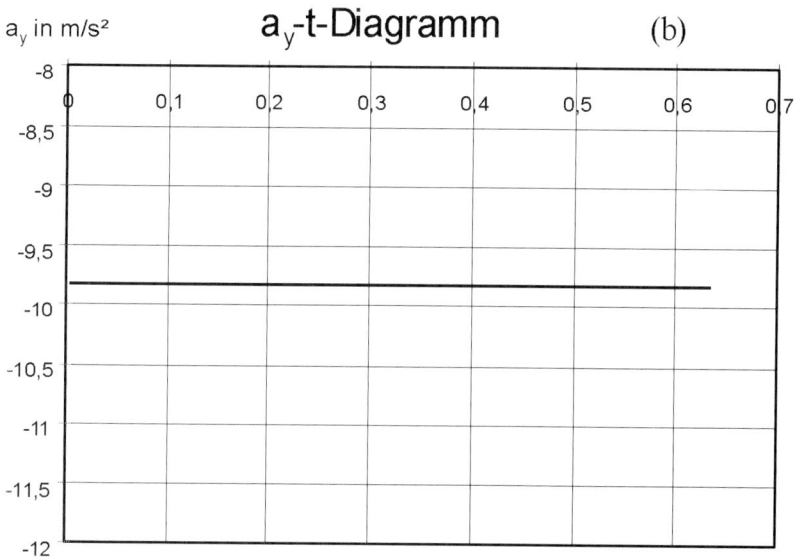

Abb. 5: Durch Differentiation einer Anpassungsfunktion erzeugte Bewegungsdiagramme zum freien Fall, (a) Geschwindigkeits-, (b) Beschleunigungs-Zeit-Diagramm

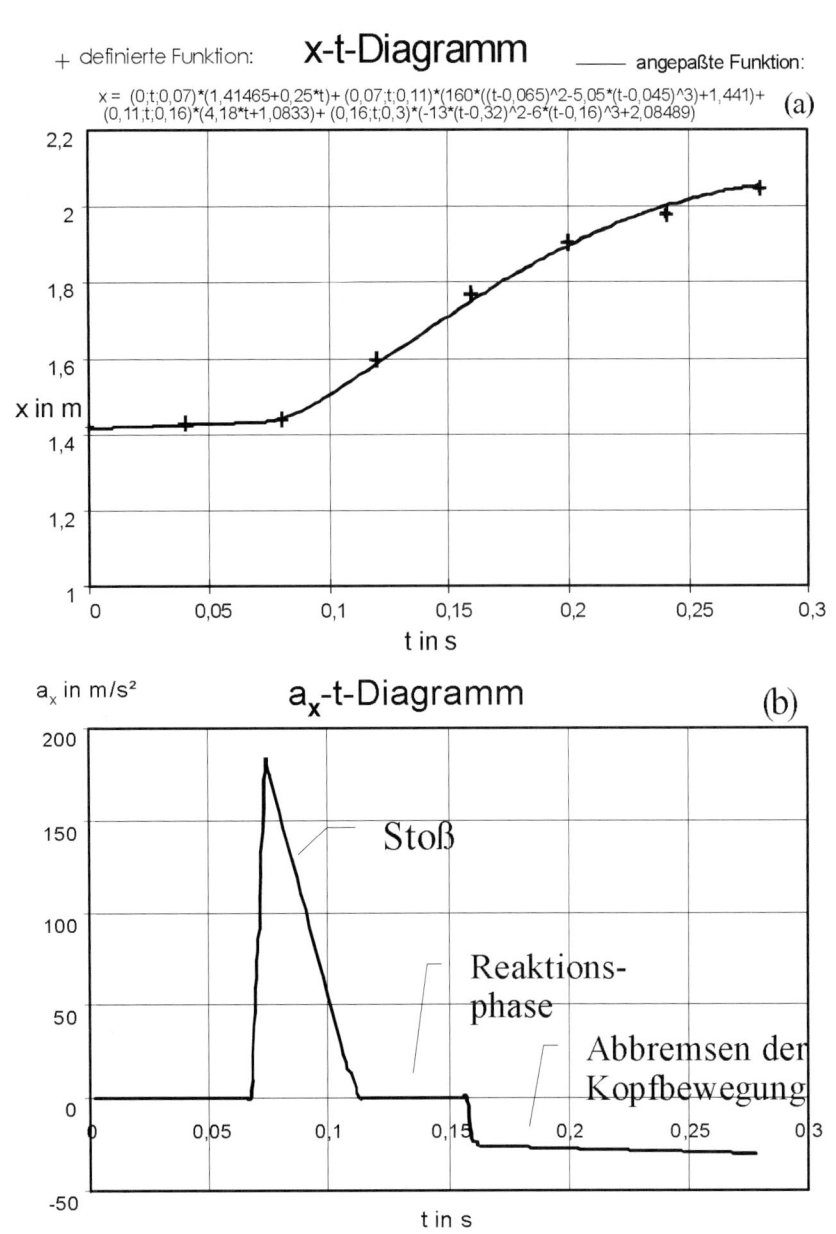

+ definierte Funktion: **x-t-Diagramm** ——— angepaßte Funktion:

x = (0;t;0,07)*(1,41465+0,25*t)+ (0,07;t;0,11)*(160*((t-0,065)^2-5,05*(t-0,045)^3)+1,441)+
(0,11;t;0,16)*(4,18*t+1,0833)+ (0,16;t;0,3)*(-13*(t-0,32)^2-6*(t-0,16)^3+2,08489)   (a)

a_x-t-Diagramm   (b)

Stoß

Reaktions-phase

Abbremsen der Kopfbewegung

Abb. 6: Horizontale Komponente des Weges (a) und der Beschleunigung (b) des Kopfes eines Boxers in Abhängigkeit von der Zeit

Auch komplizierte Bewegungsvorgänge sind damit auswertbar, da das Videoanalyse-Programm zur Anpassung von Funktionen an Meßpunkte neben den üblichen Funktionen, die auch auf jedem wissenschaftlichen Taschenrechner realisiert sind, auch die abschnittsweise Definition von Funktionen berücksichtigt, ein Komfort, der über den EXCEL-Standard hinausgeht, und auf Grund der Erfahrung bei der Auswertung der im Anhang verzeichneten Videofilme extra implementiert wurde. Ein für die Verwendung einer abschnittsweise definierten Funktion zur Auswertung eines Bewegungsvorgangs ausgezeichnetes Demonstrationsbeispiel, mit dem die Vorstellung des Videoanalyse-Programms hier abgeschlossen werden soll, stellt eine "rechte Gerade" von Henry Maske im Weltmeisterschaftsboxkampf 1996 dar, die den Kopf des Gegners traf. Interessant ist hier die Frage nach der Beschleunigung, die der Kopf durch den Boxschlag erfährt und mit der die wirkende Kraft abgeschätzt werden kann. Abb. 6 zeigt oben die horizontale Bewegung des Kopfes und darunter das Diagramm der horizontalen Beschleunigung. Zur Auswertung wurde den Meßwerten des Stoßvorgangs im x-t-Diagramm eine Kurve angepaßt, bei der Stoß- und Bremsphase jeweils durch ein Polynom dritten Grades und die anderen beiden Phasen (siehe Abb. 6) jeweils durch lineare Funktionen beschrieben werden.

5 Literatur

[1] J. Beichner: Kinematics Graph Interpretation Project (TUGK), Internet site: http://www2.ncsu.edu/ncsu/pams/physics/Physics_Ed/TUGK.html, Department of Physics, North Carolina State University, Raleigh, NC 27695-8202, USA

[2] D. Hestenes and M. Wells, The Physics Teacher 30/3 (1992) 159

[3] M. Spitzer: Geist im Netz - Modelle für Lernen, Denken und Handeln, Wissenschaftliche Buchgesellschaft Darmstadt, Spektrum Akademischer Verlag GmbH, Heidelberg, Berlin, Oxford, 1996

[4] Claus Dziarstek: Computergestützte Videoanalyse von Bewegungen, Zulassungsarbeit zur 1. Staatsprüfung für das Lehramt an Gymnasien in Bayern, Universität Augsburg, 1996

[5] Video Board "Movie Machine II" mit M-JPEG und MPEG Extension, Fa. FAST Multi media AG, München, 1995

6 Bezugsquelle

Die CD-ROM ist zum Preis von DM 30,- (inkl. MwSt. und Versandkosten) gegen Rechnung beziehbar über: Prof. Dr. H. Hilscher, Didaktik der Physik, Universität Augsburg, Schillstr. 100, 86169 Augsburg.

Sie kann auch über das Internet unter der folgenden Adresse bestellt werden: http://www.physik.uni-augsburg.de/did/diva.html

Unter dieser www-Adresse finden sich auch weitere Informationen zur Videoanalyse mit DIVA.

R. Girwidz

Wellenlehre auf dem Computer

1 Vorbemerkung

Die numerische Behandlung von Wellen mit dem Computer ist aus zwei Gründen wichtig für die Elementarisierung der Wellenlehre:
Erstens können durch Computerprogramme eine Vielzahl von interessanten Wellenphänomenen „live", d.h. nicht in Momentaufnahmen, sondern im zeitlichen Ablauf, präsentiert und einer genauen Beobachtung zugänglich gemacht werden.

Zweitens läßt sich die in den Programmen verwendete numerische Methode, das sogenannte finite Differenzenverfahren, aus grundlegenden physikalischen Gesetzen in einsichtiger Weise herleiten, wobei die mathematischen Anforderungen nur Grundkenntnisse aus der Differentialrechnung voraussetzen.

Diese Methode zeigt auch, daß die Entstehung von Wellen und die bei der Wellenausbreitung beobachtbaren Phänomene lediglich Konsequenzen von beobachtbaren Grundgesetzen der Physik sind. Im Folgenden wird dies an einigen Beispielen näher erläutert.

2 Elementarer Ansatz aus der Dynamik

2.1 Behandlung von Wellen in der Schulphysik

In Schule und Grundstudium dominiert eine phänomenologische Betrachtung von Wellen. Sie ist vorrangig kinematisch bzw. deskriptiv ausgerichtet und auf die Beschreibung von Wellenphänomenen beschränkt. Betrachtungen zur Dynamik werden, wenn überhaupt, nur ansatzweise vorgestellt, aber nicht weiter verfolgt. Der mathematische Aufwand bleibt somit begrenzt. Allerdings werden dadurch auch unterschiedliche für Wellen charakteristische Erscheinungen getrennt gelernt. Beispielsweise lernen Schüler in der Regel das ungestörte Durchdringen zweier Kreiswellen und das Ausblenden Huygensscher Elementarwellen als zwei unterschiedliche Vorgänge kennen. Das fachliche Hintergrundwissen, durch das beide Erscheinungen ursächlich erklären werden könnten, bleibt verborgen. Abhilfe kann hier die numerische Behandlung von Wellen schaffen. Einer der ersten Vorschläge, der die numerische Behandlung von Wellen durch schrittweise Integration mit einem programmierbaren Taschenrechner zum Inhalt hat, stammt von H. Dittmann (1979).

2.2 Numerisches Verfahren

Für Demonstrationsversuche werden häufig Feder-, Pendelketten oder Wellenmaschinen eingesetzt. Hieran läßt sich direkt anknüpfen. Versuchsanordnungen wie Pendelkette oder Wellenmaschine haben bereits mit dem hier favorisierten numerischen Verfahren - der finiten Differenzenmethode - gemeinsam, daß kein

Kontinuum, sondern diskrete Massenverteilungen betrachtet werden (physikalisch eine lineare Kette oder eine Gitterstruktur). Für die einzelnen Kettenglieder bzw. Massen kann das zweite Newtonsche Axiom angesetzt werden. Dabei wird ein lineares Kraftgesetz angenommen, bei dem die Auslenkungsunterschiede benachbarter Massen direkt eingehen. (Ein lineares Kraftgesetz ist Schülern z.B. bereits vom Hookeschen Gesetz her bekannt.) Bereits mit diesen, aus physikalischer Sicht elementaren Annahmen läßt sich die Methode der finiten Differenzen für Wellen herleiten und plausibel machen (Für eine etwas ausführlichere Darstellung sei hingewiesen auf Girwidz (1996)). An der linearen (Feder-)Kette ist dies besonders einsichtig (siehe Abb. 1).

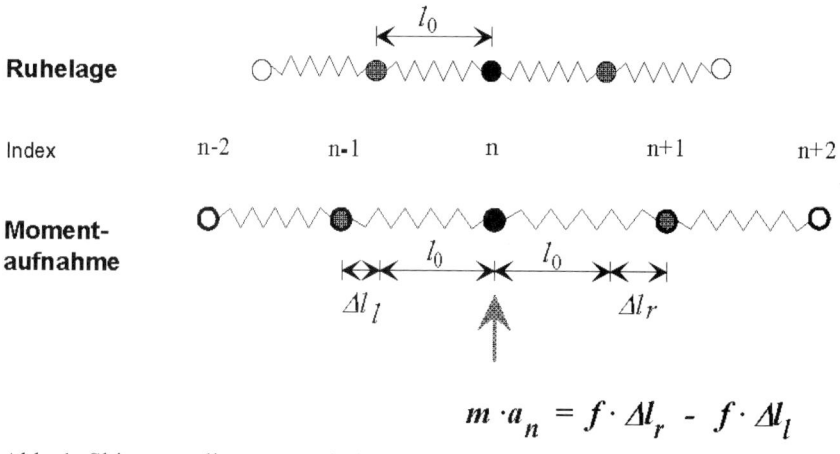

$$m \cdot a_n = f \cdot \Delta l_r - f \cdot \Delta l_l$$

Abb. 1: Skizze zur linearen Federkette.
a_n : Beschleunigung des Teilchens n mit der Masse m; f : Federhärte;
Δl_r und Δl_l : Dehnung der jeweiligen Federabschnitte.

Δl_r und Δl_l berechnen sich aus den momentanen Teilchenpositionen, die in der nächsten Gleichung mit $l_i(t)$ bezeichnet sind. Mit F=ma gilt dann:

$$m \cdot a_n = f \left[l_{n+1}(t) - l_n(t) - l_0 \right] - f \left[l_n(t) - l_{n-1}(t) - l_0 \right]$$

$$m \cdot a_n = f \left[l_{n+1}(t) - 2 l_n(t) + l_{n-1}(t) \right]$$

Ein solcher Ansatz wird Schülern eher einsichtig, wenn man an das Hookesche Gesetz anknüpft. Allerdings werden in den später verwendeten Computerprogrammen MEDIUM1D und MEDIUM2D nicht Longitudinal- sondern Transversalwellen behandelt. Wird dabei vorausgesetzt, daß die Auslenkungsunterschiede Δw_i von Gitterpunkt zu Gitterpunkt klein bleiben in Relation zum Gitterabstand, dann sind auch hier die Rückstellkräfte den Auslenkungsunterschieden näherungsweise proportional. Somit ist die Behandlung von Longitudinal- und Transversalwellen formal identisch. Nachfolgend wird nur noch mit den Auslenkungen w_i aus der Ruhelage gerechnet.

Die näherungsweise Beschreibung der Beschleunigung a_n über Differenzenquotienten sollte keine Schwierigkeiten bereiten, da sie an den Beschleunigungsbegriff, wie er in der Sekundarstufe II eingeführt wird, anknüpft. Dies ergibt:

$$m \cdot \frac{[w_n(t+\Delta t) - 2w_n(t) + w_n(t-\Delta t)]}{\Delta t^2} = f \cdot [w_{n+1}(t) - 2w_n(t) + w_{n-1}(t)].$$

Aufgelöst:

$$w_{n\,neu} = 2 \cdot w_n - w_{n\,alt} + \frac{f^*}{m}[w_{n+1} - 2 \cdot w_n + w_{n-1}].$$

Damit sind die Auslenkungen $w_{n\,neu}$ zum Zeitpunkt $t+\Delta t$ aus den Werten zu den Zeiten t und $t+\Delta t$, d.h. w und w_{alt} berechenbar. Diese Formel läßt sich direkt für die Programmierung verwenden.

2.3 Lösungsansatz aus übergeordneter Sicht

Aus mathematischer Sicht handelt es sich lediglich um die numerische Lösung der Wellengleichung mittels eines einfachen Differenzenverfahrens (Siehe z.B. Finck von Finckenstein (1978) oder Marsal D. (1989)); aus übergeordneter physikalischer Sicht wird eine lineare Kette bzw. eine Gitterstruktur simuliert. Das Grundprinzip ist einfach: In der Wellengleichung

$$\frac{\partial^2 w(x,t)}{\partial t^2} = u^2 \frac{\partial^2 w(x,t)}{\partial x^2}$$

ersetzt man die Differentialquotienten durch Differenzenquotienten. Dabei ist w die Auslenkung am Ort x zur Zeit t und u die Ausbreitungsgeschwindigkeit. Aufgelöst ist die resultierende Differenzengleichung direkt für die numerische Berechnung geeignet. Die Funktion $w(x,t)$ wird dadurch quasi an diskreten Stellen (Gitterpunkten) approximiert. Allerdings ergibt sich durch den Gitterabstand eine kleinste Wellenlänge, die auf dem System überhaupt realisierbar ist und die Dispersion ist insbesondere für kleine Wellenlängen nicht vernachlässigbar. Bei den Spezifikationen im Programm MEDIUM2D wird dies z.B. gut erkennbar für Wellenlängen, die kleiner als zehn Gitterabstände sind - siehe Kapitel 3.3. Das Verfahren ist leicht auf mehrdimensionale Probleme übertragbar, z.B. auf die zweidimensionale Wellengleichung:

$$\frac{\partial^2 w}{\partial t^2} = u^2 \left[\frac{\partial^2 w}{\partial x^2} + \frac{\partial^2 w}{\partial y^2} \right]$$

Im einfachsten Fall verwendet man als Diskretisierung der Ebene ein quadratisches Gitter der Maschenweite a und berücksichtigt nur die vier nächsten Nachbarn eines betrachteten Punktes. Die zweite partielle Ableitung einer Funktion $w(x,y,t)$ nach x am Ort (x_0, y_0) ist dabei zu ersetzen durch:

$$\frac{\partial^2 w(x_0, y_0, t)}{\partial x^2} \approx \frac{[w(x_o + \Delta x, y_0, t) - w(x_o, y_0, t)] - [w(x_o, y_0, t) - w(x_o - \Delta x, y_0, t)]}{\Delta x^2}$$

$$\approx \frac{1}{\Delta x^2}[w(x_o + \Delta x, y_0, t) - 2w(x_o, y_0, t) + w(x_o - \Delta x, y_0, t)]$$

Analoges gilt für die partiellen Ableitungen nach y. Die Zeitableitungen werden ebenfalls durch einen Differenzenoperator ersetzt, wobei die Werte dann natürlich aus verschiedenen „Zeitebenen" stammen müssen.

2.4 Den Ansatz mit dem Computer testen

In der Wellenlehre lassen sich Berechnungen mit dem Computer so aufbereiten, daß ein direkter visueller Vergleich mit experimentellen Abläufen möglich wird. Dies macht Stärken oder Fehler des jeweiligen Ansatzes schnell deutlich. Das Programm MEDIUM1D bietet neben vorbereiteten Berechnungsfunktionen zusätzlich die Möglichkeit, eigene Anweisungen einzugeben (siehe Abb. 2).
In Abb. 2 ist im Eingabefeld ein Ansatz vorgeschlagen, der den Ergebnissen aus Kapitel 2.2. entspricht und bei dem für jeden Gitterpunkt die Rückstellkräfte linear mit den Auslenkungsunterschieden zu den Nachbarpunkten eingehen. Die Bezeichnungen wurden etwas vereinfacht: Δr entspricht der Auslenkungsdifferenz einer betrachteten Gitterstelle zum rechten Nachbarn, Δl der Auslenkungsdifferenz auf der linken Seite.
An der Wellenmaschine, die das Computerbild zeigt, lassen sich dann die gängigen Demonstrationsexperimente simulieren und mit realen Abläufen vergleichen. Geänderte Eingaben simulieren mitunter völlig andersartige Systeme. Beispielsweise kann auch ein Ausdruck eingegeben werden, der der Wärmeleitungsgleichung entspricht.

2.5 Wellen mit dem Computer simulieren

Das Programm MEDIUM1D simuliert am Computer eine eindimensionale Wellenmaschine bzw. eine lineare Kette. Mit der Maus lassen sich Auslenkungen erzeugen. Der Mauszeiger muß nur auf und ab bewegt werden, um an der gezeigten Position eine Störung anzuregen. Wellen können in Echtzeit, aber auch im Einzelschrittmodus studiert werden. Wie bei der bekannten Torsionswellenmaschine sind festes und offenes Ende einstellbar. Die Enden lassen sich aber auch mit dem Wellenwiderstand abschließen, um so eine unendliche Fortsetzung des Mediums zu simulieren. Außerdem ist die Aufteilung der Kette in zwei Medien mit unterschiedlichen Materialeigenschaften möglich.

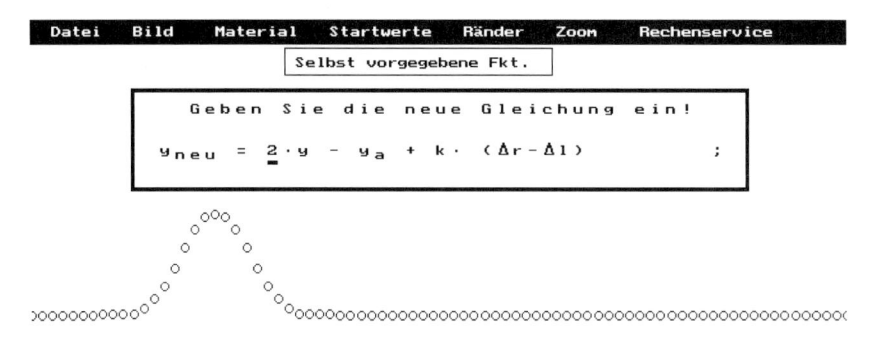

```
┌─────────────────────────────────────────────────────────────┐
│ Datei   Bild   Material   Startwerte   Ränder   Zoom   Rechenservice │
│            ┌─────────────────────────┐                      │
│            │  Selbst vorgegebene Fkt. │                     │
│            └─────────────────────────┘                      │
│                                                             │
│         Geben  Sie  die  neue  Gleichung  ein!              │
│                                                             │
│         y_neu = 2·y - y_a + k· (Δr-Δ1)            ;         │
│                        ─                                    │
└─────────────────────────────────────────────────────────────┘
```

Abb. 2: Bildschirmkopie aus dem Programm MEDIUM1D.

Das Programm ist aber nicht nur zum Testen numerischer Ansätze gedacht, sondern bietet auch die Möglichkeit, fast spielerisch Eigenerfahrungen mit Wellen zu sammeln und dies mit einem geringen Zeit- und Materialaufwand. Für zweidimensionale Medien löst das Programm MEDIUM2D numerisch die Wellengleichung und die Wärmeleitungsgleichung. Unterschiedliche Ausgangssituationen und Ränder sind einstellbar. Die Ergebnisse werden in 3D-Darstellung ausgegeben und können als Film auf dem Computer ablaufen. Die Intention ist, die berechneten Prozesse in ihrer Zeitabhängigkeit verlaufsnah und anschaulich zu präsentieren. Ein weiteres Ziel ist aufzuzeigen, wie mit einfachen numerischen Methoden die Beschreibung relativ komplexer Sachverhalte erreicht werden kann. Im nächsten Kapitel werden noch konkrete Anwendungen des Programms vorgestellt, um die verschiedenen Möglichkeiten deutlich zu machen.

3 Weitere Computerhilfen

3.1 Grundlegende Begriffe

Die physikalische Behandlung und Diskussion von Wellenphänomenen verlangt Vertrautheit mit einigen grundlegenden Bezeichnungen. Dazu gehören z.B. die Begriffe Wellenlänge, Phase, Phasengeschwindigkeit, Periode, Amplitude oder Charakterisierungen wie harmonisch, anharmonisch, gedämpft oder ungedämpft. Eine Visualisierung dieser Begriffe in Einzelbildern ist durch die Orts- und Zeitabhängigkeit von Wellenerscheinungen erschwert. Sie lassen sich aber oft eindrucksvoll in dynamischen Computersimulationen veranschaulichen. Solche Programme wurden insbesondere von Prof. Scheer in seinen Einführungsvorlesungen verwendet (Vorlesung Einführung in die Experimentalphysik I an der Universität Würzburg (bis1993)). Sie verfolgen das Single-Concept-Prinzip, d.h. ein einzelner Sachverhalt, ein Konzept wird besonders akzentuiert dargestellt. Mit derartigen Programmen lassen sich natürlich nicht nur Definitionen sondern auch elementare Phänomene und Prinzipien veranschaulichen.

3.2 Elementare Phänomene und Prinzipien

Aufbauend auf einem grundlegenden Verständnis für das Zustandekommen von Wellen wären in einer nächsten Stufe elementare Prinzipien und Grundphänomene der Wellenausbreitung hervorzuheben. Entsprechende Inhalte sind die ungestörte Superponierbarkeit von Wellen, das Huygenssche Prinzip, Energietransfer ohne Materialtransport, Interferenzeffekte, Reflexionen an offenen und festen Enden, Brechung und Streuung. Lernpsychologisch gesehen spielen sie für ein weitergehendes Verständnis oder bei Problemanalysen die Rolle von Denkmodulen, Strukturierungs- und Analysehilfen. Zwei Beispiele sollen andeuten, wie Computerprogramme als Erklärungs- und Visualisierungshilfen zum Tragen kommen können (siehe Abb. 3 und Abb. 4).

Methodisch gesehen verwenden diese Programme Techniken zum Isolieren, Akzentuieren und analytischen Aufbereiten von Lerninhalten.

Unbedingt hervorzuheben ist aber, daß sich all diese Prinzipien und Phänomene auch mit dem einfachen Ansatz aus Kapitel 2 erklären lassen (Aktionsprinzip und Annahme eines Kraftgesetzes, in das die Auslenkungsunterschiede zwischen benachbarten Punkten linear eingehen). Der Ansatz liefert ja direkt das numerische Verfahren zur Simulation von Wellen. Die verschiedenen Starteinstellungen der Programme MEDIUM1D oder MEDIUM2D führen also prinzipiell nur

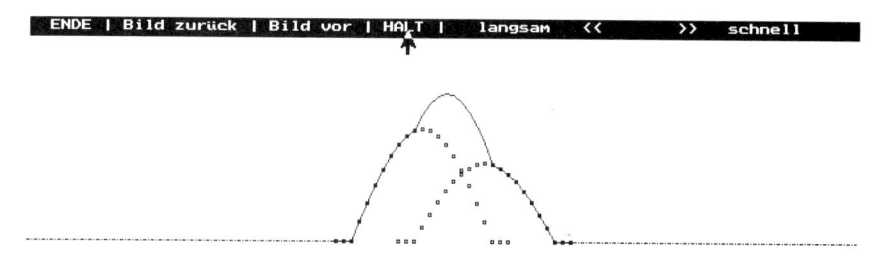

Abb. 3: Bildschirmkopie (Momentaufnahme) aus dem Programm zur Verdeutlichung des Prinzips der ungestörten Superposition. Die Störungen laufen gegeneinander, überlagern sich und laufen wieder auseinander.

auf Konsequenzen, die aus diesem Ansatz resultieren. Nachfolgend sind einige Ausschnitte aus Computerfilmen des Programms MEDIUM2D abgebildet. Sie sind nicht nur dazu geeignet, anhand von Grundphänomenen elementare Prinzipien zu veranschaulichen. Sie ermöglichen auch den direkten Vergleich mit experimentellen Abläufen und können dabei die Tragweite des zugrundeliegenden - elementaren - Ansatzes aufzeigen (siehe Abb. 5 bis Abb. 8).

Weiter Beispiele sind in einem Programmpaket zusammengefaßt. Behandelt werden insbesondere noch die Begriffe Wellenlänge, Phasengeschwindigkeit, Reflexion, Brechung und Huygenssche Elementarwellen.

3.3 Grenzen des Verfahrens

Zum Verständnis elementarer physikalischer Prinzipien und Ansätze gehört auch die Kenntnis ihres Anwendungsspektrums. Somit ist nicht zu vergessen, grund-

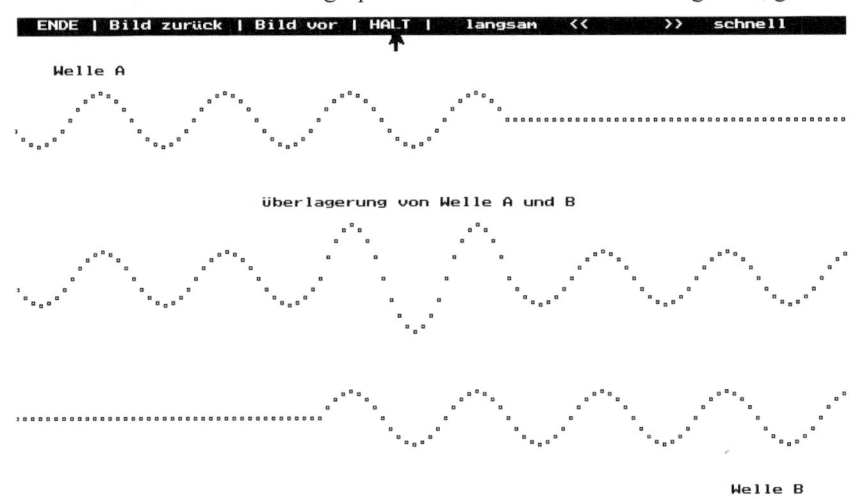

Abb. 4: Bildschirmkopie (Momentaufnahme) aus dem Programm zur Erklärung der Entstehung stehender Wellen als Überlagerung gegeneinanderlaufender Wellen gleicher Amplitude und Wellenlänge (Welle A läuft nach rechts, Welle B nach links). In der Computersimulation ist dort, wo sich die Wellenzüge überlagern, eindeutig eine stehende Welle zu erkennen.

legend andersartige physikalische Phänomene gegeneinander abzugrenzen und auf Besonderheiten eines Ansatzes und auf seine Grenzen hinzuweisen. Auch hier bieten sich Hilfen durch den Computer an.

So sind Wasserwellen genau genommen nicht durch dieses einfache Modell zu beschreiben. Sie sind keine reinen Transversalwellen. Die Bewegungen sind komplizierter. Schwebeteilchen im Wasser bewegen sich bei Wellen auf annähernd kreisförmigen Bahnen mit einer ortsabhängigen Phasenverschiebung. Wie dies mit den bekannten Wellenerscheinungen an der Oberfläche zusammenhängt, ist ebenfalls in einer Computersimulation darstellbar (siehe Abb. 9).

Wie bereits angedeutet, wird durch eine Simulation nach Kapitel 2 eigentlich kein Kontinuum beschrieben, sondern eine lineare Kette bzw. eine Gitterstruktur. Daraus resultieren Wellen mit Dispersion.

Die Abhängigkeit der Phasengeschwindigkeit von der Wellenlänge zeigt sich insbesondere, wenn man als Ausgangssituation eine stufenförmige Störung vorgibt. Nach Fourier läßt sich diese als Überlagerung von Wellen eines breiten

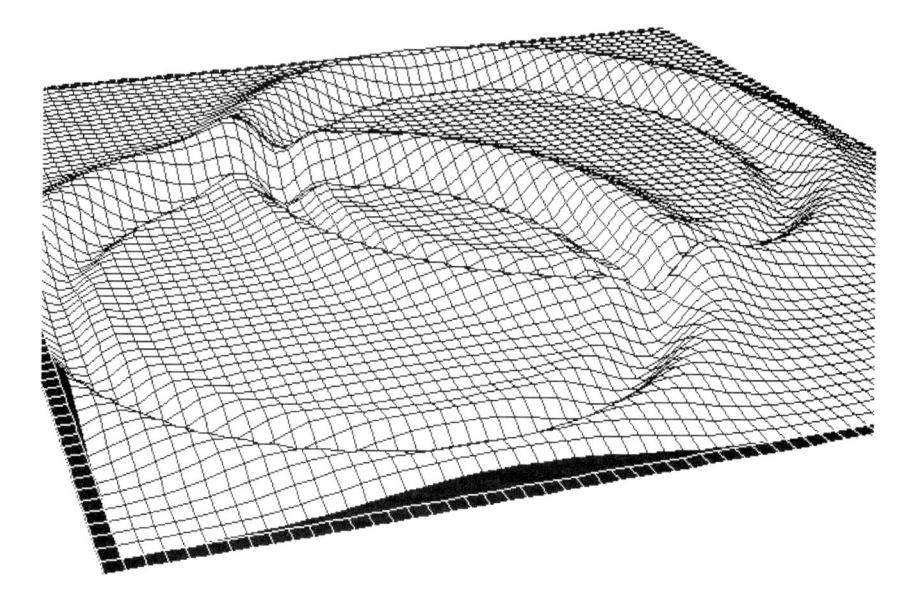

Abb. 5: Ungestörtes Durchdringen zweier Kreiswellen

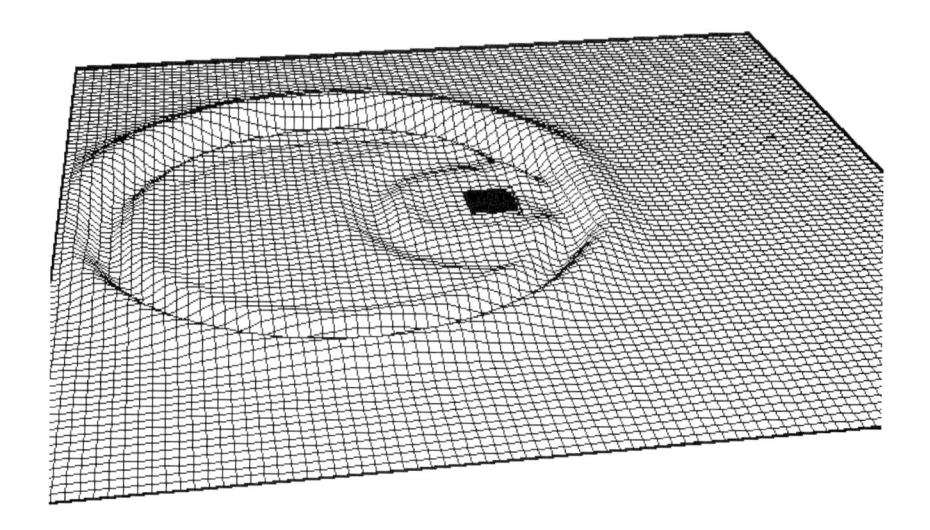

Abb. 6: Streuung von Wellen an einem Hindernis

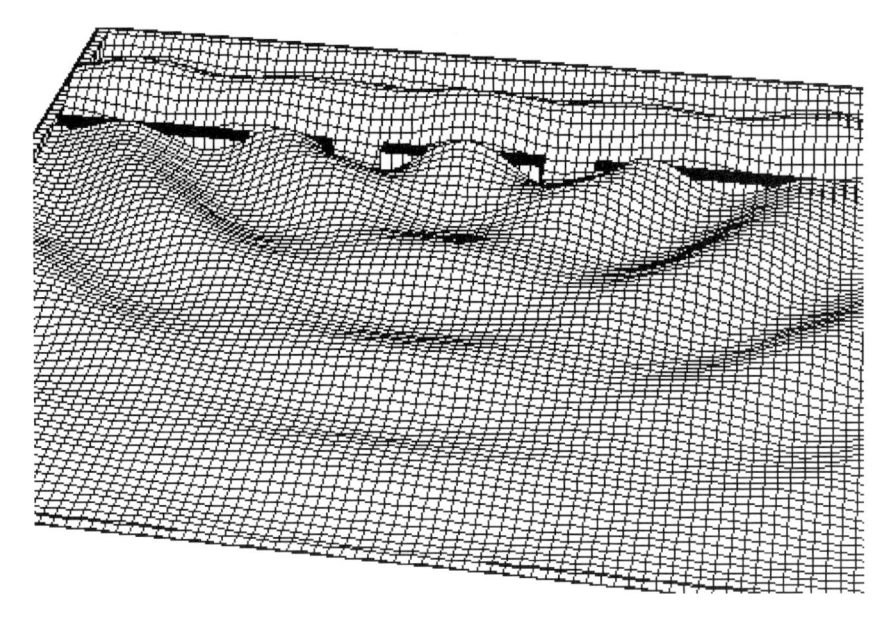

Abb. 7: Interferenz am Doppelspalt

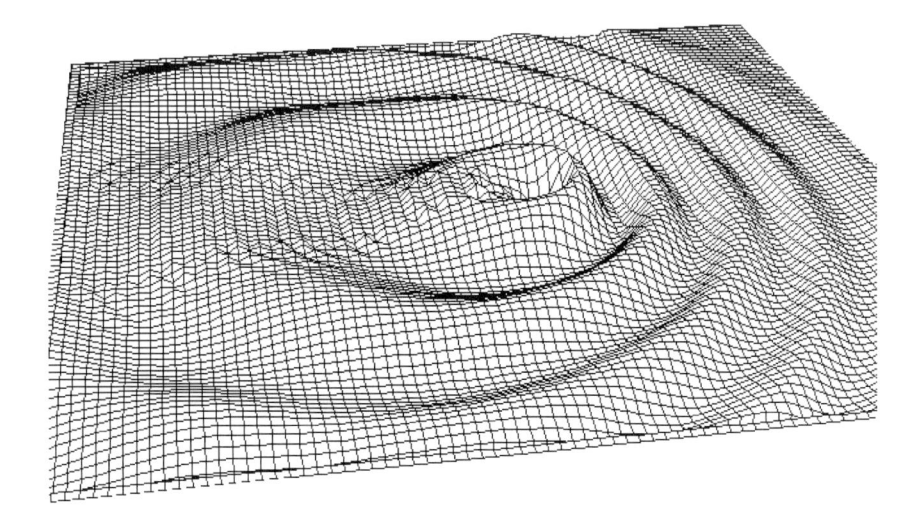

Abb. 8: Dopplereffekt (bewegter Sender)

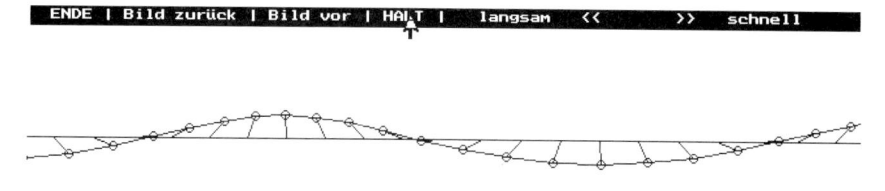

Kreisbewegung der Teilchen im Uhrzeigersinn => Welle läuft nach rechts.

Abb. 9: Bildschirmkopie aus einer Programm zur Erklärung von Wasserwellen als Zirkulation des Wassers innerhalb kleiner Volumina. Die Momentaufnahmetische kann jedoch nur einen unvollständigen Eindruck vermitteln, wie aus der Zirkulation innerhalb kleiner Volumina die Wellenbewegung zustandekommt.

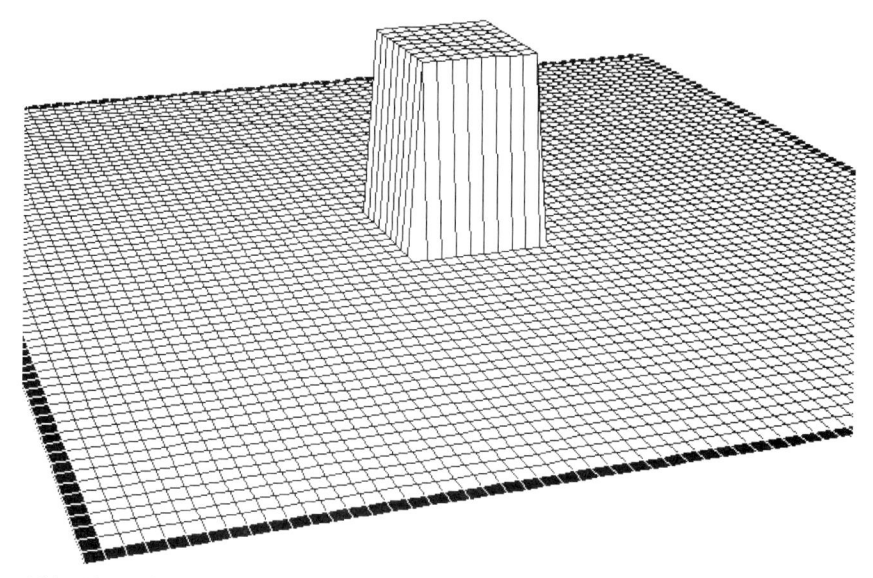

Abb. 10a: Bildausschnitt aus dem Computerfilm zur Wellenausbreitung mit Dispersion

Frequenzbandes verstehen. Wellen mit großen Wellenlängen laufen dann mit größeren Geschwindigkeiten auseinander als die kurzwelligen. Überzeugend verdeutlicht dies erst der Computerfilm (siehe Abb. 10).

Mit den Programmen MEDIUM1D und MEDIUM2D lassen sich außerdem auch Wärmeleitungsprozesse simulieren. Dies bietet die Möglichkeit, charakteristische Unterschiede aufzuzeigen und die Prozesse gegeneinander abzugrenzen.

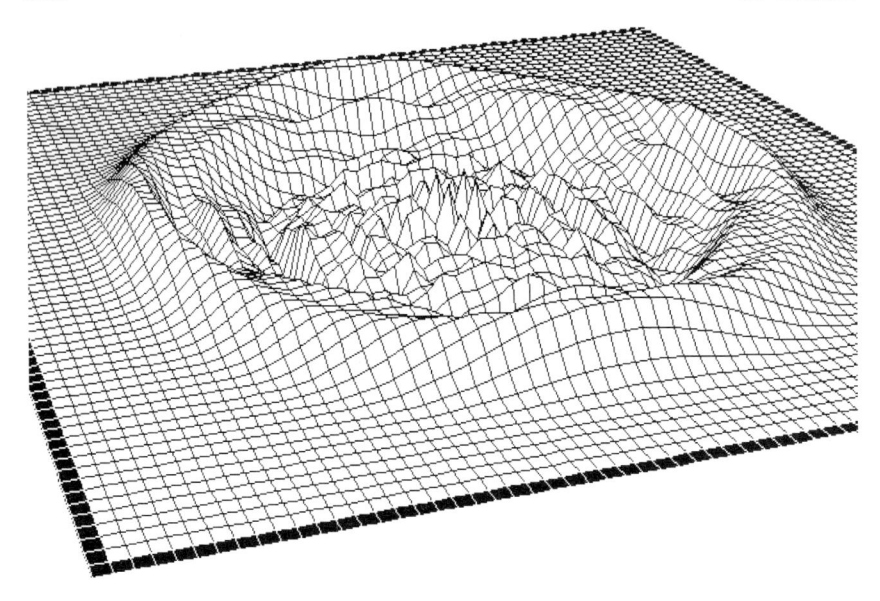

Abb. 10b: Bildausschnitt aus dem Computerfilm zur Wellenausbreitung mit Dispersion

4 Schlußbemerkung

Die numerische Behandlung von Wellen umgeht die Auseinandersetzung mit partiellen Differentialgleichungen zweiter Ordnung (Wellengleichung) und senkt dadurch deutlich das mathematische Anforderungsniveau. Die Differentialrechnung wird auf den Umgang mit Differenzenquotienten reduziert. Darüber hinaus wird nur die Kenntnis grundlegender physikalischer Gesetze (Hookesches Gesetz, 2. Newtonsches Axiom) verlangt. Die Betrachtungen dürften damit auch in der gymnasialen Oberstufe unproblematisch sein.

Der Themenbereich Wellen bleibt modular strukturiert und ist damit auch für unterschiedliche Anwendungen gut anzupassen. Als übergeordnete Strukturblökke könnte man z.B. sehen:

- Grundlagen für die Entstehung von Wellen
- Elementare Definitionen und Beschreibungsmöglichkeiten
- Fundamentale Phänomene und Prinzipien der Wellenausbreitung.

Bei Verwenden des finiten Differenzenverfahrens läßt sich der erste Bereich gut gliedern, z.B. in:

- Begründen eines linearen Kraftansatzes,
- Aufstellen von Bewegungsgleichungen für einen Gitterpunkt,
- Ersetzen der Beschleunigung durch Differenzenquotienten,

- Umformen und Angeben eines expliziten Lösungsansatzes,
- Realisieren von konkreten Anwendungen.

Auch für die Veranschaulichung grundlegender Definitionen, Phänomene und Prinzipien wurden einige Hilfsmittel vorgeschlagen. Sie sollen aber nicht unüberlegt bestehende Methoden verdrängen, insbesondere keine experimentellen Untersuchungen, sondern sind primär als Ergänzung bzw. methodische Erweiterungen gedacht.

Der numerische Ansatz bietet auch für weiterführende physikalische Betrachtungen interessante Perspektiven. Läßt man die Gitterabstände und Zeitintervalle immer kleiner werden, bzw. vollzieht man den Übergang von Differenzenquotienten zu Differentialquotienten, kommt man auf die d'Alembertsche Wellengleichung. Werden andererseits Massen, Gitterabstände und Kopplungsgrößen auf die Verhältnisse in einer Kristallstruktur abgestimmt, lassen sich Wellen / Phononen im Festkörper studieren.

Darüber hinaus wird mit der finiten Differenzmethode ein iteratives Verfahren vorgestellt, das zeitgemäß eine Berechnungsmethode am Computer erschließt.

5 Literatur und Bezugsquelle

Dittmann, H.: "Taschenrechner als Wellenmaschine", in PhuD 1, 1979, S. 24-36
Dörner, D.: "Problemlösen und Informationsverarbeitung",
Kohlhammer Verlag, Stuttgart 1976
Finck von Finckenstein: "Einführung in die Numerische Mathematik Bd.2",
Hanser Verlag, München 1978
Girwidz, R.: "Numerische Methoden in der elementaren Wellenlehre",
in MNU 49/1, (1996), 5-11.
Marsal, D.: "Finite Differenzen und Elemente", Springer-Verlag, Berlin 1989

Computerprogramme:

Die Programme können über den Netzserver des Physikalischen Instituts der Universität Würzburg oder mit Beschreibungen gegen einen Unkostenbeitrag von 20DM vom Autor bezogen werden.

Autorenverzeichnis

BUTTKUS, Beate; Universität - GH - Essen - FB 7: Didaktik der Physik
  Universitätsstr. 2, 45117 Essen
DITTMANN, Dr. Helmut; Universität Erlangen-Nürnberg - Didaktik der Physik
  Staudtstr. 7, 91058 Erlangen
EMMERT, G.; Gymnasium Roth
  Brentwoodstr. 4, 91154 Roth
FICHTNER, Dr. Richard; Akademie für Lehrerfortbildung Dillingen
  Kardinal-von-Waldburg-Str. 6 - 7, 89407 Dillingen
GABLER, M. Gymnasium Roth, Brentwoodstr. 4, 91154 Roth
GEYER, P (DG6NEL); Gymnasium Roth, Brentwoodstr. 4, 91154 Roth
GROB, Prof. Dr. Karl; Pädagogische Hochschule - Didaktik der Physik
  Reuteallee 46, 71634 Ludwigsburg
GIRWIDZ, Dr. Raimund; Universität Würzburg - Physikalisches Institut
  Am Hubland, 97074 Würzburg
HACKER, LAss German; Universität Erlangen-Nürnberg
  Didaktik der Physik, Staudtstr. 7, 91058 Erlangen
HARTMANN, Dr. Stephan; Sektion Physik der Universität München
  Theresienstr 37, 80333 München
HARREIS, Prof. Dr. Horst; Universität-GH Duisburg - Didaktik der Physik
  Lotharstr. 1, 47047 Duisburg
HAVEL, Prof. Dr. Vaclav, University of West Bohemia - Faculty of Physics
  Klatovskatr 51, CZ 32013 Plzen - Tschechien
HENGEL, Reinhold; Pädagogische Hochschule - Didaktik der Physik
  Reuteallee 46, 71634 Ludwigsburg
HILSCHER, Prof. Dr. Helmut; Universität Augsburg - Didaktik der Physik
  Schillstr. 100, 86169 Augsburg
HÖFER, Dr. Gerhard; University of West Bohemia - Faculty of Physics
  Klatovskatr 51, CZ 32013 Plzen - Tschechien
HUND, Michael; Leybold Didactic GmbH, Postfach 1365, 50354 Hürth
KIRCHER, Priv. Doz. Dr. Ernst; Universität Würzburg - Didaktik der Physik
  Am Hubland, 97074 Würzburg
KLINGER, Prof. Dr. Walter; Erziehungswiss. Fakultät - Didaktik der Physik
  Regensburger Str. 160, 90478 Nürnberg

LAMPRECHT, LAss Harald; Hardenberg-Gymnasium Kaiserstr. 92, 90763 Fürth

LICHTFELDT, Dr. Michael; Martin-Luther-Universität - FB Physik - FG Didaktik der Physik, Hoher Weg 7, 06120 Halle

LOTZE, Priv. Doz. Dr. Karl-Heinz; Friedrich-Schiller-Universität - Physikalisches Institut, Max-Wien-Platz 1, 07743 Jena

LUCHNER, Prof. Dr. Karl; Universität München - Sektion Physik Schellingstr. 4, 80799 München

MIERICKE, StD Jürgen; Hardenberg-Gymnasium Kaiserstr. 92, 90763 Fürth

MÜLLER, Dr. Rainer; Sektion Physik der Universität München, Didaktik der Physik, Schellingstr. 4, 80799 München

NIEBERLEIN, U. (DG2NFW); Gymnasium Roth, Brentwoodstr. 4, 91154 Roth

NORDMEIER, Volkhard; Universität-GH Essen - FB 7: Didaktik der Physik Universitätsstr. 2, 45117 Essen

RAUNER, Dr. Karel; University of West Bohemia - Faculty of Physics Klatovska tr 51, CZ 32013 Plzen - Tschechien

RHÖNECK, Prof. Dr. Christoph v.; Pädagogische Hochschule Ludwigsburg - Didaktik der Physik, Reuteallee 46, 71634 Ludwigsburg

ROJKO, Prof. Dr. Milan; Univerzity Karlovy - Katedra Didaktiky Fyziky Ke Karlovu 3, CZ-12116 Praha 2 - Tschechien

SCHLICHTING, Prof. Dr. H. Joachim; Universität-GH Essen - FB 7: Didaktik der Physik, Universitätsstr. 2, 45117 Essen

SCHMID, Diethard; Pädagogische Hochschule - Didaktik der Physik Reuteallee 46, 71634 Ludwigsburg

SCHNEIDER, Prof. Dr. Werner. B.; Universität Erlangen-Nürnberg Didaktik der Physik, Staudtstr. 7, 91058 Erlangen

THIENEL, OStR Stephan; E.T.A.-Hoffmann-Gymnasium Sternwartstr. 3, 96047 Bamberg

TREITZ, Prof. Dr. Norbert; Universität-GH Duisburg - Didaktik der Physik Lotharstr. 1, 47047 Duisburg

WIESNER, Prof. Dr. Hartmut; SektionPhysik der Universität München - Didaktik der Physik, Schellingstr. 4, 80799 München

WÖRLEN, Dr. Friedrich; Gymnasium Roth, Brentwoodstr. 4, 91154 Roth

Bisher im Verlag Palm&Enke, Erlangen und Jena erschienene Schriften des Arbeitskreises Bayerischer Physikdidaktiker

Wege in der Physikdidaktik (Band 1)
Sammlung aktueller Beiträge aus der physikdidaktischen Forschung
(Hrsg. W.B. Schneider)
1989, ISBN 3-7896-0090-3 (vergriffen)

Wege in der Physikdidaktik (Band 2)
Anregungen für Unterricht und Lehre
(Hrsg. W.B. Schneider)
1991, ISBN 3-7896-00100-4 (vergriffen)

Wege in der Physikdidaktik (Band 3)
Rückblick und Perspektive
(Hrsg. W.B. Schneider)
1993, ISBN 3-7896-0513-1

Moderne Physik im Unterricht - Fachdidaktische Anregungen und Studien zum Bereich der Festkörperphysik
H. Deger
1991, ISBN 3-7896-0503-4

Kognitive Fähigkeiten, Motive, Lernstrategien und Sozialklima als Bedingungen des Lernens in der Elektrizitätslehre
B. Völker
1995, ISBN 3-7896-0545-X

Physik - ein Teil unserer Kultur?
Untersuchungen und Vorschläge für die Schule
R. Dengler
1995, ISBN 3-7896-0547-6